Der Erste Weltkrieg in der Literatur

Warschauer Studien zur Kultur- und Literaturwissenschaft

Herausgegeben von Karol Sauerland

Band 11

PETER LANG

Anna Wołkowicz (Hrsg.)

Der Erste Weltkrieg in der Literatur

Zwischen Autobiografie und Geschichtsphilosophie

unter Mitwirkung von
Grażyna Kwiecińska und Krzysztof Tkaczyk

PETER LANG

Bibliografische Information der Deutschen Nationalbibliothek
Die Deutsche Nationalbibliothek verzeichnet diese Publikation
in der Deutschen Nationalbibliografie; detaillierte bibliografische
Daten sind im Internet über http://dnb.d-nb.de abrufbar.

Gedruckt mit finanzieller Unterstützung der Universität Warschau
und des Österreichischen Kulturforums Warschau.

Umschlaggestaltung:© Olaf Gloeckler, Atelier Platen, Friedberg

ISSN 2191-1886
ISBN 978-3-631-76126-7 (Print)
E-ISBN 978-3-631-76272-1 (E-PDF)
E-ISBN 978-3-631-76273-8 (EPUB)
E-ISBN 978-3-631-76274-5 (MOBI)
DOI 10.3726/b14445

Diese Publikation wurde begutachtet von
Joanna Jabłkowska und Wojciech Kunicki.

www.peterlang.com

Inhaltsverzeichnis

Zur Einführung

Unter den vielen Versuchen, den literarischen Niederschlag des Ersten Weltkriegs hundert Jahre danach noch einmal zu sichten, zeichnet sich der vorliegende Band durch seinen interdisziplinären Ansatz aus. Daraus ergab sich eine erfreuliche Aufbrechung und Dezentrierung des Bildes. Zwar stammen die meisten Beiträge von Forscherinnen und Forschern, die im Bereich der Literaturwissenschaft tätig sind, doch wird die germanistische Perspektive etwa um die einer Spezialistin für polnische Literaturgeschichte (Anna Nasiłowska), eines Osteuropahistorikers (Frank Schuster) oder einer Niederlandistin (Rita Schlusemann) ergänzt. Nicht ohne Einfluss auf die Themenwahl und Betrachtungsweise scheinen in vielen Fällen die Herkunft und die weltweit verstreuten Wirkungsstätten der Verfasser gewesen zu sein. Aber auch Texte von Autorinnen und Autoren ohne einen solchen ‚Migrationshintergrund' setzen sich über enge Fachgrenzen hinweg und folgen einer Seitenblick-Optik, die Peripheres aufwertet.

Es ist daher nicht verwunderlich, dass von den fünf Themenkreisen, in die das Buch aufgeteilt wurde, der zweite, mit „Krieg und Literatur – komparatistisch" überschriebene, am üppigsten ausfällt. Anna Nasiłowska zeigt hier vor dem Hintergrund der französischen Literaturentwicklung, wieso das Jahr 1914 für die polnische Literatur *keine* Epochenzäsur bedeutet, Karolina Sidowska vergleicht deutsche und polnische Lyrik aus der Kriegszeit und Ewa Wojno-Owczarska erinnert an die Wiederbelebung des ‚deutschen Polenlieds', einer Gattung, die ursprünglich im Rahmen der ‚Polenbegeisterung' in der ersten Hälfte des 19. Jahrhunderts funktionierte. Ein nuanciertes Bild der vom Insel-Verlag 1917–1918 herausgebrachten „flämischen Reihe" entwirft Rita Schlusemann. Den Schlussstein bildet der akribische, mitunter recht amüsante Beitrag von Maria Kłańska, die Franz Theodor Csokors Drama *Dritter November 1918* „als literaturdidaktisches Konzept einer Lehrveranstaltung für polnische Germanistikstudenten" darstellt.

Teil III ist dem gewichtigen Thema der literarischen Trauerarbeit gewidmet. In seiner prägnanten Analyse der „Nachkriegstraumata in der österreichischen Prosa der Zwischenkriegszeit" sondiert Johann Sonnleitner Figuren deklassierter Kriegsverlierer aus den Werken von Alfred Polgar, Franz Werfel und Joseph Roth mit Blick auf den an Freud orientierten Trauma-Begriff. Marion Brandt untersucht in ihrem Beitrag über „Transgression zwischen Leben und Tod" die literarische Erinnerung an die Toten des Ersten

Weltkriegs in Döblins *Reise in Polen*, seinem ‚indischen' Epos *Manas* sowie seinem Roman *November 1918* und legt dabei intertextuelle Bezüge u. a. zu einem klassischen Werk der jiddischen Literatur frei, nämlich zu Salomon An-Skis *Dibbuk*. Mirjana Stancic spürt die „Wundmale des Krieges" im Leben und Schaffen von drei „vergessenen" deutschsprachigen Dichtern aus dem Raum des alten Österreichs bzw. ehemaligen Jugoslawiens auf: Friedrich von Gagern, Gizella von Tarczay und Victor Tausk, wobei sich herausstellt, dass zumindest dem Letzteren eine Nachwirkung (auch in der modernen kroatischen Literatur) vergönnt ist. Tadeusz Skwara schließlich geht anhand eines frühen ‚dramatischen Romans' von Lion Feuchtwanger der Frage nach, wie das Kriegstrauma auf dessen Selbstverständnis als Schriftsteller eingewirkt haben mag.

Im Teil IV geht es um die Präsenz des Krieges in den ‚leichteren' Genres: der Komödie, der Theaterrezension, dem Unterhaltungsroman. Dass es ausgerechnet im Medium eines Konversationsstücks wie Hugo von Hofmannsthals *Der Schwierige* zum Aufbrechen von scheinbar fest gefügten Kriegs- und Männlichkeitsideologemen kommen kann, demonstriert in ihrem Aufsatz Marie Luise Wandruszka. Sigurd Paul Scheichl widmet seine Untersuchung dem „subversiven Schreiben" Alfred Polgars, insbesondere dessen Theaterkritiken aus den 1920er-Jahren, und zeigt darin den stets vorhandenen Bezug zur epochalen Katastrophe. Aneta Jachimowicz erörtert an zwei Beispielen (von Leo Perutz und Alexander Lernet-Holenia) das Phänomen der „Unterhaltungsromane über den Ersten Weltkrieg".

Das Ganze wird von zwei kürzeren Randteilen eingefasst. Im ersten, „Autobiografie und Krieg", trifft Małgorzata Klentak-Zabłockas Skizze über den Krieg in Kafkas Tagebüchern auf Frank Schusters reich fundierte Rekonstruktion von Arnold Zweigs Verdun-Erfahrung und deren literarischer Verschlüsselung. Zuletzt werden unter der Überschrift „Geschichtphilosophische Perspektiven" zwei Beiträge zusammengeführt, die sich – bei allen Unterschieden – in der Frage begegnen, wie Erzählen historischen Sinn generiert. Wolfgang Müller-Funk weit ausgreifendem, komparatistisch angelegtem Entwurf der Epochenschwelle von 1914 als „narrativer Markierung" sekundiert hier ein entschieden ‚leichteres' Kaliber: Wynfrid Kriegleders witzige Besprechung von Hannes Steins satirisch-utopischem Roman *Der Komet* (2013), der Vision einer alternativen Geschichte ohne den Ersten Weltkrieg.

Die meisten Beiträge sind aus Referaten hervorgegangen, die auf dem Symposium „Der Erste Weltkrieg als Epochenschwelle in Literatur und Kultur" gehalten wurden (Österreichisches Kulturforum Warschau, 13.–15. März 2014;

Mitorganisator: Institut für Germanistik der Universität Warschau). Sie erscheinen hier nach gründlicher Überarbeitung, ergänzt durch mehrere eigens für diesen Band verfassten Texte.

Anna Wołkowicz

I Autobiografie und Krieg

Małgorzata Klentak-Zabłocka

Kafkas Kämpfe.
Der Erste Weltkrieg im Spiegel seiner Tagebücher[1]

Der Kontext des Ersten Weltkrieges gehörte lange zu den von der Kafka-Forschung „weitgehend vernachlässigten" Bereichen – so die Herausgeber einer der jüngsten einschlägigen Studien: *Kafka. Prag und der Erste Weltkrieg* in ihrem Vorwort.[2] Nichtsdestoweniger fällt die Zeitspanne 1914–1918 mit den wichtigsten Phasen von Kafkas geistiger Biografie zusammen: Reiner Stach rechnet sie zur erkenntnisreichsten und -ergiebigsten Periode in Kafkas Leben; dementsprechend trägt auch in Stachs umfangreicher Kafka-Biografie der zweite Band, der auf *Die Jahre der Entscheidungen 1910–1915* gefolgt ist, den Titel *Die Jahre der Erkenntnis*.[3]

In der Tat wurde mit dem Ersten Weltkrieg, welcher die Existenz des Schriftstellers vom 31. bis zum 35. Lebensjahr begleitete, mitprägte und überschattete, die zentrale Phase in Kafkas innerem Leben markiert. Der seit anderthalb Jahren zwischen zwei Lebensentwürfen schwankende Büroangestellte Franz Kafka löste die Verlobung mit Felice Bauer auf, als wäre er nun endgültig zum Alleinsein entschlossen, und schrieb die ersten Passagen eines Romans nieder, der seinen Namen in die Weltliteratur einführen sollte – alles genau zu dem Zeitpunkt, als der Krieg ausbrach. Während der vier Kriegsjahre erwog Kafka, einem Strategen und Kämpfer ähnlich, lebenswichtige Fragen, und befleißigte sich einer zunehmend exklusiven und hermetischen Ausdrucksweise. Es war, als stürze er sich in einen persönlichen Kampf, den er zunächst an seinem Schreibtisch allein auszutragen gedachte, dann aber auch andere Varianten zuließ – wie etwa

---

1 Eine gekürzte Fassung des Beitrags wurde in polnischer Sprache unter dem Titel „Prywatna wojna Franza K" in der Zeitschrift *Przegląd Polityczny* 125, 2014, S. 159–165 veröffentlicht.

2 Cf. Engel, Manfred/Robertson, Ritchie (Hrsg.): *Kafka. Prag und der Erste Weltkrieg.* Königshausen u. Neumann: Oxford Kafka Studies 2, Würzburg 2012, S. 7.

3 Stach, Reiner: *Kafka. Die Jahre der Entscheidungen.* S. Fischer Verlag: Frankfurt a. M. 2002; id.: *Kafka. Die Jahre der Erkenntnis.* S. Fischer Verlag: Frankfurt a. M. 2008, id.: *Kafka. Die frühen Jahre.* S. Fischer Verlag: Frankfurt a. M. 2014.

die, Soldat zu werden! Zwar landete er schließlich weder an der Front noch bei sonstigen militärischen Aufgaben, doch als der Krieg zu Ende ging, war auch Kafkas Schicksal im Grunde besiegelt: Im Herbst 1918 gelang es ihm zwar noch, dem Tod knapp zu entrinnen, indem er einen schweren, fünfwöchigen Kampf gegen die spanische Grippe gewonnen hatte, aber von seiner Lungenkrankheit vermochte er sich nicht mehr zu erholen; die im dritten Kriegsjahr diagnostizierte und inzwischen zum Stillstand gebrachte Tuberkulose griff seinen geschwächten Organismus erneut an und befristete sein Leben auf nur noch fünfeinhalb Jahre.

Die meisten dieser Fakten aus Kafkas Leben wurden zur Kenntnis genommen, ohne dass sie jedoch vor dem konkreten Kriegshintergrund gesehen oder gar gedeutet wurden. Dass der durchaus reale Kriegsbezug von Kafkas Leben und Schreiben in der Germanistik jahrelang so wenig Beachtung fand, sei laut Engel und Robertson unter anderem auf den althergebrachten „Konsens" der Kafka-Forschung zurückzuführen:

> Außenwelt – egal ob als zeitgeschichtliches Ereignis, als soziale oder politische Konstellation – sei Kafka gleichgültig gewesen; ihn habe nur die „Darstellung seines traumhaften inneren Lebens" […] interessiert, so die ältere Forschung, oder, so die aktuellere These, nur das Schreiben als Verwandlung des eigenen Selbst in „Schrift". Natürlich gab und gibt es auch andere Stimmen. […] Für den Ersten Weltkrieg und die ihn umgebenden Diskurse haben sich allerdings weder die sozialgeschichtliche noch die neohistorische Kafka-Forschung interessiert.[4]

Eine solche Vorgehensweise hat Kafka den Interpreten selbst zugespielt: Eine seiner meistzitierten Tagebucheintragungen (vom 2. August 1914) lautet: „Deutschland hat Russland den Krieg erklärt. – Nachmittag Schwimmschule".[5] Die Stelle wird vielerorts als Beleg eines radikalen Desinteresses am

---

4   Ausgeklammert: „Die sozialgeschichtliche Forschung hat in Kafka einen genauen Kenner von Gesellschaft, Rechtswesen, Verwaltung und Technik seiner Zeit gesehen und sein Werk als satirisch verfremdete Kritik zeitgenössischer Missstände gelesen, mitunter sogar als prophetische Vorwegnahme totalitärer Regime. Auch für die neueren Schulen von New Historicism, Diskursanalyse und Intertextualität gelten Kafkas Dichtungen zwar nicht unbedingt als wirklichkeits- wohl aber als diskursgesättigt: ein ‚Intertext', in dem die Rede- und Denksysteme seiner Zeit gemischt und neu inszeniert werden". Engel, Manfred/Robertson, Ritchie (Hrsg.): *Kafka* (wie Anm. 2), S. 7.

5   Kafka, Franz: *Tagebücher 1912–1914*. In: id.: *Gesammelte Werke in zwölf Bänden*. Nach der *Kritischen Ausgabe* hrsg. v. Hans-Gerd Koch. S. Fischer-Verlag: Frankfurt a. M. 1994, Bd. 10, S. 165.

aktuellen politischen Geschehen herangezogen. Sollte aber die Bemerkung bedenkenlos in diesem Sinne hingenommen werden? Ist es möglich, dass Kafka kein Gespür für die Wirkung solch einer arrogant anmutenden Formulierung hatte? Ist es nicht eher unwahrscheinlich, dass der sonst mit so viel Fingerspitzengefühl ausgestattete Schriftsteller die beunruhigende, ja empörende Inkohärenz übersah, als er zwei derart unangemessene Ereignisse kommentarlos zusammenstellte? War es also nicht vielmehr eine für den eigenen Gebrauch inszenierte Zuspitzung, die den Effekt des Ratlos-Grotesken zum Ziel hatte? Das Ratlose daran gleicht einem Vakuum, das durch eine angebrachte Reaktion – eine persönliche Stellungnahme zu dem gerade Geschehenden – ausgefüllt werden müsste und sollte, vorläufig aber: eben unausgefüllt bleibt. Haben wir es hier also nicht wieder einmal mit der typisch Kafkaschen – hier als Desinteresse maskierten – Konstatierung der eigenen Ratlosigkeit und Selbstanklage in einem zu tun?

Kafkas Tagebücher liefern nun spärlich verstreute, vereinzelte Informationen über das Durchdringen der Kriegsrealität in die private Sphäre[6] des Autors während seiner Arbeit am *Prozess*-Roman (dessen Handlung sich allerdings ausdrücklich in Friedenszeiten abspielt) sowie über sein Verhältnis zum Krieg. Es ist nicht zuletzt gerade deswegen interessant, nach jenen Spuren zu suchen und sie in zweierlei Hinsicht – wie sie sich in dem angeführten Zitat präsentieren – untersuchend zu verfolgen, und zwar als Zeugnisse einer unmittelbaren Involvierung Kafkas in die zivile Kriegsrealität bzw. den Kriegsalltag und als Ausdruck seiner Reaktion auf diese Involvierung.

Dem Krieg den Rücken kehren

Es wäre müßig, nach der umfangreichen und ausführlichen Darstellung von Stach, der allein diesen Zusammenhängen ca. 360 Seiten gewidmet hat[7], die Anwesenheit des Krieges in Kafkas Bewusstsein bestreiten zu wollen. Es war Kafka unmöglich, im realen Leben von dem Krieg, der in Europa tobte, abzusehen: In seinem nächsten Umkreis wurden mehrere Personen einberufen, wie seine beiden Schwäger Karl Hermann und Josef Pollak sowie einige Freunde und Bekannte (Oskar Pollak, Willy Haas, Otto Pick, Ernst Weiß, Hugo Bergmann),

---

6   „Von Alltag des Prager *k. k. Versicherungsbeamten* Franz Kafka erfahren wir hier nichts", schließt Hans-Gerd Koch seine Nachbemerkung zu Kafkas Tagebüchern aus den Jahren 1912–1914. Kafka, Franz: *Tagebücher 1912–1914* (wie Anm. 5), S. 327.

7   Bei der Schilderung der Lebensumstände in Kafkas nächster Umgebung während des Ersten Weltkriegs stütze ich mich auf Stachs Studie.

Kafkas Verleger Kurt Wolff[8] oder zahlreiche seiner Kollegen und Mitarbeiter. Von der 70-köpfigen Belegschaft seiner Abteilung fehlte bald fast jeder zweite[9], was Kafka nicht nur rein menschlich nicht unberührt lassen konnte, sondern seine berufliche Situation weitgehend veränderte. In seinem Büro wurde er jetzt ständig mit neuen, der Ausnahmesituation entspringenden Aufgaben konfrontiert; ab Februar 1915 gehörte es zum Aufgabenbereich der Filialen der Arbeiter-Unfall-Versicherungsanstalt, „Fürsorge für die heimkehrenden Krieger" zu leisten[10], sodass man Stach nur zustimmen kann, wenn er behauptet, schon von Berufs wegen war Kafka über die Gräuel des Krieges besser informiert als die Mehrheit seiner Mitbürger.[11] Aber auch im privaten Bereich ging es turbulent zu – es folgte ein Wohnungswechsel dem anderen: In die Wohnung seiner Eltern – wo Franz Kafka bis zu diesem Zeitpunkt gelebt hatte – zog seine Schwester Elli mit ihren Kindern zurück, während der lärmscheue Bruder versuchte, eine ruhige Unterkunft in der Stadt zu finden. Zur gleichen Zeit kommen auch tausende ostjüdische Kriegsflüchtlinge nach Prag (bis Ende 1914 sind das über 11.000 Menschen[12]). Kafkas Schwester Ottla ist im „Verein Jüdischer Mädchen" tätig, auch die Frauen aus der Umgebung von Max Brod engagieren sich in der praktischen Hilfe für die Bedürftigen. Ab Januar 1915 muss sich Kafka – in Vertretung des eingerückten Bruders seines Schwagers – eine Zeitlang um das Familiengeschäft kümmern – eine Asbestfabrik, die sich später allerdings nicht als die erhoffte gesicherte Investition erweisen wird. Das Leben in der Stadt bestimmen inzwischen der Mangel an allem, eine Rationierung der Lebensmittel und ein florierender Schwarzmarkt:

> Was die Menschen im Alltag erfuhren, waren knappe, schlechte Lebensmittel, abnorme Inflation, unbeheizte Räume, Zensur, behördliche Schikanen, eine Militarisierung und gleichzeitige Verwahrlosung des öffentlichen Raums.[13]

---

8   Cf. Birgfeld, Johannes: „Der Erste Weltkrieg im *Prager Tagblatt*. Zur Präsenz des Krieges als Kommunikationsereignis im Umfeld Kafkas". In: Engel, Manfred/Robertson, Ritchie (Hrsg.): *Kafka* (wie Anm. 2), S. 19–35, hier S. 19.

9   Stach, Reiner: *Kafka. Die Jahre der Entscheidungen* (wie Anm. 3), S. 545.

10 Id.: *Kafka. Die Jahre der Erkenntnis* (wie Anm. 3), S. 78. Stach zitiert im Zusammenhang damit einen Artikel aus der *Rumburger Zeitung*, erschienen am 8. Oktober 1916, in dem von der Gründung einer Nervenklinik in Deutschböhmen die Rede ist. Kafka war an dem Projekt, wie (nach Stach) „mit Sicherheit" auch an dem Artikel beteiligt. Cf. ibid., S. 82.

11 Ibid., S. 89.

12 Stach, Reiner: *Kafka. Die Jahre der Entscheidungen* (wie Anm. 3), S. 565 u. 643.

13 Id.: *Kafka. Die Jahre der Erkenntnis* (wie Anm. 3), S. 11.

Um den Einwohnern Prags einen angeblich unmittelbaren – „wertvollen und belehrenden"[14] Einblick in die Frontrealität zu verschaffen, baut man auf der Kaiserinsel eine Schützengraben-Anlage nach, die von Schaulustigen massenhaft besichtigt wird: An einem einzigen Sonntag (in der Zeit also, in der auch Kafka die Anlage besucht: „Anblick der Ameisenbewegung des Publikums vor dem Schützengraben und in ihm"[15]) vermerkt das *Prager Tagblatt* über 10.000 Besucher.[16] Über die wahren Verhältnisse an der Front kann man sich allerdings einzig aus erster Hand – von den heimkehrenden Soldaten – unterrichten lassen, oder sich beim Anblick der Kriegskrüppel und der sogenannten „Kriegszitterer", die auf den Straßen immer häufiger anzutreffen sind,[17] ein Bild davon machen, wie es an der Front wirklich zugehen mag. Sonst herrscht die „Kriegsdiktatur" der Zensur; kontrolliert wird alles: nicht nur Pressemeldungen und -artikel, Filmproduktionen, sondern auch der private Briefverkehr – sogar die Haltung von Brieftauben.[18] Dass aber Kafka ernsthaft erwägt, den Strapazen eines solchen Lebens durch den Militärdienst zu entkommen, ist immerhin schwer begreiflich.[19]

Im November 1916 reist er zu einer Lesung nach München – ein einmaliges Ereignis, das ihn scheinbar in eine vom Krieg unabhängige, andere Welt

---

14 So im Kommentar des *Prager Tagblattes* vom 11. November 1915, zit. nach Kafka, Franz: *Tagebücher 1914–1923*, in: id..: *Gesammelte Werke in zwölf Bänden*. Nach der *Kritischen Ausgabe* hrsg. v. Hans-Gerd Koch. S. Fischer-Verlag: Frankfurt a.M. 1994, Bd. 11, S. 270.

15 Ibid., S. 113.

16 Cf. ibid.

17 Es erschien sogar eine eigens dieser Problematik gewidmete Zeitschrift *Kriegsbeschädigtenfürsorge*, deren Herausgeber Kafkas Vorgesetzter Robert Marschner war; cf. Stach, Reiner: *Kafka. Die Jahre der Erkenntnis* (wie Anm. 3), S. 80. Stach zitiert auch in seinem Buch aus *Arbeitsnachweis. Zeitschrift für die Arbeitslosigkeit, Arbeitsvermittlung, Auswanderung und innere Kolonisation* eine schauerlich-grotesk anmutende Liste der Verwendbarkeit der Kriegskrüppel, die Kafka als Versicherungsbeamten mit großer Wahrscheinlichkeit bekannt sein musste; ibid., S. 76.

18 Cf. Birgfeld, Johannes: „Der Erste Weltkrieg" (wie Anm. 8), S. 28.

19 Vom Militär wurde er zweimal dank der Einmischung seiner Vorgesetzten reklamiert, und nach dem Blutsturz im Sommer 1917 war an das Soldat-Werden nicht mehr zu denken. Zwar ist nicht unbedingt anzunehmen, dass man Kafka – selbst wenn er 1915 eingezogen worden wäre – mit seinem Doktortitel in Jura direkt an die erste Linie geschickt hätte, dennoch meint Stach: „dass Kafka an seinem 34. Geburtstag noch am Leben war, hatte er mit hoher Wahrscheinlichkeit seinen Vorgesetzten Pfohl und Marschner zu verdanken"; cf. Stach, Reiner: *Kafka. Die Jahre der Erkenntnis* (wie Anm. 3), S. 75.

versetzt: Zum ersten Mal tritt er öffentlich als Schriftsteller auf und präsentiert dem Publikum seinen eigenen Text. Unter den Zuhörern ist Rilke anwesend, sie sprechen miteinander. Nach der Rückkehr bleibt die dichterische Aura weiter erhalten, denn für seine Mußestunden findet Kafka ein ruhiges Asyl in der winzig kleinen Wohnung seiner Schwester Ottla in der Alchimistengasse 22, sodass er sich mehr auf das Schreiben konzentrieren kann. Doch bald ergreift ihn der raue Alltag auch hier: Der Ofen in der kalten und feuchten Stube wird nicht zuletzt mit Manuskripten geheizt.[20]

Nach dem im August 1917 erlittenen Blutsturz siedelt der Erkrankte für einige Monate zu seiner Schwester aufs Land über – nach Zürau, wo sie das Gut ihres eingezogenen Schwagers Karl Hermann bewirtschaftet. Die ohnehin schon sehr einfachen Lebensbedingungen werden durch Missernten und die Kriegsnot noch zusätzlich erschwert und sind wahrscheinlich viel weniger idyllisch, als es Kafka in seinen Briefen darstellt. Stach konstatiert:

> Kein Strom, kein fließend Wasser, keine befestigten Straßen, kein Kaffeehaus, kein Kino, keine Buchhandlung, kein Zeitungskiosk, kein Postamt, kein Telefon, […] die Bahnstation nur mit dem Pferdekarren zu erreichen. […] Abends, wenn es dämmerte, wurde es […] einvernehmlich wieder still, denn niemand verspürte hier Lust, den gottgegebenen Tag zu verlängern. […] [W]er noch nicht schlafen wollte, brauchte Petroleum für die Lampe, und Petroleum war kostbar.[21]

Vom allgemeinen Lebensmittelmangel, der in Prag freilich noch schlimmer zu spüren ist, lässt Kafkas Tagebuch nichts ahnen. Welche Elemente der Kriegswirklichkeit werden darin indessen thematisiert?

Kriegsspuren auf Papier

Der diaristische Gesamtertrag[22] der vier Kriegsjahre sind Eindrücke und Reflexionen, seltener Ereignisse, die an knapp 140 Tagen festgehalten wurden. In den ersten Augustwochen 1914 fertigt Kafka fast täglich kurze, alltags- und politikbezogene Aufzeichnungen an. Sie betreffen die allgemeine Mobilisierung und deren Folgen für die Familie – im Einzelnen werden die Einberufung

---

20 Cf. Brief an Ottla vom 19. April 1917. Kafka, Franz: *Briefe an Ottla und die Familie*, hrsg. von Hartmut Binder u. Klaus Wagenbach. S. Fischer Verlag: Frankfurt a. M. 1974, S. 32.

21 Stach, Reiner: *Kafka. Die Jahre der Erkenntnis* (wie Anm. 3), S. 224.

22 Gemeint ist hier der Inhalt der als Tagebücher genutzten Hefte, und nicht der kleinen Oktavhefte, die Kafka ab dem Herbst 1916 parallel mit den Tagebuchheften größeren Formats benutzte (cf. Anm. 37) und auf die im Folgenden noch eingegangen wird.

der beiden Schwäger Karl und Josef (Pepa) sowie die Begleitung Karls zum Bahnhof notiert, die nun verlassene Wohnung der Schwester Elli vermerkt. Auch einige Ereignisse in der Umgebung finden Einlass in die Notizen, wie eine vorüberziehende Artillerieeinheit mit den tschechischen „Nazdar"-Rufen, ein patriotischer Umzug mit der Rede des Bürgermeisters, tschechische Chorgesänge im Wirtshaus nebenan, die möglicherweise auch einer patriotischen Hochstimmung entspringen. Sobald sich eine Reflexion an diese Beobachtungen anschließt, wird darin Kafkas exklusive, betont distanzierte Position eines Außenseiters zum Ausdruck gebracht. Auf den eigenen, von Schwäche gleichsam stigmatisierten Sonderstatus als Allein- und Abseitsstehender konzentriert, hebt er alles hervor, was ihn von den „anderen" unterscheidet: Für seine Lage scheinen ihm Ausdrücke wie „Schmerz", „Wehrlosigkeit", „gleiten" und „geschoben werden" angebracht, auch „Schwanken", „Kleinlichkeit", „Entschlußunfähigkeit", „die ewigen Qualen des Sterbens", während die anderen „kräftig" und „Widerstand leistend" seien.[23] „Neid und Haß gegen die Kämpfenden", fügt er am 5. August selbstdenunziatorisch und selbstquälerisch hinzu, „denen ich mit Leidenschaft alles Böse wünsche".[24] An manchen Stellen bestätigt sich auch Kafkas Beobachtungsgabe wieder, die er bereits bei den Schilderungen der ostjüdischen Theatertruppe 1911 demonstriert hatte: In knappen Worten wird das Wesentliche zutreffend erfasst. Bei der genannten patriotischen Kundgebung erwähnt Kafka nicht ohne Selbstironie, wie er mit seinem „bösen Blick" da stünde. Einerseits fixiert er mit diesem Blick die Agierenden wie willenlose, auf einer Bühne auftretende Marionetten: „Diese Umzüge sind eine der widerlichsten Begleiterscheinungen des Krieges" (bereits im *Verschollenen* hatte er sich durch das beiläufige Skizzieren von Massenphänomenen ausgezeichnet), andererseits kann er sich lobender Bemerkungen nicht enthalten: „organisiert war es gut".[25]

Nach den ersten zwei Augustwochen greift Kafka seltener, aber immer noch relativ systematisch zum Tagebuch – bis zum Jahresende und einer Bilanz am 31. Dezember, die allerdings vor allem seinen literarischen Schreibergebnissen gilt. Inzwischen jedoch wird er mit jenen Kriegszeugen konfrontiert, die – wie sein Schwager Josef, Franz Werfel oder die ostjüdischen Flüchtlinge – Einprägsames und Erschütterndes zu berichten haben. Das scheint in seinen Augen wertvoll zu sein, ja, scheint ihn zu faszinieren, da er die ihm erzählten furchtbaren,

---

23 Kafka, Franz: *Tagebücher 1912–1914* (wie Anm. 5), S. 165–167.
24 Ibid., S. 166.
25 Ibid., S. 167.

grotesken oder zumindest seltsam erscheinenden Bilder unverzüglich seinem Tagebuch anvertraut:

> 4. <November 1914> Pepa zurück. Schreiend, aufgeregt, außer Rand und Band. Geschichte vom Maulwurf, der im Schützengraben unter ihm bohrte und den er für ein göttliches Zeichen ansah, von dort wegzurücken. Kaum war er fort, traf ein Schuß einen Soldaten, der ihm nachgekrochen war und sich jetzt über dem Maulwurf befand. – Sein Hauptmann. Man sah deutlich, wie er gefangen genommen wurde. Am nächsten Tag fand man ihn aber nackt von Bajonetten durchbohrt im Wald. Wahrscheinlich hatte er Geld bei sich, man hatte ihn durchsuchen und berauben wollen, er aber hatte „wie die Offiziere sind" sich nicht freiwillig anrühren lassen. – P. hat vor Wut und Aufregung fast geweint, als er auf dem Weg von der Bahn seinen Chef (den er früher maßlos und lächerlich verehrt hatte) traf, wie er elegant angezogen, parfümiert, mit umgehängtem Gucker ins Theater ging.[26]

Selbst dann aber bezeugen diese Eintragungen, die sich unmittelbar auf die plastischen Kriegsszenen beziehen, die emotionale Zurückgezogenheit und den distanzierten Blick eines Beobachters, welcher – Heinrich von Kleists Anekdoten *aus dem letzten preußischen Kriege* vielleicht noch im Hinterkopf – sich durch Unstimmigkeiten, Paradoxien und insgesamt durch das ‚schrecklich Alberne' des Krieges angezogen fühlt.[27] Einen in dieser Hinsicht besonders ergiebigen Zwischenfall in Kafkas Leben stellt die umständliche und anstrengende Reise nach Nagy Mihaly im April 1915 dar.[28] Unterwegs gibt es viele Gelegenheiten zum aufmerksamen Beobachten. Mit durchdringender Genauigkeit hält Kafka Eindrücke fest, die sich zur authentischen Kriegsalltäglichkeit im Hinterland zusammenfügen. Im Unterschied zu Prag, wo er kaum Notiz davon zu nehmen scheint,[29] notiert er, sobald er einzelnen Menschen und Szenen begegnet, die kleinsten Details, als müsste dieses Wirklich-Erlebte unbedingt festgehalten werden. Bezeichnenderweise interessieren ihn zuallererst gerade diese Details

---

26 Kafka, Franz: *Tagebücher 1914–1923* (wie Anm. 14), S. 55.

27 Und so kann Kafka über seinen im Schützengraben traumatisierten Schwager Pepa in einem Atemzug berichten, „[e]inen Monat später machte er es selbst mit einer Karte, die ihm dieser Chef geschenkt hatte. Er gieng zum ‚Ungetreuen Eckehart', einem Lustspiel". Ibid.

28 Kafka begleitete seine Schwester Elli; sie besuchte ihren Mann, der in Ungarn als Soldat stationiert war. Ibid., S. 83–89.

29 Eine der wenigen Ausnahmen stellt die Notiz vom 5. November 1915 dar, in der Kafka mit überraschender Genauigkeit seine Investitionsskrupel bei der Kriegsanleihe und das Hin und Her mit dem Geld wiedergibt und wo der bezeichnende Satz fällt: „Ich fühlte mich unmittelbar am Krieg beteiligt". Ibid., S. 112–113.

und statt Verallgemeinerungen – nur Einzelheiten. Der Zusammenhang zwischen den Episoden bleibt oft im Dunkeln, vieles bleibt nur fragmentarisch, die Porträtierten bleiben anonym, aber selbst dann vermag Kafka den wie Blitzaufnahmen aufflackernden Bildern beiläufig eine knappe, persönliche Prägung zu verleihen – meist fixiert er andere Menschen ohne jegliche schonende Modifikation, im Gegenteil: scharf, in aller Deutlichkeit, zwischen grotesker Zuspitzung und echter Betroffenheit schwebend:

> Der Husare auf dem Bahnhof in der verschnürten Pelzjacke, tanzt und setzt die Füße wie ein zur Schau gestelltes Pferd. Nimmt Abschied von einer Dame, die wegfährt. Unterhält sie leicht und ununterbrochen, wenn nicht durch Worte so durch Tanzbewegungen und Hantieren mit dem Säbelgriff. Führt sie ein oder zweimal, aus vorsorglicher Befürchtung, der Zug könnte schon wegfahren, die Treppe zum Waggon hinauf, die Hand fast unter ihrer Achsel. Er ist mittelgroß, starke große gesunde Zähne, der Schnitt und die Taillenbetonung der Pelzjacke gibt seiner Erscheinung etwas Weibisches. Er lächelt nach allen Seiten, ein förmlich unbewußtes sinnloses Lächeln, bloßer Beweis der selbstverständlichen fast von der Officiersehre geforderten vollständigen und immerwährenden Harmonie seines Wesens. – Das alte Ehepaar, das unter Tränen Abschied nimmt. Sinnlos wiederholte unzählige Küsse, so wie man in der Verzweiflung ohne davon zu wissen, die Cigarette immerwieder vornimmt. […] Er hat einen grauen Schnauzbart, große Nase und wirklich Pockennarben. Radmantel und Stock. Beherrscht sich gut, trotzdem er sehr ergriffen ist. Greift in wehmütigem Schmerz der alten Frau ans Kinn. Was für eine Zauberei darin liegt, wenn einer alten Frau unters Kinn gegriffen wird. Schließlich sehen sie einander weinend ins Gesicht. Sie meinen es nicht so, aber man könnte es so deuten: Sogar dieses elende kleine Glück, wie es die Verbindung von uns zwei alten Leuten ist wird durch den Krieg gestört.[30]

Kafka zeichnet in wenigen Worten Soldatenfiguren auf, „die zwei Polen, de[n] Lieutenant und die Dame", Krankenschwestern, Verwundete, wieder Soldaten und andere meist schäbig aussehende Reisende, verfallene Orte unterwegs. Es gelingen ihm hervorragend immer wieder flüchtige Porträts der seinen Weg zufällig kreuzenden Mitreisenden. Unvergesslich und für Kafkas von Max Brod bezeugte Bewunderung für das preußische Militär charakteristisch ist seine Schilderung eines „riesige[n] deutsche[n] Offizier[s]", dessen mächtige Gestalt die Aufmerksamkeit des Schriftstellers gefesselt haben muss. Bezeichnenderweise entbehrt auch diese Schilderung gewisser grotesker Züge nicht, als wäre dem Schriftsteller seine eigene Faszination etwas suspekt:

> Der riesige deutsche Offizier marschiert mit verschiedenen kleinen Ausrüstungsstücken behängt zuerst durch den Bahnhof dann durch den Zug. Vor Strammheit und Größe ist

---

30 Ibid., S. 84–85.

er steif; daß er sich bewegt ist fast erstaunlich; vor der Festigkeit der Taille, der Breite des Rückens, dem schlanken Bau des Ganzen reißt man die Augen auf, um alles in einem fassen zu können.[31]

In Prag wird indessen zwar im Laufe des ganzen Jahres 1915 die Regelmäßigkeit der Tagebucheintragungen mehr oder weniger aufrechterhalten, aber nur selten, wie z. B. bei dem „Ost-und-Westjuden-Abend" im März, stößt man auf vergleichbare hervorragend getroffene Porträts – Skizzen einzelner Teilnehmer (u. a Brods), denen eigene Apathie entgegengesetzt wird: „Ich wie aus Holz, ein in die Mitte des Saales geschobener Kleiderhaken. Und dennoch Hoffnung."[32]

Eine weitere Erschütterung der alltäglichen Routine wird im November 1915 durch einen Besuch bei der Familie des vor fünf Monaten gefallenen Jugendfreundes Oskar Pollak[33] ausgelöst: Die Begegnung mit Oskars Mutter weckt bei Kafka offensichtlich Schuldgefühle, denn er stellt in diesem Zusammenhang in seinem Tagebuch – freilich etwas abwegige – Überlegungen an, wer es mehr verdiene, am Leben belassen zu werden.[34] Darüber hinaus kommt es ähnlich wie im Vorjahr (diesmal zu Weihnachten) zu einer Art Abrechnung mit sich selbst: Kopfschmerzen, Schlafstörungen, die Unmöglichkeit, etwas zu schreiben, werden konstatiert und mit der erstaunlichen Schlussfolgerung „bleibt nur Militärdienst"[35] versehen.

Ab 1916 verlieren die Aufzeichnungen immer mehr ihren Tagebuchcharakter: Unter den ca. 60 Eintragungen, die – über 22 Tage verteilt – in die Zeit zwischen Ende April und Ende Oktober fallen, bieten die meisten nichts anderes als eine Art literarischen Steinbruch[36]: mitten in einer Handlung anfangende und abgebrochene Szenen, Fetzen von Geschichten, die nicht mehr fortgesetzt

---

31 Ibid., S. 85–86.

32 Ibid., S. 80.

33 Kafkas bester Jugendfreund, inzwischen Privatdozent an der Universität, hat sich zu Beginn des Krieges freiwillig zum Militärdienst gemeldet und starb am 11. 06. 1915 an der österreichisch-italienischen Front am Isonzo.

34 Kafka vergleicht sich hier allerdings nicht mit Oskar Pollak, sondern mit Abraham Grünberg, einem polnischen Juden aus Warschau (laut Brod) oder aus Galizien (ibid., S. 271) und Kriegsflüchtling, dessen Bekanntschaft Kafka und Brod gemacht haben und von dessen „Geistesgaben" sie stark beeindruckt waren.

35 Am 25. 12. 1915; ibid., S. 116.

36 Auf die mögliche literarische Verarbeitung des Krieges bei Kafka wird hier nur insofern eingegangen, als es sich um die Tagebucheintragungen handelt. Kriegsbezüge in Kafkas Erzähltexten wurden bereits in der Forschung thematisiert – cf. Anz, Thomas: „Kafka, der Krieg und das größte Theater der Welt". In: Schneider, Uwe/Schumann, Andreas: *Krieg der Geister. Erster Weltkrieg und literarische Moderne.* Königshausen u. Neumann: Würzburg 2000, S. 247–262. Ferner: id.: „Motive des Militärischen in Kafkas Erzähltexten seit August 1914". In: Engel, Manfred/Robertson, Ritchie (Hrsg.): *Kafka*

werden. Im Jahre 1917 werden ebenfalls – im August, September und Oktober – vor allem literarische Versuche aufgezeichnet. Die letzte Tagebucheintragung in der Kriegszeit stammt vom 10. November 1917 und schildert einen merkwürdig realistischen und detailreichen Traum über die Schlacht am Tagliamento an der italienischen Front, wo Österreicher schwere Verluste erlitten. Das Aufgeschriebene besticht durch die Intensität des Erlebens: In der kurzen Schilderung fügen sich die Einzelheiten zu einer drehbuchartigen, aber durch die begleitenden Gefühle seltsam ergreifenden Handlung zusammen. Diesmal gehört das berichtende Ich einem Kollektiv („wir") an; es mag eine an der Front in eine hoffnungslose Lage geratene (österreichische) Truppe sein, die von „junge[n] stille[n]" preußischen Offizieren unter der Führung eines Majors plötzlich – lebensrettende – Unterstützung bekommt. Die Bewunderung für die in der Beschreibung zweimal namentlich als Preußen Bezeichneten wird hier durch nichts eingeschränkt. Der Berichtende wird von der „erlösenden" Opferbereitschaft der für ihn in den Tod marschierenden jungen Männer überwältigt:

> Es geht offenbar schlecht, es wird auch unbegreiflich, wie es jemals gut gehen könnte, wie kann man, da man doch auch nur ein Mensch ist, Menschen, die den Willen haben sich zu wehren, jemals überwältigen. Große Verzweiflung, allgemeine Flucht wird nötig werden. Da erscheint ein preußischer Major, der übrigens die ganze Zeit über mit uns die Schlacht beobachtet hat, aber wie er jetzt ruhig in den plötzlich leer gewordenen Raum tritt, ist er eine neue Erscheinung. Er steckt zwei Finger von jeder Hand in den Mund und pfeift, so wie man einem Hund pfeift, aber liebend. Das Zeichen gilt seiner Abteilung, die unweit gewartet hat und jetzt vormarschiert. Es ist preußische Garde, junge stille Leute, nicht viele, vielleicht nur eine Kompagnie, alle scheinen Offiziere zu sein, wenigstens haben sie lange Säbel, die Uniformen sind dunkel. Wie sie nun an uns mit kurzen Schritten, langsam, gedrängt vorbeimarschieren, hie und da uns ansehn, ist die Selbstverständlichkeit dieses Todesganges gleichzeitig rührend, erhebend und siegverbürgend. Erlöst durch das Eingreifen dieser Männer erwache ich.[37]

Der nächste Eintrag folgt erst im Sommer 1919. Allmählich scheint die innere Quelle, von welcher das Tagebuch versorgt wurde, zu versiegen.[38] Nicht nur der Kriegsalltag wird daraus fast gänzlich verdrängt, auch als intime

---

(wie Anm. 2), S. 173–183, sowie: Blank, Juliane: „Historische Konkretisierung und Verallgemeinerung in den *Gruftwächter*-Aufzeichnungen (1916/17)". In: ibid., S. 185–199.

37 Kafka, Franz: *Tagebücher 1914–1923* (wie Anm. 14), S. 171.

38 Das mag ganz praktische Gründe gehabt haben (Papiermangel im dritten Kriegsjahr), oder ist auch auf Kafkas veränderte Einstellung zum Tagebuch überhaupt zurückzuführen: cf. die Eintragung vom 15. Oktober 1921: „Alle Tagebücher, vor einer Woche etwa, M. gegeben. Ein wenig freier? Nein. Ob ich noch fähig bin, eine Art Tagebuch zu führen?" Ibid., S. 187.

Literaturwerkstatt zählt das Tagebuch kaum noch. Der Hauptstrom von Kafkas literarischer Tätigkeit ergießt sich ja in dieser Zeit – seit dem im Herbst 1916 in der Alchimistengasse gefundenen Asyl – woandershin, und zwar in die Oktavhefte.[39] Das alles bedeutet aber noch nicht, dass die letzten spärlichen Tagebuchaufzeichnungen aus der Kriegszeit von jeglichem Kriegseinfluss unberührt sind. Ihre Thematik, insbesondere aber die Ausdrucksweise – die Metaphern und der in diesen Versuchen verwendete Wortschatz, denn vor allem solche Aspekte können an jenen ‚Splittern' untersucht werden – lassen sogar das Gegenteil behaupten.

„Die Welt ins Reine heben"

Auf den kriegs- und militärbezogenen Wortschatz bei Kafka ist die Forschung bereits aufmerksam geworden.[40] Eine solche Ausdrucksweise ist aber nicht erst mit dem Ersten Weltkrieg in Kafkas Texte eingeflossen; Thomas Anz bemerkt:

> Als „Kampf" hat Kafka sein literarisches Schreiben schon vor 1914 begriffen und die Anstrengungen, sich in seiner Schriftstellerexistenz zu behaupten, in den *Beschreibungen eines Kampfes* [sic] wiederholt zum Thema gemacht.[41]

Die aus der Kriegszeit stammenden und von der Sekundärliteratur zum Teil vernachlässigten literarischen Entwürfe verdienen Beachtung, wenn man die

---

39 Cf. Stach, Reiner: *Kafka. Die Jahre der Erkenntnis* (wie Anm. 3), S. 168: „Vier unlinierte Oktavhefte zu je 80 Seiten: ein kleines, handliches Format, geeignet, in der Brusttasche durch die Stadt getragen zu werden."

40 Den viel diskutierten *Prozess*-Anfang mit der von Kafka gestrichenen ursprünglichen Variante „gefangen genommen" zugunsten des endgültigen „verhaftet" deutet Stach als unmittelbare Reaktion auf den Pressetenor der ersten Kriegstage: „[…] auf diesem Weg war der Krieg in die ersten Worte des Romans eingesickert". Ibid., S. 537. Darüber hinaus verweist Stach auf *In der Strafkolonie* als eine durch den Krieg gespeiste Gewaltfantasie. Auch Anz erkennt die Spuren des Krieges, und zwar sowohl in *In der Strafkolonie* als auch im *Bau*, konzentriert sich aber, insbesondere in dem erwähnten einleuchtenden Aufsatz „Kafka, der Krieg und das größte Theater der Welt", auf das Naturtheater-von-Oklahama-Kapitel aus dem *Verschollenen*; cf. Anz, Thomas: „Kafka, der Krieg" (wie Anm. 36).

41 Anz, Thomas: „Motive des Militärischen" (wie Anm. 36), S. 173. Auf eine kampflustige, vor Kraft strotzende, kriegerische Aura der Zeit verweist – freilich, essayistisch – Florian Illies: „Es ist die *Fackel* in Wien, der *Sturm*, die *Tat* und die *Aktion* in Berlin, die schon alle in ihrem atemlosen Namen verraten, dass dort die Kämpfe der Gegenwart ausgetragen werden." Illies, Florian: *1913: Der Sommer des Jahrhunderts*. S. Fischer Verlag: Frankfurt a. M. 2012, S. 43.

Tagebücher nach den Spuren der verdrängten Realität vorsichtig abtastet. Die Vorsicht ist vor allem deswegen geboten, weil etwa gewaltsame Fantasien, die vorschnell ausschließlich als Folge der Kriegsbrutalität gedeutet werden könnten, ebenfalls auch schon vor 1914 dort anzutreffen sind.[42]

Mit der ersten – und recht umfangreichen – Geschichte, die nach dem Ausbruch des Krieges im Tagebuch ihren Platz findet und somit ein Abstecher vom *Prozess* und von der wieder aufgenommenen Arbeit am *Verschollenen* ist,[43] beginnt Kafka schon am 15. August 1914. Es handelt sich um die *Erinnerungen an die Kaldabahn*, in denen ein Ich-Erzähler einen mehrere Jahre zurück liegenden Abschnitt seines Lebens betrachtet, als er, von Unglück, Schmerz und Einsamkeit geplagt und allem Anschein nach auf einen totalen „Zusammenbruch" wartend, in Russland an einer kleinen Bahnstation angestellt war. Der dürftige Arbeitsplatz, die problematische Versorgung, der schwächliche Protagonist wie die Unmöglichkeit, den „widerspenstigen Boden", selbst „mit der neuen scharfen Hacke" zu „bezwingen", dazu Szenen von Komik und brutaler Gewalt – wie die Tötung der das Haus bedrohenden Ratten – können gleichermaßen mit den Phantasien über Russland als Kriegsgegner und mit autothematischen Schreibreflexionen in Verbindung gebracht werden. Wenn der Ich-Erzähler sich aber ein „richtiges Gewehr" gegen die Ratten besorgen und nicht mehr „dulden" will, dass seine „Hütte, die [s]ein einziger Besitz [ist], angegriffen" wird, scheint der Kriegsbezug an Intensität zu gewinnen. In der Kalda-Geschichte wiederholt sich auch eine bekannte Motivkonstellation. Auf der einen Seite gibt es das schwache, kränkelnde Ich – hustend, fiebernd, in Schweiß gebadet – und auf der anderen kräftige Männer aus seiner Umgebung (möglicherweise auch dem *Urteil* nachgezeichnete Vater-Figuren[44]): den brutalen Inspektor und den alten Jekoz, stark und robust, seine angebliche Altersschwäche nur vorgaukelnd, denn er könnte in Wirklichkeit „einen erwachsenen Mann" mit bloßen Armen „zerdrücken".[45]

---

42 Cf. zum Beispiel die Skizzen vom 03. und 04. 05. 1913, in: Kafka, Franz: *Tagebücher 1912–1914* (wie Anm. 5), S. 177.

43 Stach, Reiner: *Kafka. Die Jahre der Entscheidungen* (wie Anm. 3), S. 542.

44 Dies würde mit der Konstatierung von Anz übereinstimmen, wenn er von einer „verästelten Macht" spricht, die anstelle von früheren Vater-Figuren tritt und von „Richtern, Führern, Personalchefs, Offizieren, Kommandanten oder Aufsehern, von Kanzleien, Akten oder Maschinen" ausgeübt wird. Anz, Thomas: „Kafka, der Krieg" (wie Anm. 36), S. 248.

45 Kafka, Franz: *Tagebücher 1914–1923* (wie Anm. 14), S. 50.

Mitte September 1915 mischt sich unter die Bemerkungen zur Bibel-Lektüre[46] und realistischen Geschichten über Napoleons Zug nach Russland[47] eine distanziert, fachmännisch und unterrichtend komponierte und daher schockierende Überlegung, wie man einen Menschen am „ergiebigsten" erstechen kann. Im nächsten Sommer ist eine Hinrichtung durch Erstechen immer noch Gegenstand der Reflexion oder eine Art Inspirationsquelle. All das scheinen Fantasien aus dem Umkreis der *Strafkolonie* zu sein. Sie werden noch im nächsten Sommer fortgesetzt, indem sie mehrere Seiten füllen. Mit *In der Strafkolonie* wird nach Stach übrigens eine „in den ersten Kriegsmonaten häufige Vision" weiter entwickelt, „eine, an die man sich gewöhnen musste" – „Metall, das ins menschliche Fleisch einragt".[48] Als Motive tauchen jetzt in den Tagebüchern vereinzelt auch kriegerische Handlungen gegen nordamerikanische Indianer, Notizen zu den Todesstrafen bei den Hussiten, selbst die Themen seiner Träume scheinen dem Schriftsteller, wie er an einer Stelle vermerkt, mit den Kriegshandlungen verbunden zu sein.[49] Im August 1917, wenige Tage vor dem Blutsturz, der eine Zäsur in Kafkas Leben setzte, ist im Tagebuch zu lesen:

> Noch einmal schrie ich aus voller Brust in die Welt hinaus. Dann stieß man mir den Knebel ein fesselte Hände und Füße und band mir ein Tuch vor die Augen. Ich wurde mehrmals hin und her gewälzt, ich wurde aufrecht gesetzt und wieder hingelegt auch dies mehrmals, man zog ruckweise an meinen Beinen daß ich mich vor Schmerz bäumte, man ließ mich ein Weilchen ruhig liegen, dann aber stach man mich tief mit irgendetwas Spitzem, überraschend hier und dort, wo es die Laune eingab.[50]

An diese von Ohnmacht und Schmerz triefende Folterfantasie schließt sich eine – ebenfalls in der Ich-Form geschriebene – aber von der Stimmung her doch sehr unterschiedliche Geschichte an: Vor dem Einzug des neuen Kaisers[51] soll ein alter Bettler seinen Stammplatz an ‚seiner' Straßenkreuzung räumen:

---

46 So zu Psalm 82, in dem von der Unterdrückung der Menschen durch die „falsch richtenden […] Gottessöhne oder Engel" die Rede ist; cf. ibid., S. 265.

47 Kafka liest Förster Flecks *Erzählung von seinen Schicksalen auf dem Zuge Napoleons nach Russland und von seiner Gefangenschaft 1812–1814, von ihm selbst geschrieben.* 1914 jährten sich Napoleons Niederlage und Abdankung gerade zum 100. Mal.

48 Stach, Reiner: *Kafka. Die Jahre der Entscheidungen* (wie Anm. 3), S. 557.

49 Kafka, Franz: *Tagebücher 1914–1923* (wie Anm. 14), S. 164.

50 Ibid., S. 148.

51 Eine mögliche Anspielung auf den neuen Kaiser Karl I., der ab November 1916 in Österreich regierte.

> Eben deshalb aber weil ich mich um niemanden mehr kümmere und in dem Lärm und
> Unsinn der Straße den ruhigen Blick und die ruhige Seele bewahre, verstehe ich alles,
> was mich, meine Stellung, meine berechtigten Ansprüche betrifft, besser als irgendwer.[52]

Ist Kafka selbst in dieser Zeit nicht ein „im Lärm und Unsinn der Straße" Stehender, der den „ruhigen Blick und ruhige Seele" bewahren will? Das Bild korrespondiert deutlich mit seinen mitten in der Kriegszeit unternommenen Versuchen, sich seine eigenen Sinn gebenden Ziele zu setzen, im „Gefecht" mit der aktuellen Lebenssituation einen neuen, alternativen Lebensentwurf zustande zu bringen. Diesen persönlichen Krieg führte er aber schon außerhalb der Tagebücher, in Form einer konzentrierten Denkarbeit fort, die vor allem in den Zürauer Meditationen[53] ihren Ausdruck fand. Zwischen die Tagebücher und jene aphoristischen Aufzeichnungen schiebt sich als überbrückendes Element noch die in den Oktavheften festgehaltene Denk- und Arbeitsphase; Waltraud John weist in der Nachbemerkung zu jenem Teil von Kafkas nachgelassenen Schriften darauf hin, dass der Wechsel zu den meistens mit Blei- oder Tintenstift und nicht mehr mit Tinte beschriebenen Heften kleineren Formats nicht nur auf die praktischen Gründe zurückzuführen sei, sondern auch den „Willen zum Neuanfang" markiere. Es handle sich hier also um

> [...] eine Abkehr von den großformatigen Heften, die ihn immer an die darin niedergeschriebenen, unvollendeten Romane erinnert haben dürften, die sich darüber hinaus in der Folgezeit auch mit der Hinwendung zu kleinen Prosastücken verbindet, so daß von einer Korrespondenz zwischen äußerer Form und dem Inhalt gesprochen werden kann.[54]

Nur ganz selten tauchen in den Oktavheften unmittelbare Spuren des Kriegsalltags auf, wie etwa: „[...] in den schweren Stiefeln, die ich heute zum erstenmal angezogen habe (sie waren ursprünglich für den Militärdienst bestimmt) steckt ein anderer Mensch".[55] Freilich wird die Erwähnung der Stiefel sofort mit einer über das bloß Registrierende hinausreichenden Selbstreflexion verknüpft. An vereinzelten Stellen vermerkt Kafka seine aktuellen Lektüren, kleine Routen in der Gegend während des Aufenthaltes in Zürau, die wenigen Besuche, die er bekommt, stichwortartig knapp bezieht er sich auf die aktuellen politischen

---

52 Kafka, Franz: *Tagebücher 1914–1923* (wie Anm. 14), S. 148.

53 So bezeichnet Reiner Stach Franz Kafkas so genannte Zürauer Aphorismen.

54 Kafka, Franz: *Beim Bau der chinesischen Mauer und andere Schriften aus dem Nachlaß.* In: id.: *Gesammelte Werke in zwölf Bänden.* Nach der *Kritischen Ausgabe* hrsg. v. Hans-Gerd Koch. Fischer-Verlag: Frankfurt a.M. 1994, Bd. 6, S. 254.

55 Ibid., S. 56.

Ereignisse. Literarische Versuche erinnern zum Teil an kleine Kampf-Szenen und kriegsbezogene Motivsplitter aus den Tagebüchern, doch die Aufzeichnungen lösen sich zunehmend von jeglicher Kriegs- und Alltagsthematik, um allgemeiner und vor allem in der Form steriler und hermetischer zu werden. Davon hebt sich wiederum der überraschend pragmatisch und politisch wirkende Entwurf aus dem Frühjahr 1918 deutlich ab, von Kafka sogar mit einem Titel versehen, als handle es sich um ein zu entwickelndes Projekt künftiger Gesellschaft: *Die besitzlose Arbeiterschaft*. Die darin nur skizzenhaft festgelegten Richtlinien für ein gerechtes und konfliktloses – tätiges – Funktionieren einer Gemeinschaft muten, indem sie sich ausschließlich an Selbstlosigkeit und gegenseitigem Vertrauen orientieren, allerdings utopisch an.[56] Ohne das Gewicht dieser Einzelerscheinung zu überschätzen, darf ohnehin angenommen werden, dass Kafka mit der Abkehr von seinen Tagebüchern zugunsten der Aphorismen tatsächlich ein neues Feld betrat.

Dass sich Kafka in Zürau neue Ziele gesetzt hat, ist zwar mehrfach bemerkt und ausgelegt worden – meistens im Sinne einer Hinwendung zur Philosophie. Der viel zitierte Satz: „falls ich die Welt ins Reine, Wahre, Unveränderliche heben kann"[57] wurde Max Brod zufolge als ein Bekenntnis zur existentiellen, individuellen, persönlichen Anstrengung begriffen, die der Klärung und Verklärung der eigenen inneren Welt dienen sollte. Zu fragen wäre aber demgegenüber – und Brods Lesart umdeutend: Und wenn mit der „Welt" die Welt schlechthin und nicht nur – und nicht primär – das eigene brüchige Innenleben gemeint wäre? Wie man bei Stach lesen kann,[58] notierte Kafka seine hermetischen Sprüche auf einzelne, lose Blätter, also recht freigiebig mit dem Papier umgehend – dies alles im strengen vierten Kriegswinter, als Briefpapier eine Kostbarkeit war und kurz nachdem er seinem Vater gegenüber spitz bemerkt hatte, im Unterschied zu ihm, Franz, der verrückt geworden, bzw. immer schon verrückt gewesen sei, sei vielleicht der Weltkrieg etwas Normales.[59] Diese Befunde und Beobachtungen rücken die Zürauer Aphorismen gewissermaßen in ein neues Licht – als ein in

---

56   Dieses von der Kafka-Forschung eher wenig beachtete Fragment soll mit den Plänen der Zionisten zusammenhängen, sich in Palästina niederzulassen; mehr dazu bei Stach, Reiner: *Ist das Kafka? 99 Fundstücke*. S. Fischer Verlag: Frankfurt a.M. 2013, S. 213–115.

57   September 1917, Kafka, Franz: *Tagebücher 1914–1923* (wie Anm. 14), S. 167.

58   Stach, Reiner: *Kafka. Die Jahre der Erkenntnis* (wie Anm. 3), S. 254–256.

59   Der Streit mit dem Vater wird im Brief an Ottla vom 31. 12. 1917 rekapituliert: „das Abnormale sei nicht das schlechteste, denn normal sei z.B. der Weltkrieg". Kafka, Franz: *Briefe an Ottla* (wie Anm. 20), S. 49.

den Augen ihres Autors überaus bedeutendes Projekt – und lassen in ihnen eine neue Lehre erahnen, die nicht nur für den Privatgebrauch und in voller Abkehr von der Welt entwickelt wurde, sondern, ganz im Gegenteil, sehr wohl dem konkreten weltlichen, politischen und sozialen Kontext des europäischen und Welt-Krieges entwuchs.

Frank M. Schuster

Arnold Zweigs Erfahrung mit der Absurdität des Krieges vor Verdun. Vom Schlüsselerlebnis zur Schlüsselliteratur

Verdun gilt heute noch als Symbol für Sinnlosigkeit des Krieges, weil nichts so widersinnig erscheint, wie der jahrelange Grabenkrieg um einige hundert Meter an der Westfront. Was aber vor Verdun 1916 wirklich geschah, ist meistens unklar, selbst wenn sich z.B. Politiker immer wieder auf die fast ein Jahr dauernde Schlacht beziehen,[1] denn der Erste Weltkrieg ist in der heutigen Wahrnehmung – sieht man von England und Frankreich ab – komplett überlagert durch den Zweiten Weltkrieg. Dabei war jener Krieg die prägende Erfahrung für eine ganze Generation.

Das bekannteste Beispiel für einen Kriegsveteranen, der trotz Drittem Reich, Verfolgung und Exil und dem Zweiten Weltkrieg ein Leben lang nicht von seiner Kriegserfahrung loskam, ist Arnold Zweig.[2] Er war, vor allem wegen fehlender Sehkraft, die durch den Krieg noch schwächer werden sollte, erst zurückgestellt und dann nur als ‚Schipper‘, Armierungssoldat ohne Waffe, gemustert worden. Nach seiner Ausbildung in Küstrin kam seine schlesische Einheit erst nach Flandern, dann zum Straßen- und Schanzenbau nach Serbien, Ungarn und Mazedonien, bevor sie im Mai 1916 in der Schlacht von Verdun eingesetzt wurde. Am 5. Juni 1916 heiratet Arnold seine Cousine und langjährige Freundin Beatrice Zweig. Am 18. Mai 1917 erhält er schließlich den Befehl, sich bei der Pressestelle des Oberbefehlshabers Ost (Oberost) in Litauen als Schreiber zu melden. Dort bleibt er bis Kriegende, bevor er nach Berlin zurückkehrt.

---

1   So bezog sich 2003 der damalige deutsche Außenminister Joschka Fischer im Zusammenhang mit dem amerikanischen Irakkrieg im genannten Sinne auf Verdun. Cf. „Die Amerikaner hatten kein Verdun[.] Ziehen die Amerikaner nach dem Irak-Krieg gegen andere Nationen los? Außenminister Joschka Fischer über das Scheitern der Diplomatie im Irak-Konflikt, die globale Macht der USA und die Schwäche der europäischen Außenpolitik“. Ein Interview mit Joschka Fischer von Stefan Aust, Ralf Beste, Gabor Steingart. In: *Der Spiegel* 13/2003 v. 22. 03. 2003. S. 49–51.

2   Zu Zweigs Biografie cf. im Folgenden vor allem Sternburg, Wilhelm von: *„Um Deutschland geht es uns“. Arnold Zweig. Die Biographie.* Aufbau: Berlin 2004.

Dank seines 1927 erschienenen Romans *Der Streit um den Sergeanten Grischa*[3] wird Zweig als Antikriegsschriftsteller bekannt. Bereits während er 1927 den Roman diktierte, plante und begann er weitere Teile eines autobiografischen Romanzyklus über den Ersten Weltkrieg.[4] Hatte er im Grischa-Roman die tragische Geschichte eines russischen Kriegsgefangenen thematisiert, die ihm während des Krieges in Kowno, dem heutigen Kaunas, zu Ohren kam,[5] so stellte er nun in einer ähnlich gelagerten Fabel das Schicksal eines deutschen Soldaten in den Mittelpunkt der dramatischen Handlung des Romans. Darin geht es erneut um Gerechtigkeit in einem ungerechten Krieg. Wie schon zuvor dürften dabei reale Ereignisse und Erlebnisse zugrunde gelegen haben. Allerdings ist es in seinem Verdun-Roman darüber hinaus vor allem auch Zweigs eigene Geschichte, die er thematisiert.

Der schließlich in zwei Teile: *Junge Frau von 1914*[6] und *Erziehung vor Verdun*[7] aufgeteilte Roman erzählt von seiner Kriegsbegeisterung zu Kriegsbeginn und von seinen und seiner Frau Erfahrungen während des Krieges.[8] Kaum jemand ist sich bewusst, wie autobiografisch diese Werke sind. Zweig hat, was auch fast niemand bisher bemerkt hat, das Schlüsselerlebnis seines Lebens in Schlüsselliteratur im doppelten Sinne verwandelt. Seine Romane sind Schlüsselromane einer Epoche und zugleich sind sie auf Entschlüsselung angelegt. Sie haben die

---

3   Zweig, Arnold: *Der Streit um den Sergeanten Grischa*. In: id.: *Berliner Ausgabe*, Bd. I/2. Hrsg. v. d. Humboldt-Universität zu Berlin u.d. Akademie der Künste, Berlin. Bearbeitet v. Frank Hörnigk. Aufbau: Berlin 2006.

4   Angekündigt wurde das Projekt bereits in einer Nachbemerkung zum *Streit um den Sergeanten Grischa*. Cf. ibid., S. 471.

5   Cf. Wenzel, Georg (Hrsg.): *Arnold Zweig, 1887–1968: Werk und Leben in Dokumenten und Bildern, mit unveröffentlichten Manuskripten und Briefen aus dem Nachlaß*. Aufbau: Berlin 1978, S. 88. Cf. auch: Zweig, Arnold: *Der Streit um den Sergeanten Grischa* (wie Anm. 3), S. 471.

6   Zweig, Arnold: *Junge Frau von 1914*. In: id.: *Berliner Ausgabe*, Bd. I/3. Hrsg. v. d. Humboldt-Universität zu Berlin u. d. Akademie der Künste, Berlin. Bearbeitet v. Eva Kaufmann. Aufbau: Berlin 1999. Die Erstausgabe erschien 1931.

7   Zweig, Arnold: *Erziehung vor Verdun*. In: id.: *Berliner Ausgabe*, Bd. I/5. Hrsg. v. d. Humboldt-Universität zu Berlin u. d. Akademie der Künste, Berlin. Bearbeitet v. Eva Kaufmann. Aufbau: Berlin 2001. Die Erstausgabe erschien 1935.

8   Daher müsste man beide Romane in die Untersuchung einbeziehen. Da dies aber zu weit führen würde, beschränke ich mich hier vor allem auf Zweigs eigene Erfahrung vor Verdun und ihre literarische Verarbeitung und lasse seine anfängliche Kriegsbegeisterung und Beatrice Zweigs Erfahrungen, die im Zentrum von *Junge Frau von 1914* des Romans stehen, unberücksichtigt.

Realität zum Vorbild.[9] Aber beide Bücher sind heute weitgehend vergessen, denn Zweigs Romane werden heute nur noch selten gelesen. Das liegt zum einen daran, dass sich in Deutschland kaum noch jemand für den Ersten Weltkrieg interessiert, und man von den vielen Romanen, die nach dem Krieg über diesen geschrieben wurden, bestenfalls noch Erich Maria Remarques *Im Westen nichts Neues* aus dem Jahr 1929 oder Ernst Jüngers *In Stahlgewittern* von 1920 kennt.

Zum anderen liegt es aber auch an Zweigs eigener Haltung und eigenwilliger Biografie. Er insistierte nicht nur ein Leben lang auf dem Ersten Weltkrieg als einem auch literarisch relevanten Thema, sondern ließ sich auch nicht von Kritikern und Ideologen in die oder jene Schublade stecken, obwohl sie das immer wieder versuchten. 1914 noch ein kriegsbegeisterter Chauvinist, ließ ihn die reale Kriegserfahrung schnell zum Pazifisten werden. Als solcher stand er sozialistischen Vorstellungen zwar nahe, war aber viel zu sehr deutscher Bildungsbürger, um ernsthaft und überzeugt Sozialist sein zu können. Der Erste Weltkrieg schien ihm, wie der Mehrheit der deutschen Juden, vielmehr eine Möglichkeit zu bieten, als Jude in Deutschland vollständig anerkannt zu werden.[10] Diese Hoffnung wurde zwar spätestens 1916 enttäuscht. Gleichzeitig aber gehörte Zweig, der sich bereits in seiner Jugend, unter dem Einfluss des Philosophen Martin Buber, für das traditionelle Judentum im östlichen Europa interessiert hatte, zu jenen deutschen Soldaten jüdischer Herkunft, die sich an der Ostfront in der Begegnung mit den auf polnischem und litauischem Gebiet lebenden Ostjuden mit ihren eigenen Wurzeln konfrontiert sahen. Die faszinierende Kultur, die sie dort vorfanden, erschien ihnen unverfälscht und archaisch zugleich, und gerade deshalb authentisch.[11] Da es vor allem die relativ junge

---

9 Cf. Zweig, Arnold: „Model, Dokument, Dichtung". In: *Jüdische Rundschau* 94 (1932) v. 25. 11. 1932. S. 457. Cf. auch den Artikel zu Zweig von Schuster, Frank M., und Neureuter, Hans Peter, in: Rösch, Gertrud Maria (Hrsg.): *Fakten und Fiktionen, Werklexikon der deutschsprachigen Schlüsselliteratur 1900–2010*, 2. Halbband. Hiersemann: Stuttgart 2013, S. 720–738.

10 Cf. dazu allgemein: Sieg, Ulrich: *Jüdische Intellektuelle im Ersten Weltkrieg. Kriegserfahrungen, weltanschauliche Debatten und kulturelle Neuentwürfe.* Akademie Verlag: Berlin 2001.

11 Cf. Gilman, Sander: „The Rediscovery of Eastern Jews: German Jews in the East 1890–1918". In: Bronsen, David (Hrsg.): *Jews and Germans. A Problematic Symbiosis.* Winter: Heidelberg 1979. S. 338–365; id.: „Die Wiederentdeckung der Ostjuden: Deutsche Juden im Osten 1890–1918". In: Brocke, Michael (Hrsg.): *Beter und Rebellen. Aus 1000 Jahren Judentum in Polen.* Deutscher Koordinierungsrat für Christlich-Jüdische Zusammenarbeit: Frankfurt a. M. 1983. S. 11–23. Zu Zweigs eigener Auseinandersetzung mit dem Ostjudentum cf. Zweig, Arnold: *Das Ostjüdische Antlitz.* Berlin 1920,

zionistische Bewegung war, die sich während des Krieges um den Erhalt von Kultur und Tradition der ostjüdischen Diaspora bemühte, bot für viele junge deutsche Juden wie Zweig angesichts des um sich greifenden Nationalismus und Antisemitismus gerade der Zionismus eine neue Orientierungsmöglichkeit. Wenn man in Deutschland als Jude nicht Deutscher sein durfte, so durfte man, so die neue Hoffnung einiger, vielleicht wenigstens in einem jüdischen Staat in Palästina oder anderswo Jude, deutscher Jude sein. Aus dieser Hoffnung heraus entschied sich Zweig, 1933 mit seiner Familie nach Palästina ins Exil zu gehen.[12] Allerdings sollte er auch hier eine Enttäuschung erleben, denn während die Nationalsozialisten ihn vertrieben hatten, weil sie in ihm einen Juden sahen, sahen die Zionisten, die in Jerusalem mehr und mehr das Sagen hatten, in ihm einen Deutschen. Beides, Jude und Deutscher zu sein, war ihm auch hier nicht erlaubt, und Israeli und hebräischer Schriftsteller zu werden, gelang ihm nicht. Dass er sich letztendlich entschied, in die entstehende DDR, und damit nach Deutschland, zurückzukehren, war mehr noch als bei Bertolt Brecht[13] eine pragmatische Entscheidung aus Mangel an Alternativen und keine aus Überzeugung. Da er sich auch als Sozialist verstand, sah er, als die neuen Machthaber in Ost-Berlin ihm das Angebot machten, dorthin zurückzukehren, zumindest eine Möglichkeit, wieder ein deutscher Schriftsteller zu sein und wieder gelesen zu werden. Allerdings landete er erneut zwischen den Stühlen und in den innerdeutschen Konflikten: Während man im Westen in dem Staatsschriftsteller nur einen sozialistischen Propagandisten sah und deshalb sein Werk boykottierte und lange totschwieg, wurde er im Osten zwar hofiert und seine Werke, nach vorheriger Selbst- und Parteizensur, wurden in großen Auflagen neu aufgelegt, doch kam man in der DDR mit den bürgerlichen und

---

in einer überarbeiteten neuen Aufl. Berlin 1922, sowie Wolf, Arie: „Arnold Zweigs Ostjudenbild". In: *Bulletin des Leo Baeck Instituts* 67 (1984) S. 15–40; Sauerland, Karol: „Arnold Zweig und das Ostjudentum". In: Hahn, Hans Henning/Stüben, Jens (Hrsg.): *Jüdische Autoren Ostmitteleuropas im 20. Jahrhundert.* Peter Lang: Frankfurt a. M. et al. 2000. S. 113–126.

12 Zu Zweigs Erfahrungen in Palästina cf. u.a. Walter, Hans-Albert: „Ein Fall von Vatermord oder Bilanz der palästinensischen Judenheit anno 1932". In: Zweig, Arnold: *De Vriendt kehrt heim.* Büchergilde Gutenberg: Frankfurt a.M. 1995, S. 265–427; Bernhard, Julia: „Entstehung und Wirkung" (von *De Vriendt kehrt heim*). In: Zweig, Arnold: *De Vriendt kehrt heim.* In: id.: *Berliner Ausgabe*, Bd. I/4. Hrsg. v. d. Humboldt-Universität zu Berlin u. d. Akademie der Künste, Berlin. Bearbeitet v. Julia Bernhard. Aufbau: Berlin: 1996. S. 277–298.

13 Zu Brecht cf. Hecht, Werner: *Die Mühen der Ebenen. Brecht und die DDR.* Aufbau: Berlin 2014; Wüthrich, Werner: 1948. Brechts Zürcher Schicksalsjahr. Chronos: Zürich 2006.

jüdischen Teilen seines Werkes ebenso wenig zurecht, wie mit einem Teil seiner als bürgerlich empfundenen Ansichten und mit seiner als dekadent angesehenen Lebensweise.[14]

Dieses Schubladendenken und unterschiedliche Vorbehalte auf allen Seiten prägten von Anfang an die Rezeption von Zweigs Werk und führten dazu, dass es heute kaum noch jemand kennt. Im Folgenden möchte ich mich weder an der Diskussion um die Sichtweise des Ostens oder des Westens auf Arnold Zweig und sein Werk beteiligen, noch den Juden Arnold Zweig gegen den Sozialisten Arnold Zweig ausspielen. Vielmehr möchte ich exemplarisch die Frage beantworten, warum es sich noch lohnt, Zweigs Romane zu lesen – zumindest die vor dem Zweiten Weltkrieg erschienenen. Gerade diese Romane spiegeln in hohem Maße sehr differenziert und plastisch die damalige Realität wider.[15] Wie sehr Arnold Zweig dabei der erlebten Realität, Erinnerungen und Überlieferungen verhaftet bleibt, wurde meines Erachtens bisher viel zu wenig berücksichtigt, obwohl hier die Stärke von Zweigs Werk liegt. Literatur verdichtet. Es

---

14 Auffällig und signifikant für den Umgang mit dem Autor ist, dass die Auseinandersetzung mit Arnold Zweig sowohl als jüdischer Autor als auch als DDR-Schriftsteller durch Impulse von außen erfolgte und nicht von dem innerdeutschen Raum ausging: Die beiden wichtigsten Monografien zu Zweig als Juden stammen von israelischen Literaturwissenschaftlern. Cf. Wiznitzer, Manuel: *Arnold Zweig. Das Leben eines deutsch-jüdischen Schriftstellers.* Athenäum: Königstein/Ts. 1983; Wolf, Arie: *Größe und Tragik Arnold Zweigs: Ein jüdisch-deutsches Dichterschicksal aus jüdischer Sicht.* The World of Books: London, Worms 1991. Die Untersuchung, die die Beschäftigung mit Zweig als DDR-Autor einleitete, stammt dagegen interessanterweise von einem Engländer, cf. Davis, Geoffrey V.: *Arnold Zweig in der DDR. Entstehung und Bearbeitung der Romane „Die Feuerpause", „Das Eis bricht" und „Traum ist teuer".* Bouvier: Bonn 1977. Ein Blick in die Publikationen der internationalen Arnold Zweig Gesellschaft, so in die unregelmäßig erscheinenden Veröffentlichungsbände zu ihren Symposien, zeigt, dass das Interesse an Zweig und seinem Werk international weiterhin größer zu sein scheint als in Deutschland selbst.

15 Zu den drei genannten Romanen – *Der Streit um den Sergeanten Grischa, Junge Frau von 1914* und *Erziehung vor Verdun* – kommen noch der 1937 erschienene Roman *Einsetzung eines Königs,* sowie, obwohl nicht direkt den Ersten Weltkrieg thematisierend, Zweigs in den 1920er Jahren angesiedelter, 1932 erschienener Palästinaroman *De Vriendt kehrt heim* hinzu. Zur Problematik von Zweigs später erschienenem Werk cf. vor allem Davis, Geoffrey V.: *Arnold Zweig in der DDR* (wie Anm. 14) sowie Walter, Hans-Albert: *Im Anfang war die Tat. Arnold Zweigs „Beil von Wandsbek". Roman einer Welt – Welt eines Romans.* Büchergilde Gutenberg: Frankfurt a. M. 1985, und Schuster, Frank M.: „Arnold Zweig: *Der Beil von Wandsbek".* In: Rösch, Gertrud Maria (Hrsg.): *Fakten und Fiktionen* (wie Anm. 9), S. 734–736.

sei, erklärte Zweig selbst 1932 angesichts des Vorwurfs, er würde die Realität als literarisches Vorbild missbrauchen,[16]

> eine Literatur entstanden, deren Wert und Recht darin besteht, daß sie Dokumente bringt, treue Schilderungen wirklicher Abläufe, die den Autor wie den Leser in die Schicht des historisch beglaubigten einbetten.[17]

Diese Bücher seien zwar „stilistisch gestaltete Sprachwerke"[18], Kunstwerke müsse man aber davon abgrenzen, denn in diesem Sinne, so Zweig,

> ist mein Werk *kein* „Dokument". Es erhebt den Anspruch mehr zu sein, nämlich eine *Dichtung*, und Dichtung ist zuerst und zuletzt beherrscht von gestaltender Phantasie und den Gesetzen der Form. Den Stoff, den sie ergreift, macht Dichtung transparent, sie läßt seine Wesenszüge hervortreten, seinen Gehalt an Ideen, und die Wirklichkeit, die sie schildert, wird Abbild der Wirklichkeit des Lebens überhaupt. Daraufhin wenigstens tendiert sie.[19]

Er wolle dem Leser ein Bild der Zeit und der herrschenden Konflikte liefern zum besseren Verständnis.[20]

> Dies geschah so, daß für die entscheidenden Kontraste Vertreter geschaffen wurden – bald ohne jede Benutzung heute lebender Menschen, bald mit solcher Hilfe. Denn das Gedächtnis und die Phantasie bedürfen des Nährstoffs, den das Leben bietet, aber indem sie Bestandteile des Lebens schöpferisch verwenden, vernichten sie gleichzeitig ihre Beziehung zu dieser Wirklichkeit selbst. Nicht also [...] darf der Leser sagen, der und der sei gemeint; und es ist Mißbrauch und Grenzverletzung, wenn das mitlebende Publikum aus Neugierde doch versucht, Porträts zu erkennen und zu benennen.[21]

Zweig grenzt sich zwar von der reinen Darstellung der Gegenwart oder der Geschichte dezidiert ab. Er verbittet sich auch die Festlegung seiner Romanfiguren auf ihre angeblichen realen Vorbilder durch die Zeitgenossen – freilich ohne

---

16 Die kurze, aber heftige Debatte vor allem in der jüdischen Presse Deutschlands über die Legitimität von Schlüsselliteratur war durch Zweigs Roman *De Vriendt kehrt heim* ausgelöst worden. Zur Debatte selbst cf. Bernhard, Julia: „Entstehung und Wirkung" (wie Anm. 12), sowie Schuster, Frank M.: „Arnold Zweig: *De Vriendt kehrt heim*". In: Rösch, Gertrud Maria (Hrsg.): *Fakten und Fiktionen* (wie Anm. 9), S. 726–730.

17 Zweig, Arnold: „Model, Dokument, Dichtung" (wie Anm. 9), S. 457.

18 Ibid.

19 Ibid. Die kursiven Hervorhebungen sind im Original gesperrt.

20 Konkret bezieht sich Zweig hier zwar nur auf *De Vriendt kehrt heim*. Seine poetologischen Aussagen treffen aber m. E. auf sein Gesamtwerk zu, vielleicht abgesehen vom Spätwerk.

21 Zweig, Arnold: „Model, Dokument, Dichtung" (wie Anm. 9), S. 457.

dies verhindern zu können. Zugleich aber gesteht er einige Jahre später in der Nachbemerkung zu einem seiner Romane durchaus zu, diesen als historischen Roman über den Ersten Weltkrieg zu lesen:

> In mehr als einem Sinne ist dieses Buch ein historischer Roman. Es hätte nahegelegen, noch einige Personen mit ihren geschichtlichen Namen einzuführen. Aber die Distanz der Gestaltung verlangt ebenso sehr nach dem Eindruck freier Erfindung wie menschliche Rücksichten; da ja Porträts nur in so weit benutzt wurden, als es für die soziale Echtheit von Vorgängen und Klassenmotiven unumgänglich schien.[22]

Warum also könnte oder sollte man solche aus heutiger Sicht erst recht historischen Romane, wie die Arnold Zweigs lesen? Was bieten sie einem im Unterschied zu Darstellungen und Studien von Historikern?[23]

Im Unterschied zu historischen Werken, die eine differenzierte, komplexe und vielschichtige Darstellung der Vergangenheit anstreben, bietet autobiografische Literatur zwar eine subjektivere Sicht. Sie kann aber im besten Fall eine Ahnung von den Empfindungen der Beteiligten vermitteln. Und trotz allem bleibt es für uns heute schwierig, uns in die Zeit von vor hundert Jahren zurückzuversetzen. Wie beispielsweise der Journalist Martin Jasper kürzlich bemerkte:

> Trotz der Filme, der Fotos, trotz Ernst Jünger, Remarque und all der anderen Zeitzeugen – es will mit nicht gelingen, mich hineinzuversetzen in den Irrsinn. Gräben, Schlamm, Trommelfeuer, Sturmangriff – all das lässt sich betrachten, lässt sich lesen. Aber nicht nachvollziehen.[24]

---

22 Zweig, Arnold: *Einsetzung eines Königs*. Berliner Ausgabe: Bd. I/6. Hrsg. v. d. Humboldt-Universität zu Berlin u. d. Akademie der Künste, Berlin. Bearbeitet v. Holger Brohm. Aufbau: Berlin: 2004. S. 463–464. Die Erstausgabe erschien 1935.

23 Der Erste Weltkrieg führte zwar auch in der deutschsprachigen historischen Forschung nach 1945 weitgehend ein Schattendasein, sieht man einmal von einem kurzzeitigen Aufflackern des Interesses im Vorfeld des 50. und überraschenderweise des 90. Jahrestags des Kriegsausbruchs ab. Anlässlich des 100. Jahrestags erhielt die Forschung nochmals neue Impulse und wird z. Z. durch die Veröffentlichung etlicher neuer Überblicksdarstellungen auch von einem breiteren Publikum rezipiert. Aus der Vielzahl von Neuerscheinungen seien hier stellvertretend nur genannt: Leonhard, Jörn: *Die Büchse der Pandora. Geschichte des Ersten Weltkriegs*. Beck: München 2014; Münkler, Herfried: *Der Große Krieg. Die Welt 1914 bis 1918*. Rowohlt: Reinbek bei Hamburg 2013; Piper, Ernst: *Nacht über Europa. Kulturgeschichte des Ersten Weltkriegs*. Propyläen: Berlin 2013.

24 Jasper, Martin: „Niederlage? Welche Niederlage? Die Braunschweiger Ausstellung über 1914 erklärt die destruktive Wirkung der Erinnerung". In: *Goslarsche Zeitung* v. 01.08.2014. S. 12.

Arnold Zweig hatte die Distanz als Kriegsteilnehmer naturgemäß nicht, aber auch er hatte Vorbehalte gegen Werke wie die von Jünger und Remarque, denn gerade ihm ging es darum, seinen Lesern ein Bild davon zu vermitteln, wie menschenverachtend der Krieg war. Deshalb beteiligte er sich auch 1929 an einer Diskussion über die Literatur über den Ersten Weltkrieg und nahm für sich in Anspruch, „in die Verdrängung des Krieges [...] Loch und Tor gebrochen [zu haben], aus dem jetzt", wie er irritiert bemerkte, „eine frisch-fröhliche Konjunktur strömt, um, nur wenig abgewandelt, die alte Freude am Krieg als unbürgerlicher Lebensform, als Gelegenheit zum großen Abenteuer wiederzufinden."[25] Der Krieg als Abenteuer, wie Jünger ihn sieht, oder wie ihn Remarque – wenn auch unfreiwillig – ebenfalls vermittelt. Die Unfreiheit und der Zwang im Kriege werden dagegen nicht thematisiert. Aber man muss, so Zweig, „[...] zunächst einmal sich die Empfindung für ein richtigeres menschliches Leben bewahrt haben, [...] um die Schande zu empfinden, kommandiert zu werden."[26] Zweig geht sogar soweit zu erklären: „Alle Kriegsbücher mit Ausnahme eines Romans, *Der Streit um den Sergeanten Grischa*, versagen in diesem Punkte."[27] Sein eigenes Werk erklärt er damit zum einzigen tatsächlichen Antikriegsbuch. Für den Journalisten Charles Movie, der sich in dieselbe Debatte einschaltet, ist der Mensch ein „auf Frieden dressiertes Raubtier [...]. Für dies halbzahme Wesen ist das Kriegserlebnis nicht abschreckend, sondern eine Versuchung."[28] Deshalb übt die Kriegsliteratur auch eine ungewollte Faszination aus.[29] Darum forderte er „für dies Thema den pazifistisch propagierenden Künstler"[30]. Mit anderen Worten: politisch engagierte Tendenzliteratur, wie Zweig sie im Unterschied zu Remarque zu schreiben glaubte.

---

25 Zweig, A[rnold]: „Kriegsromane". In: *Die Weltbühne* 16 v. 16.04.1929. S. 597–599, hier S. 597.

26 Ibid.

27 Ibid.

28 Movie, Charles: „Der Dichter und der Führer". In: *Die Weltbühne* 16 v. 16.04.1929. S. 576–577, hier S. 576.

29 So stellt Movie u. a. fest, es sei ein „verbreitete[r] Irrtum [...], daß ein Buch, in dem der Krieg schonungslos geschildert wird, schon ein Anti-Kriegsbuch sei. Remarques *Im Westen nichts Neues* und Renns *Krieg* sind keine Anti-Kriegsbücher, weil sie keine Tendenz enthalten. Wozu Tendenz? wird man – heute, wo der ‚Dokumentenfimmel' grassiert – sogleich entgegenhalten. Dies Buch schildert den Krieg, wie er ist; ohne die Beschönigungen der Marsch, marsch, hurra–Literatur von 1914. Und wenn eine solche ungeschminkte Schilderung nicht als pazifistische Polemik wirkt, was ist dann überhaupt gegen den Krieg zu sagen?" Ibid.

30 Ibid.

Hundert Jahre später allerdings ist klar, dass Movie und Zweig mit ihren Befürchtungen recht hatten, denn weder die Kriegserfahrung des Ersten Weltkriegs noch die Literatur über den Krieg haben den Zweiten Weltkrieg verhindert. Zweigs vorrangiges Ziel, die Menschen mit seinen Werken aufzurütteln und weitere Katastrophen wie diesen Krieg zu verhindern, ist ihm zwar nicht gelungen zu erreichen. Seine Beschreibungen lassen aber in ihrer Dichte und gleichzeitig Banalität, jenseits der am Muster des Kriminalromans oder des Justizdramas orientierten Haupthandlung, die Kriegserfahrung und Überforderung zumindest erahnen, obwohl oder gerade weil nicht das Heroische im Mittelpunkt steht.

Den „kleinen Privatkrieg mitten im großen"[31], den die Protagonisten des Romans *Erziehung vor Verdun* beispielsweise führen, kann man heutzutage nur noch schwer nachvollziehen, denn es geht hier im Endergebnis darum, die Ehre eines jungen idealistischen Unteroffiziers wiederherzustellen. Dieser wurde ein Opfer des Krieges, nachdem er die unlauteren Machenschaften seiner Vorgesetzten aufgedeckt hatte, die ihn in der letztlich berechtigten Hoffnung, er würde nicht überleben, auf ein Himmelfahrtskommando an die vorderste Front geschickt hatten. Zwar kann man durchaus den Wunsch begreifen, jene aus kleinbürgerlichen Verhältnissen stammenden Offiziere vor Gericht zu sehen, für die der Krieg nur eine Art Spiel ist, das die Möglichkeit bietet, zu Ansehen, Ehre und Reichtum zu gelangen. Die Hartnäckigkeit, mit der das trotz der weit größeren Ungerechtigkeit des großen Krieges geschieht, wirkt aber heutzutage irritierend. Ebenso befremdlich erscheint einem Werner Bertins titelgebende ‚Erziehung vor Verdun', die über seine Entwicklung vom kriegsbegeisterten jungen Intellektuellen zum Pazifisten hinausreicht. 1934 notiert Zweig dazu: „Thema des Buches[:] Rechts oder Links. Kroysing oder Pahl."[32] Den Roman durchzieht der indirekte Kampf um Bertins Seele zwischen dem Schriftsetzer Wilhelm Pahl, der den Literaten Bertin wegen seines rhetorischen Talents für den sozialistischen Arbeiterkampf gewinnen will, und dem draufgängerischen Pionierleutnant Eberhard Kroysing, der aus Bertin einen richtigen Soldaten machen möchte. Zweig schreibt über Kroysing im Sommer 1934 in

---

31 Zweig, Arnold: *Erziehung vor Verdun* (wie Anm. 7), S. 83

32 Taschenkalendereintrag Zweigs v. 18.10.1934, zit. nach Kaufmann, Eva: „Entstehung und Wirkung" (von *Erziehung vor Verdun*). In: Zweig, Arnold: *Erziehung vor Verdun* (wie Anm. 7), S. 554–574, hier S. 560. Weiter heißt es an dieser Stelle: „Nicht zuschauen, nicht überlegen sein. Wählen! Links!" Letztlich stellt Zweig Bertin nicht vor die Wahl, denn der Bertin aus dem Roman *Erziehung vor Verdun* darf nicht klüger sein als der aus dem zeitlich daran anschließenden *Streit um den Sergeanten Grischa*.

einer Notiz: „Ich muß den modernen Deutschen aus ihm machen. Die Welt nimmt verdammte Härte an."[33] Die Figur wird zum Typus eines jener Weltkriegsteilnehmer, die nach dem Krieg unter den Nationalsozialisten Karriere machten. Zweig hatte sie, als er den Roman beendete, offensichtlich lebhaft vor Augen. Liest man diese Passagen des Romans heute – nach dem Scheitern beider Ideologien – wirkt das wenig überzeugend und etwas verwirrend. Man sollte sich aber bewusst machen, dass 1916 noch niemand wirklich absehen konnte, wohin die Welt sich entwickeln würde. Der Roman versetzt in eine Zeit zurück, in der noch alle Möglichkeiten gegeben waren. Zweigs Romane bieten einen besonderen und genauen Blick auf die Vergangenheit und eine uns heute ferne Zeit und damit mehr als nur eine Sicht von unten auf eine Schlacht, die uns heute fremd und unverständlich ist.[34]

Als Werner Bertin, Arnold Zweigs literarisches Alter Ego, wie dieser mit seiner Einheit vom Balkan im Frühjahr 1916 an die Westfront verlegt wurde, geriet er damit in eine Schlacht, die ihren Sinn schon verloren hatte, auch wenn dies niemand glauben oder sagen, geschweige denn zugeben wollte. Ursprünglich, laut der neusten Forschung,[35] von deutscher Seite wohl als massive Angriffsschlacht gedacht, um mit dem Durchbruch durch die französischen Stellungen

---

33 Taschenkalendereintrag Zweigs v. 24.08.1934, zit. ibid., S. 561.

34 Die Zahl von historischen Untersuchungen zur Schlacht bei Verdun ist angesichts der mythischen Bedeutung, die sie im Nachhinein erlangte, relativ gering. Trotz einer ziemlich umfangreichen französischen Forschung (cf. vor allem Denizot, Alain: *Verdun 1914–1918*. Nouvelle Editions Latines: Paris 1996) galt und gilt die Monographie von Horne, Alistair: *The Price of Glory*. Macmillan: London 1962, als das Standartwerk. Die lange Zeit einzige ausführlichere deutsche Darstellung der Schlacht war German Werths erstmals 1979 erschienenes Buch, das er 1982 nochmals überarbeitete (cf. Werth, German: *Verdun*. Bastei/Lübbe: Bergisch Gladbach ²1984). Obwohl es nicht auf unveröffentlichten Archivmaterialien basiert, gilt es inzwischen als anerkannter Klassiker, da es Werth gelang, noch etliche Zeitzeugen und Teilnehmer an der Schlacht zu befragen und das so gewonnene Material einzuarbeiten und kritisch zu beleuchten. Noch stärker aus einem Blickwinkel von unten, fast ausschließlich auf Grundlage autobiografischer Aufzeichnungen oder Romane überwiegend einfacher Kriegsteilnehmer, betrachtet Matti Münch die Schlacht in seiner Studie (cf. Münch, Matti: *Verdun – Mythos und Alltag einer Schlacht*. Maidenbauer: München: 2006). Erst seit Kurzem liegt eine historische Untersuchung vor, für die nach Möglichkeit alle verfügbaren Quellen herangezogen wurden, die die teils stark mythisch beeinflusste bisherige Sicht der Schlacht kritisch infrage stellt und zum Teil zu überraschenden Neuinterpretationen kommt: Jessen, Olaf: *Verdun 1916: Urschlacht des Jahrhunderts*. Beck: München 2014.

35 Cf. Jessen, Olaf: *Verdun 1916* (wie Anm. 34), insbes. S. 353–406.

wieder Bewegung in die auf ganzer Linie festgefahrene Westfront zu bringen, kam das ganze Unternehmen schon bald ins Stocken. In Zweigs Roman *Junge Frau von 1914*, der ursprünglich der erste Teil von *Erziehung vor Verdun* gewesen war, heißt es erst einmal lakonisch:

> Schon einen Monat dauerte der Sturm auf Verdun. Die Erwartungen der ersten Wochen schienen sich nicht zu erfüllen. Niemand wußte, wie es dort aussah. Die Zeitungen, voller Beredsamkeit, gaben doch keine eigentliche Anschauung.[36]

Doch schon bald „[...] rückten die Fähnchen auf den Kriegskarten nur noch um Millimeter."[37]

> Wieder [...] flogen Handgranaten hin und her, kämpfte man um Büsche, Rasenstreifen, Hügelkämme, überschüttet von Myriaden Granaten, gefüllt mit erstickenden und vergiftenden Gasen.[38]

Was Zweig hier beschreibt, ist das zensurierte Bild, das man in der Heimat hatte, wo einige die Eroberung eines französischen Stützpunktes als großen Sieg feiern.[39] „Man munkelte von ungeheuren Verlusten auf beiden Seiten."[40]

Auch für den Armierungssoldaten Bertin, der bisher vor allem beim Straßenbau oder beim Ausbau von Geschützstellungen hinter der Front eingesetzt gewesen war, ist der Krieg noch nicht wirklich real. Französische Kriegsgefangene sind das Erste, was er von der Front kommen sieht. Dass er nicht nur in ihnen Menschen sieht, sondern sie auch so behandelt, bringt den noch naiven Schipper in Konflikt mit seinen vorgesetzten Offizieren,[41]

---

36 Zweig, Arnold: *Junge Frau von 1914* (wie Anm. 6), S. 241.

37 Ibid.

38 Ibid.

39 Cf. ibid.

40 Ibid.

41 Einen Hinweis darauf, wie autobiografisch Zweigs Schilderungen sind, geben auch seine Briefe: So schrieb er am 04.03.1916, d. h. noch vor seiner Verlegung an die französische Front, an Helene Weyl: „Liebe Freundin – wohin gerät man, wenn man unter lauter, oft tüchtigen, stets aber auch unzulänglichen Proletariern lebt, und zum Vorgesetzten einen boshaften Menschen hat, dem es Freude macht, die Untergebenen zu reizen, zu demütigen, zu bestrafen und der so dumm ist, dass er jedermann für dümmer hält als sich selber? Es kostet einen unendlichen Aufwand von Nerven, die Selbstbeherrschung nicht aufs gefährlichste zu verlieren. Dazu ein ganz von Dienst und Arbeit erfüllter Tag – nein, die Umstände meines Lebens lassen sich nicht gut an." Zweig, Arnold/Zweig, Beatrice/Weyl, Helene: *Komm her, wir lieben dich – Briefe einer ungewöhnlichen Freundschaft zu dritt*. Aufbau: Berlin, Weimar 1996. S. 105–06, zit. S. 105.

die ihm als Juden und Intellektuellen ohnehin misstrauen[42] – eine autobiografische Erfahrung.[43]

Nicht nur eigene Erlebnisse verarbeitet Zweig literarisch, trotz aller Einschränkungen, die er selbst in seinen theoretischen Überlegungen macht, porträtiert er auch Freunde und Kameraden.[44] Seine Orts- und Landschaftsbeschreibungen sind

---

42 Die Erfahrung des während des Krieges immer deutlicher werdenden Antisemitismus war für Arnold Zweig ein wichtiges Thema. Die sogenannte ‚Judenzählung‘, die Zweig vor Verdun selbst erlebte – eine Erfassung der im deutschen Herr dienenden Juden, denen so implizit Feigheit und Drückebergerei nachgewiesen werden sollte – wird in seinen Romanen immer wieder erwähnt (cf. beispielsweise Zweig, Arnold: *Junge Frau von 1914*, wie Anm. 6, S. 316–317) und bereits 1916 literarisch verarbeitet (in der Erzählung *Judenzählung vor Verdun*, in: *Schaubühne* Jg. 13 Nr. 5, v. 01. 02. 1917. S. 115–117, zuvor bereits erschienen in: *Jüdische Rundschau* 21. Jg. Nr. 51 vom 22. 12. 1916, S. 4–5). Cf. zur ‚Judenzählung‘ u. a.: Rosenthal, Jacob: *Die Ehre der jüdischen Soldaten. Die Judenzählung und ihre Folgen*. Campus: Frankfurt a. M. 2007. Die Erfahrungen von Juden in der deutschen Armee und der Besatzungsverwaltung spielen in Zweigs Weltkriegsromanen auch sonst eine wichtige Rolle – ein Thema, dass ich aus Platzgründen leider ausklammern muss.

43 Schon 1927 hatte Arnold Zweig Kurt Tucholsky in einem Brief anvertraut, „[…] daß ich in meinem Leben niemals mit einem Mann in einem Raume war, der sich höher als Hauptmann betitelte, und was meine Zusammenstöße mit Oberstleutnants und Obersten anlangt, [darüber] werden Sie in ‚Bertin‘ oder ‚Erziehung vor Verdun‘ lesen.“ Brief Arnold Zweigs an Kurt Tucholsky vom 13. 12. 1927, abgedruckt in: Wenzel, Georg (Hrsg.): *Arnold Zweig* (wie Anm. 5), S. 562–564, hier S. 563. Welches geplante Werk Zweig zu diesem Zeitpunkt mit ‚Bertin‘ meint, ist nicht ganz klar, wahrscheinlich den Roman, dessen Handlung die Jahre 1914–1916 umfassen sollte und dann größtenteils in *Junge Frau von 1914* einfloss. Das Schreiben war die Antwort auf eine Rezension Tucholskys. Cf. Panther, Peter (i. e. Kurt Tucholsky): „Der Streit um den Sergeanten Grischa“. In: *Die Weltbühne* 50 v. 13. 12. 1927, S. 892; wiederabgedruckt in: Tucholsky, Kurt: *Gesammelte Werke in 10 Bänden*. Hrsg. v. Mary Gerold-Tucholsky, Fritz J. Raddatz. Bd. 5: 1927. Rowohlt: Reinbek bei Hamburg 1993. S. 405–412.

44 Das Vorbild für den Kriegsgerichtsrat Dr. Posnanski, der in mehreren Werken Zweigs eine wichtige Rolle spielt, ist unschwer erkennbar Zweigs späterer Kollege bei der Pressestelle Oberost, Sammy Gronemann. Wie treffend Zweig gerade in der *Erziehung vor Verdun* (cf. Zweig, Arnold: *Erziehung vor Verdun*, wie Anm. 7, insbes. S. 360–369) Gronemann in der Gestalt Posnanskis porträtiert, zeigt der Vergleich mit dessen autobiografischen Schriften. Dabei haben beide nie in Oberost bei Gericht gearbeitet, da auch Gronemann – als Übersetzer – an die Pressestelle abkommandiert war. Da er aber eigentlich Rechtsanwalt war, lag es für Zweig nahe, ihn als Vorbild zu wählen, als er einen jüdischen Juristen in seinem Werk brauchte. Zu Gronemann selbst und seiner eigenen Darstellung seiner Erlebnisse während des Krieges cf. Gronemann, Sammy: *Hawdoloh und Zapfenstreich. Erinnerungen an die ostjüdische Etappe 1916–18*. Jüdischer Verlag: Berlin 1924; Nachdruck: Athenäum: Frankfurt a. M. 1984;

sehr genau und so anschaulich, dass sie zumindest eine Ahnung davon vermitteln, was es bedeutet, wenn „man um Büsche, Rasenstreifen, Hügelkämme"[45] kämpft:

> Fahlgrau und zerfetzt steigt ein Abhang voll locker stehender Stümpfe hügelan. Zersplittertes Holz, weiß und ockerfarben, treibt noch grüne Blättchen; mancher Stamm sieht noch wie eine geköpfte Buche aus, die meisten gleichen Skeletten, borstigen Pfählen, von Splittern und Gewehrkugeln über und über aufgenarbt. Blindgänger liegen walzenförmig zwischen Pflanzen oder strecken ihr rundes Hinterteil ins Licht. Mit grauen Fingern durchnagelt altes Wurzelwerk die mächtigen Trichter; schief zur Erde gestürzt, riesige Erdschirme aufrichtend, verwittern die großen Bäume, deren Wipfel längst in den Boden getreten sind. Der kreidige Fels, der ausgestreute Humus. Dunkelbraun, und das unermüdlich wuchernde grüne Blattwerk malen in drei Farben die Zerstörung: hier hat der Mensch in ein paar Monaten ausgerottet, was die Natur in Menschenaltern wachsen ließ. Nur in gewissen geschützten Ecken der der Böschungen sind Stämme heil geblieben und spenden Schatten.[46]

In diesem Schatten, inmitten dieser tatsächlich und symbolisch kopfstehenden Welt, lag erschöpft Werner Bertin nach dem Schienenverlegen nahe der Front. Nach der Begegnung mit einem ihm höchst sympathischen Kameraden erscheint ihm der Krieg geradezu idyllisch:

> Es ist wunderbar schön hier. Die Baumleichen sind schön, die weißen Trichter, das Kalkgestein, die scheußlichen Splitter der großen Kaliber, die wie Wurfmesser mit Sägezähnen im Boden stecken.[47]

Zwei Tage später ist Christoph Kroysing, jener Unteroffizier, mit dem sich Bertin so gut verstand, tot. Auch er war aus Freude über das Treffen mit Bertin an dem darauffolgenden schönen Sommertag leichtsinnig geworden: Er hatte sich darauf verlassen, dass Franzosen wie sonst auch nicht schießen würden. Doch sie tun es, wenn auch nur widerwillig – und hier macht Zweig die Absurdität des Krieges wieder einmal *en miniature* anschaulich – denn die Franzosen feuern den Schuss nur ab, um einem neutralen schwedischen Journalisten, der den Krieg erleben möchte, auf Druck des Außenministeriums ihre Geschütze vorzuführen.[48] Die trügerische Idylle war also schnell vorbei.

---

id.: *Erinnerungen.* Aus dem Nachlaß hrsg. v. Joachim Schlör. Philo: Berlin, Wien 2002; sowie id.: *Erinnerungen an meine Jahre in Berlin.* Aus dem Nachlaß hrsg. v. Joachim Schlör. Philo: Berlin, Wien 2004.

45 Zweig, Arnold: *Junge Frau von 1914* (wie Anm. 6), S. 241.

46 Zweig, Arnold: *Erziehung vor Verdun* (wie Anm. 7), S. 35.

47 Ibid., S. 39–40.

48 Ibid., S. 46–47.

Für Bertin bedeutete Krieg bis dahin vor allem kommandiert und schikaniert zu werden, doch seine zweite Begegnung mit einem Franzosen führt ihm das Grauen und die Absurdität des Krieges drastisch vor Augen, als er sich, in Begleitung des Pionierunteroffiziers Erich Süßmann, auf den Weg zur von den Deutschen eroberten Festung Fort Douaumont macht:

> Wie zwei Ausflügler stiefelten sie los, überquerten die Feldbahnspur, den Bach auf mehreren Planken, stiegen den Hang hinan, durch Gezweig und Gebüsch, von Licht und Schatten übersprenkelt, bogen in eine Schlucht rechts hinüber. Im Augenblick umgeben von hingeschmettertem Wald, folgten auf halber Höhe einer Art Viehweg, der [sich] im Tal neben den Schienen hinzog. [...] Sie bogen in einen schmalen Weg ein, gleich darauf griff Bertin nach Süßmanns Achsel: „Mensch! Ein Franzmann!" Ein paar Schritte voran wandte ihnen ein Blaugrauer den Rücken zu, den Stahlhelm im Nacken, in die Büsche gedrückt, als müsse er einmal austreten. Süßmann lachte kurz: „Gott ja, der Franz. Der steht hier als Wegmarke [...]. Sie brauchen sich nicht vor ihm zu graulen, toter kann man nicht sein." – „Und man begräbt ihn nicht?", fragte Bertin entsetzt. – „Lieber Herr, wo verweilen sie eigentlich? In der Bibel vermutlich und bei Antigone. Hier braucht man einen Wegweiser und nimmt ihn, wie er geliefert wird." Bertin schaute zur Seite, als sie an dem Ermordeten vorübergingen, den ein langer Stahlsplitter wie ein Schwert an den halbierten Baum nagelte. „Schwere Mine", sagte Süßmann. Bertin schämte sich vor dem Toten. [...] Schweigsam trabte er neben Süßmann her.[49]

Bertin sieht sich plötzlich und unverhofft mit der Realität des Krieges konfrontiert, die ihm, dem klassisch gebildeten Intellektuellen, immer noch fremd ist. Deshalb macht sich Süßmann etwas über ihn lustig, obwohl der kaum achtzehnjährige Sohn eines jüdischen Berliner Advokaten aus den Kreisen stammt, in denen Bertin in Berlin verkehrte, und selbst direkt von einem humanistischen Gymnasium in den Krieg zog. Aber anders als Bertin ist er von Anfang an an der Front mit dabei und hat schon alles gesehen. Bertin dagegen wird sich des Krieges erst richtig bewusst, als dieser, während er sich Pionieren folgend der Front nähert, für ihn geradezu körperlich spürbar wird.

> „Dies war einmal ein Graben", meint Süßmann während sie [...] auf jenen Flecken zusteuerten, der Dorf Douaumont hieß, stattliche Häuser besaß und eine Kirche. Jetzt ist da nichts mehr, als überall sonst: gezackte Erde. Und diese Erde beginnt zu stinken; süßlich und faulig haucht es die vier Fußgänger an, dann wieder brandig, schweflig, krank. [...] Gerüche die von oberflächlich Begrabenen herrühren, von altem Kot, ungenügend zugeschüttet, von den Giftgasgranaten, die das Land hier durchtränkt haben, von Brandgeschossen, von Haufen verrotteter Konservenbüchsen, in denen Speisereste in widerwärtige Fäulnis übergegangen sind."[50]

---

49 Ibid., S. 112–113.
50 Ibid., S. 189–190.

Der Krieg ist alles andere als eine saubere Angelegenheit. Die Gegenwart von Tod, Fäulnis und Verwesung ist allumfassend. Gefahr und Angst kommen noch hinzu. Erst in den Schützengräben angelangt, muss sich Bertin eingestehen, dass hier der Krieg doch anders ist, als er bis dahin glaubte:

> Er hatte schon mancherlei erlebt, er ist den täglichen Umgang mit Kriegsgerät gewohnt, tote Männer sind ihm nichts neues mehr, einschlagende Granaten, Fliegerbomben; außerdem hat er zwei Jahre Berichte angehört. Der Gedanke, daß Krieg ist, ist ihm so geläufig wie seine Uniform. Aber da er selbst ohne Feindschaft ist, keinerlei Zerstörungslust ihn anwandelt, wenn er der Franzosen gedenkt, kein Haß von Volk zu Volk von ihm Besitz hat, fehlt immer noch seinem Weltbild: daß eben Krieg sei, die Erfahrung, die Lebensfülle. Nun erst spürt er körperlich, und seine Brust verwandelt sich in ein atembeklemmendes Brett: Menschenhorden lauern aufeinander, durchspähen die Nacht, um sich zu töten; […] Weder gern bereit, noch gar todesfroh, aber auf den Befehl vorwärtsstoßend bis in den Leib des Feindes. Wir haben es weit gebracht, denkt er bitter, wir Europäer von neunzehnhundertsechzehn![51]

Diese (Selbst)Erkenntnis muss Zweig hart getroffen haben. Der Grabenkrieg wie er ihn beschreibt ist völlig unheroisch. In vorderster Front angekommen, will Bertin nicht in den Unterstand, der ohnehin bestenfalls vor Splittern schützt, sondern bleibt mit Süßmann lieber neben einem Minenwerfer im ersten Schützengraben in Deckung:

> Die kalte und feuchte Erde, der Geruch, der ihr entströmte, widerte ihn an. Mit Entsetzen sah er die kleinen mageren Sachsen auf ihren Posten, ihre elenden Gesichter, ihre kleine Zahl. Das war die Front, die graue Heldenmauer, die Deutschlands Eroberungen schützte, abgebraucht war sie, überanstrengt schon heute. […] Immer wieder hasteten Leute in Helmen oder Mützen an ihnen vorbei, stolperten, unterdrückten Flüche. Wie eine Wolke voll Finsternis schien sich von jenseits der Grabenkante und der aufgeschütteten Erde, Bedrohung heranwälzen, allen spürbar.[52]

Als das eigene Sperrfeuer losgeht, erwischt es Bertin dennoch unvorbereitet[53]:

> In der Nähe stiegen jetzt mit Pfeifen Raketen auf, entfalteten ihre Leuchtkugeln, gossen fremdartiges Rotlicht auf die Gesichter der hockenden Soldaten. Alsbald brauste es mit wildem Gurgeln über ihre Köpfe hin, schlug krachend weit vor ihnen ein. […] An der Gebärde, mit der sich die beiden Sachsen in den Boden pressten, erkannte

---

51 Ibid., S. 191.
52 Ibid., S. 195.
53 Dabei hatte sich Bertin noch kurz zuvor Gedanken über den Abstand zum Feind gemacht: „Zweihundert Meter Landes sind ein breiter Streifen, aber für eine Gewehrkugel sind sie nichts. Stürmende Infanterie legt sie in fünf Minuten zurück, Granaten hauen im Augenblick über sie hin." Ibid.

Bertin, daß auch sie Angst hatten – die Artillerie schoß oft zu kurz. […] Das Getöse
in der übersternten Nacht, das Sprengen, Flammen, Flackern, das Heranheulen und
Gedröhn – dauerte es lange? Bertin hielt es nicht aus, ihm gellen die Ohren, der wider-
wärtige Unterstand schien ihm jetzt Zuflucht; er stolperte Stufen hinunter, schob eine
Zeltbahn beiseite, sah Helligkeit, Mannschaften auf Drahtgittern sitzen und liegen, ihre
Waffen handgerecht daneben, auf einer Kiste die blecherne Stearin-Patrone, Dick und
verraucht atmete sich die Kellerluft. Die Gesichter hier der Pioniere, der Artilleristen,
der sächsischen Schützen machten ihm fast übel.[54]

Für einen Moment bedauert Bertin diese Männer, von denen er glaubt, sie seien
aus Verblendung hier gelandet, getäuscht, verraten und verkauft für ‚höhere‘
Interessen. Doch dann trifft ihn eine weitere Erkenntnis:

Hier hockte er auf einem Brett unter der Erde, zweihundert Meter vor dem Feind und
stellte fest, gähnend vor jäher Müdigkeit: daß auch hier nur Dienst getan wurde – nichts
anderes. Die Erde dröhnte über ihm, Brocken fielen von den Wänden, pulverförmi-
ger Boden regnete zwischen den Kanthölzern herunter, und während die Infanteristen
ruhig weiter ihre Zigaretten rauchten, fragte er sich stockend: wie kam er eigentlich
dazu, die Wahrheit zu sehen? Sie tat ja weh! Sie nahm einem ja die Kraft, das Leben zu
ertragen, es durfte nicht überall so sein wie bei seiner Kompanie.[55]

Jeder ist sich selbst der Nächste und jeder versucht nur irgendwie zu überleben. Bertin erkennt nicht nur die Sinnlosigkeit des Krieges, sondern nun vor
allem auch dessen Banalität. Dennoch oder gerade deshalb bekommt er seine
Fronterfahrung und die Begegnung mit den sächsischen Soldaten[56] nicht aus
seinem Kopf:

Er kann die mageren Gesichter der Sachsen nicht vergessen, ihre abgebrauchte Haut,
ihre schlaflosen Augen – nicht vergessen, dass es seit einem Monat in diese Gräben reg-
net, dass die „da vorne" kaum warmes Essen, dafür aber eine Schlammschicht um sich
haben, über ihren Händen, Kleidern, Stiefeln. Ihre Unterstände laufen rettungslos voll,
und jeder Schritt führt über eine schmatzende, glitschige Lehmschicht. Alle Löcher sind
in kleine Tümpel verwandelt, die Straßen, die Wege […] für menschliche Begriffe längst
unbenutzbar. Aber hier gelten eben andere Begriffe als menschliche […].[57]

---

54 Ibid., S. 196–197.
55 Ibid., S. 197.
56 Zweig zeigt ganz nebenbei auch, wie vielschichtig und regional unterschiedlich das
    Deutsche Reich war und dass sich seine Armee aus den Einheiten aus den verschie-
    densten Regionen zusammensetzte. Sie war zwar anders als die österreichisch-unga-
    rische Armee keine Vielvölkerarmee im engeren Sinne, aber dennoch, wie auch das
    Kaiserreich selbst, alles andere als homogen – ein Aspekt, der heutzutage im Rückblick
    oft übersehen wird.
57 Zweig, Arnold: *Erziehung vor Verdun* (wie Anm. 7), S. 206.

Bertin beschließt also, etwas zu tun, um die Situation der Frontsoldaten zu verbessern und für mehr Menschlichkeit zu sorgen, selbst wenn das bedeutet, dass er – so absurd das klingt – freiwillig Munition sortiert.[58] Dass dies gleichzeitig auch Bertins kleiner Protest gegen das System ist, weil für ihn diese freiwilligen Einsätze und Ausflüge an die Front zugleich auch Freiheit vom Einerlei des Dienstes bedeuten, sieht keiner: Wilhelm Pahl reagiert auf Bertins Ansinnen, sich für die Fronttruppen einzusetzen, als Sozialist dogmatisch: Sollen die Soldaten doch an der Front im Dreck sitzen, bis sie sich bewusst werden, das nur eine sozialistische Revolution sie befreien kann![59] Eberhart Kroysing dagegen hatte ihn ursprünglich an die Front mitgenommen, „unter anderem, um sein Benehmen am Rande des Abgrunds zu studieren.“[60] Was er sah, ließ ihn glauben, aus Bertin würde noch ein richtiger Soldat werden. Nichts aber liegt Bertin wie dem Autor Zweig ferner. Bertin ist kein Held.

Wenn es überhaupt jemanden gibt, der einen Helden in diesem Roman gibt, dann ist es ausgerechnet der von Selbstzweifeln geplagte Gymnasiast Erich Süßmann, gerade weil er so unheldenhaft ist.[61] Ihm kommt bei Zweig die Rolle des Hofnarren zu, der alle Grenzen und Hierarchien listig überschreitet, der sich zwischen allen bewegt und ungestraft allen die Wahrheit sagt, da er eigentlich, wenn es mit rechten Dingen zuginge, in der tragischen Explosion in der Festung, die Hunderte deutscher Soldaten das Leben kostete, umgekommen[62] und

---

58   Cf. ibid.

59   Cf. ibid.

60   Ibid., S. 201.

61   „Der kleine Süßmann“ (cf. ibid., S. 159, 161 u.a.) entspricht dem Typus des stillen Helden unter den Frontsoldaten, über die Zweig später im Rückblick einmal schrieb: „Im vierten, fünften Monat der Schlacht von Verdun sind die deutschen Feldtruppen Spezialisten ihrer Gegend geworden, Kenner jeden Baumes, jeden Erdlochs, jeden Haufen Lehms, jeder Windrichtung, jeden Schalls und Geruchs. Sie hegen keine Hoffnung mehr, Verdun zu nehmen [.]“ Zweig, Arnold: „Verdun 1916“. In: *Das neue Tagebuch* Nr. 8. (1940), wiederabgedruckt in: id.: *Essays*. Bd. 2: *Krieg und Frieden*. S. Fischer: Frankfurt a. M. 1987. S. 29–34, hier S. 33.

62   Cf. zu Süßmanns, respektive Zweigs, Darstellung der Explosion im Fort Douaumont im Mai 1916, auf die ich hier aus Platzgründen nicht ausführlicher eingehen kann, ibid. S. 164–196, 179–183. Wie auch bei der Erzählung über die Erstürmung des Douaumont orientiert sich auch die Erzählung über die Explosion offensichtlich an Zeitzeugenberichten, wobei es Zweig gelingt, verschiedene Versionen in seine Romanhandlung geschickt einzubauen und so dem Leser die Unsicherheit zu vermitteln, die unter den Überlebenden herrschte, wie es eigentlich zu der Katastrophe hatte kommen können – eine Frage, die auch heute nicht eindeutig beantwortet ist. Cf. Jessen,

damit schon tot sein müsste. Ausgerechnet er ist auch in jenem in den Augen von Presse und Öffentlichkeit heroischsten Moment der Schlacht von Verdun, bei der Erstürmung des Fort Douaumont dabei, von der er Bertin erzählt:

> Wir lagen platt auf der Erde [...] und äugten nach dem Douaumont hinüber, der beschneit dalag und nichts sagte [...]. Der Boden war überfroren, uns war heiß, gesoffen hatten wir alle, und außerdem hatten wir Angst. Kein Schuß fiel von drüben; verstehen Sie das? Solch eine Drohung! Wie sollte auch jemand darauf kommen, daß er ohne Besatzung dalag, unverteidigt, der Eckstein von Verdun? [...] Immer wieder haute unsere Artillerie auf die kahle Böschung der Kasematten, niemals kam auch nur ein Hundeschwanz von Antwort zum Vorschein. Da warfen wir uns schließlich vorwärts [...] und, hol's der Teufel, kletterte unser Zug dem Monstrum aufs Dach. [...] und als wir noch so diskutierten und bedenklich in die Tiefe stierten, sahen wir plötzlich einen Trupp Leute ganz vorsichtig an einem Tunnel schnüffeln, und bevor wir sie noch beschießen konnten oder sie uns, stellte sich heraus: siehe da, unser Nachbarzug. Die beiden Offiziere äugten sich gleich schief an, und wenn ich nicht irre, streiten sie sich heute noch darum, wer von ihnen der allein echte Erstürmer des Douaumont sei. Drinnen nahmen wir die Verteidiger des Douaumont gefangen: rund zwanzig Kanoniere des Panzerturms. Sie hatten vier Tage und Nächte gefeuert und jetzt schliefen sie – unhöflich, nicht? Gerade bei unserer Ankunft. Aber wir verziehen es ihnen gnädig. Das war die Eroberung des Douaumont [...].[63]

Dadurch, dass Zweig die Ereignisse vom 21. Februar 1916 nur als ironischen Bericht seines Antihelden wiedergibt, gelingt es ihm, eine reale Episode der Schlacht, die an sich schon so absurd ist, dass man es kaum glauben mag, dass sie sich tatsächlich zugetragen hat, nicht nur in seine Erzählung mit einzubauen, sondern noch deutlicher zu machen, um welche tragische Farce es sich dabei eigentlich handelt. Dennoch ist Zweigs Beschreibung der Ereignisse, von denen die Öffentlichkeit erst in den 1920er Jahren etwas erfuhr,[64] als der erwähnte Streit

---

Olaf: *Verdun 1916* (wie Anm. 34), S. 264–268; Werth, German: *Verdun* (wie Anm. 34), S. 272–290.

63 Zweig, Arnold: *Erziehung vor Verdun* (wie Anm. 7), S. 161–162.

64 Zweig selbst schrieb 1940 einen in einer deutschsprachigen Pariser Exilzeitschrift erschienenen Rückblick auf die Schlacht anlässlich des erneuten Kampfes um die Stadt Verdun und den sie umgebenden Festungsgürtel, den die nationalsozialistische Propaganda zur Vollendung der Schlacht von 1916 hochstilisierte (cf. Werth, German: *Verdun*, wie Anm. 34, S. 7–12). Er verweist darauf, dass die Entscheidungen der militärischen Führung nicht nur für die Öffentlichkeit, sondern auch für die an der Schlacht beteiligten Soldaten undurchschaubar gewesen seien: „Die Deutschen wissen nicht, daß der Feind sein Vorfeld planmäßig räumt [...] – er glaubt, einen zerschmetterten Gegner in die Flucht getrieben zu haben. Sein Jubel überschwemmt die Erde. Aber seltsamerweise fällt Verdun nicht. [...] Daß der Douaumont ein unverteidigtes, bis auf etwa vierzig Kanoniere unbesetztes Mauerwerg gewesen, erfahren

zwischen den beiden Offizieren auch öffentlich ausgetragen wurde und immer absurdere Ausmaße annahm, ziemlich akkurat, wie der Vergleich mit allen verfügbaren Quellen zeigt.[65] Geradezu grotesk muss es einem heute erscheinen, dass sich der Streit noch über das Ende des Zweiten Weltkriegs hinaus, bis ans Lebensende der Beteiligten fortsetzte. Verständlich wird das, wenn überhaupt, nur – so der Historiker Olaf Jessen – wenn man eines bedenkt:

> Auf deutscher Seite bildete die Erinnerung an den ,Sturm' auf das Fort Douaumont bis zum Zweiten Weltkrieg einen Mittelpunkt des Verdun-Gedenkens. […] Woraus speist sich die[se] Douaumont-Besessenheit […]? Die kürzeste Antwort hieße vielleicht: aus der Weigerung, Deutschlands Niederlage anzuerkennen. Mit der Erinnerung an [den] Triumph am Douaumont konnten viele Deutsche die Schlacht und den Weltkrieg gewissermaßen doch noch gewinnen – oder wenigstens nicht verlieren.[66]

Wegen dieser symbolischen Bedeutung erschien es vielen Deutschen – auch dafür steht bei Zweig Eberhart Kroysing[67] – fast schlimmer, das Fort im Oktober 1916 zu verlieren, als der Verlust all dessen, was sie in dieser sinnlosen Schlacht Meter für Meter seit Februar erobert hatten.

Für Bertin ist allerdings beides nicht wirklich von Bedeutung. In dem herrschenden Chaos beim französischen Gegenangriff – Zweig gelingt es erneut, etwas von der Angst und Beklemmung zu vermitteln, die damals geherrscht haben müssen – bietet er sich zwar nochmals freiwillig an, um Soldaten, die das Gelände weniger gut kennen als er, an die Front zu führen. Seine Motive sind dabei aber keineswegs heroischer Natur, vielmehr geht es ihm vor allem darum zu erfahren, was aus seinen Bekannten, insbesondere einem schlesischen Schulfreund geworden ist, dessen Einheit in jenem Abschnitt lag. Als er schließlich – erneut vorbei an dem toten Franzosen[68] und vielen neuen Toten und Verwundeten – die Stellung, oder was davon übrig ist, erreicht, steht er den Spuren eines Infernos gegenüber:

---

sie [die Soldaten] nicht; es bleibt Geheimnis, bis lange nach dem Kriegsende, wo der groteske Streit eines Hauptmann und eines Oberleutnants zweier verschiedener Bataillone bekannt wird, wer eigentlich den unverteidigten Douaumont und den daraufhin verliehenen Pour le Mérite verdient habe." Cf. Zweig, Arnold: „Verdun 1916" (wie Anm. 61), S. 32–33.

65 Cf. Jessen, Olaf: *Verdun 1916* (wie Anm. 34), S. 151–181, 345–347; Werth, German: *Verdun* (wie Anm. 34), S. 115–152.

66 Jessen, Olaf: *Verdun 1916* (wie Anm. 34), S. 345–347.

67 Cf. Zweig, Arnold: *Erziehung vor Verdun* (wie Anm. 7), S. 218–239.

68 Cf. ibid., S. 232.

> Mit stockendem Atem betrachteten [sie] die ehemalige Batterie. Alle leuchteten jetzt umher, nach rechts, nach links, nach vorn schnitten die weißen Lichtkegel in die Nabelmauer. Gestein und Erdwerk der Deckung war durch die Luft geworfen worden, Fetzen von Drähten hingen aus ehemaligen Bäumen über den Weg. Tote Männer lagen verrenkt umher. Das schwere Geschütz Nummer Vier hatte ein Volltreffer samt der Lafette nach hinten gekippt. Der Unterstand der Kanoniere, eingebrochen oder auseinandergerissen, klaffte wie eine Tropfsteinhöhle; ein Blutsumpf staute sich an seinem Eingang. […] Nummer Eins, mit gesenktem Rohr, schien ein in die Knie gebrochenes Tier. […] Von vielen Seiten her Stöhnen, aus einem Unterstand ein erstickter Schrei, von dem zerschmetterten her Winseln […].[69]

Angesichts von so viel Tod und Leid, gesteht sich Bertin zögernd ein: „Ich glaube ich werde mich zu nichts mehr freiwillig melden."[70] Seine Entscheidung ist gefallen: Aus ihm wird kein richtiger Soldat mehr werden, er wird nur noch versuchen, so gut als möglich zu überleben. Dass man den Menschen im Krieg mit Gewalt am Leben hindern will, das sieht er als das große Problem.[71] Dass er sich vom Gegner der Gewalt und Kriegsgegner zum Sozialisten weiterentwickeln wird, darauf hoffen Sozialisten wie Wilhelm Pahl. Bertin ist sich da ebenso unsicher, wie es Zweig 1916 war. Damals war noch alles offen, zugleich aber schien alles angesichts der unvorstellbaren Gewalt des Artilleriebombardements im Grabenkrieg seinen Sinn verloren zu haben. Die Hoffnungslosigkeit und Absurdität der Situation bestätigt sich einmal mehr, denn Bertin, das Alter Ego des Autors, wird von diesem letztlich nicht gezwungen, sich zwischen Rechts und Links zu entscheiden: sowohl Kroysing als auch Pahl lässt Zweig Opfer einer französischen Fliegerbombe werden, die irrtümlich auf das Spital fällt, in dem beide verwundet liegen.[72] Einmal mehr zeigt sich hier die Absurdität der ganzen Situation, denn mit dem Tod Eberhart Kroysings besteht auch die Möglichkeit nicht mehr, die für den Tod seines kleinen Bruders Christof mittelbar verantwortlichen Offiziere zur Verantwortung zu ziehen.[73] Die ‚Banalität des Bösen' (Hannah Arendt) triumphiert – durchaus wie in der Realität. Nach 1933 schien ein anderes Ende – das es vielleicht gegeben hätte, wäre der Roman wie geplant

---

69 Ibid., S. 234–235.

70 Ibid., S. 235.

71 Cf. ibid., S. 444–445.

72 Dass Kroysing ausgerechnet durch eine Fliegerbombe ums Leben kommt, erhält eine zusätzliche – auch ironische – Dimension dadurch, dass der Pionier während des Rückzugs aus dem Douaumont erkennt, dass nicht mehr die Pioniere oder die Artillerie, sondern die Luftwaffe zukünftige Kriege entscheiden würde, weshalb er beschließt, nach seiner Genesung Flieger zu werden. Cf. ibid., S. 238, 416.

73 Cf. ibid., S. 475–482.

ein paar Jahre früher erschienen[74] – nicht mehr möglich. Da selbst Erich Süßmann, der die Schlacht von Verdun von Anfang bis Ende überlebte, dann in der
Etappe während der Offiziersausbildung bei einem banalen Unfall umkommt,[75]
bleibt dem Autor letztlich nichts übrig, als Bertin von der Front weg und in
Sicherheit zu bringen. „Der Romanhandlung nach" – fasst die Literaturwissenschaftlerin Eva Kaufmann zusammen – „haben Humanität und Gerechtigkeit
unter den gegebenen Umständen keine Chance."[76] Der Tod von Bertins Freunden bei der Bombardierung des Lazaretts ist aber mehr als nur ein, wie man
heute sagen würde, Kollateralschaden. Zweig versucht nicht nur, ein dichte, realistische Beschreibung, ein lebendiges Bild von der Materialschlacht im Ersten
Weltkrieg zu geben, sondern geht darüber noch hinaus, wie man an seinen realistischen, zugleich aber auch symbolischen Landschaften oder seiner Erzählung
von der Erstürmung des Forts Douaumont sehen kann. Dementsprechend hat
auch die Geschichte von der Bombardierung des Lazaretts eine weitere Dimension:[77] Der fotografierende Infanteriebeobachter, der dann die Bombe nachts auf
den vermeintlichen Bahnhof und die deutschen Versorgungsgleise abwirft und
das Lazarett trifft, ist nämlich – wie Bertin – Künstler:

> Der junge Maler Jean François Rourard ist keineswegs von blutrünstiger Natur. Viel
> lieber säße er jetzt in einem gutgeheizten Atelier in Montparnasse oder Montmartre
> und beteiligte sich an der Weiterentwicklung der französischen Malerei, der Picasso
> und Braque neue Wege geöffnet hatten. Da er aber nun einmal Soldat ist, möchte er den
> vollen Ertrag aus diesen unfruchtbaren Kriegsjahren mitnehmen. Auch einmal einen
> Bombenhebel auslösen, Waggons in die Luft fliegen hören und sehen.[78]

Es liegt nahe, hinter der Figur des französischen Malers einen oder mehrere mit
Pablo Picasso und Georges Braque befreundete Künstler zu vermuten. Wahrscheinlich hatte Zweig bei der Gestaltung der Figur vor allem den französischen Maler André Derain vor Augen, der tatsächlich zu der Zeit französischer

---

74 Zur Entstehungsgeschichte cf. Kaufmann, Eva: „Entstehung und Wirkung" (wie Anm.
    32), S. 554–562.
75 Zweig, Arnold: *Erziehung vor Verdun* (wie Anm. 7), S. 410 f.
76 Kaufmann, Eva: „Entstehung und Wirkung" (wie Anm. 32), S. 564.
77 Welche Bedeutung die Geschichte des Fliegerangriffs und der Bombardierung des
    Lazaretts für Zweig hat, erkennt man auch daran, dass sie die einzige ist, die aus fran-
    zösischer Sicht geschildert wird, abgesehen von der Episode am Beginn des Romans
    von der Salve, die Christof Kroysing tötet und damit die Voraussetzung für die weitere
    Handlung darstellt.
78 Zweig, Arnold: *Erziehung vor Verdun* (wie Anm. 7), S. 336–337. Cf. auch: ibid. S. 454–
    455, 465, 474.

Aufklärer an der Verdun-Front war,[79] vielleicht aber auch den Maler Fernand Léger, der ebenfalls Soldat bei Verdun war, sowie möglicherweise den Schriftsteller Guillaume Apollinaire, obwohl dieser damals wegen einer schweren Kopfverletzung schon nicht mehr an der Front war. Wie so häufig lässt sich Zweigs Figur nicht auf ein eindeutiges Vorbild festlegen – jedoch mit der Erkenntnis, dass es sich bei demjenigen, der den Tod bringt, um einen der führenden Künstler der französischen Avantgarde handelt, eröffnet sich nochmals eine zusätzliche Interpretationsebene. Der Maler zweifelt zwar wie Bertin am Krieg,[80] obwohl er ein Draufgänger ist.[81] Aber er wird aus Neugier und Pflichtgefühl gegenüber seiner Heimat doch zum Soldaten und damit zum letztlich tragischen Helden. Vor allem will er den Krieg als Erlebnis auskosten, weil die Kriegsjahre künstlerisch eine unfruchtbare Zeit sind. Tatsächlich hatten die Kubisten keine künstlerische Antwort auf den erlebten Schrecken des Krieges.[82] Da der Künstler und Intellektuelle eigentlich im Krieg völlig deplaziert ist, trägt er zu dessen Absurdität und Banalität bei: Er kann nur – mehr ungewollt als gewollt – zur Vermehrung des Leides beitragen, dieses aber nicht verhindern. Eigentlich trägt Zweig damit seine eigene Forderung von 1929 schon 1934 wieder zu Grabe. Sein Roman macht zwar auch die Zwänge des Krieges deutlich, die die einen skrupellos für sich nutzen, während andere darunter leiden – den kleinen Krieg im großen. Auch die pazifistische Tendenz ist – heute noch – nicht zu übersehen. Die Hoffnung aber, dass die Kunst dazu beitragen könnte, Kriege zu verhindern, scheint

---

79 Zur Biografie und Werk cf. Sutton, Denys: *André Derain*. Phaidon: Köln 1960.

80 „Nieder mit dem Krieg, denkt er, er ist eine schmutzige Schweinerei, aber solange der Boche unser Frankreich zertrampeln will, müssen wir ihm das Nötige auf den hölzernen Quadratschädel pflastern." Zweig, Arnold: *Erziehung vor Verdun* (wie Anm. 7), S. 454.

81 „Jean François Rourard ist ein Draufgänger – auf Leinwände, Frauen oder Bahnhöfe, einerlei. Gespannt, die Pfeife im Mund, in Lederjacke und ledernen Unterhosen, hört er seinen braven Motor trommeln, gibt seinem Piloten Zeichen und notiert seine Zeiten." Ibid., S. 417.

82 Cf. Schubert, Dietrich: *Künstler im Trommelfeuer des Krieges 1914–18*. Wunderhorn: Heidelberg 2013. Zu den französischen Avantgardisten und Kubisten und der Tatsache, dass sie zwar zum Teil ‚malerisch', bei der französischen Tarnabteilung Geschütze und Unterstände tarnend, oder bei der Luftaufklärung tätig waren, aber künstlerisch kaum davon profitierten, cf. insbesondere S. 124–126, 144–151; zu Derain, Léger und Apollinaire S. 130, 131–144 bzw. 127–130. Auch Zweigs Jean François Rourard kommt, während er Luftbildaufnahmen macht, zu der Erkenntnis: „Die Malerei wird nichts davon haben, das weiß er schon." Zweig, Arnold: *Erziehung vor Verdun* (wie Anm. 7), S. 337.

er angesichts des Aufstiegs der Nationalsozialisten schon damals nicht mehr gehabt zu haben.

Was heute noch meiner Ansicht nach bleibt, ist die Möglichkeit, beim Lesen des Romans einen komplexen Einblick in die uns heute kaum noch verständliche Welt der Schützengräben und Materialschlachten zu erhalten. Wenn man sich dabei weniger auf die Haupthandlung und vielmehr auf die dichten Beschreibungen und einzelne aus dem Leben gegriffene Episoden konzentriert, kann man zumindest etwas von der Kriegserfahrung des Autors nachvollziehen. Wenn man darüber hinaus der in diesen Episoden durchscheinenden Realität und den sich hinter Zweigs Figuren verbergenden Vorbildern oder Typen nachgeht, wie ich es hier an einigen wenigen Beispielen getan habe, so eröffnet sich ein ganzer Mikrokosmos, in welchem sich die Arnold Zweig prägende Epoche in unzähligen weiteren Facetten widerspiegelt.

II Krieg und Literatur – komparatistisch

Anna Nasiłowska

Die Erfahrung des Ersten Weltkriegs in der polnischen Literatur

Auf Polnisch sagt man ‚pierwsza wojna światowa' – ‚der Erste Weltkrieg'. Auf Französisch – ‚La Grande Guerre', ein Ausdruck, den man nicht einmal wörtlich ins Polnische übersetzen kann, ohne ein Missverständnis fürchten zu müssen, um welchen Krieg es sich denn handelt, und ohne dass ein grundsätzlicher Streit droht, ob es denn überhaupt erlaubt sei, irgendeinen Krieg als ‚groß' zu bezeichnen. Dieser Unterschied bestimmt das jeweilige Verhältnis zu den Orten der Erinnerung – das heißt auch: zu dem, was man als Besucher bei der Besichtigung einer Stadt wahrnimmt – sowie die Art und Weise, wie geschichtliche Themen problematisiert werden, und kommt in der Literaturgeschichte ebenfalls zum Ausdruck.

Die während des Krieges und als Reaktion darauf entstehende französische Literatur ist ein Thema für sich. Ein paar Stichworte mögen hier genügen: Guillaume Apollinaire, der Antikriegsprotest, der Pazifismus, der sich bereits vor dem Kriegsausbruch deutlich abzeichnete, etwa im Schaffen von Romain Rolland. Zu den Klassikern der Kriegsliteratur gehören: Ernst Psichari (der am 20. August 1914 an der Front gefallen ist) mit seinem *L'Appel des Armes*, Roland Dorgelès mit seiner Reportage *Le Croix de Bois*, Georges Duhamel mit *La vie des martyrs*, oder auch der noch während des Krieges publizierte Roman *Le Feu. Journal d'une escouade* (1916) von Henri Barbusse, beispielhaft dafür, wie sich antimilitaristische Haltungen radikalisierten. Dieser Roman, an den man sich auch in Polen immer noch erinnert, hatte eine interessante Rezeptionsgeschichte außerhalb Frankreichs: In der Sowjetunion wurde er als Beispiel für antibürgerliche Literatur präsentiert und immer wieder neu aufgelegt. In der Ausgabe von 1953, die ich besitze – es handelt sich um einen Band aus der Reihe *Библиотека иностранной литературы* (Bibliothek der ausländischen Literatur) – ist dem französischen Romantext ein propagandistisches Vorwort auf Russisch vorangestellt.[1]

---

1   Cf. Barbusse, Henri: *Le Feu. Journal d'une escouade.* Библиотека иностранной литературы/Éditions en Langues Étrangères: Москва/Moscou 1953. Cf. auch: http://library.vladimir.ru/annotaciya-i-bibliograficheskij-spisok-k-vystavke-anri-barbyus-francuzskij-pisatel-i-obshhestvennyj-deyatel.htm

Das Kriegsende wiederum wird im westlichen Europa mit dem wachsenden Krisenbewusstsein, der Erschütterung des Glaubens an die Überlegenheit der europäischen Kultur sowie an den Humanismus und mit ersten Ansätzen des katastrophischen Denkens zusammengebracht. Gleichzeitig herrscht in Polen Euphorie nach der Wiedergewinnung der Unabhängigkeit – ungeachtet der noch nicht festgelegten Grenzen, zahlreicher Konflikte und des heraufziehenden neuen Krieges mit Sowjetrussland. Der Anfang der zwanzigjährigen Zwischenkriegsperiode war hierzulande von Optimismus und Energie geprägt. Es war – so meint man zumindest – eine ‚helle‘ Zeit. Die in Europa bereits ab 1918 stark präsenten, von Oswald Spengler in seinem *Untergang des Abendlandes* thematisierten katastrophischen Motive werden in Polen erst von der darauffolgenden Generation aufgegriffen – derjenigen von Czesław Miłosz (geboren 1911), die in den 1930er Jahren öffentlich hervortritt. Das scheint verspätet und kann im polnischen Selbstbewusstsein mit dem Gefühl unseres Nachzüglertums, des Zurückbleibens hinter Europa, in Verbindung gebracht werden, obwohl es diesmal aus einer Differenz in der Geschichtslogik resultiert.

In der französischen Literatur verbinden sich mit dem Ersten Weltkrieg Namen und literarische Erscheinungen von internationaler Bedeutung. In der polnischen Literatur ist das nicht der Fall, nicht nur wegen der geringeren Reichweite ihrer Wirkung in Europa. Der wesentliche Unterschied besteht darin, dass die Kriegserfahrung in der polnischen Literatur wenig sichtbar ist, und zwar selbst für Polonisten.

Bis vor Kurzem wurde diese Zeit als eine klassische ‚Zwischenepoche‘ betrachtet, ähnlich der Jahrhundertwende vom 18. zum 19. Jahrhundert. Die vorangehende Periode um 1900 heißt in der Literaturwissenschaft „Młoda Polska“ – ‚das Junge Polen‘. Diese Periode dauerte sehr kurz: Sie beginnt mit den ersten Publikationen der Dichter Kazimierz Przerwa-Tetmajer und Jan Kasprowicz sowie mit dem Auftauchen von Stanisław Przybyszewski in Polen. Ihre Schlüsselbegriffe heißen: Antipositivismus, Moderne, Irrationalismus, Elemente des Parnassismus (*art pour l'art*). Die französische Bezeichnung *La Belle Époque* wird in Polen nicht verwendet – in dem noch immer geteilten Land war diese Epoche nicht ‚schön‘. Sie hat trotzdem einen eigenen, leicht erkennbaren Stil hervorgebracht, sowohl in der Lyrik als auch in der Prosa. Es ist umstritten, wann sie endet. Nach der Meinung des Kritikers und Schriftstellers Stanisław Brzozowski war es die Revolution von 1905, durch die das Junge Polen plötzlich gealtert ist.

In diesem Zusammenhang ist an die These von Tomasz Burek aus dem Jahr 1973 zu erinnern:

Das Jahr 1905, nicht 1918, ist das Umbruchsjahr in der polnischen Kultur. Das Jahr 1905, nicht 1918, ist der Anfang des bis heute andauernden geschichtlichen Zyklus in unserer Literatur. Das Jahr 1905 ist bei uns das Vorspiel zum zwanzigsten Jahrhundert, es ist, obwohl sich kaum jemand daran erinnert, die wirkliche Schwelle der Gegenwart.[2]

Diskussionen über historische Zäsuren oder Epochenschwellen erscheinen heutzutage reichlich archaisch. In den 1970er Jahren gab es dagegen zwei Gründe, über die Datierung solcher Einschnitte zu streiten: die damalige Methodologie der polnischen Literaturwissenschaft (die sich von der polnischen Dilthey-Rezeption inspirieren ließ) und die ideologischen Umwertungsversuche. Gegen Ende seines Lebens (er starb am 1. Mai 2017) vertrat Tomasz Burek eine andere Meinung, er identifizierte sich mit seinem Artikel nicht mehr, aber die von ihm aufgeworfenen Fragen bleiben weiterhin aktuell. Was wiegt schwerer: soziale Revolution oder Wiedergewinnung der Unabhängigkeit? Welcher von beiden Emanzipationsakten ist wichtiger?

Die Hervorhebung der Jahreszahl 1905 lenkt die Aufmerksamkeit auf die revolutionären Ereignisse dieses Jahres und evoziert sozialistische Denktraditionen; dagegen unterstreicht das Jahr 1918 als Epochenzäsur die wiedererlangte Souveränität der polnischen Zweiten Republik. Burek, in den Siebzigerjahren ein junger Radikaler, argumentierte europäisch: Die Epoche der ‚hohen‘ Kunst habe bereits vor dem Ersten Weltkrieg begonnen, einem neuen Zeitalter des künstlerischen Experiments und der Avantgarde zu weichen. Die Sinnlosigkeit und der Bankrott der utilitaristischen Logik des 19. Jahrhunderts seien auf den Schlachtfeldern des Weltkriegs evident geworden.

In meiner literaturgeschichtlichen Synthese[3] aus der Mitte der Neunzigerjahre schlug ich als dritte Lösungsmöglichkeit vor, die Periode der zwei Zwischenkriegsjahrzehnte um die Jahre des Ersten und Zweiten Weltkriegs zu ergänzen. So entsteht eine *Periode von drei Jahrzehnten*, deren Grenzen die Jahreszahlen 1914 und 1944 markieren. Mein Buch wird nach wie vor an vielen Universitäten als brauchbarer Grundriss benutzt, man kann also sagen, dass diese Lösung akzeptiert wurde. Ich schlug sie vor, nicht um unbedingt einen neuen Fachbegriff zu erfinden, sondern weil ich das Gefühl hatte, dass die Zeit des Ersten

---

2   Burek, Tomasz: *1905, nie 1918* (1905, nicht 1918), in: id., *Dalej aktualne* (Noch immer aktuell). Czytelnik: Warszawa 1973, S. 96.
3   Nasiłowska, Anna: *Trzydziestolecie* (Drei Jahrzehnte). PWN: Warszawa 1995.

Weltkriegs, die in der Literaturgeschichte bislang ausgespart oder stiefmütterlich behandelt wurde, etwas mehr Aufmerksamkeit verdient. Ähnlich wie in vielen anderen Ausnahmesituationen in Polen, entstanden damals zahlreiche patriotische Gedichte. Es kam zu einer Besinnung auf die romantische Funktion der Dichtung, die den Geist wecken, die Hoffnung nähren und die Gemeinschaft zum Ausdruck bringen sollte. Daneben manifestierte sich im Schaffen solcher Dichter wie Leopold Staff oder Jan Kasprowicz das Erschrecken über das durch den Krieg verursachte Elend und die Erniedrigung von einfachen Menschen. Diese Spaltung in zwei Strömungen – die propagandistisch-romantische und die beunruhigt-humanitäre – wird sich in der Literatur zur Zeit des Zweiten Weltkriegs wiederholen.

1991 ist ein Buch von Irena Maciejewska erschienen, in dem das Spezifische dieses Epochenumbruchs zur Darstellung gelangte. Das Buch – sein Titel lautet *Rewolucja i niepodległość* (Revolution und Unabhängigkeit) – umfasst die Zeitspanne zwischen 1905 und 1920[4]. Historisch gesehen handelt es sich um eine logische Kette von Ereignissen, die mit dem Ausbruch des russisch-japanischen Krieges im Jahre 1904 beginnt. Polen aus dem russischen Teil des Landes wurden damals an die Front im Fernen Osten geschickt. Dank der Einbindung eines großen Teils russischer Streitkräfte im Fernen Osten konnte die Polnische Sozialistische Partei (PPS) ihre Aktivität in Warschau verstärken. Die Revolution von 1905 war zwar nicht im strengen Wortsinn revolutionär, da sie weder einen politischen Umsturz noch einen Machtwechsel bewirkte, aber die Tragweite ihrer Ideen war groß. Sie fand ein starkes Echo in der Literatur und beeinflusste maßgeblich die Herausbildung von Eliten der Unabhängigkeitsbewegung. Deren späteres Wirken im Untergrund, die Entstehung der polnischen Legionen an der Seite Österreichs sowie die Aktivitäten der paramilitärischen Organisationen waren sämtlich mit der gleichen ideellen Option verbunden, die auf eine der Strömungen innerhalb der konspirativen Polnischen Sozialistischen Partei zurückging.

Mit dem Ende des Ersten Weltkriegs und der im Jahre 1918 erlangten Staatssouveränität ohne festgelegte Grenzen war die Zeit der mit Waffen ausgetragenen Konflikte keineswegs vorbei. Da gab es noch die regionalen Aufstände – den Großpolnischen und den Schlesischen, wovon jeder seine Eigenart hatte. Die Kriegszeit schließt in dieser Gegend Europas erst mit dem Konflikt Polens mit

---

4 Maciejewska, Irena: *Rewolucja i niepodległość. Z dziejów literatury polskiej lat 1905–1920* (Revolution und Unabhängigkeit. Zur Geschichte der polnischen Literatur 1905–1920). Wydawnictwo Szumacher: Kielce 1991.

dem roten Russland, der in der Schlacht vor Warschau im August 1920 kulminierte. Der Sieg des noch sehr jungen polnischen Heeres in dieser Schlacht stoppte den Vormarsch der Roten Armee in das Innere von Europa. Die Zusammensetzung einer roten Regierung für Polen war bereits in Moskau festgelegt worden: Sie sollte aus polnischen Aktivisten bestehen, darunter auch solchen, die während der Revolution von 1905 bekannt geworden waren. Lenins strategisches Ziel war es, die Revolution in Deutschland zu ‚retten' und sie dann in den Westen Europas weiterzutragen.

Die polnischen Erfahrungen dieser Periode haben also ihre historische Spezifik und bilden eine kohärente Folge, mit den Jahren 1905 und 1921 als Grenzmarken. Die Dominante für das Jahr 1905 war die Revolution, für die Zeit von 1914 bis 1918 – die Unabhängigkeit. 1920 dagegen erscheinen beide Themen unauflöslich miteinander verbunden, oft geprägt vom tragischen Konflikt zwischen der Option für den Sozialismus und der Unmöglichkeit, den Bolschewismus zu unterstützen.

Sehr gut illustriert dies das Schaffen von Andrzej Strug (1871–1937). Der Lebenslauf dieses Schriftstellers ist für diese Zeit in Polen symptomatisch. Er war adliger Herkunft, sein wirklicher Name war Tadeusz Gałecki. Mit 24 wurde er zum ersten Mal verhaftet und wegen Volksaufwieglung für drei Jahre in das Gouvernement Archangelsk deportiert. Nach seiner Rückkehr war er in der Polnischen Sozialistischen Partei tätig, beteiligte sich auch an den revolutionären Ereignissen von 1905 bis 1907. Danach, da ihm wieder eine Verhaftung drohte, emigrierte er nach Paris. Dort schloss er sich einem Flügel der polnischen Sozialisten an – der Revolutionären Fraktion von Józef Piłsudski – und beteiligte sich an der Untergrundsarbeit. Während des Kriegs kämpfte er in den Legionen an der Seite Österreichs. Im unabhängigen Polen war er für kurze Zeit stellvertretender Minister für Propaganda; später trat er in Opposition zu Piłsudski. Er verfasste Romane über die Tradition des Januar-Aufstands von 1863 (*Ojcowie nasi* – Unsere Väter), über die Revolution von 1905 (*Dzieje jednego pocisku* – Die Geschichte eines Geschosses), über die Legionen (*Odznaka za wierną służbę* – Auszeichnung für den treuen Dienst), eine Trilogie über den Ersten Weltkrieg (*Żółty krzyż* – Das gelbe Kreuz) und den Generationsroman *Pokolenie Marka Świdy* (Die Generation des Marek Świda), in dem er von der Enttäuschung seines Protagonisten durch die Nachkriegswelt erzählt – wobei dieser junge Mann bereits den Dienst in den Legionen, die russische Gefangenschaft, die Flucht aus dem Fernen Osten während der bolschewistischen Revolution und die Teilnahme am Krieg von 1920 hinter sich hat.

In der polnischen Erfahrung bildet der Erste Weltkrieg selbstverständlich eine wichtige Schwelle, obwohl er in eine längere Folge von Ereignissen eingeschrieben erscheint, die sich außerdem über ein sehr weites geografisches Gebiet erstrecken. Polnische Geschichtserfahrung hängt mit der westlichen zusammen, streift aber zugleich China und Japan. Das trifft nicht nur auf Schriftsteller aus dem russischen Teil Polens zu. Auch Ferdynand Goetel, ein österreichischer Untertan, den das Jahr 1914 in Warschau überraschte, wurde nach Turkestan verschleppt. In seinem Buch *Przez płonący Wschód* (Durch den brennenden Osten) entwirft er ein Bild der Revolution in den Ländern Zentralasiens. Der kleine Roman *Kar-chat* (1923), einer der besten in seinem Œuvre, ist zentralasiatischen Reitern und ihren Bräuchen gewidmet. Zu den wichtigsten Bestandteilen seiner Geschichtserfahrung gehört die Konfrontation mit dem Bolschewismus, die in Bildern aus dem revolutionären Russland zur Sprache kommt – wobei es sich nicht um Eindrücke von propagandistischen Rundfahrten handelt, wie sie später französische Schriftsteller mitgemacht haben, etwa André Gide, Autor des entlarvenden Berichts *Le Retour d'USRR* von 1936. Der Krieg von 1920 beendet den Radikalismus, der sich in der Revolution von 1905 offenbart hatte. Sogar die Radikalsten entscheiden sich für die Verteidigung der Unabhängigkeit.

Zur Verwischung der Erfahrung des Ersten Weltkriegs in der polnischen Literatur trug vieles bei. Vor allem war das Grauen des Zweiten Weltkriegs in Polen so überwältigend, dass es über jede Vorstellung hinausging, die sich Menschen machen konnten, welche die Jahre 1914–1918 bewusst erlebt hatten. Etwas davon hatte sich allerdings bereits Jahrzehnte zuvor literarisch angekündigt. So schrieb Zofia Nałkowska, die spätere Autorin von *Medaliony* (1946, deutsch *Medaillons*, 1956), einer Sammlung von Reportagen, die von Massenvernichtung und deren Schergen berichten, zur Zeit des Ersten Weltkriegs den Roman *Hrabia Emil* (Graf Emil, 1920). Darin analysiert sie eine Persönlichkeit mit sadistischen Neigungen, dekadent, ohne jede Empathie. Von dem Romanhelden heißt es: „Wenn man nicht auf Menschen schießen konnte, ging Emil jagen und schoss auf Tiere."[5] Es liest sich wie eine Intuition der Gleichgültigkeit gegenüber dem Bösen, die Nałkowska später in ihren *Medallions* beschrieb – einem Buch, für das sie unmittelbar nach dem Zweiten Weltkrieg Material gesammelt hat, als Mitglied der Hauptuntersuchungskommission zu den Verbrechern der Deutschen in Polen (Główna Komisja Badania Zbrodni Niemieckich w Polsce).

Ein weiterer Grund, weshalb die Erfahrung des Ersten Weltkriegs nicht zur Darstellung gelangte, war ihr problematischer Bezug zur Revolution und die entschiedene Abweisung des Bolschewismus, die durch patriotische Haltungen

---

5	Nałkowska, Zofia: *Hrabia Emil* (Graf Emil). Czytelnik: Warszawa 1977, S. 218.

während des Kriegs von 1920 bezeugt wurde – und zwar auch von Menschen, die sich der Linken stark verbunden fühlten. Als Beispiel kann hier der Dichter Władysław Broniewski dienen, ein ‚Romantiker der Revolution', der am Krieg mit dem bolschewistischen Russland teilnahm – auf der polnischen Seite. Sein Tagebuch aus dieser Zeit musste ziemlich lang auf die Publikation warten (es wurde zuerst, gekürzt, 1984 veröffentlicht). Für Volkspolen war der Krieg von 1920 jahrzehntelang äußerst problematisch, Zensurbeschränkungen galten auch für die Legionen. Schließlich wurde die Revolution von 1905 ein Thema für Idealisten, denen die schalen Losungen der volkspolnischen Propaganda nicht mehr ausreichten. Sie erkannten darin etwas Authentisches und Aufregendes, worüber sie mehr wissen wollten: eine nicht-kommunistische Revolution, bei der man schoss und Bomben warf, eine Zeit, in der die Menschen bereit waren, für ihre Ideen zu sterben.

Die Zeitspanne zwischen dem Jahr 1905, als das Junge Polen alt wurde, und der Beruhigung der Lage im Jahre 1921 war lang. So lang, dass es uns heute schwer fällt auszumachen, was die polnische Literatur der Moderne eigentlich war, wann sie angefangen hat und wie sie aussah. In Feuerbränden wurde die ganze Welt, der Lebens- und Erlebensstil und auch die literarischen Stile umgeschmolzen, es riss die Kontinuität. Das Junge Polen war wohl zu früh gestorben, und das Neue bahnte sich nur langsam den Weg.

Karolina Sidowska

Zur deutschen und polnischen Lyrik aus der Kriegszeit

Der Erste Weltkrieg war eine grundlegende Generationserfahrung, die sich in unzähligen Facetten in den zwei angesprochenen großen Nationalliteraturen widergespiegelt hat. Dieses reiche Material wird in meinem Beitrag insofern eingeschränkt, als hier nur die lyrischen Zeugnisse untersucht werden, die – mit wenigen Ausnahmen – während des Krieges und kurz danach entstanden sind, in denen man also am ehesten nach unmittelbaren Reaktionen auf den Ausbruch und die Entwicklung des Krieges suchen mag. Unmittelbarkeit ist hier keineswegs mit Direktheit und Spontaneität des Ausdrucks gleichzusetzen: In den meisten Texten offenbart sich ein hohes Formbewusstsein der Autoren und ihre gute Kenntnis der herrschenden stilistischen Konventionen, egal ob es nun um den expressionistischen Stil der deutschen Lyrik oder um die sog. jungpolnische Manier vieler polnischer Dichter geht. In beiden Literaturen finden sich ähnliche Tendenzen: Junges Polen (Młoda Polska) als die polnische Moderne ist dadurch gekennzeichnet, dass manche Autoren schon damals im prä-expressionistischen Geiste schufen, noch bevor sich der Expressionismus als literarische Strömung in Deutschland kristallisiert und etabliert hat. Die poetische Gestaltung der Texte und die bestehenden Ähnlichkeiten und Differenzen zwischen den polnischen und den deutschen Autoren sollen im Folgenden näher betrachtet werden. Darüber hinaus möchte ich untersuchen, welche Erwartungen, Empfindungen und Erlebnisse sich zur Gesamterfahrung des Krieges zusammensetzten und ob man auch in dieser Hinsicht bestimmte Parallelen zwischen der deutschen und der polnischen Literatur aufweisen kann. Aus Raumgründen werden nur ausgewählte Autoren und Gedichte in Betracht gezogen, in der Hoffnung, dass in dieser Auswahl doch die allgemeine Epochenstimmung zum Ausdruck kommt.

Im deutschen Expressionismus fungiert der Krieg von Anfang an als eines der wichtigsten Motive, und zwar lange bevor er zum historischen Faktum wurde. Der Krieg symbolisiert eine entschlossene, kraftvolle Tat und wird als Befreiungsakt aus der Banalität des Alltags dargestellt. Im Kontext der lebensphilosophischen Epochenströmungen nahm er die Züge eines festen Bekenntnisses zur Stärke und vitaler Kraft an und wurde als solches enthusiastisch bejaht.[1] Es

---

1   Cf. Vietta, Silvio (Hrsg.): *Lyrik des Expressionismus.* Niemeyer: Tübingen 1985, S. 117–119.

handelte sich dabei ganz deutlich um eine ausdrucksvolle Metapher, eine Denkfigur, einen brauchbaren, abstrakten Topos, dessen tragische Verwirklichung und lebensgeschichtliche Konsequenzen nicht in ihrem tragischen Ernst zu Ende gedacht wurden. Auch wenn die literarischen Szenarien vor keinen grausamen Einzelheiten haltmachen, wird die Brutalität des Krieges nie als reale, jederzeit drohende Gefahr wahrgenommen. Es ist bedenkenswert, dass der hochmütige Ton und besonders krasse Darstellungen in Texten vorkommen, die vor dem Kriegsausbruch entstanden sind,[2] die also keine realen Kriegserfahrungen, sondern dichterische Phantasmagorien darstellen. Das wahrscheinlich bekannteste expressionistische Kriegsgedicht stammt aus dem Jahr 1911; der junge Autor, Georg Heym, beginnt seinen Text im perfektiven Modus, was sich aus späterer Perspektive wie eine tragische Prophezeiung ausnimmt: „Aufgestanden ist er [der Krieg], welcher lange schlief"[3]. Dem Leser werden entsetzliche apokalyptische Bilder der Vernichtung und des Todes dargeboten:

> Einem Turm gleich tritt er aus die letzte Glut,
> wo der Tag flieht, sind die Ströme schon voll Blut.
> Zahllos sind die Leichen schon im Schilf gestreckt,
> von des Todes starken Vögeln weiß bedeckt.
> Über runder Mauern blauem Flammenschwall
> Steht er, über schwarzer Gassen Waffenschall.
> Über Toren, wo die Wächter liegen quer,
> Über Brücken, die von Bergen Toter schwer.[4]

Auf der anderen Seite erweckt der personifizierte Krieg, der in der Gestalt eines wütenden Riesen erscheint, eine unwiderstehliche Faszination. Die brutale Macht und blinde Übergewalt des Krieges erregen Furcht aber auch Respekt. Der destruktive Gestus wird durch die miserable Kondition der menschlichen Welt gerechtfertigt und erinnert an den Zorn Gottes und die biblische Bestrafung der Menschen: „Pech und Feuer träufet unten auf Gomorrh."[5] Die Zerstörung der alten, sündhaften Welt ist aber zugleich – dank der reinigenden Wirkung des Feuers – eine Vorbereitung des Bodens für neue Ordnung. Der Krieg, ein großer

---

2   Ein Beispiel dafür ist u. a. das Gedicht *Aufbruch der Jugend* von Ernst Wilhelm Lotz, entstanden 1913. In: Pinthus, Kurt (Hrsg.): *Menschheitsdämmerung. Ein Dokument des Expressionismus.* Anaconda: Köln 2008, S. 262.

3   Heym, Georg: *Der Krieg* (I). In: Vietta, Silvio (Hrsg.): *Lyrik des Expressionismus* (wie Anm. 1), S. 120.

4   Ibid.

5   Ibid., S. 121.

Reiniger, bringt also Erlösung aus der ‚banalen Zeit' und Hoffnung auf das Bessere oder zumindest Neue.

In dieser idealistischen, um nicht zu sagen: naiven Hoffnung, die mehrere Expressionisten hegten, erkennt man leicht das Echo der futuristischen Thesen des Manifestes von Filippo Tommaso Marinetti.[6] Zwischen dem deutschen Expressionismus und dem italienischen Futurismus bestehen in der Tat auffallende Ähnlichkeiten,[7] sowohl auf der stilistischen, als auch auf der inhaltlichen Ebene.[8] Die Behauptung, Futurismus sei „äußerst radikale Form des Expressionismus in Italien"[9], scheint jedoch allzu vereinfachend und erklärungsbedürftig. Zu Gemeinplätzen der beiden Strömungen gehören unter anderem die Begeisterung für den technischen Fortschritt, Skepsis gegenüber der Tradition, Hervorhebung der emotionalen Seite der menschlichen Natur und ihrer spontanen Expressivität sowie Verherrlichung der vitalen Energie des Menschen, die eben im Topos des Krieges zum Ausdruck kommt. Die absolute Bejahung des Neuen bedarf der Beseitigung des Alten, und zwar nicht auf dem Weg der Besserungen und Veränderungen, sondern durch eine entschlossene Revolte. In radikalen Formulierungen des künstlerischen Programms der Futuristen wurde der Krieg als „diese einzige Hygiene der Welt"[10] gepriesen, wobei stets nicht die tatsächliche militärische Umsetzung dieser Idee gemeint war, sondern die äußerste

---

6   Marinetti, Filippo Tommaso: *Manifest des Futurismus*. In: Asholt, Wolfgang/Fänders Walter (Hrsg.): *Manifeste und Proklamationen der europäischen Avantgarde (1909–1938)*. Metzler: Stuttgart und Weimar 1995.

7   Cf. Schmidt-Bergmann, Hansgeorg: *Futurismus. Geschichte, Ästhetik, Dokumente*. Rowohlt: Reinbek b. Hamburg 1993. Auch: Szyrocki, Marian: „Futuryzm włoski a niemiecki ekspresjonizm". In: Henstein, Józef (Hrsg.): *Futuryzm i jego warianty w literaturze europejskiej*. Acta Universitatis Wratislaviensis No. 377: Wrocław 1977.

8   Lionel, Richard: *Lexikon des Expressionismus*. Aus dem Französischen von Inge Hanneforth und Rainer Rochlitz. Bertelsmann: Gütersloh 1977.

9   Diese Formel entstammt dem Lexikonartikel im populären Wörterbuch von Wilpert: „Futurismus – äußerst radikale Form des Expressionismus in Italien. Als künstlerische Bewegung unter dem Einfluss von Nietzsche und Bergson rein auf das Zukünftige gerichtet, nimmt der Futurismus gegen alle (auf dem historischen Boden Italiens besonders starke) Traditionsgebundenheit in Geschichte, Kunst, Philosophie und der gesamten Kultur auch des öffentlichen und politischen Lebens Stellung, verlangt den endgültigen Bruch mit der Vergangenheit, selbst Vernichtung alter Kunstdenkmäler, erklärt den Krieg daher als Heilung der Welt und sucht nach neuen, dynamischen Formen der Weltaussage im Maschinenzeitalter." Wilpert, Gero von: *Sachwörterbuch der Literatur*. Alfred Kröner: Stuttgart 1989, S. 317.

10   Marinetti, Filippo Tommaso: *Manifest des Futurismus*. In: Schmidt-Bergmann, Hansgeorg: *Futurismus* (wie Anm. 7), S. 77.

Form menschlicher, vor allem künstlerischer Aktivität.[11] Diese utopisch und idealistisch unterlaufene Vorstellung vom Krieg, den anarchistischen Drang nach totaler Erneuerung und den Willen, zum Kern jeder Sache vorzudringen, erklärte Gottfried Benn nach einigen Jahrzehnten zum grundlegenden Ton der modernen Bewegung.[12] Der vitale Impuls, das Kraftvolle des Kriegs war daher für viele expressionistische Dichter ein hoher Wert. Eine deutliche Verkopplung der kriegerischen Aufregung und der sinnlichen Lebensfreude veranschaulicht Ernst Stadlers Gedicht *Der Aufbruch*:

> Einmal schon haben Fanfaren mein ungeduldiges Herz blutig gerissen,
> dass es, aufsteigend wie ein Pferd, sich wütend ins Gezäum verbissen.
> Damals schlug Tamburmarsch den Sturm auf allen Wegen,
> und herrlichste Musik der Erde hieß uns Kugelregen. [...]
> Aber vor dem Erraffen und vor dem Versinken
> Würden unsre Augen sich an Welt und Sonne satt und glühend trinken.[13]

Aufbruch der Jugend von Lotz mit Proklamationen wie: „Wir fegen die Macht und stürzen die Throne der Alten, / vermoderte Kronen bieten wir lachend zu Kauf"[14] klingt fast wie ein Widerhall der futuristischen Parolen:

> Gegen den Ästhetizismus und Symbolismus der Jahrhundertwende, gegen den „Kult der Museen, Ruinen und Denkmäler", gegen die in den Vorkriegsjahren in Italien prak-tizierte liberale Politik, gegen Monarchie und Republik, gegen den Vatikan und Kleri-kalismus, gegen die Herrschaft des „Mittelmäßigen" und der „Gerontokratie" setzen die Futuristen ihr Programm einer totalen Umwälzung von Staat und Gesellschaft.[15]

Auch bei anderen Expressionisten, wie z. B. Alfred Lichtenstein, vor allem in den Gedichten *Sommerfrische* und *Prophezeiung*, findet man die Überzeugung, dass nur eine gewaltige Tat – und der Krieg ist eine solche Tat par excellence – die Langeweile und Misere des allzu bieder und bürgerlich gewordenen Lebens durchbrechen kann.

Umsonst würde man nach ähnlichen Ideen in der polnischen Lyrik dieser Zeit suchen. Autoren, die im prä-expressionistischen Stil schufen, beschäftigten sich eher mit dem Repertoire menschlicher Affekte, Krieg als Motiv kommt bei

---

11 Henstein, Józef: „Futuryzm we Włoszech". In: id. (Hrsg.): *Futuryzm i jego warianty* (wie Anm. 7), S. 28.

12 Benn, Gottfried: *Lyrik des expressionistischen Jahrzehnts*. Einleitung. Dtv: München 1974.

13 Stadler, Ernst: *Der Aufbruch*. In: Vietta, Silvio (Hrsg.): *Lyrik des Expressionismus* (wie Anm. 1), S. 126.

14 Lotz, Ernst Wilhelm: *Aufbruch der Jugend*. In: Pinthus, Kurt (Hrsg.): *Menschheits-dämmerung* (wie Anm. 2), S. 263.

15 Schmidt-Bergmann, Hansgeorg: *Futurismus* (wie Anm. 7), S. 17–18.

ihnen kaum vor. Erst 1917 entschließt sich einer der jungen Dichter zu einer literarischen Geste, die man als futuristisch-anarchistisch einstufen könnte und die explizit an Marinettis Aufruf zur Zerstörung erinnert. Gemeint ist Jan Lechoń und sein Gedicht *Herostrates*, das zuerst im November 1917 in der Zeitschrift der Warschauer akademischen Jugend *Pro arte et studio* erschien:

> Oh! legt mir das Łazienki-Königsschloss in Trümmer,
> Marmorblöcke, entseelt, von kaltem Meißel zerkratzt,
> zerhaut die Gipsfiguren in Stücke,
> ertränkt im Teich die Ceres mit Ähren in der Hand! [16]

Die Befreiung, die das lyrische Ich auf diesem Weg zu erreichen hofft, ist von besonderer Natur: Nicht die Wiedergeburt der Menschheit ist das Ziel, sondern die Freiheit des Künstlers, der nach Wiedererlangung der Eigenstaatlichkeit Polens nicht mehr ‚im Dienste‘ des Vaterlands dichten muss: „A wiosną – niechaj wiosnę, nie Polskę zobaczę"[17] (Und im Frühling möge ich den Frühling, nicht Polen erblicken). Der nationalen Problematik wird Absage erteilt, dies ist aber nur unter den neuen historischen Umständen möglich. Früher, während der über hundertjährigen Teilungszeit, war das Schicksal Polens – die Bemühungen um Erhaltung polnischer Sprache und Tradition, das Opfer Polens als ‚Messias der Völker‘, polnische Aufstände und ihre Niederlagen – das Pflichtthema vieler literarischer Werke. Auch in der Moderne, zur Zeit des Jungen Polens, als die Autonomie des literarischen Subjekts und die ästhetischen Grundsätze immer entschiedener in den Vordergrund rückten, verschwand die Frage nach aktueller und künftiger Lage Polens keineswegs aus dem Spektrum der dichterischen Interessen und die Hoffnung auf Zurückeroberung der Freiheit blieb wach. Dies zeigte sich gleich nach dem Ausbruch des Ersten Weltkriegs, als in vielen, vorwiegend lyrischen Texten, neben Klagen über die Tragik des Krieges hoffnungsvolle Erwartungen bezüglich seines Ausgangs geäußert wurden. Diese bange und doch optimistische Zukunftsausrichtung entspricht zum Teil den idealistischen Zukunftsvisionen der deutschen Expressionisten, der Unterschied ist jedoch unübersehbar: Handelte es sich im Expressionismus

---

16 Lechoń, Jan: *Herostrates.* In: id.: *Poezje.* Wydawnictwo Łuk: Białystok 1994, S. 7. [Wenn, wie in diesem Fall, ein Gedichtfragment eigens für diesen Beitrag übersetzt wurde, steht in der Fußnote das entsprechende Zitat aus dem polnischen Original:] „O! zwalcież mi Łazienki Królewskie w Warszawie, / Bezduszne, zimnym rylcem drapane marmury, / Pokruszcie na kawałki gipsowe figury / A Ceres kłosonośną utopcie mi w stawie." Das Warschauer Łazienki-Schloss im gleichnamigen Park war Sitz des letzten polnischen Königs; es gilt als ein Juwel des Klassizismus.

17 Ibid., S. 8.

um idealistischen Glauben an die Erneuerung des ganzen Menschenge-
schlechts, so ging es in der polnischen Lyrik jener Zeit um eine ganz spezielle
Erneuerung: die der eigenen Staatlichkeit. War der Krieg bei vielen deutschen
Dichtern schon in der Vorkriegsperiode eine gewichtige rhetorische Figur, ein
abstraktes Symbol von Macht und Stärke, so erschien er in der polnischen Lyrik
erst als faktisches historisches Ereignis. Daher haben die deutschen expressionistischen Texte eher einen universellen, überzeitlichen Charakter, in den
polnischen dagegen überwiegen patriotischer Appell und Hinwendung zum
historischen Konkretum.

Die Konkretisierung der abstrakten Kriegsvorstellungen fand übrigens auch
in der deutschen Lyrik statt, und zwar schon kurz nach den ersten Frontge-
schehnissen. Anstelle der anfänglichen Faszination rückte Enttäuschung, zum
Teil sogar Entsetzen über die Brutalität des Kriegsablaufs und die kritische
Abrechnung im Geiste des Pazifismus. Nicht unbedeutend waren die persönlichen Erlebnisse vieler Dichter, die an Schlachten des Ersten Weltkriegs teilnahmen und manchmal an der Front fielen.[18] Die Erfahrung des Krieges, statt
ein metaphysisches Ereignis und geistige Auffrischung zu werden, trug zur Ver-
tiefung der Desorientierung und der existentiellen Krise des modernen Subjekts
bei. Die logische Folge war die Umkehrung von übermutigen Exklamationen
zur manchmal recht schlichten Beschreibung der einfachsten, subjektiven Empfindungen von Not, Angst, Todesnähe oder Sinnlosigkeit des Schicksals, wie im
Gedicht *An der Front* von Wilhelm Klemm:

> Schrapnellwolken blühen auf und vergehen. Ein Hohlweg
> nimmt uns auf. Dort hält Infanterie, naß und lehmig.
> Der Tod ist so gleichgültig wie der Regen, der anhebt.[19]

Oder bei Oskar Kanehl in *Schlachtfeld*:

> Verwundete vergessen ihren Völkerhaß
> und Leichen lagern brüderlich.
> Schmerzschreie schwer Getroffener.
> Röchelnde Rufe Sterbender.
> Pferdekadaver. Weggeworfenes
> und zerschossenes Kriegsgerät.[20]

---

18 In den ersten Kriegswochen sind u. a. Lichtenstein, Stadler, Lotz ums Leben gekom-
    men; Georg Trakl beging Selbstmord nach der Schlacht bei Grodek. Cf. Vietta, Silvio
    (Hrsg.): *Lyrik des Expressionismus* (wie Anm. 1), S. 118.
19 Klemm, Wilhelm: *An der Front*. In: ibid., S. 127.
20 Kanehl, Oskar: *Schlachtfeld*. In: ibid., S. 128.

Zur Überspitzung dieser Diktion kommt es in den lakonischen Texten August Stramms, etwa in seinen berühmten Gedichten *Patrouille* und *Sturmangriff*. Die pazifistischen Werte und friedlichen Parolen des Humanismus und der Brüderlichkeit waren schon früher in der expressionistischen Lyrik vorhanden, vor allem im sog. Aktionismus und Messianismus: in den pathetischen Hymnen Johannes R. Bechers, den Gedichten von Franz Werfel, Ludwig Rubiner, Walter Hasenclever und anderen. Auf den 4. August 1914 ist folgender Text von Werfel datiert, in dem der Autor die Kriegspropaganda als Schein und Betrug entlarvt und sich mit seiner Epoche sehr kritisch auseinandersetzt:

Auf einem Sturm von falschen Worten,

umkränzt von leerem Donner das Haupt,

schlaflos vor Lüge,

mit Taten, die sich selbst nur tun, gegürtet,

prahlend von Opfern,

ungefällig scheußlich für den Himmel –

so fährst du hin,

Zeit

in den lärmenden Traum,

den Gott mit schrecklichen Händen,

aus seinem Schlafe reißt

und verwirft.[21]

Ähnliche pazifistische Töne findet man in polnischer Literatur jener Zeit. Viele ihrer Autoren, wie Jan Kasprowicz, Kazimierz-Przerwa Tetmajer, Leopold Staff und Boleslaw Leśmian, feierten schon vor dem Krieg erhebliche literarische Erfolge. Obwohl sie persönlich am Kriegsgeschehen nicht teilnahmen, spiegelt es sich in ihren Texten wider, die während des Krieges oder kurz danach geschrieben und veröffentlicht wurden.

Im Grunde kann man zwei Hauptströmungen in der polnischen Lyrik dieser Zeit unterscheiden:

Auf der einen Seite gab es ein Wiederaufleben der traditionellen patriotischen Lyrik, in der romantische Ideen fortwirkten, und die dementsprechend oft einen stark rhetorischen, pathetischen Charakter hatte. Eine große Gruppe bilden hier Gelegenheitsgedichte, anonyme Lieder und andere Erzeugnisse soldatischer Folklore, die schon während des 19. Jahrhunderts bei verschiedenen Kämpfen (Napoleonische Kriege, November- und Januaraufstand) gesungen wurden. Ihre wichtigste Funktion war Werbung und Aufmunterung, daher die meist

---

21 Werfel, Franz: *Der Krieg*. In: Pinthus, Kurt (Hrsg.): *Menschheitsdämmerung* (wie Anm. 2), S. 96.

strophische, gereimte, melodische Form, einfache Sprache und leicht erfassbarer Inhalt. Zu den häufigsten Themen gehörten: Aufruf zum Kampf, Opferbereitschaft und das harte Los des Soldaten mit besonderer Berücksichtigung der Motive aus der Volkstradition, wie Abschiednehmen von Zuhause und von der Geliebten, scherzhaftes Gespräch mit dem Mädchen, Qualen und ruhmreicher Tod auf dem Schlachtfeld. Darüber hinaus handelten die Gedichte von Sehnsucht nach der Freiheit und Hoffnung auf den Sieg, von Verehrung für die Führer (den aktuellen – Piłsudski – und die historischen, wie Tadeusz Kościuszko oder General Józef Chłopicki, ein Diktator des Novemberaufstands 1830–31) und Erinnerung an bekannte Schlachten und brave Truppen. Es gab zahlreiche ältere Lieder, die sich zur Zeit des Ersten Weltkriegs erneut großer Popularität erfreuten: *Przybyli ułani pod okienko* (Es kamen Ulanen ans Fensterchen), *O mój rozmarynie* (O mein Rosmarin), *Tam na błoniu* (Da auf der Weide), *Marsz ułański* (Ulanenmarsch) oder *Warszawianka* (*La Varsovienne*, ein patriotisches Lied aus der Zeit des Novemberaufstands; der französische Originaltext wurde von Casimir François Delavigne verfasst, der Titel ist eine Anspielung auf *La Marseillaise*).[22] Daneben entstanden neue patriotische Gedichte nach alten romantischen und volkstümlichen Mustern, zum Beispiel *Ta, co nie zginęła* (Die Unverlorene – eine Anspielung auf den ersten Vers der polnischen Nationalhymne *Noch ist Polen nicht verloren*; „Polen“ ist in der Landessprache ein Femininum) und *Już ją widzieli idącą* (Schon sahen sie sie kommen) von Edward Słoński, *Do moich synów* (An meine Söhne) von Jerzy Żuławski, *Wstań, Polsko moja!* (Steh auf, mein Polen!) von Józef Mączka.[23] Ihre Poetik und Aussage verbleiben in dem oben skizzierten Ton: Die dramatischen Erlebnisse der Soldaten sollen mit dem endgültigen Sieg und der Freiheit Polens abgegolten werden; die Hingabe an dieses Ziel wird in gehobenem Stil als die wichtigste Tugend und Pflicht gepriesen. Der Krieg erscheint vor diesem Hintergrund zwar immer noch als tragisch, aber das Opfer wird zum Teil als Mittel zum allerhöchsten Ziel gerechtfertigt. An diese Vision und an die verklärende Poetik der traditionellen Kriegslieder knüpft das Gedicht *Polonez artyleryjski* (Artillerie-Polonaise) von Jan Lechoń an – entstanden im Juli 1916, erstveröffentlicht einige Monate später in der Zeitschrift *Pro arte et studio* (Nr. 4, Oktober/November 1916).

---

22 Zagórski, Adam (Hrsg.): *Polskie pieśni wojenne i piosenki obozowe*. Wydawnictwo Wiadomości Polskich: Piotrków Trybunalski 1915, S. 64, 62, 32, 11, 25.

23 Romanowski, Andrzej (Hrsg.): „*Rozkwitały pąki białych róż…*“ *Wiersze i pieśni z lat 1908–1918 o Polsce, o wojnie i o żołnierzach*. Czytelnik: Warszawa 1990, S. 161, 296, 199, 235.

Die zweite Gruppe bilden Werke, die inhaltlich auf den humanistischen Widerstand gegen den Krieg anspielen und dabei, formal gesehen, oft expressionistische Dichtung zum Vorbild nehmen. Hierher gehören z. B. *Hymny* (Die Hymnen) von Józef Wittlin aus dem Jahre 1920, mit der bekannten *Hymne über einen Löffel Suppe,* in der das Ideal der menschlichen Solidarität als humanistische Antwort auf die durch den Krieg auferlegte Feindschaft erscheint:

> Laß dir einen Löffel Suppe geben,
> mein erfrorner Bruder in der Fremde,
> der sich schleppte durch drei lange Winter,
> der gewandert durch drei schwüle Sommer
> über unbestelltes Feld – [...]
> Bleigeschosse bissen dich so lang,
> bis der Durst des Todes dich verschlang.[24]

Einen stark antimilitaristischen Charakter haben die Gedichtbände von Leopold Staff: *Tęcza łez i krwi* (Der Regenbogen aus Tränen und Blut; 1918) und *Ścieżki polne* (Die Feldpfade; 1919). Aus dem Letzteren stammt das längere Gedicht *Głóg i tarnina* (Hagedorn und Schwarzdorn), in dem das stille, von Arbeit erfüllte Landleben dem Kriegstumult entgegengesetzt wird. Der Krieg erweist sich als das größte Unglück für den einfachen, von Machthabern missachteten Menschen und für die Natur, die in ihrem Wachstum und Gedeihen gestört wird. Ähnlich wie bei Werfel wird hier die große Politik samt ihrer Propaganda kritisch beurteilt: „Wenn sie die Weltkarte willkürlich aufteilen, trieft bei jedem Fingerzeig irgendwo ein Leib vor Blut!"[25] Die semantische und stilistische Ebene ist deutlich durch messianische Motive geprägt: Mehrmals wird das Symbol des Kreuzes benutzt, es kommt auch eine Anspielung auf die Passion Christi und seine Kreuzigung auf Golgatha vor, die sogleich die Hoffnung auf Auferstehung aufkeimen lässt. Ehrfurcht und Opferbereitschaft des einfachen Volkes werden durchgängig betont, wodurch die Bauern einerseits wie die Einfältigen aus dem Evangelium, andererseits als Auserwählte erscheinen. Die Aussage des Gedichts ist optimistisch: Nach den schrecklichen Ereignissen des Krieges kommt endlich Frieden und mit ihm kehrt die ewige Ordnung des tätigen Lebens zurück: „Der Raub geht vorüber, ewig ist die Arbeit"[26].

---

24 Aus dem Polnischen v. Karl Dedecius. In: Wittlin, Józef: *Die Geschichte vom Geduldigen Infanteristen.* Suhrkamp: Frankfurt a. M. 1986, S. 7.

25 Staff, Leopold: *Głóg i tarnina.* In: id.: *Poezje.* Zielona Sowa: Kraków 2010, S. 156: „Gdy kartę świata palcem dzielą śmiało, / Z każdym ich ruchem gdzieś krwią broczy ciało!"

26 Ibid, S. 157: „Rozbój chwilowy jest, a praca wieczna!"

War bei Staff das Unglück und der Tod eines Bauern dargestellt, so wendet sich Bolesław Leśmian in der grotesken Ballade *Żołnierz* (Der Soldat, aus dem Band *Łąka* – Wiese, 1920) dem Schicksal eines Kriegsinvaliden zu, um auf diese Weise die tragischen Folgen des Krieges zu thematisieren. Der hinkende Soldat, ein armer, von allen ausgelachter und verlassener Krüppel, findet schließlich einen Gefährten im hölzernen Christus aus der Wegrandkapelle, der mit ihm durch die Welt wandert. Dabei kommt es zu einer wechselseitigen Identifikation von beiden leidenden „Hinkemännern":

> Was sind das für Geschöpfe, die da taumelnd trotten,
> Sich im Winde vermenschen und im Sturm vergotten?
> Zwei Hinkemänner sind es, triste Sonderlinge,
> Die durch Nächte und Welten göttlich weiterhinken.[27]

Die Apotheose des Kriegsinvaliden wirkt wie metaphorische Genugtuung für seine Verkrüppelung und die daraus resultierende Ausschließung aus der menschlichen Gemeinschaft; seine ‚Himmelfahrt' am Ende verleiht dem Gedicht eine nahezu messianische Dimension. Jedoch wird hier der Krieg keineswegs verharmlost: Das Leid des Soldaten, wenn auch grotesk verfremdet, klagt ihn an.

Die Existenz des einfachen Menschen ist das Hauptthema des Bandes *Księga ubogich* (Das Buch der Armen, 1916) von Jan Kasprowicz. Auch da wird der Krieg als apokalyptischer Brand bzw. Sturm dargestellt, seine zerstörerische Kraft ähnelt der einer Naturkatastrophe. Schlichte, in reguläre Strophen aufgeteilte Gedichte loben dagegen das ruhige, der Arbeit gewidmete Leben und den Frieden und vermitteln universelle humanistische Werte. Die universelle Bedeutung der Gedichte offenbart sich z. B. in der christlich motivierten Warnung vor dem seelischen, nicht bloß materiellen und körperlichen Schaden, den der Krieg auszurichten vermag:

> Es brennt um uns die Erde,
> Mag sie nur brennen bleiben,
> Solang uns nicht zu Asche
> Das Herz verglüht im Leibe.[28]

---

27 Leśmian, Bolesław: *Żołnierz.* In: id.: *Poezje.* Wydawnictwo Spes: Kraków 1998, S. 210: „Kto tam z nocy na północ w burzę i zawieję / Tak bardzo człowieczeje i tak bożyścieje? / To dwa boże kulawce, dwa rzewne cudaki / Kuleją byle jako w świat nie byle jaki!"

28 Kasprowicz, Jan: *XXXIX.* In: id.: *Księga ubogich.* Instytut Wydawniczy PAX: Warszawa 1976, S. 113: „Pali się świat naokoło, / niechże goreje, niech płonie, / byleby tylko nam serce / nie spopieliło się w łonie."

Neben der Hoffnung, dass das blutige Kriegsgeschehen zur Erneuerung führen wird („A ziemia niech ze krwi powstanie!" – Und aus dem Blut möge die Erde auferstehen!")[29], taucht auch Angst vor unwiderruflichem Verlust der Menschlichkeit unter unmenschlichen Bedingungen auf.

Es gibt in der polnischen Lyrik auch literarisch anspruchsvolle Texte, in denen fast vorbehaltslos, im hohen, pathetisch-messianischen Ton die ersehnte Freiheit als Effekt des Krieges gerühmt wird. Als Beispiel mag das euphorische Gedicht *Wiosna 1915* (Frühling 1915) von Bronisława Ostrowska dienen, das die für Polen hoffnungsvolle Stimmung jenes Frühjahrs wiedergibt. Das Wiedererwachen der Natur wird hier mit der Auferstehung – nicht nur Christi, sondern auch der mit Ihm verglichenen Freiheit – zusammengeführt: „Frühling, Frühling! Hört ihr, meine Brüder? / In den Himmel schwingt sich / die blaue Glocke der Auferstehung. / [...] An der Wegkreuzung, wie ein Standbild des gemarterten Christus, / erhebt FREIHEIT ihre vom Kreuz gelösten Arme."[30] Die traurige Landschaft der zweiten Strophe – Gräber und unbestattete Leichen, verbrannte Häuser, zerwühlte Felder – evoziert den stets noch wütenden Krieg. Sein Ergebnis ist noch lange nicht entschieden. Doch alles Unglück und Elend scheint durch die bloße Hoffnung auf Freiheit wettgemacht.

Bei dem Vergleich der polnischen und deutschen Lyrik, die den Krieg als Topos behandelte und die historische Erfahrung des Ersten Weltkriegs zum Ausdruck brachte, werden einige Tendenzen deutlich. Im deutschen Expressionismus, der im zweiten Jahrzehnt des 20. Jahrhunderts den Ton in Literatur und Kunst angab, gilt der Krieg als eines der zentralen Motive, zuerst vor allem als ausdruckvolles Symbol der vitalen Kraft. Die anfängliche, den futuristischen Parolen folgende euphorische Bejahung des Krieges als Mittel zur Erneuerung der Menschheit verwandelt sich jedoch schnell – zum Teil infolge der erschütternden persönlichen Fronterlebnisse – in Enttäuschung und Abkehr von dieser Idee. An Bedeutung gewinnen antimilitaristische, pazifistische und humanistische Ideale. In der polnischen Dichtung erscheint der Krieg eher als konkretes Ereignis, das in politischer Hinsicht als Befreiungsakt betrachtet wird. Daher ist die deutlich patriotische Aussage der meisten Gedichte auffallend, die nicht nur das Grauen und Elend des Krieges, sondern auch Opferbereitschaft und Vaterlandsliebe thematisieren. Poetologisch gesehen dominiert in diesen Texten eine

---

29 Kasprowicz, Jan: *XXVIII*, ibid., S. 81.

30 Ostrowska, Bronisława: *Wiosna 1915*. In: ead.: *Poezje wybrane*. Hrsg. v. Anna Wydrycka. Wydawnictwo Literackie: Kraków 1999, S. 218: „Wiosna! Wiosna! Czy słyszycie, bracia moi: / Zmartwychwstania dzwon błękitny w niebie buja. / [...] Na rozdrożu, jako posąg Bożej Męki, / wznosi Wolność z krzyża zdjęte swe ramiona."

pathetische Diktion, die inhaltlich mit der romantischen Idee des Messianismus einhergeht. Auf der anderen Seite gibt es aber eine Anzahl von Gedichten, in denen in schlichter Form universelle Ideale der Menschenliebe und des friedlichen Umgangs miteinander zum höchsten Wert erklärt werden. Vor dem Hintergrund der widersprüchlichen politischen und nationalen Interessen scheint dieser humanistische Ton ein gemeinsamer Nenner der beiden Literaturen zu sein.

Ewa Wojno-Owczarska

‚Polenlieder' aus der Zeit des Ersten Weltkriegs

Als ‚Polenlieder' bezeichnet man in der Literaturgeschichte primär Gedichte, die als Reaktion auf den missglückten polnischen Novemberaufstand verfasst wurden.[1] Außerdem wird der Begriff u. a. in Bezug auf Texte verwendet, die als Antwort auf die polnischen Aufstände von 1846 und 1863 sowie auf die März-revolution von 1848 entstanden sind.[2] Zu den Autoren dieser Gedichte gehören sowohl namhafte Lyriker wie Adelbert von Chamisso, Georg Herwegh, Justinus Kerner, Nikolaus Lenau, August von Platen, Gustav Schwab oder Ludwig Uhland,[3] als auch anonyme bzw. weniger bekannte Schriftsteller, die meistens aus „dem Bürgertum oder dem liberal gesinnten Adel" stammten (u. a. Harro Harring, Karl Herloßsohn, August Kahlert und Emilie Lehmann).[4] Gelegentlich werden dieser Kategorie auch Texte von legitimistischen Dichtern zugerechnet, die die polnischen Insurgenten nicht unterstützten.[5]

---

1   Cf. Arnold, Robert Franz: „Polenlieder". In: Merker, Paul/Stammler, Wolfgang: *Reallexikon der deutschen Literaturgeschichte.* Bd. II. Berlin 1926–1928, S. 710 f.; Głowiński, Michał, et al.: *Słownik terminów literackich.* Zakład Narodowy im. Ossolińskich: Wrocław et al. 2002, S. 407; Wilpert, Gero von: *Sachwörterbuch der Literatur.* Alfred Körner: Stuttgart 1989, S. 693.

2   Cf. Kuczyński, Krzysztof A.: „Stanisław Leonhard. W 60. rocznicę śmierci". *Studia Historica Slavo-Germanica,* 1984, 12, S. 173–182; cf. id.: *Wielobarwność pogranicza: polsko-austriackie stosunki literackie.* ATUT: Wrocław 2001.

3   Umstritten ist die Zuordnung Heines, der ein Spottgedicht auf die polnischen Emigranten verfasst hat, zu den Autoren der Polenlieder. Cf. Heine, Henrich: *Zwei Ritter.* In: id.: *Poetische Werke III: Romancero.* Hoffmann und Campe: Hamburg 1867, S. 50–53. Cf. auch: Koziełek, Gerard (Hrsg.): *Walecznych tysiąc… Antologia niemieckiej poezji o powstaniu listopadowym.* PIW: Warszawa 1987; Leonhard, Stanisław (Hrsg.): *Polenlieder deutscher Dichter. Der Novemberaufstand in den Polenliedern deutscher Dichter.* Bd. II. Zentralbureau des polnischen Obersten Nationalkomitees: Kraków 1917, S. XII; Roguski, Piotr: *Dzielny kosynier i piękna Polka. Powstanie listopadowe w poezji niemieckiej.* Wyd. Naukowe Śląsk: Katowice 2004, S. 24–25.

4   Cf. Jaroszewski, Marek: „Der polnische Novemberaufstand von 1980/1831 in der deutschen Literatur des 19. Jahrhunderts". *Studia Niemcoznawcze,* 1989, 4, S. 139–159, hier S. 140.

5   Cf. Kuczyński, Krzysztof A.: „Stanisław Leonhard" (wie Anm. 2), S. 173.

Wissenschaftliche und editorische Erfassung der deutschen Polenlieder begann bereits im 19. Jahrhundert. Als einer der Ersten beschäftigte sich damit der u. a. in Berlin und Breslau lehrende Slawist Wojciech Cybulski (1808–1867).[6] Von 1890 bis 1897 veröffentlichte der galizische Publizist Gotthilf Kohn eine Auswahl der Polenlieder in polnischer Übersetzung, die 239 Titel umfasste.[7] Ludwik Kurtzmann half ihm bei der Vorbereitung seiner Anthologie und bereitete auch eine eigene Auswahl deutscher Lieder vor, deren Manuskript verschollen ist.[8] Die Darstellung des Novemberaufstands in deutschen Polenliedern untersuchten Jan Galicz, Kazimierz Missona und Bruno Timm.[9] Nach dem Ausbruch des Großen Krieges erinnerte an die Tradition des Polenlieds der Warschauer Dichter, Publizist und Übersetzer Władysław Nawrocki (1890–1942).[10] Zuvor, im Jahre 1911, gab der Krakauer Germanist Stanisław Leonhard (1874–1923) den ersten Band seiner umfangreichen Anthologie der Polenlieder heraus, in die er neben deutschen Originalgedichten auch Übersetzungen aus dem Polnischen, Französischen und Russischen aufgenommen hat; Band II erschien 1917.[11] Beide Bände umfassen 425 Gedichte von 99 deutschsprachigen Autoren sowie 21 Übersetzungen.

Diesem Beitrag liegt ein breiteres Verständnis des Begriffs ‚Polenlieder' zugrunde, der die Polenlyrik des 20. Jahrhunderts mit einschließt.[12] Analysiert

---

6   Cf. Cybulski, Wojciech: *Geschichte der polnischen Dichtkunst in der ersten Hälfte des laufenden Jahrhunderts.* Żupański: Posen 1880. Zu Cybulskis Biografie cf. *Polski Słownik Biograficzny.* Bd. IV. Polska Akademia Umiejętności: Kraków 1938, S. 119–120.

7   Kohn, Gotthilf (Hrsg.): *Libertas. Lieder und Reminescenzen aus der Zeit der Freiheitskämpfe* … Selbstverlag: Przemyśl 1880; id.: *Polska w świetle poezji niemieckiej.* 2 Bde. Schwarz i Trojan: Sambor 1896–1897; id.: *Supplemente zur Liedsammlung Libertas.* Selbstverlag: Przemyśl 1880.

8   Cf. Chojnacki, Władysław: *Znajomość niemieckich „Polenlieder" w literaturze polskiej.* Instytut Zachodni: Poznań 1958, S. 159.

9   Cf. Galicz, Jan: *Powstanie listopadowe w poezyi niemieckiej.* Selbstverlag: Cieszyn 1911; Missona, Kazimierz: *Niemcy a Polska.* o. V.: Jarosław 1910; Timm, Bruno: *Die Polen in den Liedern deutscher Dichter.* Ebbecke: Lissa i. P. 1907.

10   Nawrocki, Władysław: *Wolność Polski w poezji niemieckiej.* Nowina: Warszawa 1914–1915, S. 165–169; cf. Orłowski, Jan: „Pisarze rosyjscy o odrodzeniu Polski". *Annales Universitatis Mariae Curie-Skłodowska.* Sectio F, 2009, Bd. 64, S. 55–67.

11   Leonhard, Stanisław (Hrsg.): *Polenlieder deutscher Dichter. Der Novemberaufstand in den Polenliedern deutscher Dichter.* Bd. I, Piasecki et al.: Kraków–Podgórze 1911. Bd. II wie Anm. 3.

12   Cf. Jaroszewski, Marek: „Der polnische Novemberaufstand" (wie Anm. 4), S. 139. Cf. auch: Hałub, Marek/Dziemanko, Leszek (Hrsg.): *Pokonana, lecz niezwyciężona / Besiegt, doch nicht bezwungen.* ATUT: Wrocław 2004; Roguski, Piotr: *Dzielny kosynier* (wie Anm. 3), S. 17–19.

werden Gedichte, die 1916, also mitten im Ersten Weltkrieg, ebenfalls von Stanisław Leonhard in der Anthologie *Neue Polenlieder 1914–1915* veröffentlicht wurden.[13] Sie stammen von Paul Albers, Bernhard Diamand, Siegmund Oswald Fangor, Maximilian Alexius Finkelstein, Othmar Kleinschmied, Richard von Kralik, Richard von Schaukal, Minka Schwartz, Richard Seyß-Inquart, Flora Torn, Grete von Urbanitzky-Woloszczuk und Robert Weil („Homunkulus"). Unter diesen Autoren gibt es keinen, dessen Rang man etwa mit dem Herweghs vergleichen könnte. Einige sind jedoch aus der Literaturgeschichte bekannt, z. B. der österreichische Dichter Richard Schaukal (1874–1942), Autor der kriegsbegeisterten *Ehernen Sonette*, der aus Böhmen stammende Richard von Kralik, Schriftsteller und Kulturphilosoph (1852–1934), oder die Erzählerin und Lyrikerin Grete von Urbanitzky (1891–1974), erste Generalsekretärin des österreichischen P.E.N.-Clubs.

Die Wiederbelebung der Polenlied-Tradition hing mit dem Enthusiasmus zusammen, die der Kriegsausbruch hervorrief, auch wenn sich diese Stimmung im geteilten Polen hauptsächlich auf den Adel und das Bildungsbürgertum beschränkte.[14] Hoffnungen auf nationale Unabhängigkeit erwachten – und wurden von allen drei Teilungsmächten im eigenen Interesse geschürt. Schon am 14. August 1914 erließ Großfürst Nikolaus Nikolajewitsch ein Manifest, in dem Polen eine Autonomie im Rahmen des Zarenreichs zugesichert wurde. Ende August 1914 wurden im österreichischen Teilungsgebiet die Polnischen Legionen[15] geschaffen, denen zunächst die Einwohner von Galizien, seit 1915 auch Freiwillige aus dem von Österreich-Ungarn besetzten Teil des Königreichs Polen beitraten; das polnische Oberste Nationalkomitee sprach sich für deren Eingliederung in die österreichisch-ungarischen Streitkräfte aus. Einige deutsche Politiker plädierten ihrerseits für das Konzept eines vereinten ‚Mitteleuropa' unter

---

13 Leonhard, Stanisław (Hrsg.): *Neue Polenlieder 1914–1915*. Zentralbureau des Obersten Nationalkomitees: Kraków 1916. Neuauflage mit einer Übersetzung ins Polnische: Szczepaniak, Andrzej (Hrsg.): *Zapomniane „Polenlieder". Niemieckie wiersze i pieśni o żołnierzach z okresu I wojny światowej / Neue Polenlieder 1914–1915*. Neriton: Warszawa 2011.

14 Cf. Kaczmarek, Ryszard: *Polacy w armii kajzera*. Wyd. Literackie: Warszawa 2014, S. 90.

15 Der Name dieser Verbände knüpfte an die Legionen aus der Zeit der Napoleonischen Kriege an, die sich 1797 unter dem Kommando von Jan Henryk Dąbrowski (1775–1815) in der Lombardei formierten. Cf. Piekarczyk, Justyna: *Słownik polskich postaci historycznych*. GREG: Kraków 2005, S. 52–53.

deutscher Aufsicht.[16] Um das Gefühl der Verbundenheit Deutscher, Österreicher und Polen im Krieg gegen Russland zu fördern, wurden propagandistische Schriften veröffentlicht, die oft den polnischen Freiheitskampf zum Gegenstand hatten. Erhalten geblieben sind Plakate und Flugblätter, die – etwa in Oberschlesien – in gebrochenem Polnisch an den Patriotismus der Rekruten appellierten.[17] Die Idee des gemeinsamen Kampfes gegen das Zarenreich propagierte die 1915 in Berlin gegründete Zeitschrift *Polnische Blätter*. Nicht nur in Krakau, sondern auch in Berlin wurden damals Polenlieder aus dem 19. Jahrhundert neu aufgelegt.[18]

Vor diesem Hintergrund ist auch Leonhards Anthologie *Neue Polenlieder 1914–1915* zu sehen. Ihre Veröffentlichung wurde vom Bureau des polnischen Obersten Nationalkomitees unterstützt; laut Herausgeber spendeten manche der überwiegend aus Österreich-Ungarn stammenden Dichter ihr Autorenhonorar für die Polnischen Legionen. Die Publikation sollte nicht nur an den polnischen Freiheitskampf gegen Russland, sondern auch an positive Ereignisse aus der österreichisch-polnischen Geschichte erinnern und mitunter ein deutliches Signal an den Warschauer Generalgouverneur Hans von Beseler vermitteln (der sich ab 1916 für die Gründung eines mit dem Deutschen Kaiserreich verbundenen polnischen Pufferstaates aussprach), dass sich die Polen gegenüber den Mittelmächten loyal verhielten.[19]

Selbstverständlich knüpften die Autoren der *Neuen Polenlieder* an deutsche Polenlieder aus dem 19. Jahrhundert, vor allem aus den 1830er und 1840er Jahren, an. In meiner Analyse der in diesen Gedichten dargestellten Themen und Motive versuche ich daher stets auf die historischen Vorbilder hinzuweisen.

In Verbindung mit der propagandistischen Funktion, die die Polenlieder während des Ersten Weltkriegs zu erfüllen hatten, ist das Motiv der Feindseligkeit der Polen gegenüber den ‚Moskowitern' hervorzuheben. Das Russland der Zarenzeit wird in diesen Gedichten immer wieder als jene Kraft genannt, die die

---

16 Cf. u. a. Grosfeld, Leon: *Polityka państw centralnych wobec sprawy polskiej w latach pierwszej wojny światowej.* PWN: Warszawa 1962, S. 83–88; Naumann, Friedrich: *Mitteleuropa.* Reimer: Berlin 1915.

17 Cf. Kaczmarek, Ryszard: *Polacy w armii kajzera* (wie Anm. 14), S. 92.

18 Cf. Delbrück, Hans: *Deutsche Polenlieder von Graf Platen, Grillparzer, Lenau, Graf Auersperg, Uhland, Holtey, Chamisso, Herwegh und Anderen.* Stilke: Berlin 1917.

19 Cf. Kaczmarek, Ryszard: *Polacy w armii kajzera* (wie Anm. 14), S. 91; cf. auch: Szczepaniak, Andrzej: „Wiersze i pieśni o Polsce i polskich żołnierzach z okresu I wojny światowej w propagandzie walczących stron". *Kwartalnik Opolski*, 2014, 4, S. 33–56, hier S. 45.

Polen an der Wiedererlangung ihrer Freiheit hindert. Bereits im 19. Jahrhundert, in der Zeit des Kampfes um einen demokratischen deutschen Staat, wurde das Zarenreich von den deutschsprachigen Dichtern der damaligen Polenlieder als Inbegriff der Bevormundung dargestellt.[20] Am Anfang des Großen Krieges widmet Siegmund Oswald Fangor seine *Litanei* den polnischen Freiheitskämpfern aus der Vergangenheit, die von zaristischen Behörden mit besonderer Grausamkeit behandelt wurden.[21] Seine Darstellung der politischen Märtyrer spielt auf Adam Mickiewiczs *Litania pielgrzymska* (*Litanei der Pilger*) von 1832 an, in der die polnischen Emigranten Gott anflehen, einen „allgemeinen Krieg für die Freiheit der Völker" entbrennen zu lassen.[22]

In seiner *Litanei* evoziert Fangor eine der großen Schlachten des Novemberaufstands – die Schlacht bei Ostrołęka am 26. Mai 1831. Der Tapferkeit der Aufständischen in dieser Schlacht sind auch zahlreiche Polenlieder aus dem 19. Jahrhundert gewidmet: *Ostrolenka* von Ludwig Georg Eduard Beurmann, *Der letzte Pole* von Wilhelm Hocker, *An Polen nach der Schlacht bei Ostrolenka* von Oswald Marbach, *Die letzten Zehn vom vierten Regiment* von Julius Mosen und *Das Denkmal bei Ostrolenka* von Otto Weber.[23]

In *Neuen Polenliedern* werden auch andere polnische *lieux de mémoire*[24] angesprochen, die mit dem Kampf gegen das Zarenreich verbunden sind. Solch eine

---

20 Cf. u. a. Platen, August von: *Nächtlicher Weichsel-Übergang der flüchtigen Polen bei Krakau*. In: Kozielek, Gerhard: *Polenlieder*. Reclam: Stuttgart et al. 1982, S. 85–87.

21 Fangor, Siegmund Oswald: *Litanei*. In: Szczepaniak, Andrzej (Hrsg.): *Zapomniane „Polenlieder"* (wie Anm. 13), S. 112.

22 Mickiewicz, Adam: *Litania pielgrzymska*. In: id.: *Księgi narodu polskiego i pielgrzymstwa polskiego*. Czytelnik: Warszawa 1986, S. 111–114. Cf. auch: Sadowski, Witold: *Litania i poezja. Na materiale literatury polskiej od XI do XXI wieku*. WUW: Warszawa 2011, S. 240–244.

23 Beurmann, Ludwig Georg Eduard: *Ostrolenka*. In: Leonhard, Stanisław (Hrsg.): *Polenlieder deutscher Dichter*, Bd. II (wie Anm. 3), S. 9–11; Hocker, Wilhelm: *Der letzte Pole*. In: ibid., S. 41–42; Mosen, Julius: *In Warschau schwuren tausend auf den Knien*. In: *Allgemeines deutsches Lieder-Lexikon*, Bd. II, Hoßfeld: Leipzig 1844, S. 234; Marbach, Oswald: *An Polen nach der Schlacht von Ostrolenka / Do Polski po bitwie ostrołęckiej*. In: Hałub, Marek / Dziemanko, Leszek: *Pokonana, lecz niezwyciężona* (wie Anm. 12), S. 777–82; Webber, Otto: *Das Denkmal von Ostrolenka*. In: Leonhard, Stanisław (Hrsg.): *Polenlieder deutscher Dichter*, Bd. II (wie Anm. 3), S. 132. Die Schlacht bei Ostrołęka wurde auch in der deutschen Prosa der damaligen Zeit geschildert, u. a. in Georg Dörings Novelle *Das Opfer von Ostrolenka oder die Familie Kolesko* (3 Bde, Johann David Sauerländer: Frankfurt a. M. 1832).

24 Der Begriff *lieu de mémoire* (Erinnerungsort) stammt bekanntlich von Pierre Nora, der ihn (in Anlehnung an Frances A. Yates' *The Art of Memory*) ihn in seinem

symbolische Bedeutung hat in Fangors *Litanei* Sibirien, der Verbannungsort der polnischen Patrioten. Auch dieses Motiv wurde bereits im 19. Jahrhundert aufgegriffen, z.B. in Johann Georg Krauers *Der Pole in Sibiriens Bergwerken*, Emanuel Geibels *Des Verbannten Verkündigung* und Ernst Ortlepps *Polens Sterbelied*.[25]

Eine symbolische Bedeutung kommt in alten wie neuen Polenliedern der Weichsel und dem seit dem Wiener Kongress unter Zarenherrschaft stehenden Warschau, der „Königsstadt der Ahnen"[26], zu. Im *Gebet*[27] erinnert Fangor an die Brutalität der russischen Truppen gegenüber der Zivilbevölkerung nach der Eroberung des Warschauer Stadtviertels Praga durch General Suworow während des Kościuszko-Aufstands von 1794. Über 20.000 Menschen kamen damals ums Leben, darunter mehr als 10.000 Einwohner von Praga.[28] Die Zerstörung dieses Stadtviertels wurde zum tragischen, aber umso bedeutsameren ‚Erinnerungsort' der polnischen Nation. Auch einige deutsche Polenlieder aus dem 19. Jahrhundert thematisierten dieses Massaker.[29]

Das aus den historischen Vorlagen vertraute Thema der „Russen-Tyrannei" (so Johannes Fitz in seinem *Deutschen Mailied*[30]) greifen die Dichter aus der Zeit des Ersten Weltkriegs immer wieder auf. In Maximilian Alexius Finkelsteins

---

umfangreichen Werk *Les lieux de mémoire* erarbeitete. Cf. Nora, Pierre: *Erinnerungsorte Frankreichs*. C. H. Beck: München 2005; id.: *Les lieux de mémoire: La République* (1 Bd.). Gallimard: Paris 1984; id.: *Les lieux de mémoire: La Nation* (3 Bde.). Gallimard: Paris 1986; id.: *Les lieux de mémoire: Les France* (3 Bde.). Gallimard: Paris 1992; id.: *Zwischen Geschichte und Gedächtnis*. Frankfurt a. M.: Fischer-Taschenbuch-Verlag 1998; Yates, Frances Amelia: *The Art of Memory*. Routledge & Kegan Paul: London 1966.

25 Krauer, Johann Georg: *Der Pole in Sibiriens Bergwerken*. In: Leonhard, Stanisław (Hrsg.): *Polenlieder deutscher Dichter*, Bd. II (wie Anm. 3), S. 57; Geibel, Emanuel: *Des Verbannten Verkündigung*. In: ibid., S. 19–20, hier S. 19; Ortlepp, Ernst: *Polens Sterbelied*. In: ibid., S. 99–108, hier S. 106.

26 Fangor, Siegmund Oswald: *Auferstehn!* Zit. nach: Szczepaniak, Andrzej (Hrsg.): *Zapomniane „Polenlieder"* (wie Anm. 13), S. 124; cf. dazu die Polenlieder aus dm 19. Jh.: Gross, Friedrich: *Warschau's Eroberung*, in: Leonhard, Stanisław (Hrsg.): *Polenlieder deutscher Dichter*, Bd. II (wie Anm. 3), S. 21–25, bes. S. 22, sowie: Hauch, Johann Carsten: *Warum fließt die Weichsel trübe…?* (ibid., S. 37–38).

27 Fangor, Siegmund Oswald: *Gebet*. In: Szczepaniak, Andrzej (Hrsg.): *Zapomniane „Polenlieder"* (wie Anm. 13), S. 122.

28 Cf. Moritz, Erhard: *Preußen und der Kościuszko-Aufstand 1794*. VEB Deutscher Verlag der Wissenschaften: Berlin 1968, S. 161.

29 Nicol, Karl Wilhelm Guenther: *Der Wall von Praga*. In: Leonhard, Stanisław (Hrsg.): *Polenlieder deutscher Dichter*, Bd. II (wie Anm. 3), S. 98–99.

30 Fitz, Johannes: *Deutsches Mailied*. In: Leonhard, Stanisław (Hrsg.): *Polenlieder deutscher Dichter*, Bd. II (wie Anm. 3), S. 18–19, hier S. 18.

Noch ist Polen nicht verloren! werden die Russen archaisierend als „Reußen" bezeichnet, was sie wohl als primitiv abwerten soll.[31] Dieser archaischen Macht wird die junge Kraft der polnischen Kämpfer entgegengesetzt – so in Othmar Kleinschmied Lied *Den polnischen Legionen*.[32] Richard von Kralik ermutigt die Polen, indem er ihre Gegner, die Russen, mit den einst von Sobieski geschlagenen Türken parallelisiert, die hier als Inbegriff von Bedrohung des Abendlandes durch rohe Gewalt herhalten müssen:

> Einst da galt's die Türken schlagen,
> Heute gilt's die Russen jagen.[33]

Für sehr gering halten die Dichter der *Neuen Polenlieder* die Chancen Polens, seine Unabhängigkeit mit russischer Hilfe wiederzugewinnen. Paul Albers mahnt die polnische Bevölkerung, dem Zaren kein Vertrauen zu schenken: „Traut nicht Russlands feigen Bitten!"[34] Er bezieht sich dabei auf das Autonomieversprechen (als Belohnung für den Kampf an der Seite Russlands) im Manifest des Großfürsten Nikolaus Nikolajewitsch vom Kriegsanfang.

In manchen alten Polenliedern (so in Friedrich Manns *Verbannungslied der Polen* und *Warschau's Fall*[35]) tauchte das Stereotyp des ,unbarmherzigen Kosaken' auf. Beispiele hierfür findet man auch bei Autoren aus der Zeit des Großen Kriegs wie Richard Seyß-Inquart, Grete von Urbanitzky-Woloszczuk und Siegmund Oswald Fangor,[36] in dessen *Litanei* das lyrische Wir für das Seelenheil der erschlagenen Polen betet:

> Du, grosser Gott, sei gnädig uns, sei mild!
> Sei gnädig uns durch all' die blut'gen Striemen,

---

31 Finkelstein, Maximilian Alexius (M. A. Stein): *Noch ist Polen nicht verloren!* Zit. nach: Szczepaniak, Andrzej (Hrsg.): *Zapomniane „Polenlieder"* (wie Anm. 13), S. 138.

32 Kleinschmied, Othmar: *Den polnischen Legionen*. In: Szczepaniak, Andrzej (Hrsg.): *Zapomniane „Polenlieder"* (wie Anm. 13), S. 132. Ot(h)mar Kleinschmied ist das literarische Pseudonym von Othmar Kovařik (geb. am 16. November 1871 in Müglitz/Mähren). Cf. *Deutsches Literatur-Lexikon*. Begründet von Wilhelm Kosch. Bd. VIII. Francke: Bern/Stuttgart München 1981, Sp. 1284.

33 Kralik, Richard von: *An Polen*. Zit. nach: Szczepaniak, Andrzej (Hrsg.): *Zapomniane „Polenlieder"* (wie Anm. 13), S. 128.

34 Albers, Paul: *An Polen*. Zit. nach: ibid., S. 110.

35 Mann, Friedrich: *Verbannungslied der Polen*. In: Leonhard, Stanisław (Hrsg.): *Polenlieder deutscher Dichter* (wie Anm. 11), S. 73–75; id.: *Warschau's Fall*. Ibid., S. 67–71.

36 Seyß-Inquart, Richard: *Legio Polonica*. In: Szczepaniak, Andrzej (Hrsg.): *Zapomniane „Polenlieder"* (wie Anm. 13), S. 158; Urbanitzky-Woloszczuk, Grete von: *Den polnischen Legionären!*. Ibid., S. 140; Fangor, Siegmund Oswald: *Litanei*. Ibid., S. 112.

> Die der Kosaken sausende Nagaikas
> Auf uns'ren Schultern grausam eingeprägt.[37]

Alte und neue Polenlieder ermutigen ihre Leser, indem sie an die polnische Nationalhymne, den Dąbrowski-Marsch mit den Worten von Józef Wybicki (1797), anknüpfen. Der berühmte erste Vers: „Noch ist Polen nicht verloren!" taucht in Ludwig Uhlands Gedicht *Mickiewicz* wiederholt auf.[38] Diese Zeile wird auch in vielen Polenliedern aus der Zeit des Ersten Weltkriegs zitiert bzw. paraphrasiert, so in Othmar Kleinschmieds *Den polnischen Legionen*[39]. Auch Flora Torn beendet ihr Gedicht *Neujahrsgruss ins Feld* mit dem Ausruf: „Polen ist nicht verloren!"[40]. Mit einem Zitat aus dem Dąbrowski-Marsch, in dem der Aufbruch der Legionen begrüßt wird, endet Fangors *Auferstehn!*[41]. Der Marsch inspirierte auch Richard Schaukal zu dem Gedicht *Die Polnischen Legionen*, in dem jede der drei Strophen mit den Worten „Noch ist Polen nicht verloren" anfängt.[42] Das Gedicht kann man als Antwort auf das bekannte Polenlied *In Warschau schwuren tausend auf den Knien* von Julius Mosen sehen. Im Gegensatz zu Mosens Darstellung der militärischen Niederlage polnischer Soldaten machen jedoch Schaukals Verse den Lesern Hoffnung auf die Wiedererlangung der Freiheit.[43]

Zu den wichtigsten zeitgenössischen Figuren, die in den Polenliedern aus den Jahren 1914–1915 erwähnt werden, zählt Józef Piłsudski (1867–1935), der Anführer der Polnischen Legionen, der zum Symbol des Kampfes um die Unabhängigkeit Polens wurde. Ihm ist Kleinschmieds Gedicht *Den polnischen*

---

37 Fangor, Siegmund Oswald: *Litanei*. Zit. nach: Szczepaniak, Andrzej (Hrsg.): *Zapomniane „Polenlieder"*(wie Anm. 13), S. 112.

38 Uhland, Ludwig: *Mickiewicz*. In: Kozielek, Gerhard: *Polenlieder*. Reclam: Stuttgart et al. 1982, S. 137.

39 Kleinschmied, Othmar: *Den polnischen Legionären*. In: Szczepaniak, Andrzej (Hrsg.): *Zapomniane „Polenlieder"*(wie Anm. 13), S. 132. Cf. auch: Finkelstein, Maximilian Alexius: *Noch ist Polen nicht verloren!* (ibid., S. 138) sowie *Noch ist Polen nicht verloren* [anonym, in: Leonhard, Stanisław (Hrsg.): *Polenlieder deutscher Dichter*, Bd. I (wie Anm. 11), S. 6–7].

40 Torn, Flora: *Neujahrsgruss ins Feld*. Zit. nach: Szczepaniak, Andrzej (Hrsg.): *Zapomniane „Polenlieder"* (wie Anm. 13), S. 144.

41 Fangor, Siegmund Oswald: *Auferstehn!* In: ibid., S. 124.

42 Schaukal, Richard von: *Die Polnischen Legionen*. Zit. nach: ibid., S. 136.

43 Mosen, Julius: *In Warschau schwuren tausend auf den Knien*. In: *Allgemeines deutsches Lieder-Lexikon*, Bd. II, Hoßfeld: Leipzig 1844, S. 234.

Legionen gewidmet: Dessen vorletzte Strophe zeigt die vorrückende Infanterie und Piłsudskis Schützen.[44]

Häufig ist in den *Neuen Polenliedern* von der Loyalität gegenüber dem rechtmäßigen Herrscher die Rede, so in Grete von Urbanitzky-Woloszczuks *Den polnischen Legionären!*[45] Das Thema war allerdings nicht unproblematisch, da Piłsudski auf der Unabhängigkeit der polnischen Truppen bestand und, zusammen mit seinen Anhängern, den Treueeid gegenüber dem deutschen und dem österreichisch-ungarischen Monarchen verweigerte. Doch weder aus Minka Schwartz' *Der Legionär* noch aus Kleinschmieds *Den polnischen Legionen* sind Zweifel herauszuhören: Die Polen sollen „Hand in Hand mit Oest'reichs Heer"[46] und den deutschen Truppen kämpfen. Auch in Richard von Kraliks *An Polen* stehen Österreicher, Polen und Deutsche solidarisch „in Waffen"[47]. Der gemeinsame Kampf gegen Russland ist ebenso zentral im gleichnamigen Lied des schlesischen Dichters Paul Albers. Dessen dritte Strophe lautet:

> Deutschland hilft euch Ketten brechen
> Heilig gilt ihm ein Versprechen,
> Was es sei![48]

Im weiteren Verlauf des Gedichts wird die Unterstützung der polnischen Freiheitsbestrebungen durch den habsburgischen Vielvölkerstaat betont:

> Österreich reicht euch seine Hände,
> Damit eurer Knechtschaft Ende
> Heute sei![49]

Aus der heutigen Sicht mag es paradox erscheinen, wenn in vielen Polenliedern aus den Jahren 1914–1915 Aufrufe zur Loyalität gegenüber Österreich-Ungarn und Deutschland mit der Idee der Befreiung der unterdrückten Völker Europas verbunden werden. So formuliert Richard von Kralik in dem oben zitierten, zur Waffenbrüderschaft mahnenden Gedicht *An Polen* zugleich die Botschaft, die unterdrückten Völker sollten die politische Lage in Europa nach dem Ausbruch

---

44 Kleinschmied, Othmar: *Den polnischen Legionären*. In: Szczepaniak, Andrzej (Hrsg.): *Zapomniane „Polenlieder"*(wie Anm. 13), S. 132.

45 Urbanitzky-Woloszczuk, Grete von: *Den polnischen Legionären!* In: ibid., S. 140.

46 Kleinschmied, Othmar: *Den polnischen Legionären*. In: ibid., S. 132; cf. Schwartz, Minka: *Der Legionär*. In: ibid., S. 152.

47 Cf. Kralik, Richard von: *An Polen*. In: Szczepaniak, Andrzej (Hrsg.): *Zapomniane „Polenlieder"*(wie Anm. 13), S. 128.

48 Albers, Paul: *An Polen*. In: ibid., S. 110.

49 Ibid.

des Ersten Weltkriegs zu ihren Gunsten nutzen. Das Motiv der Wiedererlangung der Freiheit taucht im Refrain dieses Gedichts wiederholt auf.[50] Reales bzw. aktuelles Kriegsgeschehen wird hier allerdings nicht evoziert. Dagegen bezieht sich von Kralik auf ein historisches Ereignis, das an die einstige Größe und Stärke Polens erinnern soll: den Entsatz von Wien durch den polnischen König Jan III. Sobieski (1683). Dem legendären Retter der christlichen Welt hatte von Kralik bereits 1883 das Festspiel *Die Türken vor Wien*[51] gewidmet. In seinem Lied *An Polen* wird der Sieg vor Wien als mythischer ‚Erinnerungsort' gehandhabt, der die Polen motivieren soll, das Joch Russlands abzuschütteln, gleich Sobieskis Husaren, die als Österreichs Verbündete über den türkischen Aggressor triumphierten. Auch in Fangors Gedicht *Denkmal Sobieskis* weckt die Statue des Königs in stolzer Siegerpose Erinnerungen des lyrischen Ich an die einstige Macht Polens und lässt die Hoffnung aufkeimen, das Land könne bald „zu Kraft und neuem Leben" [52] erwachen.

Zeitgenössische Kriegsschauplätze sind in den Polenliedern aus der Zeit des Ersten Weltkriegs eher selten. Zu den wenigen Ausnahmen gehört das Gedicht *Der Legionär* von Minka Schwartz[53]. Bernhard Diamands Lied *Der polnische Legionär* zeigt den Tod eines Soldaten, der auf Russlands Niederlage hofft und von seiner Sache überzeugt aus der Welt scheidet.[54] Auch in Richard Seyß-Inquarts *Legio Polonica* sieht man Soldaten, darunter die „Jungschützen"[55], sterben. Resignation, Verwundung oder Tod auf dem Schlachtfeld werden jedoch selten thematisiert; der Gedanke daran könnte die Kampfkraft zersetzen. Dank der Verwendung nationaler Symbole und der für Soldatenlieder charakteristischen Motive wie das Kanonendonnern oder die Standarte wird in diesen Texten

50 Kralik, Richard von: *An Polen*. In: Szczepaniak, Andrzej (Hrsg.): *Zapomniane „Polenlieder"*(wie Anm. 13), S. 128.

51 Kralik, Richard: *Die Türken vor Wien*. C. Konegen: Wien 1883.

52 Cf. Fangor, Siegmund Oswald: *Denkmal Sobieskis*. In: Szczepaniak, Andrzej (Hrsg.): *Zapomniane „Polenlieder"*(wie Anm. 13), S. 118. An den legendären Retter der Christenwelt erinnerten auch die ‚alten' Polenlieder. In Philipp Bopps *Die nächtlichen Reiter* steigen Sobieski und Kościuszko aus ihren Gräbern empor und „schweben durch der Polen zum Kampf bereite Reih'n", um „ihre Fahnen zum blut'gen Siege" zu segnen. Cf. Bopp, Philipp: *Die nächtlichen Reiter*. In: Leonhard, Stanisław (Hrsg.): *Polenlieder deutscher Dichter*, Bd. I (wie Anm. 11), S. 13. Cf. auch: Koitzsch, Friedrich: *Die Polen in Deutschland im Jahre 1683 und 1831* (ibid., S. 54–57).

53 Cf. Schwartz, Minka: *Der Legionär*. In: Szczepaniak, Andrzej (Hrsg.): *Zapomniane „Polenlieder"*(wie Anm. 13), S. 152.

54 Diamand, Bernhard: *Der polnische Legionär*. In: ibid., S. 146.

55 Cf. Seyß-Inquart, Richard: *Legio Polonica*. In: ibid., S. 156.

eine gehobene Atmosphäre erzeugt. Das lyrische Ich in Fangors Lied *Zum Licht!* spricht vom „Freiheitsbanner"[56], das als Symbol für Polens Unabhängigkeit fungiert. Auch Urbanitzky-Woloszczuk beendet ihr Gedicht *Den polnischen Legionären!* mit einer Apotheose der Freiheit: „Wohlan der Freiheit Banner wehen!"[57].

Ähnlich wie in den Liedern aus dem 19. Jahrhundert, etwa von Philipp Bopp, Karl Buchner oder Heinrich Matthaney, tritt auch in einigen Texten aus der Zeit des Ersten Weltkriegs das Motiv des weißen Adlers, des polnischen Staatswappentiers auf.[58] Er symbolisiert die Freiheit Polens in von Kraliks *An Polen*[59] und in Schaukals *Die Polnischen Legionen*[60]. Anders als in der Polenlyrik des 19. Jahrhunderts, in welcher der polnische Adler oft in Ketten bzw. mit gebrochenen Flügeln dargestellt wird,[61] durchqueren die weißen Vögel in Schaukals Text ein Sturmwetter, um dem trauernden, in Dunkelheit verharrenden Land die Freiheit zu bringen. Die hellen und dunklen Farben charakterisieren hier das Schicksal der polnischen Nation, die durch finstere Zeiten der Bevormundung zum Neubeginn vordrängt, der symbolisch als aufflammendes Licht erscheint.[62] Von weißen Adlern ist auch in Paul Albers' Gedicht *An Polen* die Rede.[63] In Finkelsteins *Noch ist Polen nicht verloren!* tritt dagegen ein weißer Falke auf, der Polen „Heil und Sieg" bringen soll.[64]

In vielen Polenliedern des 19. Jahrhunderts, z. B. in Karl Holteis *Der Greis*[65], wird die Farbe Rot als Symbol verwendet. Kontrastiert mit dem unversehrten Weiß des Schnees und mit den „finst'ren Kasematten" der Moskauer Gefängnisse,

---

56 Fangor, Siegmund Oswald: *Zum Licht!* In: ibid., S. 120.

57 Urbanitzky-Woloszczuk, Grete von: *Den polnischen Legionären!* In: ibid., S. 140.

58 Cf. Bopp, Philipp: *Der weiße Adler am Rhein.* In: Leonhard, Stanisław (Hrsg.): *Polenlieder deutscher Dichter*, Bd. I, (wie Anm. 11), S. 14–15; Buchner, Karl: *Scene aus Deutschland* (ibid., S. 15–16); Matthaey, Heinrich: *Der weiße Adler* (ibid., S. 93).

59 Kralik, Richard von: *An Polen.* In: Szczepaniak, Andrzej (Hrsg.): *Zapomniane „Polenlieder"*(wie Anm. 13), S. 128.

60 Schaukal, Richard von: *Die Polnischen Legionen.* In: ibid., S. 136.

61 Cf. Droste-Hülshoff, Anna Elisabeth Freiin von: *Der kranke Aar.* In: ead.: *Leben und ausgewählte Dichtungen.* Hrsg. Johannes Claassen. Nachdruck des Originals von 1883. TP Verone Publishing House: Nikosia 2017, S. 186.

62 Schaukal, Richard von: *Die Polnischen Legionen.* In: Szczepaniak, Andrzej (Hrsg.): *Zapomniane „Polenlieder"*(wie Anm. 13), S. 136.

63 Cf. Albers, Paul: *An Polen.* In: ibid., S. 110.

64 Finkelstein, Maxilimian Alexius: *Noch ist Polen nicht verloren!* In: Szczepaniak, Andrzej (Hrsg.): *Zapomniane „Polenlieder"* (wie Anm. 13), S. 138.

65 Cf. Holtei, Carl: *Der Greis.* In: Leonhard, Stanisław (Hrsg.): *Polenlieder deutscher Dichter*, Bd. II (wie Anm. 3), S. 42–43.

fällt dieses Rot auch in den Gedichten von Siegmund Oswald Fangor auf. In seiner *Litanei* spricht das lyrische Wir sehr plakativ von rotem „Opferblut", von „wilder, blutbefleckter Schinderhand" und von „blut'gen Striemen"[66]. In seinem *Gebet* färbt das Blut der ermordeten Kinder den Schnee,[67] während in *Schwinget sie hoch!* ein „blutige[r] Tyrann"[68] wütet. Ein „blutbefleckte[r] Henker"[69] erscheint in Fangors Gedicht *Denkmal Sobieskis*.

Viele Autoren, unter ihnen Maximilian Alexius Finkelstein, verwenden die Metapher vom „Blut der Heimat"[70]. Die blutrote Farbe kontrastiert in seinem Gedicht *Noch ist Polen nicht verloren!* mit dem lebendigen Grün des Lorbeers, der den Freiheitskämpfern versprochen wird. Dieses Motiv tritt bereits in der Polenlyrik des 19. Jahrhunderts auf, z. B. in Philipp Brauns *Ode an Polens Wiedererwachung*[71]. In beiden Fällen wird den polnischen Aufständischen die Größe der antiken Helden zuerkannt.

Mut und Solidarität der Verbündeten werden in *Neuen Polenliedern* der Grausamkeit der ‚Moskowiter' entgegengestellt. Im Gedicht *Den polnischen Legionären!* von Grete von Urbanitzky-Woloszczuk stimmen die Nationen des Vielvölkerstaates ein „Lied von Einigkeit und Treue"[72] an, Franz Joseph I. zu Ehren. In Schaukals Gedicht *Die Polnischen Legionen* kontrastiert das stille Leiden der von Russland Unterdrückten mit dem Bild einer neuen Epoche, in der das Lied der Befreiten mit aller Kraft ertönt.[73] Dieses Motiv tritt bereits in der Polenlyrik des 19. Jahrhunderts auf, z. B. in Karl Buchners Gedicht *Polnische Melodien*.[74]

In einigen Polenliedern aus der Zeit des Ersten Weltkriegs werden an Gott und die Heiligen gerichtete Apostrophen gebraucht, z. B. in *Legio Polonica* von

---

66 Fangor, Siegmund Oswald: Litanei. Zit. nach: Szczepaniak, Andrzej (Hrsg.): *Zapomniane „Polenlieder"* (wie Anm. 13), S. 112.

67 Id.: *Gebet*. In: ibid., S. 122.

68 Id.: *Schwinget sie hoch!* Zit. nach: ibid., S. 116.

69 Id.: *Denkmal Sobieskis*. Zit. nach: ibid., S. 118.

70 Finkelstein, Maximilian Alexius: *Noch ist Polen nicht verloren!* Zit. nach: Szczepaniak, Andrzej (Hrsg.): *Zapomniane „Polenlieder"* (wie Anm. 13), S. 140.

71 Cf. Braun, Philipp: *Ode an Polens Wiedererwachung*. In: Leonhard, Stanisław (Hrsg.): *Polenlieder deutscher Dichter*, Bd. II (wie Anm. 3), S. 11–13, hier S. 12; cf. auch: Matthaey, Heinrich: *An die polnische Nation* (ibid., S. 77–79).

72 Urbanitzky-Woloszczuk, Grete von: *Den polnischen Legionären!* Zit. nach: Szczepaniak, Andrzej (Hrsg.): *Zapomniane „Polenlieder"* (wie Anm. 13), S. 140.

73 Schaukal, Richard von: *Die Polnischen Legionen*. In: ibid., S. 136.

74 Cf. Buchner, Karl: *Polnische Melodien*. In: Leonhard, Stanisław (Hrsg.): *Polenlieder deutscher Dichter*, Bd. II (wie Anm. 3), S. 13–14.

Richard Seyß-Inquart, der die Soldaten auf dem Schlachtfeld beten lässt: „Hab Dank, o Gottesmutter Marie, / Der erste Streich ist gelungen."[75] Auch im 19. Jahrhundert wurde der Kampf gegen das Zarenreich als ein Akt der göttlichen Gerechtigkeit dargestellt und das Schicksal der polnischen Nation in Gottes Hand gelegt.[76]

Die meisten Gedichte aus der Anthologie *Neue Polenlieder* zeichnen sich durch formale Schlichtheit aus. Gelegentlich nehmen sie Formen an, die aus der religiösen Dichtung entlehnt wurden. Ein Beispiel dafür ist Fangors *Litanei*, in der das Schicksal Unterdrückter mit den Leiden Jesu verglichen wird.[77] Die rhythmische, sangbare Sprache mancher Lieder inspirierte einige Komponisten zu ihrer musikalischen Umsetzung. So erleichterte der auffällige Gebrauch der Anapher in Robert Weils *Der polnische Legionär* die Vertonung dieses Gedichts durch Ludwig Roman Chmel.[78]

Trotz der sichtlichen Bemühungen ihrer Autoren, ein möglichst breites Publikum zu erreichen, sind die Polenlieder aus der Zeit des Ersten Weltkriegs – einschließlich der vertonten – nie richtig populär geworden. Auch in der Forschung blieben sie lange im Schatten ihrer Vorbilder aus dem 19. Jahrhundert.

---

75 Seyß-Inquart, Richard: *Legio Polonica*. Zit. nach: Szczepaniak, Andrzej (Hrsg.): *Zapomniane „Polenlieder"* (wie Anm. 13), S. 159.

76 Cf. u. a. Veit, Moritz: *Aufruf an Polen*. In: Koziełek, Gerhard: *Polenlieder* (wie Anm. 20), S. 43–44; Wenckstern, Otto von: *Die heil'ge Maria von Częstochowa* (ibid., S. 93–94).

77 Cf. Fangor, Siegmund Oswald: *Litanei*. In Szczepaniak, Andrzej (Hrsg.): *Zapomniane „Polenlieder"* (wie Anm. 13), S. 112.

78 Cf. Chmel, Ludwig Roman: *Der polnische Legionär. Text von Robert Weil (Homunkulus)*. Musikverlag Josef Weinberger: Wien/Leipzig 1915.

Rita Schlusemann

Die flämische Reihe des Insel-Verlags

Die flämische Reihe war in den Jahren 1917 und 1918 eine Seitenreihe der erfolgreichsten Buchreihe der Welt, der Insel-Bücherei, die 2012 ihr hundertjähriges Bestehen feierte.[1] „Geschätzt 60 Millionen Exemplare gelangten seit 1912 in die Hände von Lesern, Käufern, Sammlern", so lautete das Fazit im *Börsenblatt des Deutschen Buchhandels* vom 18. März 2012.[2] 100 Jahre zuvor, am 2. Juni 1912, war die erste Reihe von zwölf Bänden in der Insel-Bücherei erschienen, und ein Jahr vorher, im März 1911, hatte der Leiter des Insel-Verlags, Anton Kippenberg, in einem Brief an seinen Freund Alfred Walter Heymel von seiner Absicht geschrieben, „30-Pfennig-Bücher" herauszugeben. Offiziell angekündigt wurde das Vorhaben in einem Rundschreiben im *Börsenblatt* Nr. 118 am 23. Mai 1912:

> Es soll den Namen Insel-Bücherei führen [und] kleinere Werke, Novellen, Gedichtgruppen, Essays [erfassen], die zu Unrecht in Vergessenheit geraten sind oder denen wir eine besondere aktuelle Wirkung zu geben beabsichtigen.

Für die ersten zwölf Bände wurden namhafte Autoren wie Rilke, Goethe und Hofmannsthal, aber auch Cervantes und Flaubert ausgewählt. Aus dem flämischen Raum wurden *Amo* des flämischen Architekten Henry van de Velde (Nr. 3) und, in der Nachdichtung von Stefan Zweig, die Gedichtsammlung *Hymnen an das Leben* des belgischen Dichters Emile Verhaeren[3] (Nr. 5) in dieser ersten Reihe veröffentlicht. Stefan Zweig übersetzte zwischen 1910 und 1912 nicht

---

1 Die *Insel* war von 1899–1901 eine Literatur- und Kunstzeitschrift, die monatlich von Otto Julius Bierbaum, Alfred Walter Heymel und Rudolf Alexander Schröder herausgegeben wurde. Am 1. Oktober 1901 wurde der Insel-Verlag gegründet. Bis zum Jahr 2013 erschienen 1691 Bände in der Insel-Bücherei. Heute ist der Insel-Verlag eine Tochter des Suhrkamp-Verlags. Auch wenn die Produktion seit der Eröffnung des Insolvenzverfahrens im Juli 2013 fortgeführt wird, bleibt die Zukunft des Verlags aufgrund der Familienstreitigkeiten unsicher.

2 nk: „Weltgeist in der Westentasche'.100 Jahre Insel-Bücherei". *Börsenblatt des deutschen Buchhandels 18. März 2012* (Abruf am 28. 02. 2014, http://www.boersenblatt. net/522853/).

3 EmileVerhaeren (1855–1916) wurde in der Stadt St.-Amands in der Provinz Antwerpen geboren, schrieb jedoch, entsprechend der Sprachgewohnheiten in seiner Familie, auf Französisch.

weniger als vier weitere verschiedene Werke Verhaerens: *Drei Dramen*; *Ausgewählte Gedichte*; *Rembrandt* und *Rubens*.

Alle Werke der Insel-Bücherei erschienen 1912 zu einem Preis von 50 Pfennig. Schon nach zwei Jahren erreichte man einen Verkauf von über einer Million Exemplaren. Im Gegensatz zu anderen Buchreihen mit einfachen Broschur-Einbänden und billigem Papier zeichneten sich die Bände der Insel-Bücherei von Anfang durch Pappeinbände mit farbigem Überzugspapier, zum großen Teil nach der Kollektion Rizzi, und wertvollem Papier aus. Die flämische Reihe, die im engeren Sinn aus zwölf Werken besteht und im März 1917 auf den Markt gebracht wurde, stellt somit nur einen kleinen, jedoch sehr bedeutsamen, Ausschnitt aus dem großen Programm der Insel-Bücherei dar:[4]

Jan van Ruisbroeck: *Das Buch von den zwölf Beghinen* (IB 206)

Schwester Hadewich: *Visionen* (IB 207)

Lanzelot und Sanderein. Altflämisches Schauspiel (IB 208)

Alte flämische Lieder (IB 209)

Hendrik Conscience: *Der Rekrut* (IB 210)

Anton Bergmann: *Das Ziegelhaus* (IB 211)

Charles De Coster: *Heer Halewijn. Eine flämische Märe* (IB 212)

Guido Gezelle: *Gedichte* (IB 213)

Stijn Streuvels: *Die Ernte* (IB 214)

Stijn Streuvels: *Der Arbeiter* (IB 215)

Georges Eekhoud: *Burch Mitsu* (IB 216)

Herman Teirlinck: *Johann Doxa. Szenen aus dem Leben eines Brabanter Gotikers* (IB 217)

---

4   Über die genaue Zusammenstellung der Reihe herrscht in der Forschung keine Übereinstimmung. Eickmans druckt eine Liste von 13 Werken ab, zu der auch *Mariechen von Nymwegen* (IB 243) gehört. Hier fehlt *Burch Mitsu* von Georges Eekhoud (IB 216). Cf. Eickmans, Heinz: „„um uns den vlämischen Geist näher zu bringen'. Über das Engagement deutscher Philologen, Verleger und Literaten für die Sprache und Literatur Flanderns im 20. Jahrhundert". In: Eickmans, Heinz/Engelbrecht, Jörg (Hrsg.): *Blick gen Westen. Deutsche Sichtweisen auf die Niederlande und Flandern.* agenda Verlag: Münster 2008, S. 25–68, hier S. 43. Roland bietet eine Liste von 14 Werken unter Einschluss von *Mariechen* und *Burch Mitsu* von Eekhoud. Cf. Roland, Hubert: *Die deutsche literarische Kriegskolonie in Belgien, 1914–1918. Ein Beitrag zur Geschichte der deutsch-belgischen Literaturbeziehungen 1900–1920.* Peter Lang: Bern et al. 1999, S. 145. Sowohl Eekhouds *Kees Doorik* als auch *Burch Mitsu* erhielten in der Reihe die Nummer IB 216.

Worauf begründete sich bei dem Verlag das Interesse für diese Reihe, die von der Forschung als „Kriegsmission"[5] bezeichnet wurde, und welche Absichten verfolgte man mit der Veröffentlichung flämischer Literatur? Nach einer Vorstellung der Entstehung der Reihe aus der Perspektive der Produzenten folgt eine Charakterisierung der Reihe, verbunden mit einer Analyse der den Werken beigegebenen Paratexte, um auf diese Weise mehr über die an die Rezipienten herangetragenen Ideen und Vorstellungen zu erfahren. Drittens soll eine vorsichtige Neupositionierung der flämischen Reihe im Vergleich zu anderen Buchtiteln des Insel-Verlags erfolgen.

Die flämische Reihe

Die flämische Reihe ist durch das Jahr ihres ersten Erscheinens vor dem Hintergrund der Besetzung Belgiens seit dem 4. August 1914 zu betrachten.[6] Deutsche Truppen drangen bis westlich von Gent vor und errichteten eine deutsche Zivilverwaltung, zu der eine politische Abteilung gehörte.[7] Diese agierte im Rahmen der sogenannten Flamenpolitik, zu der der Ausbau des deutschen Einflusses in

---

5 Eickmans, Heinz: „„um uns den vlämischen Geist näher zu bringen'" (wie Anm. 4), S. 47. Cf. jetzt auch Zajas, Paweł, „Der ‚militarisierte' Buchhandel? Die deutsche Übersetzungsliteratur im Ersten Weltkrieg". *Acta Germanica* 42, 2014, S. 167–183; Zajas, Paweł, „Polen, Duitsland, Vlaanderen. Over Eugen Diederichs, Anton Kippenberg en de Poolse vertaler van Georges Eekhoud in de Eerste Wereldoorlog" (Internet: https://www.academia.edu/9252162/Polen_Duitsland_Vlaanderen._Over_Eugen_Diederichs_Anton_Kippenberg_en_de_Poolse_vertaler_van_Georges_Eekhoud_in_de_Eerste_Wereldoorlog, Abruf am 23. Dezember 2014), S. 291–302.

6 Cf. jetzt: Roland, Hubert: „La Flamenpolitik de l'occupant allemand 1914–1918. Un tournant dans l'historie des relations interculturells en Belgique et une question franco-allemande". In: Deshoulières, Valérie, et al. (Hrsg.): *Europa zwischen Text und Ort (L'Europe entre Texte et Lieu). Interkulturalität in Kriegszeiten (1914–1954) / Interculturalités en temps de guerre (1914–1954)* (= Jahrbuch des Frankreichzentrums der Universität des Saarlandes). transcript verlag: Bielefeld 2014, S. 111–126.

7 Kramer, Alan: „Besatzung (Westen)". In: Hirschfeld, Gerhard et al. (Hrsg.): *Enzyklopädie Erster Weltkrieg.* Paderborn et al. 2009, S. 524 ff. Ab August 1914 wurde Belgien nach der Besatzung durch deutsche Truppen in zwei Verwaltungszonen eingeteilt (Ost- und Westflandern und zum anderen die restlichen Gebiete), bestehend aus einer Militärverwaltung und einer zivilen Verwaltung. Kippenberg war als Hauptmann bei der 4. Armee in Gent tätig, leitete dort die Armee-Druckerei und gab die Kriegszeitung der 4. Armee heraus (Goossens, Jan: „Die Leipziger Niederlandistik". In: Öhlschläger, Günther et al. (Hrsg.): *Leipziger Germanistik. Beiträge zur Fachgeschichte im 19. und 20. Jahrhundert,* De Gruyter: Berlin 2013, S. 164–179, hier S. 165).

Flandern gehörte. Die Angst vor der französischen Übermacht korrelierte dabei mit den Zielen der von den Flamen seit dem 19. Jahrhundert getragenen Flämischen Bewegung. Diese beabsichtigte eine Gleichstellung des Flämischen mit dem Französischen und eine „Förderung der freien Entwicklung des flämischen Volkes".[8]

Der im literarischen und künstlerischen Feld sehr einflussreiche Direktor der Friedrich Krupp AG, Eberhard von Bodenhausen (1868–1918), reiste vom 9.–16. Februar 1915 durch Belgien und besuchte auch die Politische Abteilung.[9] Auch wenn keine Dokumente seinen direkten Einfluss belegen, ist doch sehr auffällig, dass am Tag seiner Abreise die Politische Abteilung in Belgien selbstständig wurde. Zu dieser Abteilung gehörten der Schriftsteller und Kunst- und Kulturkritiker Wilhelm Hausenstein (1882–1957), der Schriftsteller und Architekt Rudolf Alexander Schröder (1878–1962) und der Autor und Journalist Friedrich Markus Huebner (1886–1964), deren Bedeutung später noch zur Sprache kommen wird. Besonders die beiden Letzteren trugen mit ihren insgesamt sechs Übersetzungen zur erfolgreichen Entstehung der flämischen Reihe entscheidend bei.

Bei der Frage nach dem deutschen Interesse an flämischer Literatur muss zunächst vorausgeschickt werden, dass durch die Besetzung Belgiens und die Neutralität der Niederlande im Ersten Weltkrieg die niederländische Literatur aus dem Norden, d.h. aus den Niederlanden, und die niederländische bzw. flämische Literatur aus Belgien einen unterschiedlichen Stellenwert besaßen. Während des Ersten Weltkriegs wurden 14 Titel von Autoren aus den Niederlanden und demgegenüber 73 Titel von Autoren aus Flandern in deutscher Übersetzung

---

8 Oszwald, Robert Paul: „Die deutsche Flamenpolitik und das Gutachten von Prof. Bredt vom parlamentarischen Untersuchungsausschuss". *Historische Zeitschrift* 136, 1927, S. 518–525, hier S. 524.

9 Zu dem Agieren Bodenhausens siehe ausführlich Roland, Hubert: *Leben und Werk von Friedrich Markus Huebner (1886-1964): vom Expressionismus zur Gleichschaltung* (Studien zur Geschichte und Kultur Nordwesteuropas 19). Waxmann: Münster et al. 2009, S. 115–116; Govaerts, Bert: „De goede fee en het bruine beest. Een paar aanvullingen bij het dossier Timmermans". *Dietsche Warande en Belfort* 133, 1988, S. 429–443 (deutsch: *Nachbarsprache Niederländisch* 4, 1989, S. 1–21); id.: „De kleine oorlog van Anton Kippenberg". *Dietsche Warande en Belfort* 135, 1990, S. 738–761; Tiedau, Ulrich: „De Duitse cultuurpolitiek in België tijdens de Eerste wereldoorlog". *Bijdragen tot de eigentijdse geschiedenis* 11, 2003, S. 20–45, im Besonderen S. 27–28; Tiedau, Ulrich: „‚Écrivains occupants' und ‚pénétration poétique': Deutsche Schriftsteller und Künstler in Belgien und in den Niederlanden 1914–1918". *Arbeitskreis Militärgeschichte Newsletter* 23, 2004, S. 17–22.

vorgelegt.[10] Als weiterer Faktor des Vorzugs der flämischen Literatur kann der katholische Hintergrund belgischer Literatur gegenüber dem protestantischen Norden geltend gemacht werden, da vor allem im Bereich der Mystik die Verwandtschaft zwischen der deutschen und flämischen ‚Seele' betont wurde.

An diese Verbundenheit knüpfte Anton Kippenberg, der bereits 1910 bei einem Kongress von Verlegern in Amsterdam eine Rede auf Niederländisch gehalten hatte,[11] mit der Auswahl der flämischen Werke an.[12] Schon früh formulierte er die von ihm zu verfolgenden Ziele, so in einem Brief an Hugo von Hofmannsthal vom 1. Dezember 1906:[13]

1. Der Verlag wolle der „Weltliteratur im Goethischen Sinne"[14] dienen.
2. Die Form eines Buches solle an den Gehalt angepasst werden.
3. Der Sinn für Buchkunst und Buchluxus solle gehoben werden.
4. Der Insel-Verlag wolle „von der zeitgenössischen Literatur wenig, aber dafür nach Möglichkeit das Dauer versprechende" herausbringen.

Und weiter: „Der Insel-Verlag hat gewiß an seinem bescheidenen Theil eine Kulturmission zu erfüllen, aber letzten Ende ist er ein Geschäft."[15]

Im Juni 1912 erschienen, wie eingangs erwähnt, die ersten zwölf Bände der Insel-Bücherei, auf welche im Herbst 1912 die nächsten zwölf folgten. Außer den bereits genannten namhaften deutschen und ausländischen Autoren, welche den geschäftlichen Interessen des Verlags dienten, festigte sich auch schon in dieser Zeit eine Vorliebe Kippenbergs für belgische Literatur. So verlegte er von 1910–1913 verschiedene bereits genannte Werke des Autors Emile Verhaeren; Werke über Rembrandt und Rubens in Übersetzungen Stefan Zweigs; und auch eine Luxusausgabe von Verhaerens *Les villages illusoires*.

---

10 Uffelen, Herbert Van: *Moderne niederländische Literatur im deutschen Sprachraum 1830–1990.* (Niederlande Studien 6). Lit: Münster, Hamburg 1993, hier S. 233.
11 Govaerts, Bert: „De kleine oorlog van Anton Kippenberg" (wie Anm. 9), S. 739.
12 Kippenberg war am 1. Juli 1905 als Gesellschafter in den Verlag eingetreten und leitete diesen zunächst zusammen mit Carl Ernst Pöschel. Ab 1906 übernahm er die alleinige Geschäftsführung.
13 Cf. Sarkowski, Heinz: *100 Jahre Insel-Verlag (1899–1999). Begleitbuch zur Ausstellung, hrsg. von der Deutschen Bibliothek und dem Insel Verlag* (insel taschenbuch 2700). Insel: Frankfurt a.M./Leipzig 1999, S. 62.
14 Zum ersten Mal wurde der Begriff „Weltliteratur" jedoch von Wieland verwendet. Cf. Riedel, Volker: „Wieland und die Weltliteratur". In: Heinz, Jutta (Hrsg.): *Wieland-Handbuch. Leben – Werk – Wirkung.* Metzler: Stuttgart 2008, S. 109–118. Bei Goethe handelt es sich um eine kosmopolitische, nationale Literaturen übersteigende Literatur.
15 Sarkowski, Heinz: *100 Jahre Insel-Verlag* (wie Anm. 13), S. 62.

Als Kippenberg nach Kriegsbeginn zunächst in Halle an der Saale stationiert war, entstand bei ihm eine gewisse Unzufriedenheit, und er bemühte sich am 31. Mai 1915 in einem Schreiben an Eberhard von Bodenhausen[16] um eine Versetzung nach Belgien, die er mit folgenden Worten untermauerte:

> Mögen wir nun Belgien „behalten", „protegieren" oder was es sei: nöthig ist unbedingt, daß wir dorthin – wie übrigens nach anderen Ländern – ganz anders wie bisher und zwar sobald als möglich geistige Beziehungen spinnen und ihnen, vor allem durch den Buchhandel, der in dieser Beziehung viel politischer werden muß, eine reale Grundlage geben. So schwebt mir ein deutsch-belgischer (oder deutsch-flämischer??) Verlag vor, politisch-künstlerisch-literarisch gerichtet, mit einer Art Insel-Bücherei […]. Was wissen die so nahe verwandten Flamen von uns, was wir von ihnen?[17]

Mit anderen Worten: Kippenberg betont die Notwendigkeit des Knüpfens von Beziehungen zu Belgien wie auch zu anderen Ländern im geistigen Sinn – damit die Eigenständigkeit Belgiens indirekt anerkennend –, wofür die Schaffung einer Insel-Bücherei eine Grundlage bilden könnte.

Oftmals geht die Forschung darüber hinweg, dass Kippenberg sich bereits im Herbst 1914 mit dem bekannten belgischen Dichter Jan Greshoff traf und mit ihm am 10. Juni 1915 vereinbarte, dass dieser ihm eine Liste mit wichtigen zu empfehlenden belgischen und niederländischen Autoren zuschickte.[18] Im August 1915 wurde Kippenberg nach Tielt westlich von Gent versetzt, und er wurde bereits ab dem 28. August 1915 Leiter der Kriegszeitung.[19]

Die eingangs erwähnte politische Abteilung fasste Ende 1915 den Entschluss zu zwei kulturpolitischen Schritten:

1. bedeutende Werke flämischer und niederländischer Autoren sollten in künstlerisch abgefassten Übersetzungen gefördert werden;
2. ab Juli 1916 wurde die Zeitschrift *Der Belfried* veröffentlicht, eine „Monatsschrift für Gegenwart und Geschichte der belgischen Lande"[20].

---

16 Eberhard von Bodenhausen (1868–1918), ein Förderer von Kunst und Wissenschaft, war ab 1906 Stellvertreter des kaufmännischen Direktors der Friedrich Krupp AG tätig und sehr einflussreich in der deutschen wie europäischen Kulturförderung.

17 Zitat nach Roland, Hubert: *Die deutsche literarische Kriegskolonie in Belgien* (wie Anm. 4), S. 116. Cf. auch: Roland, Hubert: *La ‚Colonie' littéraire allemande en Belgique 1914–1918*. Labor: Bruxelles 2003.

18 Cf. Govaerts, Bert: „De kleine oorlog van Anton Kippenberg" (wie Anm. 9).

19 Roland, Hubert: *Die deutsche literarische Kriegskolonie in Belgien* (wie Anm. 4), S. 114.

20 Ibid.

Die zeitliche Nähe zwischen Kippenbergs Plänen, seiner Ankunft in Belgien und den Entschlüssen der politischen Abteilung legen einen starken Zusammenhang, wenn nicht sogar Einfluss Kippenbergs zu diesen Entscheidungen nahe.

Ab Herbst 1915 wurde die flämische Reihe intensiv durch Kontakte zu verschiedenen Autoren, zur Regelung von Verträgen und auch hinsichtlich der Qualitätsbestimmungen vorangetrieben.[21] Entsprechend den Vorschriften fand eine Klärung der Übertragungsrechte statt (so erhielt Streuvels 5000 Franken), oder bereits bestehende Übersetzungen wurden abgekauft. Auch lehnte Kippenberg in verschiedenen Fällen schlechte Übersetzungen ab, um die Qualität zu gewährleisten.[22] In einem ersten Plan wurde das Erscheinen der Reihe für den Oktober 1916 geplant, jedoch ergaben sich durch die Regelungen der Rechte Verzögerungen. Zwischen dem Verlagshaus und der Politischen Abteilung bestand eine enge Zusammenarbeit, die sich auch daran zeigt, dass die Bezahlung über Letztere abgewickelt wurde.

Von den Zeitgenossen wurde die Bedeutung der Reihe früh erkannt. In der Zeitschrift *Die Glocke* (1917) bindet Wilhelm Hausenstein die flämische Reihe in einen Kampf der Flamen gegen die französische Vorherrschaft ein.[23] Der Kulturkampf der Flamen sei geprägt von einer „Durchsetzung sprachlicher, dichterischer, überhaupt geistig-künstlerischer Kräfte dieses Volkstums gegenüber mächtigem Einfluß französischer Kultur"[24]. Darüber hinaus hebt Hausenstein auf die romantische Ausrichtung flämischer Literatur ab. Er betont, dass „aus den Unternehmungen zur Darbietung der flämischen Literatur" „die flämische Bibliothek des Inselverlags" hervorrage, und daher sei es nicht verwunderlich, dass die Reihe mit einigen Werken aus dem Mittelalter eröffnet werde: „Ruisbroeck, die Visionen von Hadewich, das Schauspiel von Lanzelot und Sanderein"[25]. Seine Bewunderung dafür, was Ruusbroec und Hadewijch „in unmittelbarster Verbindung mit den zart verästelten Unterscheidungen, dem zerteiltesten Leiden und Hoffen unserer eigenen Zeit"[26] sagen, mündet in eine Akzentuierung der großen Übereinstimmung in den Empfindungen von Flamen und Deutschen. Auch bespricht Hausenstein genauer *Das Ziegelhaus* von Anton Bergmann, Hendrik Consciences *Der Rekrut*, die Gedichte Gezelles, *Burch Mitsu* von Georges Eekhoud (1854–1927) sowie die beiden Werke Streuvels, sodass bereits

---

21 Cf. Govaerts, Bert: „De kleine oorlog van Anton Kippenberg" (wie Anm. 9).
22 Cf. ibid.
23 Hausenstein, Wilhelm: „Bemerkungen über flämische Literatur". *Die Glocke* 3, 1917, S. 991–1000, hier S. 991.
24 Ibid.
25 Ibid., S. 995.
26 Ibid.

der zeitgenössische Leser ein prägnantes Bild über die Reihe erhält. Hausenstein erwähnt im Besonderen das „nützliche" Nachwort Kippenbergs in dessen Übersetzung von *Advokat Ernst Staas* von Anton Bergmann. Damit verweist er auf die Bedeutung von Paratexten, auf deren Charakteristika im Folgenden näher eingegangen wird. Darüber hinaus werden sie so weit wie möglich mit dem Oeuvre der jeweiligen Autoren in Beziehung gesetzt.

Die Paratexte in der flämischen Reihe

Mit den ersten beiden Werken der flämischen Reihe, Nr. 206 und 207 der Insel-Bücherei, erschienen, wie gesagt, zwei Werke der wichtigsten niederländischen Mystiker in einer Übersetzung von Friedrich Markus Huebner: Jan van Ruusbroecs *Das Buch von den zwölf Beghinen*[27] und Hadewijchs *Visionen*.

---

27 In seiner Literaturgeschichte bezeichnet van Oostrom diesen flämischen Mystiker des 14. Jahrhunderts als einen der größten Mystiker der Welt. Cf. van Oostrom, Frits Pieter: *Wereld in woorden. Geschiedenis van de Nederlandse literatuur 1300–1400*. Bert Bakker: Amsterdam 2013, hier S. 252.

In seinem Nachwort hebt Huebner Ruusbroecs Bedeutung für die mystische Bewegung hervor (S. 53–59), der als „Schöpfer der niederländischen Prosa" zu bezeichnen sei (S. 58). Hadewijchs Vermögen der Darstellung einer höheren Zustands des Ichs zeichne sich durch eine unmittelbare „unsägliche Zärtlichkeit" aus (S. 52). Ihr „Brabanter Dietsch" präsentiert Huebner als Vorstufe zu Ruusbroecs Sprache, die in „Gesetz und Reichtum vollkommen" (S. 53) sei. Eine Nutzbarmachung des Nachworts für eine wie auch immer geartete Kulturpolitik erfolgt nicht.

Eines der bis heute bekanntesten niederländischen mittelalterlichen Dramen, *Lanzelot und Sanderein*, übersetzte ebenfalls Huebner für die Reihe (IB 208). Das Nachwort Huebners bietet nähere Erläuterungen zur Überlieferung, Originalität und zum Erfolg des Dramas (S. 55–57), ohne politische Bemerkungen oder Aussagen zur flämisch-deutschen geistigen Verwandtschaft zu treffen, wie bei den anderen beiden bisher besprochenen Werken.

Die Ausgabe *Alte flämische Lieder* (IB 209) bildet eine Ausnahme in der Reihe, da diese Lieder von Johannes Bolte in der Originalsprache, jeweils versehen mit einem deutschen Titel, herausgegeben wurden. In seinem Nachwort geht Bolte auf die goldene Zeit des deutschen und niederländischen – somit nicht nur flämischen – Volksliedes ein und betont deren Liedergemeinschaft. Auf der

Umschlagseite findet sich als Werbung eine Liste mit neun Werken belgischer Autoren, die in der Reihe „Bibliothek der Romane" oder im Hauptprogramm des Insel-Verlags erschienen.[28] Die Publikation der bisher vorgestellten Werke entspricht somit nicht dem Bild einer Reihe als vornehmlich kulturpolitischen Kriegszielen dienend.[29]

Die Erzählung *Der Rekrut* von Hendrik Conscience (1812–1883; IB 210) über die Liebe einer jungen Frau zu einem erblindenden Soldaten erschien in einer Übersetzung von Herbert Alberti ohne Nachwort und ohne werbende Beigabe.[30] Von Conscience, der sich selbst ab 1830 aktiv für die Unabhängigkeit Belgiens und das Flämische einsetzte, waren von dessen berühmtem, bis heute einflussreichem Roman *De leeuw van Vlaanderen* (im Insel Verlag als *Der Löwe von Flandern*, IB 39) sechs Übersetzungen erschienen.[31] Das Buch erzählt über den flämischen Kampfgeist und das Streben nach Unabhängigkeit gegenüber Frankreich. Die so zahlreichen Übersetzungen bezeugen die außergewöhnliche Popularität dieses Werkes in Deutschland. Die gewinnversprechende Auswahl der Erzählung *Der Rekrut* kann auf diese Bekanntheit des Autors zurückgeführt werden.

Mit *Das Ziegelhaus* (IB 211) von Anton Bergmann (1835–1874)[32] wählte Kippenberg für die flämische Reihe einen ebenfalls in Deutschland bereits bekannten und beim Verlag zuvor verlegten Autor. Dessen wahrscheinlich 1870

---

28 Im Einzelnen werden genannt: Anton Bergmann: *Advokat Ernst Staas*; Hendrik Conscience: *Der Löwe von Flandern*; Charles De Coster: *Die Hochzeitsreise*; Charles De Coster: *Uilenspiegel und Lamme Goedzak*; Charles De Coster: *Flämische Mären*; Emile Verhaeren: *Rembrandt*; Emile Verhaeren: *Rubens*; Eugen Lüthgen: *Belgische Baudenkmäler*; *Reinke Voß*.

29 Diese postulieren u. a. Govaerts, Bert: „De kleine oorlog van Anton Kippenberg" (wie Anm. 9) und Tiedau, Ulrich: „‚Écrivains occupants' und ‚pénétration poétique'" (wie Anm. 9), S. 27.

30 Das Werk erschien ohne Nachwort. Herbert Alberti war während des Ersten Weltkriegs Legationsrat in Den Haag. Cf. Storck, Joachim W., unter Mitwirkung von Pfäfflin, Waltraud und Friedrich (Hrsg.): *Rainer Maria Rilke – Sidonie Nádherný von Borutin. Briefwechsel 1906–1926*. Wallstein Verlag: Göttingen 2006, hier S. 505.

31 Die Erstauflage des Romans erschien 1836. 1910 erschien eine Übersetzung bei Dietrich in München als Jugendbuch in der Reihe „Julius Lohmeyers vaterländische Bücherei";1912 bei Welsberg in Osnabrück; 1913 bei Wulf in Warendorf; 1915 bei Schaffstein in Köln; 1916 bei Borngräber in Berlin und ebenfalls 1916 in fünfter Auflage in einer Jugendbearbeitung bei Aschendorff in Münster.

32 Anton Bergmann wird zu den realistischen Autoren Flanderns gerechnet und manchmal mit Hildebrand, dem Autor der *Camera obscura*, verglichen.

erschienenes Werk *Ernest Staas*[33] über das Leben eines Rechtsanwalts in einer kleinen flämischen Stadt war bereits 1901 ins Deutsche übersetzt worden (*Advokat Ernst Staas*) und erschien 1916 in einer Übersetzung von Anton Kippenberg beim Insel Verlag.

Kippenberg verweist in seinem Nachwort zu *Das Ziegelhaus*, einem Auszug aus dem Anfang von *Ernst Staas*, auf sein ausführliches, 12 Seiten umfassendes Nachwort zu letzterem Werk und bezeichnet dieses als „das erste flämische Prosabuch, das seinen Stoff dem alltäglichen Leben entnahm" (S. 251). Er vergleicht den Autor mit Conscience und betont, dass Bergmann viele „Seiten im Wesen und Fühlen eines uns so nahe verwandten Volkes" aufzeige (ibid.); und weiter, die Verbundenheit mit den nördlichen Niederlanden hervorhebend: auch in Holland seien diese „Skizzen und Bilder bis heute jung geblieben". Weiter berichtet Kippenberg ausführlich über Bergmanns Leben und dessen Aktivitäten in der „vlämischen Bewegung" (S. 259). Nachdem er auch auf Jan Frans Willems, den bedeutendsten Verfechter des Studiums der flämischen Sprache und Literatur, Bezug genommen hat, schildert er detailliert Bergmanns Einsatz als „Streiter für vlämische Sprache und Volksbildung und für die Pflege der heimatlichen Vergangenheit und Überlieferung" (S. 260) gegen die „Verwelschung" durch die burgundische Herrschaft (S. 254). Das Nachwort ist datiert auf November 1915, als Kippenberg bereits in Tielt an der Front stationiert war.

Am Ende des Nachworts zu *Ernst Staas* schreibt er:

> Es läge nahe, am Schluß gerade dieses Buches, in diesem Augenblick und in dieser Umgebung einige politische Betrachtungen und Ausblicke hier anzufügen, aber dafür ist die Zeit noch nicht gekommen.

Kippenberg formuliert in diesem Nachwort somit öffentlich seine bewusste Zurückhaltung in der Äußerung politischer Ansichten, allerdings hebt er in seinem eine Seite umfassenden Nachwort zu *Das Ziegelhaus* Bergmann als „leidenschaftlichen[n] Anhänger, später eine[n] der Führer der flämischen Bewegung" hervor. Mit anderen Worten, Kippenberg positioniert sich nur kurze Zeit nach dem Nachwort zu *Ernst Staas* nun deutlicher politisch.

In die Reihe wurde die zuerst auf Französisch geschriebene Märe *Herr Halewijn* (IB 212) aufgenommen, die dritte Märe in der Reihe *Contes Flamandes* von

---

33　Das Buch mit dem vollständigen Titel *Ernest Staas. Schetsen en beelden.* Hollandsch Uitgeversfonds: Amsterdam [1870], ist digital einsehbar auf der Webseite dbnl (Digitale Bibliotheek voor de Nederlandse letteren), http://www.dbnl.org/tekst/berg062erne01_01/.

Charles De Coster (1827–1879), übersetzt von Albert Wesselski (IB 212). De Costers Werk *La légende d'Ulenspiegel* (1867) wird als „eine flämische Bibel", ein Meisterwerk der Weltliteratur, betrachtet. Aufgrund der Sprachwahl dieses in Brüssel wohnenden Flamen sieht man seine Bemühungen heute als ein implizites Plädoyer für das brüderliche Zusammenleben von Flamen und Wallonen in einem freien Belgien.[34] Geschäftliche Interessen können allerdings nicht ausgeschlossen werden. Die Übersetzung aus dem Französischen relativiert dennoch in gewisser Weise eine Einschätzung der Produktionen des Insel Verlags als ‚Kriegsmission' oder als Beleg für das enge Zusammenspiel geschäftlicher und militärischer Interessen Kippenbergs.[35]

Gedichte von Guido Gezelle (1830–1899; IB 213), dem „größten und gefeiertsten unter den neueren flämischen Dichtern" (Nachwort, S. 59), wurden für die Reihe von Rudolf Alexander Schröder, wie Huebner Mitglied der Politischen Abteilung, ins Deutsche übersetzt. In seinem Nachwort enthält sich Schröder politischer Bemerkungen, sondern verweist vor allem auf Gezelles Eintreten für seine Muttersprache und seine Bemühungen um die „Hebung seines Volkes" (S. 59–60).

Mit *Die Ernte* und *Der Arbeiter* (IB 214 und 215) folgen zwei Werke von Stijn Streuvels (1871–1969). Streuvels, ein Neffe Gezelles, wurde zweimal für den Nobelpreis vorgeschlagen; er erzählt vor allem über das bäuerliche Leben in Flandern. Er gehört bis heute zu den wirkungsmächtigsten Schriftstellern Flanderns. Die Novelle *Die Ernte* übersetzte Rudolf Alexander Schröder, *Die Arbeiter* wiederum Kippenberg selbst. Beide Übersetzungen werden auf dem Titelblatt jeweils als „berechtigte Übertragung" bezeichnet, um auf diese Weise die Erlaubnis und korrekte Abwicklung der Übersetzung aufzuzeigen. Auf der letzten Seite findet sich in *Die Ernte* eine Liste mit acht flämischen beim Insel Verlag erschienenen Werken, die mit der in dem Band *Alte flämische Lieder* nahezu identisch ist. Dazu gehören, wie bei dem Liederband, *Ernst Staas*, aus der Reihe Bibliothek der Romane *Der Löwe von Flandern* von Hendrik Conscience (BdR 39) sowie vier Werke von De Coster, jeweils aus dem Französischen übersetzt: *Uilenspiegel und lamme Goedzak* (BdR 15; mehrere Auflagen 1916; 1917); *Vlämische Mären* (BdR 37); *Die Hochzeitsreise* (BdR 40) und *Brabanter Geschichten* (BdR 42); das

---

34 "Een impliciet pleidooi voor het broederlijk samengaan van Vlamingen en Walen in een vrij België" (http://www.vub.ac.be/vlaamsestudenteninbrussel/personen/Charlesdecoster.html).

35 Cf. Govaerts, Bert: „De goede fee en het bruine beest" (wie Anm. 9); idem: „De kleine oorlog van Anton Kippenberg" (wie Anm. 9).

dem Bereich der Architektur entstammende Werk *Belgische Baudenkmäler* von Eugen Lüthgen, die von Stefan Zweig angefertigte Übersetzung von Emile Verhaerens *Rubens* und Georges Eekhouds *Das neue Karthago* (BdR 44).

Man erkennt an dieser Liste ein weit über die flämische Reihe hinausgehendes Interesse an belgischer Literatur und Kultur, das sich durch die Übersetzungen der Werke De Costers aus dem Französischen nicht ausschließlich auf flämische Quellen und nicht auf die Zeit des Ersten Weltkriegs beschränkt. Durch diese zum Teil bereits vor dem Krieg erschienenen belgischen Werke in deutscher Übersetzung sind Argumentationen einer vor allem politische Ziele verfolgenden Reihe zu nuancieren.

Die Heimatnovelle *Burch Mitsu* von Georges Eekhoud (IB 216) über den Kampf flämischer Fischer gegen englische Konkurrenz erschien in einer „Berechtigten Übertragung" aus dem Französischen von Jean Paul von D'Ardeschah.[36] Im Nachwort (S. 61) bedauert der Übersetzer die relative Unbekanntheit dieses „Spros[ses] eines mit deutschem und holländischen Blut durchmischten Antwerpener Patriziergeschlechtes" in Deutschland, dem es gelänge, die „Tiefen der flämischen Seele zu offenbaren". Eine Bemerkung zu Eekhouds Anerkennung im „blutfremden" Frankreich wird verknüpft mit der Betonung, sein Ursprung sei „originellement germanique" und solle nun im „blutverwandten" Deutschland eine Fortsetzung finden. Das Werk wird auf diese Weise von D'Ardeschah für die Rezipienten deutlich vor einem gemeinsamen flämisch-deutschen Hintergrund verortet.

Mit *Johann Doxa. Szenen aus dem Leben eines Brabanter Gotikers* von Hermann Teirlinck (1879–1967) in einer Übersetzung von Rudolf Alexander Schröder wurde die flämische Reihe mit einem ganz aktuellen Werk abgeschlossen. Dessen niederländisches Original war erst 1917 erschienen. Bereits 1918 erfolgte eine weitere Auflage beim Insel Verlag. Dieses Werk erschien wie Streuvels *Die Ernte* ohne Nachwort, jedoch mit einer Liste weiterer niederländischer Übersetzungen des Insel Verlags.

Möglicherweise waren auch *Die Elfenbeinflöte. Seltsame Geschichten aus dem Beginenhof.* Aus dem Flämischen übertragen von Peter Mertens (Leipzig [1915]) von Felix Timmermans und Anton Thiry und auch *Mariken van Nieumeghen,*

---

36 Unter diesem Pseudonym verbirgt sich Jan Paweł Kaczkowski (1874–1942), ein Diplomat, Kritiker, Übersetzer, der lange Zeit in Deutschland lebte. Cf. Nosbers, Hedwig: *Polnische Literatur in Deutschland. 1945/1949 bis 1990. Buchwissenschaftliche Aspekte* (Buchwissenschaftliche Beiträge aus dem Deutschen Bucharchiv München 63). Harrassowitz Verlag: Wiesbaden 1999, S. 22–23. Cf. auch: Zajas, Paweł: „Polen, Duitsland, Vlaanderen" (wie Anm. 5).

eines der berühmtesten niederländischen Dramen, ebenfalls noch 1917 in einer Übersetzung von Huebner in der Insel Bücherei erschienen, ursprünglich für die Reihe intendiert. Felix Timmermans avancierte in den Jahren nach dem Ersten Weltkrieg zum populärsten belgischen Autor in Deutschland,[37] von dem bis 1932 weitere fünf Werke auf Deutsch erschienen.[38] Hier ist somit auch nach 1918 ein Interesse an flämischer Literatur erkennbar.

Um die flämische Reihe in einen größeren Zusammenhang einordnen zu können, möchte ich kurz eine weitere Reihe des Insel Verlags, die Österreichische Bibliothek, vorstellen. Mit der Ankündigung vom 30. Juli 1915 im Börsenblatt wurde diese als Seitenreihe des Insel Verlags publik gemacht, die Hugo von Hofmannsthal zusammenstellte. Man geht davon aus, dass man damit das Kriegsbündnis zwischen dem Deutschen Reich und dem Österreichischen Kaiserreich symbolisieren wollte.

Eine erste Serie von sechs Bändchen erschien im Juli 1915, beginnend mit von Hofmannsthals Werk über Grillparzers politisches Vermächtnis. Dazu gehörten nur wenige literarische Schriften wie *Österreichische Gedichte* von Anton Wildgans, vor allem dagegen historisch-politische Werke wie *1809. Dokumente aus Österreichs Krieg gegen Napoleon* von Anton Zoff, *Audienzen bei Kaiser Joseph*, *Bismarck und Österreich* oder *Fürst Metternich. Ein österreichischer Kanzler*. Die zweite und dritte Serie mit jeweils weiteren sieben Bändchen kamen dann am 23. November 1915 und am 10. Juni 1916 in den Buchhandel. Aufgrund des mangelnden Absatzes plante Kippenberg die Einstellung der Reihe, durch

---

37 Cf. Van Uffelen, Herbert: *Moderne niederländische Literatur im deutschen Sprachraum* (wie Anm. 10); Govaerts, Bert: „De goede fee en het bruine beest" (wie Anm. 9).

38 Felix Timmermans (1886–1947) gehört zu den wichtigsten belgischen Autoren. In seiner Jugend hatte er vielfältige psychische Probleme, doch durch eine Krankheit schlug er einen Weg als Autor ein und schuf zahlreiche bis heute sehr bekannte Werke. Dazu gehören sein bekanntester Roman *Pallieter* (1916) über das Leben eines jungen Mannes (1916, deutsch 1921) und *Jesuskind in Flandern* (1917, deutsch bereits im gleichen Jahr). In deutscher Übersetzung erschienen: *Das Triptychon von den heiligen drei Königen*; *Die sehr schönen Stunden von Jungfrau Symforosa, dem Beginchen* (1918); *Der Pfarrer vom blühenden Weinberg* (1923; deutsch 1927); *De harp van Sint Franciscus* (1932; deutsch 1932); *Bauernpsalm* (1935; deutsch 1936); *Adriaan Brouwer. Roman über einen Maler* (1944; deutsch 1951). Ab 1928 führte Timmermans sehr viele Lesereisen in Deutschland durch. Anlässlich des 50. Geburtstages von Anton Kippenberg schrieb Timmermans 't *Nonneken Beatrijs* (Timmermans, Felix: „'t Nonneken Beatrijs. Voor Professor Anton Kippenberg in vereering geschreven". In: Von Düring-Kippenberg, Katharina (Hrsg.): *Navigare necesse est. Eine Festgabe für Anton Kippenberg zum 22. Mai 1924*. Leipzig 1924, S. 262–264.

Intervention seiner Frau wurde sie jedoch noch zweimal mit je sechs Bändchen weitergeführt, aber 1917 endgültig abgesetzt.

In Bezug auf die Ausstattung glich sie der Insel Bücherei, wurde jedoch mit einfachen gelben Pappeinbänden und mit zunächst schwarz beschrifteten Titelschildern, den Farben des Österreichischen Kaiserreichs, versehen. Ab dem 14. Band wurde der Titel mit einem grünen Titelschildrahmen eingefasst.

Mit der Österreichischen Bibliothek verfolgte der Verlag, und das zeigen bereits diese wenigen Bemerkungen, eine sich von der flämischen Reihe grundsätzlich unterscheidende Zielsetzung, indem weniger literarisch anspruchsvolle Dichtungen als historisch-politische Werke verlegt wurden. Darüber hinaus zeigte sich Kippenberg wenig bereit, die Reihe fortzuführen, während er die flämische Reihe auch durch eigene Übersetzungen entscheidend förderte.

Schluss

Am Ende dieses Beitrags seien die verschiedenen Aspekte zusammengetragen und eine vorsichtige Schlussfolgerung formuliert. Eine Beurteilung der Aktivitäten Kippenbergs in die eine, rein geschäftliche, oder die andere, vorwiegend politische Interessen postulierende Richtung, ist aufgrund der Erkenntnisse aus den Briefen, den Paratexten, den Akteuren im literarischen Feld und dem literarischen Umfeld wenig aussagekräftig.

Govaerts argumentiert, Kippenberg vermische mit seiner Reihe geschäftliche und militärische Interessen, da er sich dafür ausgesprochen habe, dass der Buchhandel politischer werden müsse.[39] Es stimmt zwar, dass Kippenberg dieses in der eingangs zitierten Stelle in dem Brief an Bodenhausen hervorhebt, jedoch bezieht er sich dabei nicht nur auf Belgien, sondern spricht sich ausdrücklich auch für Kontakte „nach anderen Ländern"[40] aus. Die flämische Reihe als vor allem politische Kriegsmission zu betrachten, wirkt annehmbar, wenn man diese lediglich in ihrer Ganzheit als zwölf belgische Werke für den deutschen Markt im Dienste flämisch-deutscher Kulturpolitik ansieht. Auch die Auswahl der Übersetzer (Rudolf Alexander Schröder und Friedrich Markus Huebner) spricht für eine enge Zusammenarbeit in literarischer und politischer Hinsicht.

Diese Vorstellung wankt jedoch durch die Übersetzungen aus dem Französischen (De Coster, *Halewijn*, IB 212), durch die Beibehaltung der niederländischen Lieder in ihrer ursprünglichen Sprache (IB 209), durch die hier durchgeführte

---

39 Cf. Govaerts, Bert: „De goede fee en het bruine beest" (wie Anm. 9).

40 Brief vom 31. 05. 1915, zit. nach: Roland, Hubert: *Die deutsche literarische Kriegskolonie in Belgien* (wie Anm. 17).

genauere Betrachtung der einzelnen Werke und ihrer Paratexte und durch das bleibende Interesse Schröders, Huebners und Kippenbergs für belgische Literatur nach dem Ersten Weltkrieg. Aufgrund der Untersuchung der Paratexte in der flämischen Reihe lässt sich feststellen, dass in den Werken dieser Reihe bis auf zwei Ausnahmen (*Das Ziegelhaus*, IB 211; *Burch Mitsu*, IB 216) eine direkte Vereinnahmung für eine flämische-deutsche Gemeinschaftlichkeit nicht festgestellt werden kann. Vielmehr sind die meisten Schriften ohne Nachwort (IB 210, 215), mit einem nur auf den jeweiligen Autor oder das Werk bezogenen Nachwort (IB 206, 207, 208, 213) oder mit einer Werbezwecken, d.h. geschäftlichen Interessen, dienenden Liste für weitere Veröffentlichungen des Insel Verlags (IB 209, 214, 217) versehen.

Diese Sichtweise ist nicht ohne Weiteres gleichzusetzen mit einer deutschen literarischen Kriegspropaganda. Vielmehr führt, wie ich hoffe gezeigt zu haben, eine eingehendere Untersuchung der einzelnen Werke zu einem nuancierteren Gesamtbild der Bedeutung der flämischen Reihe als Schriftenreihe, die, wie andere in der Insel-Bücherei verlegte Literatur, dem deutschen Leser einen Ausschnitt aus bedeutender, zum Teil als Weltliteratur geltender, Literatur vermittelt. Dafür sprechen die zahlreichen Neuauflagen verschiedener Werke (*Lanzelot*; Streuvels, *Arbeiter*)[41] und der Druck zahlreicher weiterer flämischer Werke (Ruusbroecs *Zierde*; Timmermans)[42] nach dem Ende des Ersten Weltkriegs, die ein allgemeines Interesse des deutschen Publikums für Werke aus dem Nachbarland vermuten lassen. Bei der Wahl der Werke für die flämische Reihe haben offensichtlich persönliche Vorlieben Kippenbergs, geschäftliche Interessen und die bereits bestehende Bekanntheit bestimmter Autoren eine große Rolle gespielt. Ein in der Forschung bisher wenig beachteter Faktor sind die Niederländischkenntnisse Kippenbergs, die er möglicherweise während seines Studiums an der Universität Leipzig erwarb. Um zu einer adäquateren Bildformung gelangen zu können, wären weitergehende Untersuchungen flämischer und niederländischer Literatur bei anderen Verlagen sowie vor und nach dem Ersten Weltkrieg wünschenswert.

---

41 *Lanzelot und Sanderein* (1922: 16.000–20.000); Bergmann: *Das Ziegelhaus* (1919: 11.000–15.000); De Coster: *Halewijn* (1930: 21.000–25.000); Teirlinck: *Doxa* (1918: 11.000–20.000; 3. Druck 1920).

42 Folgende Neuauflagen wurden ermittelt: Ruusbroec: *Zierde* (1919, 1924); Timmermans: *Jungfer Symforosa* (1933: 76.000–100.000; 1954: 161.000–179.000).

Maria Kłańska

Das Drama Franz Theodor Csokors *Dritter November 1918* als literaturdidaktisches Konzept einer Lehrveranstaltung für polnische Germanistikstudenten

Das Drama *Dritter November 1918* (1936) nimmt im Schaffen Csokors eine besondere Stellung ein. Es wurde ein „Requiem für Österreich"[1] genannt, mit dem Grillparzerpreis und dem Burgtheaterring ausgezeichnet.[2] Laut einer Auskunft der Burgtheaterinformation soll es auf dieser renommiertesten Bühne Wiens in drei Aufführungsserien: 1937 (24 Vorstellungen), 1958–59 (40 Vorstellungen) und zum letzten Mal 1966–69 (45 Vorstellungen) gespielt worden sein.[3] Heute ist es wohl unter breiteren Gesellschaftskreisen selbst in Österreich vergessen. Auch unsere Germanistikstudenten wissen heute kaum etwas über Csokor, der ein getreuer Freund Polens während der Zeit des ‚eisernen Vorhangs' war.

Das Drama befindet sich nicht mehr im Kanon für die Krakauer Germanistikstudenten, aber wenn ich eine Option oder ein Magisterseminar zur österreichischen Literatur vor 1945 durchführe, versuche ich es zu berücksichtigen. Erstens, weil es österreichische Klassik ist, zweitens wegen der besonderen Beziehungen des Autors zu Polen und drittens wegen der Aktualität seines Werkes, wenn man Überlegungen über das vereinigte Europa anstellt. Um das ganze Drama besprechen zu können, scheint es notwendig, zwei Unterrichtseinheiten von jeweils 90 Minuten dafür zur Verfügung zu haben. Sollte man nur eine Wochenveranstaltung Csokor und seinem Drama widmen können, so ist es angebracht, auf den Band zu Österreich der Posener Anthologiereihe *Quellentexte zur deutschsprachigen Literatur und Kultur* zurückzugreifen und lediglich

---

1 So z. B. in: Wimmer, Paul: *Der Dramatiker Franz Theodor Csokor.* Universitätsverlag Wagner: Innsbruck 1981, S. 177.

2 Cf. Brandys, Brygida: *Franz Theodor Csokor. Identität von Leben und Werk.* Wydawnictwo Uniwersytetu Łódzkiego: Łódź 1988, S. 149.

3 Cf. die E-Mail des Info@Burgtheater, gezeichnet Bernd Tschemernjak, vom 10. 02. 2014 an die Verfasserin. Die einzelnen Uraufführungen werden mit dem 10. 03. 1937, 01. 02. 1958 und 22. 09. 1966 datiert.

die dort wiedergegebenen Szenen mit den Studierenden zu analysieren.[4] Das kann sich auch wegen des Mangels an einer hinreichenden Anzahl von Lektüre-Exemplaren als notwendig erweisen.

Wenn man versuchen sollte / wollte, diese klassische Position der österreichischen Dramatik polnischen Studenten näher zu bringen, ist nach meiner Erfahrung zuerst der biografische Zugang, mit der Betonung von Csokors Exil in Polen 1938–39, angebracht. Es ist schließlich ein Sonderfall, dass ein deutschsprachiger Schriftsteller, dazu noch ohne bzw. nur mit einem Quäntchen jüdischer Herkunft,[5] 1938 nach dem ‚Anschluss' Österreichs an das Dritte Reich gerade nach Polen emigriert.[6] Csokor hat die Zeit bis September 1939 bekanntlich zuerst in Oberschlesien, bei seinen Freunden in Chorzów und dann in Pruszków bei Warschau verbracht, hat dann mit dem polnischen Flüchtlingsstrom eine Flucht nach Zaleszczyki zur damaligen rumänischen Grenze mitgemacht, kam aus Rumänien nach Jugoslawien, wurde auf der Insel Korčula interniert und kam vor dem Ende des Kriegs in das schon von den Alliierten befreite italienische Bari, um von dort nach Österreich zurückzukehren.

4   Cf. Csokor, Franz Theodor: *3. November 1918.* In: Kaszyński, Stefan H. (Hrsg.): *Quellentexte zur deutschsprachigen Literatur und Kultur.* Bd. 6: *Österreichische Literatur – Literatur aus Österreich.* Wydawnictwo Poznańskie: Poznań 2010, S. 341–352 (in der Anthologie ist nur der Erste Akt abgedruckt).

5   Csokor hatte einen jüdischen Großvater, Johann Elias Veith, der sich zusammen mit seinem Bruder nach der Ankunft aus Böhmen in Wien hatte taufen lassen und schließlich Arzt und Direktor des Tierarznei-Instituts wurde Cf. Rieder, Heinz: „Der Dramatiker Csokor". In: *Franz-Theodor-Csokor-Symposion 1994.* Österreichisches Zentrum des Internationalen P.E.N.: Wien 1995, S. 13–19, hierzu auf S. 13. Da Rieder ein Neffe Csokors mütterlicherseits war, muss dessen biografischer Abriss als grundlegend betrachtet werden.

6   Cf. Brandys, Brygida: *Franz Theodor Csokor* (wie Anm. 2), S. 22–28; Kłańska, Maria: „Polen 1918 und 1939 in den Augen Csokors". In: Schulenburg, Ulrich N. (Hrsg.): *Franz Theodor Csokor 1885–1969. Lebensbilder eines Humanisten.* Löcker: Wien – München 1992, S. 33–46. Cf. auch: Kaszyński, Stefan H.: „Ein Österreicher im Exil. Csokors polnische Odyssee". In: id.: *Identität. Mythisierung. Poetik. Beiträge zur österreichischen Literatur im 20. Jahrhundert.* Wydawnictwo Naukowe UAM: Poznań 1991, S. 98–111, sowie Morciniec, Elke: „Polska w życiu i twórczości Franza Theodora Csokora". In: *Germanica Wratislaviensia*, Nr. 309, Wrocław 1976, S. 131–140; Rosner, Edmund: „Nicht nur ein Fest für Österreich". In: *Wort in der Zeit*, 1965, H. 8, S. 8–9; Bartoszewski, Władysław: „Franz Theodor Csokor und Polen. Festvortrag anläßlich der Übereichung des Ehrenrings des Österreichischen P.E.N.-Clubs am 6. Oktober 1977". In: *PEN-Informationen Wien*, Nr. 5/1978, S. 1–7.

Es mag für die Studenten auch von Interesse sein, dass Csokors Affinität zu Polen spätestens seit 1919, d. h. seit seiner Beschäftigung mit der Übersetzung und Bühnenbearbeitung der *Ungöttlichen Komödie* von Zygmunt Krasiński bestand und dass es daher für ihn naheliegend war, nach Polen zu kommen. Csokor fand dieses Drama, wie Brygida Brandys in ihrer Monografie schreibt, faszinierend, er bezeichnete es als das größte nationale Werk Polens.[7] Offensichtlich waren es universale, allgemeinmenschliche Qualitäten, die in diesem Drama zum Ausdruck kamen, vor allem die Problematik des Dichters und die vom konservativen Standpunkt aus behandelte Revolution, die den österreichischen Dramatiker so stark berührten. Auch fühlte er sich von der Möglichkeit, dieses romantische Werk expressionistisch inszenieren zu lassen, stark angezogen. Csokor konnte kein Polnisch, so bediente er sich der wohl unbeholfenen deutschen Übersetzung eines K. Batorni[c]ki aus dem Jahre 1841. Wie der Autor der österreichischen Monografie über sein dramatisches Oeuvre Paul Wimmer schreibt, ist es auch möglich, dass Csokor bereits die Übersetzung Karl von Hollanders aus dem Jahre 1917 kannte und mitberücksichtigte. In Csokors Bearbeitung wurde die *Ungöttliche Komödie* zuerst im deutschen Theater in Kattowitz 1923, 1929 in Deutschland und dann 1936 dank Csokors Bemühungen im Burgtheater in Wien gespielt.[8] Für dieses Werk erhielt der Dramatiker 1936 einen polnischen Orden, und als er 1938 aus Österreich als Gegner der Nazis floh, half ihm diese Tatsache, denn der polnische Gesandte in Wien Jan Gawroński stellte ihm eine Einladung zwecks angeblichen Empfangs dieses Verdienstkreuzes aus.

Es ist lohnenswert, die Studenten zu informieren, dass Csokors Augenzeugenbericht *Als Zivilist im polnischen Krieg* (1940) der erste Bericht über den polnischen September 1939 von der Seite der Alliierten war. 1955 erschien dieser Erlebnisbericht zusammen mit dem nachfolgenden *Als Zivilist im Balkankrieg* (1947) unter dem gemeinsamen Titel *Auf fremden Straßen. 1939–1945* im Kurt Desch Verlag. Als eine Überleitung zum Drama *Dritter November 1918* bietet sich an, die Stelle aus diesen autobiografischen Aufzeichnungen, wo der Erzähler auf sein Erlebnis der polnischen Unabhängigkeitserklärung in Krakau im Herbst 1918 anspielt, anzuführen:

> Da schmettert die Musik von der Straße, fremdartig, brausend, und Gesang mischt sich ein. „Marsch, marsch, Dombrowski!" jauchzt er, das ist „Jeszcze Polska" – man stürzt auf die Straße. [...] Durch die allgemeine Zerstörung Mitteleuropas trägt man hier schon

---

7 Cf. Brandys, Brygida: *Franz Theodor Csokor* (wie Anm. 2), S. 89.
8 Cf. Wimmer, Paul: *Der Dramatiker Franz Theodor Csokor* (wie Anm. 1), S. 137. Zu Karl von Hollanders Übersetzung cf. auch ibid., S. 149.

Steine zu einem neuen Bau. Wieder errichten wird man hier, was in drei Teilungen von
eben jenen Mächten zerstückelt wurde, die jetzt unterliegen: von Rußland, Preußen und
von Österreich.[…] [D]en Menschen durch die ich mich vorwärts dränge, scheint Sorge
und Entbehrungen von den Stirnen abgewischt, auf offener Straße umarmt und küßt
man einander. Und Glocken, Gesang und Musik jagen den Jubel zum Gipfel. Das *Te
Deum* eines Volkes ist das – Polens Geburtstag!"[9]

Dabei ist, falls die Studenten es nicht selbst bemerken, darauf hinzuweisen, dass
solch eine aufgeschlossene, den nationalen Bestrebungen der Polen wohl geson-
nene, verständnisvolle Haltung bei einem österreichischen Autor, dazu noch
einem Anhänger Alt-Österreichs, keineswegs selbstverständlich war. Csokors
Bruder war im Ersten Weltkrieg bei Rawa Ruska gefallen, was jedoch keineswegs
zu Ressentiments des Dramatikers gegen Polen führte. Er hängt an der Habsburgermonarchie, an der ‚österreichischen Idee', nichtsdestoweniger versteht er
sehr gut die Sehnsucht der Polen nach ihrem Nationalstaat und billigt ihnen das
Recht zu, ihn zu erstreben.

Bei der Interpretation des Dramas selbst soll zuerst der Titel – das Datum des
Waffenstillstands – erklärt werden, zumal nicht alle Studenten wissen, wann der
Erste Weltkrieg zu Ende ging, wobei hier wohl aus der polnischen Perspektive
vor allem das Datum 11. November maßgeblich ist.[10] Symbolisch spielt auch der
Zusammenhang des Datums mit dem 2. November, dem Allerseelentag (polnisch ‚Zaduszki', ‚Dzień Zaduszny'), eine wichtige Rolle, da das Drama zuerst
als „Grablegung Österreichs" betitelt werden sollte[11] und eben als ein Requiem
für die Habsburgermonarchie betrachtet wird. Es ist zu erklären, dass am
3. November 1918 angesichts der Niederlage an der italienischen Front ein Waf-
fenstillstand ausgerufen wurde. Richard Rickart berichtet in seinem Handbuch

---

9   Cf. Csokor, Franz Theodor: *Als Zivilist im polnischen Krieg*. Allert de Lange: Amster-
    dam 1940, S. 12 ff.

10 Die Studenten kennen auf jeden Fall dieses Datum als den polnischen Nationalfeier-
    tag. Es wäre zu erfragen, ob sie wissen, dass an dem Tage der Regentschaftsrat die
    Militärgewalt im Land an den aus Magdeburg entlassenen Józef Piłsudski übertrug
    und die Entwaffnung deutscher Soldaten in Warschau und in Nordpolen begann.
    Allerdings hatten in Galizien die Polen bereits im Oktober angefangen, die österrei-
    chische Verwaltung und Militärmacht zu beseitigen. Am 31.10. wurde in Krakau die
    Liquidierungskommission, die erste freie polnische Regierung, gegründet. Cf. Zgór-
    niak, Marian: *1914–1918. Studia i szkice z dziejów I wojny światowej*. Wydawnictwo
    Literackie: Kraków 1987, S. 122–123.

11 Cf. Csokors Brief an Ferdinand Bruckner vom Karsamstag 1935. In: Csokor, Franz
    Theodor: *Auch heute noch nicht an Land. Briefe und Gedichte aus dem Exil*. Hrsg.
    v. Franz Richard Reiter, Ephelant: Wien 1993, S. 117–120, hierzu S. 118.

Österreich. Sein Weg durch die Geschichte auf folgende Weise von den herrschenden Zuständen und dem großen Durcheinander:

> Als schließlich der Kaiser die Zustimmung zu den sehr harten italienischen Waffen-
> stillstandsbestimmungen gab, befand sich die Armee bereits im Zustand der Auflö-
> sung. Die Regierung in Budapest hatte eigenmächtig die ungarischen Truppen von der
> Front zurückberufen, in Prag war die tschechoslowakische Republik proklamiert und
> in Agram der Zusammenschluss der südslawischen Völker, der Serben, Kroaten und
> Slowenen, erklärt worden. Auch in Wien hatte sich auf Grund des Oktobermanifestes
> ein deutsch-österreichischer Staatsrat gebildet, in dem nun die Sozialdemokraten die
> Macht innehatten.[12]

Das ist der Sachverhalt im Drama, als der Maschinenmaat Kacziuk die im
Kärntner Rekonvaleszentenheim eingeschneiten Offiziere erreicht und sie zu
ihrem anfänglich gemeinsamen, dann nur noch des Obersten Radosin Bestür-
zen davon unterrichtet. Die Klärung dieser historischen Voraussetzungen ist
für das Verständnis des Dramas äußerst wichtig. Ersparen darf man wohl den
Studierenden die Genese des Titels sowie die Entstehung des Stückes aus einer
Zeitungsnotiz heraus.[13] Es scheint dagegen wichtig zu betonen, dass Csokor
über dieses Drama zwar seit Langem nachgedacht hatte, dass es aber nicht
angesichts des Zusammenbruchs Österreich-Ungarns, sondern erst achtzehn
Jahre später, angesichts der Existenz des Dritten Reiches in Deutschland und
der akuten Gefahr der Eingliederung Österreichs entstand. Man könnte vielleicht, wenn die Zeit reicht, darauf hinweisen, dass der Ausspruch des jüdischen Militärarztes Dr. Grün „Erde aus – Erde aus – Österreich"[14], der für
Csokor so viel bedeutete, von dem Burgtheaterdirektor Röbbeling bei der
Aufführung gestrichen wurde.[15] Von den historischen Zusammenhängen
sollten die Studenten auch etwas über den Krieg zwischen Österreich, für
das im Drama der Deutschösterreicher Ludoltz, ein Naziprototyp, steht, und

---

12 Rickett, Richard: *Österreich. Sein Weg durch die Geschichte*. Deutsch von Johannes
    Eidlitz. Georg Prachner: Wien 1969, 4. Aufl. 1982, S. 156.
13 Cf. z. B.: Konstantinović, Zoran: „Franz Theodor Csokors Stück *Der 3. November 1918*.
    Vom Wandel des historischen Verständnisses der Habsburger Monarchie", sowie: Zohn,
    Harry: „Csokors ‚Allerseelenstück‘". Beide in: Strelka, Joseph (Hrsg.): *Immer ist Anfang.
    Der Dichter Franz Theodor Csokor*. Peter Lang: Bern et al. 1990, S. 65–74 und 75–84;
    hierzu S. 65–67 (Konstantinović) und 76–77 (Zohn).
14 Csokor, Franz Theodor: 3. November 1918. In: id.: *3. November 1918. Der Verlorene
    Sohn. Gottes General*. Hrsg. v. Franz Richard Reiter, Ephelant: Wien 1993, S. 7–80,
    hier: Dritter Akt, S. 59.
15 Cf. Wimmer, Paul: *Der Dramatiker Franz Theodor Csokor* (wie Anm. 1), S. 180,
    sowie: Zohn, Harry: „Csokors ‚Allerseelenstück‘" (wie Anm. 13), S. 81.

Slowenien / Jugoslawien, das der Slowene Zierowitz vertritt, um Südkärnten, also den Handlungsort, wissen. Rickert schreibt darüber:

> Es [i. e. Serbien, das spätere Jugoslawien] beanspruchte auch Südkärnten, wo eine slowenische Minderheit lebt, und ließ zur Durchsetzung dieses Anspruches seine Truppen über die Karawanken marschieren. Hier aber stießen die Jugoslawen auf den Widerstand der Bevölkerung.[16]

Die Entente ordnete 1920 eine Volksabstimmung an und als derer Ergebnis blieben diese Gebiete bei Österreich. Eine Anfangsphase dieser Auseinandersetzung wird durch das offene Ende des Dramas angedeutet. Zur historischen Erklärung sollte man auch fragen, und wo nötig selbst helfend eingreifen, wer denn die Zehntausend aus der *Anabasis* Xenophons gewesen waren, denn ohne die Grundkenntnis dieses Themas werden die Studierenden die Kontrafaktur Csokors nicht verstehen, der die Karte dieses antiken Feldzugs und somit die Rückständigkeit des Obersten mit der Karte Österreich-Ungarns kontrastiert, von der Kacziuk im Zweiten Akt gekonnt der Reihe nach die dem Reich abgegangenen Kronländer abreißt.[17]

Zu den Prolegomena, die man aber bereits geschickt mit einer sprachlichen Charakteristik des Dramas verbinden kann, gehören die vielen Austriazismen und Archaismen im Drama. Sicher sollte man die Studierenden danach fragen, ob das Drama sprachlich zugänglich für sie war, wie sie die vorherrschenden Stilschichten einschätzen, ob es für sie zu pathetisch klingt, was heute wahrscheinlich der Fall sein wird, und auf die historische Sprachschicht aufmerksam machen. Joanna Jabłkowska verdanke ich den Hinweis,[18] dass man dieses Pathos „entwaffnen" könne, wenn man im Unterricht Studenten und vor allem Studentinnen das Drama im Rollenspiel verfremdet vorlesen lässt.

Man soll auf jeden Fall bei ausländischen Germanistikstudenten viel vom österreichischen, z. T. schon archaischen, Wortschatz erklären. Man sollte auch darauf aufmerksam machen, dass der Dramatiker in den Regieanweisungen vom „alt[en], leicht dialektische[n] sogenannte[n] k. und k. Armeedeutsch" der Angehörigen verschiedener Nationalitäten spricht[19], und dass er absichtlich vor

---

16　Rickett, Richard: *Österreich. Sein Weg durch die Geschichte* (wie Anm. 12), S. 161–162.

17　Cf. Csokor, Franz Theodor: *3. November 1918* (wie Anm. 14), Didaskalien zum Ersten Akt, S. 11, ferner Zweiter Akt, S. 44 und folgende.

18　Diskussionsbeitrag während der Tagung „Der Erste Weltkrieg als Epochenschwelle in Literatur und Kultur", Österreichisches Kulturforum Warschau, 14. 03. 2014.

19　Cf. Csokor, Franz Theodor: *3. November 1918* (wie Anm. 14), S. 9 (Personenverzeichnis): „Alle Männer sprechen das alte, leicht dialektische sog. k. und k. Armeedeutsch, gefärbt durch die besondere nationale Zugehörigkeit eines jeden."

allem in den Endpartien manche Floskeln in den jeweiligen Muttersprachen der Soldaten im Drama verstreut. Wie Zoran Konstantinovič und Harry Zohn hinweisen, sind die Aussagen und auch Namen der Figuren nicht immer sprachlich richtig zugeordnet. So bemängelt Konstantinovič, dass der Bursche Josip sich als Slowene erklärt, obwohl er eigentlich nach seinem Abstammungsort Kroate sein müsste, und Harry Zohn gibt weitere Beispiele an.[20] Ferner wird von Csokor zwischen dem Armee- und dem Zivilistendeutsch z. B. in den Anredeformen unterschieden: Als militärischer Gruß unter Offizieren gilt „Servus!", doch als der Oberst Radosin erkennt, dass die Offiziere sich innerlich bereits vom Geist der österreichischen Armee entfernt haben, sagt er „Ich habe die Ehre, die Herren!", was symbolisch ihre Ablösung vom habsburgischen Heer markieren soll.[21] Auch gelten für den Obersten Berufsoffiziere, als welche er Orvanyi, Kaminski und Vanini hervorhebt, mehr als die bloß zum Kriegsdienst einberufenen Zivilisten.[22]

Meines Erachtens sind auch die Dienstgrade bzw. Armeefunktionen der ‚dramatis personae' zu erklären, damit dies keine sprachliche Hürde für die Studenten bedeutet, die sie am Verstehen des Dramas hindert. Heute ermöglicht es das Internet, solche Hierarchien samt polnischer Entsprechungen leicht zu finden.[23] Der Rangälteste ist der Oberst Radosin, also ein ‚pułkownik', dann kommt der Rittmeister Orvanyi, was dem polnischen ‚kapitan' (‚Hauptmann') entspricht, sich aber nur auf die Kavallerie bezieht, dann kommen drei Oberleutnants (‚porucznicy'): ein Pole, der Ulane von Kaminski, der Deutschösterreicher Leutnant der Infanterie Ludoltz und sein Freund und Gegenspieler, der Slowene Zier[sch]owitz, sowie zwei Leutnants (‚podporucznicy'): der blutjunge Italiener Vanini, bei dem sich der niedrigere Rang durch seine Jugend erklärt, und der ältere Tscheche Sokal, der als wenig militärisch eingestellt gestaltet wird.

---

20 Cf. Konstantinovič, Zoran: „Franz Theodor Csokors Stück *Der 3. November 1918*. Vom Wandel des historischen Verständnisses der Habsburger Monarchie" (wie Anm. 13), S. 69, sowie: Zohn, Harry: „Csokors ‚Allerseelenstück'" (wie Anm. 13), S. 79 und 83.

21 Cf. Csokor, Franz Theodor: *3. November 1918* (wie Anm. 14), Zweiter Akt, S. 54. Im kleinen Duden-Taschenwörterbuch von Jakob Ebner (*Wie sagt man es in Österreich? Wörterbuch der österreichischen Besonderheiten.* 2. vollständig überarbeitete Aufl., Dudenverlag: Mannheim, Wien, Zürich 1980) steht dieses Beispiel auf S. 168 unter „Servus" mit der Erläuterung: „in der Monarchie als üblicher Gruß unter Offizieren", und auf S. 86 unter „Habe die Ehre" mit dem Kommentar: „(veraltend) Grußformel unter nicht vertrauten oder nicht engbefreundeten Personen".

22 Cf. Csokor, Franz Theodor: *3. November 1918* (wie Anm. 14), Zweiter Akt, S. 52.

23 Beispielsweise unter: Pl.wikipedia.org/Armia_Austro-Węgier (Zugriff am 07. 02. 2014).

Das ist das Offizierskorps, daneben stehen der Regimentsarzt Dr. Grün und die Krankenschwester, die ebenfalls militärverpflichtete Schwester Christina, der Unteroffizier (‚plutonowy') Geitinger, sowie – sozial am tiefsten – der als Kaminskis Diener (‚Ordonanz' – ‚ordynans') auftretende Infanterist Josip. Ganz abseits steht der Kommunist Pjotr Kacziuk, ein Eindringling von außen. Er diente bei der Marine, hatte also als ‚Maat' einen Rang, der wohl dem des Gefreiten in der Infanterie entsprach (polnisch: ‚mat'), ist aber zur Zeit der Handlung bereits desertiert. Diese Dienstgrade bewirken eine Hierarchie unter den Männern; allerdings bemerkt Zoran Kostantinovič zu Recht, dass Csokor darauf nicht achtet, dass eben auch die nationale Zugehörigkeit in der habsburgischen Armee selbstverständlich „die hierarchische Rangordnung der Völker in der Donaumonarchie beinhaltete."[24]

Es lassen sich im Unterricht höchstwahrscheinlich nicht alle Austriazismen besprechen. Zu Anfang ist es immer ratsam, die Studierenden danach zu fragen, ob man für sie irgendwelche Vokabeln erklären sollte. Danach, beziehungsweise wenn sie es verneinen, kann man mit dem Einfachsten beginnen und z. B. fragen, was der Föhn ist (Entsprechung des polnischen ‚halny'), was die Karawanken sind und wo diese liegen. Das werden wahrscheinlich die Studierenden selbst beantworten können. Bei den Austriazismen und Archaismen würde ich zuerst archaische Austriazismen und allgemeindeutsche Ausdrücke auseinanderhalten. So wäre das österreichische ‚mulattieren' und ‚Mullatschag'[25] am Anfang des Dramas von dem allgemeinsprachlichen, verächtlichen ‚Schlawiner' zu unterscheiden, das Geitinger gegenüber Josip verwendet und das laut Wahrigs Wörterbuch in der Umgangssprache einen pfiffigen, durchtriebenen Kerl bedeutet (es soll eine Ableitung von ‚Slowene' sein, da die slowenischen Hausierer als sehr geschäftstüchtig galten).[26] Die Erklärung klingt sehr politisch korrekt, aber der pejorative Beigeschmack lässt sich wohl aus dem Wort selbst herauslesen. Da es im Drama von Austriazismen wimmelt, würde ich mich z. B. auf solche im Ersten Akt beschränken, und da haben wir: „Feschheit" (S.11), „windisch" (S. 12),

---

24 Cf. Konstantinovič, Zoran: „Franz Theodor Csokors Stück *Der 3. November 1918*. Vom Wandel des historischen Verständnisses der Habsburger Monarchie" (wie Anm. 13), S. 71.

25 Der Autor von *Wie sagt man es in Österreich?* (wie Anm. 21) beruft sich hier wieder auf Csokors Drama und erklärt, dass das aus dem Ungarischen stammende Wort „der Mullatschag, Mullatschak" ein „ausgelassenes Fest [bei dem am Schluß Geschirr und Einrichtungsgegenstände zertrümmert werden]" (S. 128) bedeutet.

26 Cf. *Wahrig: Deutsches Wörterbuch*. Hrsg. v. Renate Wahrig-Burfeind, 8. vollst. überarb. Auflage, Gütersloh, München 2008, S. 1295.

„Zwetschken“, „Melanzani“ und „saufad“ (S. 16), „resch“ und „Kipferl“ (S. 18), „Streckstühle“ und „ein schneidiges Mädel“ (S. 19), „Monturen“ (vom polnischen ‚mundur‘ her wohl ohne Weiteres verständlich, S. 20), „kommod“ (S. 22), „marod“ (S. 27, hier eine andere Bedeutung als im Hochdeutschen), „raunzen“ (S. 32).[27] Außerdem können für die Studierenden solche nicht spezifisch österreichischen Wörter wie „wällisch“ (S. 12), „Polenta“ (S. 16), „fidel“ (S. 22, hier kann man auf das Lateinische hinweisen) usw. unverständlich sein. Die Zusammenstellung hängt sonst von der Aufmerksamkeit und Spracherfahrung des Lehrers und der Studierenden sowie von der zur Verfügung stehenden Lehrveranstaltungszeit ab. Da die Letzteren wahrscheinlich in vielen Fällen die Bedeutung der Vokabeln aus dem Kontext erraten können, könnte man sie bitten, die hochdeutschen Entsprechungen zu nennen. Auf jeden Fall ist es nicht nur für polnische, sondern auch andere ausländische Germanistikstudenten angebracht, sich anhand dieses Textes mit den österreichischen lexikalischen Besonderheiten bekannt zu machen, auch wenn man dieses Thema nur streifen kann. Diese ganze historisch-sprachliche Einleitung sollte nicht mehr als ca. 45 Minuten in Anspruch nehmen.

Ob man anschließend das ganze Drama oder nur ausgewählte Szenen interpretiert, hängt von der zur Verfügung stehenden Zeit und Anzahl der Texte ab. Kurz könnte man auf die Einheiten des klassischen Dramas hinweisen: Einheit der Zeit (nur 48 Stunden), des Ortes (ehemaliges Hotel „Edelweißhof“ in den Karawanken) und der Handlung. Das Personal des Stückes wird schon bei der lexikalischen Analyse der Dienstgrade kenntlich gemacht worden sein. Man kann, wenn es zeitlich möglich ist, auf den klassischen Aufbau des Dramas mit dem hinter der Bühne stattfindenden Höhepunkt, dem Selbstmord des Obersten, sowie auf dessen Symbolik hinweisen. Wenn es um die Symbole geht, müssten dabei die ‚antike‘ Karte und die Eisenbahnkarte Österreich-Ungarns erwähnt werden, die Kacziuk auseinanderreißt, das Symbol der rot-weiß-roten Fahne, die die Offiziere nicht mehr grüßen wollen, schließlich die Grablegung des Obersten als Sinnbild für den Untergang der Doppelmonarchie.

---

27 In *Wie sagt man es in Österreich?* (wie Anm. 21) kommen diese Vokabeln auf folgenden Seiten vor: „Feschheit“ S. 70, „windisch“ S. 198, „(sau)fad“ S. 67, „Zwetschke“ S. 204, „Melanzani“ S. 125, „resch“ S. 152, „Kipferl“ S. 107, „Streckstühle“ S. 176, „Schneid“ (zu: „schneidig“ in Csokors Drama) S. 162, „Montur“ (aus dem Französischen, das polnische ‚mundur‘ ist eine analoge Entlehnung) S. 128, „kommod“ S. 111, „marod“ (leicht krank) S. 123, „raunzen“ S. 149. Beim Einsehen dieses oder eines ähnlichen Wörterbuchs kann es den Studierenden Spaß machen, festzustellen, wie viele dieser Ausdrücke mit Beispielen aus Csokors Drama erklärt werden.

Bei der Interpretation des Dramas sollte man auf jeden Fall auf die sechs kranken bzw. invaliden Offiziere eingehen, die einzelne Nationalitäten der Habsburgermonarchie repräsentieren. Die Studenten sollen dazu gebracht werden, zu erkennen, dass zentrifugale Tendenzen in jener Armee sehr stark vorhanden waren und dass nach der Niederlage die Vertreter einzelner Nationen nach Hause gehen, sich voneinander trennen möchten und es auch wirklich tun. Dabei kann den polnischen Studierenden die Gestalt und Haltung des Ulanen Kaminski besonders hilfreich sein. Man könnte, wenn die Zeit reicht, darauf eingehen, dass Csokor zwar alle Offiziere als gleichberechtigt in ihren Bestrebungen darstellen möchte, dass ihm aber Orvanyi und Kaminski, die Repräsentanten der konservativen ‚Adelsnationen' Ungarn und Polen, am sympathischsten sind, sodass Zoran Konstantinovič sich in seinem Artikel veranlasst sieht, sich der Südslawen (Zierowitz und der Bursche Josip) und der Tschechen (Sokal) anzunehmen.[28] Aber Csokor lässt, obwohl sein Sprachrohr der Oberst ist (sowie im geringeren Grade Dr. Grün und Christina), der Kritik der Offiziere an Alt-Österreich, dem Kerker der Nationen und einem künstlichen Gebilde, Gerechtigkeit widerfahren. Es ist zu erklären, dass auch die Offiziere sich jeweils mit ihren alten-neuen Heimatländern identifizieren. Ihnen gehört die Zukunft, was besonders an der Gestalt des Ludoltz, eines Vertreters der konservativen Revolution, der einen unaufhörlichen Krieg wünscht, sichtbar ist. Er drückt die Bestrebungen der nationalistisch gesinnten jungen Generation aus. Ludoltz deklariert dem Obersten Radosin gegenüber:

> Was ahnen denn Sie von uns Jungen, – ob wir in Kärnten sind oder in Ungarn, in Polen oder aus Trient, oder Slowenen oder aus Prag, – wir wollen ja alle viel mehr, ihr Aktiven, als Euch je geträumt hat! In dem Frieden, der unserer sein wird, gibt es nur mehr Soldaten: Soldaten in Waffen, Soldaten am Motor, Soldaten am Acker, heran muß alles in Stuben, im Freien, ob es mag oder nicht, – es lebt keiner für sich allein mehr, er stirbt keiner mehr allein für sich, unser Dasein wird Pflicht, unser Tod erhält Sinn in der Welt, die wir aus der Bluttaufe heben, aus diesem Krieg![29]

Es gibt lediglich drei Figuren, die anders denken, d. h. die Anhänger der alten Österreichidee sind. (Dem armen Josip ist es egal, er fühlt sich sowieso nur als Diener und kann auch nicht nach Hause, da seine Frau einen anderen Mann genommen hat.[30]) Der Oberst der k. und k. Armee Radosin ist der Gegenspieler

---

28 Cf. Konstantinovič, Zoran: „Franz Theodor Csokors Stück *Der 3. November 1918.* Vom Wandel des historischen Verständnisses der Habsburger Monarchie" (wie Anm. 13), S. 69.

29 Csokor, Franz Theodor: *3. November 1918* (wie Anm. 14), Zweiter Akt, S. 52–53.

30 Ibid., Zweiter Akt, S. 55.

der sechs Offiziere sowie des Zugführers Geitinger, selbstverständlich auch des Kommunisten Kacziuk, und Csokors Sprachrohr in den politisch-national-ethischen Fragen. Seine Heimat ist die Armee und somit die alte Monarchie – angesichts ihres Zusammenbruchs betrachtet er sich als heimatlos[31]. Es ist den Studierenden zu erklären, am besten aber zu erfragen, warum sich der Oberst gegen Ende des Zweiten Akts erschießt. Er macht es nicht primär deshalb, weil er kein Land hat, wo er hingehen könnte, sondern vor allem, weil seine Offiziere, die für ihn bisher das große Ganze, die Reichsidee verkörperten, in seinen Augen versagen, indem sie auseinander gehen, womit seine ganze bisherige Welt untergeht. Dies symbolisiert der Umstand, dass er sich zu dieser Tat entschließt, als nach seiner Aufforderung an die Offiziere, nach draußen zu gehen und der habsburgischen Fahne die Ehre zu bezeigen,[32] keiner der Anwesenden sich rührt, um dies zu tun.

Mehrere Aussagen des Obersten zeugen von seiner Haltung. Der Dramatiker sympathisiert offenbar mit seinen Ansichten, seinem Gefühl der Soldatenehre und seiner Identifizierung mit der Österreichidee, andererseits zeigt er durch die regelmäßigen Anknüpfungen an Radosins Xenophon-Lektüre und an das Dingsymbol der Karte aus der *Anabasis*, dass der Oberst bereits vor dem Zusammenbruch in einer Vorstellungswelt lebt, die längst überholt ist. Der Oberst hält Österreich-Ungarn gerade wegen seines multinationalen Charakters für einen so großen moralischen Wert:

> Wir waren doch mehr schon als eine Nation! Gerade weil es uns immer gemischt hat, weil wir uns immer nur ausgleichen müssen: Jahrhunderte schon, – da versteht man einander beinahe zu viel mit ‚Ja' und ‚Nein' und mit dem ‚Trotzdem' darüber – deshalb zaubern wir jeden Fremden zum unsern, deshalb haben wir unsere große Musik, – eins sind wir aus sieben [gemeint sind die Nationen des Habsburgerreiches, M. K.] gewesen, – und ihr wollt euer fröhliches Menschentum wechseln in Worte von Stämmen, von Völkern und Rassen, – ihr wollt aus der hellen Wohnung zurück in den Zuchtstall?[33]

---

31 Konstantinovič bemerkt etwas erbittert, dass der Oberst offensichtlich seine südslawische Herkunft vergisst. Cf. Konstantinovič, Zoran: „Franz Theodor Csokors Stück *Der 3. November 1918*. Vom Wandel des historischen Verständnisses der Habsburger Monarchie" (wie Anm. 13), S. 68–69. Natürlich vergisst er sie, weil ihn der Dramatiker so gestaltet. Der Literaturwissenschaftler errät wohl diese Herkunft aus dem Namen der Figur.

32 Die Aussage des Obersten klingt nicht wie ein Befehl: „Möchten die Herren mit mir vor das Haus, der Fahne die Ehrenbezeigung zu leisten?" Csokor, Franz Theodor: *3. November 1918* (wie Anm. 14), S. 49.

33 Ibid., Zweiter Akt, S. 51–52.

Man könnte, wenn die Zeit reicht, die Studierenden noch mehr solche Passagen
aussuchen lassen bzw. sie ihnen als Handout reichen oder auf dem Bildschirm
zeigen.

Der Zweite, der dem österreichischen Gedanken anhängt, ist der jüdische
Arzt Doktor Grün, der als Einziger die Erde, die er auf das frische Grab des
Obersten schüttet, als „Erde aus Österreich" bezeichnet. Nach dem Freitod des
Obersten und vor der Rückkehr Christinas ist er der Einzige, der noch diese Idee
vertritt:

> Daß er [i. e. der Oberst, M. K.] recht gehabt hat, der Tote da draußen! Denn in uns
> war schon wirklich mehr als ein Volk, so ein Geist war in uns von etwas, das bei den
> andern erst vor der Tür steht! Und jetzt, seit das fort ist, da rennts ihr herum wie Schafe
> im Wetter mit euren Nationen! Und springts dabei jedem Hammel noch nach in den
> Abgrund![34]

Auf die antisemitische Antwort des Ludoltz entgegnet Grün: „Kann auch sein,
daß die Welt euch erst nachholen muß – aber nur aus dem Kopf kommt sie wieder zum Frieden!"[35] Damit wird quasi das Naziregime (mit dem „Hammel" ist
Hitler gemeint) in Europa, aber auch dessen Ende vorweggenommen. Man kann
die Studenten, falls sie Joseph Roth kennen, darauf hinweisen, dass auch bei
ihm – wie bei vielen anderen österreichischen Autoren jüdischer Herkunft – der
Jude der wahre Österreicher ist, worauf im Drama das symbolische Ausschütten
der Erde aus Österreich hindeutet.[36]

Die Dritte ist die Krankenschwester Christina, die einzige Frau unter den
Gestalten des Dramas, die sich zwar an der Handlung nur marginal beteiligt, da
sie nur zu Anfang und zu Ende des Dramas anwesend ist, die aber ein wichtiges
Begehrensobjekt und somit einen häufigen Gesprächsstoff der Männer bildet.
Auch sie ist wie der Oberst jemand, der national nicht weiß, wo er hingehört.
Ihr Vater war Berufsoffizier, ihre Mutter war bei ihrer Geburt gestorben, und so
kam es, dass sie in einem Offizierswaisenhaus erzogen wurde.[37] Sie ist es, die auf
die Bemerkung des Ludoltz im Dritten Akt, dass erst jetzt der Oberst wirklich
gestorben sei, entgegnet, dass der Oberst nie stirbt; damit meint sie die Idee, die
dieser vertritt: „Der Oberst stirbt nie, er kommt wieder. […] In einem Reich, das

---

34 Ibid., Dritter Akt, S. 66.

35 Ibid., Dritter Akt, S. 67.

36 Zohn bemerkt dazu, dass der Jude österreichischer Patriot ist, weil er keine andere
    Möglichkeit hat. Cf. Zohn, Harry: „Csokors ‚Allerseelenstück'" (wie Anm. 13), S. 80.
    Allerdings stimmt es nicht ganz, da es ja zu dieser Zeit durchaus den Zionismus als
    Alternative gab.

37 Cf. Csokor, Franz Theodor: *3. November 1918* (wie Anm. 14), Dritter Akt, S. 75.

aus Menschen gebaut wird und nicht aus Nationen und Grenzen.“[38] Sie wird also zur Gegenstimme zu den nationalistischen Gedanken der Offiziere.

Man kann, wenn man will, diese Figur feministisch deuten. Einerseits ist Christina in der Armee berufstätig und verdient die gleiche Wertschätzung wie die Offiziere und der Doktor, andererseits ist sie ein Projektionsobjekt ihrer Wünsche und so sieht sie es als ratsam, für einige Zeit aus dem Sanatorium zu verschwinden. Ihre Hingabe am Ende des Stückes an alle, die in Not sind, an die Verwaisten, Verwundeten und Verarmten, nennt Konstantinovič eine „vage Humanität“[39]. Man könnte aber einige Passagen aus dem Dritten Akt anführen, um zu zeigen, dass sie eigentlich einem konservativen Frauenideal nacheifert, d. h. sie wäre glücklich, wenn sie ihren heimlich geliebten Ludoltz heiraten, ihm das Haus führen und mit ihm ein Kind haben könnte, da er aber dem privaten Glück entsagt, um am permanenten Krieg teilzunehmen, ist ihre Aufopferung ein Ersatz dafür.[40]

Ferner wäre Csokors konservative Haltung der sozialen Revolution gegenüber zu betonen, die anhand der unsympathisch gezeichneten Figur des Matrosen Kacziuk und der konservativen Haltung Kaminskis zu erklären ist. Ein Hinweis auf Krasińskis *Ungöttliche Komödie* und ihre Rezeption in Csokors Übersetzung wäre dabei angebracht.[41] Man könnte die Studenten auf die intertextuelle Ähnlichkeit der beiden Dialoge aufmerksam machen: zwischen dem Grafen Henryk und dem Revolutionsführer Pankracy bei Krasiński, sowie zwischen Kaminski und Kacziuk bei Csokor. Vor allem aber ist auf Csokors Hellhörigkeit angesichts der Kommunismusgefahr hinzuweisen. Kaminski ruft aus:

> Das mordet die Welt! Seit einem Jahr mordet das, mordet, mordet und mordet! Weg mit allem, was Herr ist! Weg, was ein Gesicht hat! Was dem Herzen nach lebt, was sich nicht gemein macht, was nichts als allein sein will, weg! Alles weg! Das darf nicht mehr atmen bei denen![42]

---

38 Ibid., Dritter Akt, S. 78–79.

39 Cf. Konstantinovič, Zoran: „Franz Theodor Csokors Stück *Der 3. November 1918.* Vom Wandel des historischen Verständnisses der Habsburger Monarchie“ (wie Anm. 13), S. 69.

40 Cf. Csokor, Franz Theodor: *3. November 1918* (wie Anm. 14), Dritter Akt, S. 76–77.

41 Cf. u. a. Skwarczyńska, Stefania: *Leona Schillera trzy opracowania teatralne „Nie-boskiej komedii“ w dziejach jej inscenizacji Polsce.* Pax: Warszawa 1959; Kuczyński, Krzysztof K.: „Katowicka premiera *Nie-boskiej komedii* Zygmunta Krasińskiego w języku niemieckim“. In: *Ruch Literacki*, Nr. 3, 1986, S. 231–233.

42 Csokor, Franz Theodor: *3. November 1918* (wie Anm. 14), Zweiter Akt, S. 46.

Sein Gegenspieler Kacziuk antwortet darauf, wie es in der Regieanweisung heißt, „*fanatisch*":

Ja – ja – es ist aus mit den Panjes – und wir legen sie um, wir liquidieren sie, euere Welt! *(Wirft Kaminski das Bajonett hin und reißt sich die Bluse von der nackten Brust.)* Her da, Schlatschitze, – stoß zu! Ich trag keinen Namen, ich bin mir nicht teuer, ich tu mir nicht leid so wie du! Wie ich – ist jeder, – Millionen Kacziuk!, – stoß zu![43]

Kaminski nennt Kacziuk mehrmals den „Teufel", was sich auf dessen Haltung und Ideologie bezieht, die Kacziuk selbst als Marxismus bezeichnet[44] – und will unbedingt nach Hause, um dem Teufel zuvorzukommen, also vor einer möglichen Revolution dorthin zu gelangen. Man kann darauf hinweisen, wie leicht Kacziuk durch seine geschickte Propaganda den Zugführer Geitinger, der ein Marktzustreifer aus Wien ist, zur Desertion bewegen kann. Schließlich ist der konservative Ungar Orvanyi ein genauso entschiedener Gegner solcher Kacziuks wie Kaminski, während der Protonazi Ludoltz Achtung für dessen Mut hat. Auch kann man bei diesem Zusammenstoß des Individualismus mit dem Kollektivismus, des Konservatismus mit dem Kommunismus, darauf hinweisen, in welcher historischen Lage das Drama entstand, was Csokor damals über das Sowjetregime und über den polnisch-russischen Krieg von 1920 wissen konnte und wie richtig er in Bezug auf die Situation nach 1945 die Zukunft vorausahnte.[45]

Abschließend wäre zu betonen, dass angesichts des aufkommenden Nationalsozialismus Csokor der Habsburgermonarchie als einem humanen Staatsmodell nachtrauert, in dem Staatsbürger verschiedener Nationalitäten und Kulturen ihren Platz gefunden haben. Den österreichischen Kollegen verdanke ich den Hinweis, dass Csokors Drama sowohl in der Ersten als auch in der Zweiten Republik Österreich als ein Gründungswerk betrachtet und dementsprechend aufgeführt wurde.[46] Darauf wären auch die polnischen Studierenden aufmerksam zu machen. Ich bin unbedingt für eine Aktualisierung des Werkes durch die Frage, ob dieser Traum, den Konstantinović als eine rückwärtsgewandte Utopie bezeichnet,[47] in der heutigen Europäischen Union in irgendeinem Maß

---

43 Ibid., Zweiter Akt, S. 46–47.

44 Ibid., Zweiter Akt, S. 39.

45 Beispielsweise sagt Radosin zu Ludoltz: „[…] vielleicht, daß Sie nun der Mann der Zeit sind, bis irgendein Herr Kacziuk Sie dann ablöst –?" Ibid., Zweiter Akt, S. 54.

46 Diskussionsbeitrag während der Tagung „Der Erste Weltkrieg als Epochenschwelle in Literatur und Kultur", Österreichisches Kulturforum Warschau, 14. 03. 2014.

47 Cf. Konstantinović, Zoran: „Franz Theodor Csokors Stück *Der 3. November 1918*. Vom Wandel des historischen Verständnisses der Habsburger Monarchie" (wie Anm. 13), S. 67. Er beruft sich dabei auf Max Weber.

verwirklicht sei. Wenn die Zeit reicht, könnte man auch erwähnen, dass Csokor ein Anhänger der Idee Forst de Battaglias von einem ‚Zwischeneuropa' war,[48] das von Naumanns ‚Mitteleuropa' nicht weit entfernt scheint.[49] Auf jeden Fall sollte zum Schluss sowohl der Zusammenhang des Stückes mit der Nazigefahr, derer Aufkommen in Österreich Csokor richtig voraussah, als auch seine Zukunftsvision eines vereinten, friedlichen Europa herausgearbeitet werden.

---

48 Cf. Forst de Battaglia, Otto: *Zwischeneuropa. Von der Ostsee bis zur Adria.* Bd. 1: *Polen, Tschechoslowakei, Ungarn.* Verlag der *Frankfurter Hefte*: Frankfurt 1954. Csokor verfasste dafür ein Vorwort.

49 Cf. Żyliński, Leszek: *Europa w niemieckiej myśli XIX–XXI wieku.* Wydawnictwo Naukowe Uniwersytetu im. Mikołaja Kopernika: Toruń 2012, S. 87–91.

III Krieg als Trauma und Erinnerung

Johann Sonnleitner

Nachkriegstraumata in der österreichischen Prosa der Zwischenkriegszeit

Das von Jean Laplanche und Jean-Bertrand Pontalis verfasste *Vokabular der Psychoanalyse* bietet folgende an Sigmund Freud orientierte Erläuterung des Trauma-Begriffs, der sich in den Kulturwissenschaften zunehmender Popularität erfreut:[1] Das Trauma bezeichne ein „Ereignis im Leben des Subjekts, das definiert wird durch seine Intensität, die Unfähigkeit des Subjekts, adäquat darauf zu antworten [...] und ist gekennzeichnet durch ein Anfluten von Reizen, die im Vergleich mit der Toleranz des Subjekts und seiner Fähigkeit, diese Reize psychisch zu bemeistern und zu bearbeiten, exzessiv sind."[2] Freud hat in den *Vorlesungen zur Einführung in die Psychoanalyse* (1915–1917) den Sachverhalt besser und klarer formuliert und in *Jenseits des Lustprinzips* (1920) diesen Begriff in Bezug auf die Etymologie veranschaulicht, indem er den Reizschutz als lebendes Bläschen imaginiert, das in der traumatischen Erfahrung verletzt oder durchbohrt würde.

Überträgt man diese Vorstellung auf die Funktionsweise des Offiziers oder Soldaten oder auch des Beamten, so fungiert dessen Uniform mit den entsprechenden Distinktionen als Reizschutz wie eine zweite Haut, die gleichsam zivile und menschliche Behelligungen abweist. Sie garantiert dem Träger die Zugehörigkeit zu in der Regel mächtigen Institutionen, ordnet ihm eine klar definierte hierarchische Position zu und verleiht ihm seine soziale Identität und den Respekt der Umwelt. Wer nun die angemessene Ehrerbietung verweigert, muss nun Sanktionen befürchten. Das Unterhaltungstheater vor 1914, besonders die Militäroperetten wie *Husarenblut* (1894) von Hugo Felix, *Ein Herbstmanöver* (1911) und *Gold gab ich für Eisen*

---

1   Cf. Bronfen, Elisabeth/Erdle, Birgit R./Weigel, Sigrid (Hrsg.): *Trauma. Zwischen Psychoanalyse und kulturellem Deutungsmuster*. Böhlau: Köln 1999.
2   Laplanche, Jean/Pontalis, Jean-Bertrand: *Das Vokabular der Psychoanalyse*. Suhrkamp: Frankfurt a. M. 1980, S. 513.

(1914) von Emmerich Kálmán haben den Uniformen der k. u. k. Armee zu besonderer Popularität verholfen.[3]

Die patriotische Kriegspropaganda in der Donaumonarchie trieb durch die systematische Herabsetzung des Gegners das Selbstbewusstsein der Uniformträger, die taxfrei zu Helden befördert wurden, in eine Hybris hinein, der dann 1918 die kollektive Demütigung, die Erfahrung der Niederlage und Entzauberung der Montur folgen sollte. „Es ist Tag geworden, ein verzweifelt trüber Tag, aber immerhin Tag: also haben die goldenen und silbernen und seidenen und Zelluloid-Sterne rechtens zu verlöschen", so leitet Alfred Polgar seinen Text *Die Uniform* ein, die „Uniform ist von uns genommen. Der Krieg war ihre, nur ihre große Zeit."[4] Polgar behauptet nun in pointierter Überspitzung die Herrschaft der Uniform über das selbstverantwortliche Individuum, das durch dessen Reduktion auf das Gattungsexemplar ausgelöscht würde:

> Die Uniform war stärker als der, der sie trug. In friedlichen Tagen gab sie der Mann zum Schneider, wenn sie ihm nicht paßte; zur Kriegszeit ließ sich die Uniform den Mann nach ihren Bedürfnissen richten. Sie zog ihn ein, nicht er sie an. Sie war der Inhalt; der Mensch, der sie trug, nur dieses Inhalts zufällige Form. Für gewöhnlich gilt: Das Kleid ist eine Fortsetzung der Epidermis. Aber für das Soldatenkleid galt dies nicht. Hier mußte es heißen: Der Mensch ist eine Fortsetzung der Uniform nach innen.[5]

Der Verlust der Uniform mit ihren Distinktionen markiert eben die Verletzung der Epidermis, des Bläschens, in dem sich nun wieder ein unheldischer, ganz gewöhnlicher ziviler und verletzlicher Mensch befindet, der gleichsam der schützenden, weil machtverleihenden Umhüllung der Montur entschlüpfen muss. Die damit verbundene Erfahrung von Ohnmacht und narzisstischer Kränkung wird nun zu einem kurrenten Motiv der österreichischen Literatur der Zwischenkriegszeit. Zur psychischen Kränkung gesellt sich die ökonomische durch den Verfall der Kriegsanleihen, durch die niedrigen Pensionen für die abgebauten Offiziere und Beamten und durch die Inflation, sodass beinahe von einer kollektiven Deklassierung der ehemals staatstragenden Schichten der Monarchie, ihrer Armee und ihrer Bürokratie in der Republik gesprochen werden kann.

---

3   Cf. Rossbacher, Karlheinz: „Wie der Krieg nach Wien kam. Literarisch im Rückblick, journalistisch im voraus und im Parallelgang". In: Pfoser, Alfred/Weigl, Andreas (Hrsg.): *Im Epizentrum des Zusammenbruchs. Wien im Ersten Weltkrieg.* Metro: Wien 2013, S. 350–357.

4   Polgar, Alfred: *Die Uniform.* In: id.: *Kleine Schriften* 1: *Musterung.* Hrsg. v. Marcel Reich-Ranicki in Zusammenarbeit mit Ulrich Weinzierl. Rowohlt: Reinbek 1983, S. 72–74 (Erstdruck in: *Der neue Tag* 04. 04. 1919, S. 5).

5   Ibid., S. 71.

Für diese Deklassierung machte das konservative Lager die Republik verantwortlich – eine simplifizierende Interpretation, über die Karl Kraus schreibt:

> [...] daß die Leute hierzulande nie dümmer waren, als seitdem es eine Republik gibt. Die Dummheit wird der Republik die Schuld geben. Denn sie, die in Sehnsucht nach den Zeiten lebt, die sie dumm gemacht haben, vermag den kürzesten Gedankengang nicht mehr zurückzulegen. Etwa so: Die Monarchie hat uns den Krieg gebracht, der Krieg den Ruin, der Ruin die Republik. Nein sie gewahrt nur die Gleichzeitigkeit von Republik und Ruin: die Republik hat uns den Ruin gebracht.[6]

Der Verlust von Macht und Identität der Offiziere spitzt sich nach ihrer Heimkehr am augenfälligsten in der Situation zu, in der ihnen die Insignien ihrer Position, ihre Rosetten, von den ‚Gemeinen‘ entfernt werden. Sogar noch in Ernst Lothars *Der Engel mit der Posaune* von 1946 wird diese einschneidende Erfahrung nochmals erzählt:

> Zwei Soldaten drängten sich von hinten an Franz heran, der eine packte seine Arme, hielt sie wie in einem Schraubstock, während der andere ihm die Kokarde von der Offizierskappe und die drei goldenen Sterne vom Kragen riß. [...] Seine Welt ging für ihn unter! Er hätte eben wissen müssen, daß sie schon lange untergegangen war![7]

In Paumgarttens Roman *Repablick* (1924), der im selben Jahr wie Joseph Roths *Die Rebellion* und *Hotel Savoy* erscheint, überfallen junge Männer einen invaliden Major mit dem Ruf „Stern owa!“: „Ein Messer blitzte auf, und schon lagen die beiden silbernen Sterne auf dem Boden, zertreten von wildstampfenden Füßen.“[8] Die Bedeutung der Szene wird noch durch eine karikierende Illustration unterstrichen.

Den Wunsch nach „Rache an den verhaßten Offizieren“ registriert auch der Erzähler in Franz Werfels *Barbara oder die Frömmigkeit* (1929) schon zu Beginn des Ersten Weltkriegs. Nach Kriegsende treffen sich in Wien zwei Protagonisten der Revolution, die der Erzähler retrospektiv verurteilt:

> „Ich glaube, wir werden uns die Distinktionen heruntertrennen müssen, damit wir nicht durchgeprügelt werden“, sagte Roland Weiß zu Ferdinand. Sie traten in ein Haustor. Weiß zog die Nagelschere aus der Tasche, mit der sie sich gegenseitig die goldenen Sterne und die kaiserliche Rosette von der Kappe schnitten. „So, jetzt habe ich abgerüstet“, meinte Weiß.[9]

---

6 Kraus, Karl: *Gespenster*. In: *Die Fackel* 514–518 (Ende Juli 1919), S. 23.

7 Lothar, Ernst: *Der Engel mit der Posaune. Roman eines Hauses*. Zsolnay: Wien 1963, S. 297.

8 Paumgartten, Karl: *Repablick. Eine galgenfröhliche Wiener Legende aus der Zeit der gelben Pest und des roten Todes*. Stocker: Graz, Leipzig 1924, S. 56.

9 Werfel, Franz: *Barbara oder die Frömmigkeit*. Zsolnay: Wien 1929, S. 551.

Die Vorsichtsmaßnahme war berechtigt, wie ein späterer Heimkehrer, ein Vorgesetzter Ferdinands und untadeliger Vertreter der Monarchie, bei seiner Ankunft im Ostbahnhof erfahren musste: „Weg mit der Rosetten!' brüllte ihn einer der Kerle an. [...] Ehe Prechtl noch einen Laut von sich geben konnte, hatte er einen derben Schlag über den Kopf erhalten." Ferdinand versucht ihn zu trösten: „Es geht keinem anders. Gestern ist ein General auf der Straße ausgezogen und verprügelt worden."[10] Der Schock über die Insubordination sitzt so tief, dass Prechtl wenige Minuten später stirbt. Werfel hatte bereits in der 1920 erschienenen Novelle *Nicht der Mörder, der Ermordete ist schuldig* diese Urszene der Entkleidung und Entmachtung im Konflikt zwischen dem Sohn und dem Vater, einem gealterten General, der seine Geltung immer durch ein perfektes militärisches Outfit unterstrichen hatte, durchgespielt. Am Ende des zweiten Teils kommt es zwischen Vater und Sohn zum dramatischen Showdown. Der Sohn, mit einer Hantel bewaffnet, jagt seinen Vater im höchst unmilitärischen Schlafmantel um den Billardtisch: „Wo war der General? Wo der rasselnde Feld- und Weltherr? Ein Greis im Schlafrock [...]. Das war kein Offizier mehr. Ein nackter Greis mit mager tiefdurchfurchtem Rücken schwankte vor mir her."[11] Nach dieser Auseinandersetzung schleudert der Sohn „die Krankheit der Kindheit" von sich.

Diese immer wieder geschilderten Ohnmachtserfahrungen werden noch verschärft durch die sich wandelnden Beziehungen zwischen den Männern und Frauen, die während des Krieges zunehmend in den Arbeitsmarkt gedrängt wurden. Der Frauenanteil in den Sozialversicherungen stieg in der Monarchie von einem Drittel 1914 auf über 50 Prozent und veränderte naturgemäß auch die Geschlechterbeziehungen.[12] Um diesen Sachverhalt kurz zu illustrieren, sei wieder auf einen Text von Alfred Polgar mit dem Titel *Rückkehr*[13] verwiesen, in dem wieder das imaginäre Kleid und die Krone den sozialen Status symbolisieren. Ein Soldat kehrt aus der russischen Kriegsgefangenschaft zurück, er ist ohne Beschäftigung, während seine Frau als Straßenbahnschaffnerin arbeitet und damit die patriarchalische Geschlechterordnung auf den Kopf stellt:

> Sein Königtum war abgeschafft. Wie das russische. Er hatte kein Recht mehr, Unterwürfigkeit, Pantoffel, andächtige Blicke, eine wohlgestopfte Pfeife, Achtung, einen Krug

---

10 Ibid., S. 622.

11 Werfel, Franz: *Nicht der Mörder, der Ermordete ist schuldig.* In: id.: *Die schwarze Messe. Erzählungen.* S. Fischer: Frankfurt a.M. 1992, S. 214–335, zit. S. 314.

12 Cf. Freundlich, Emmy: *Die industrielle Arbeit der Frau im Kriege.* Anzengruber: Wien, Leipzig 1918.

13 Polgar, Alfred: *Rückkehr.* In: id.: *Kleine Schriften* 1 (wie Anm. 4), S. 44–48 (Erstdruck am 15. 09. 1918 im *Prager Tagblatt*).

> Bier zu fordern. Sein Kapital an Geltung war abhanden gekommen. Es zinste nicht mehr
> Respekt und Ehrfurcht. Sein Herrentum, ihm wie ein unsichtbares, Dienste forderndes
> Priesterkleid umgehangen, hing jetzt um die Schultern der Frau. […]
> „Bring' mir meine Pfeife! Du!"
> Sie stöhnte nur ein wenig im Schlaf, murmelte: „Erst aussteigen lassen!"
> Fast hätte er geweint, so unvernünftiges Mitleid überkam ihn mit sich selbst.
> Und es ward ihm, wie oft in Sibirien, übel vor Bangigkeit und Heimweh.[14]

Nach diesen militärischen und metaphorischen Entkleidungsszenarien wende ich mich einer zivilen Abrüstung zu, nämlich der Figur des Karl Fiala in Werfels melancholischer Erzählung *Der Tod des Kleinbürgers* (1927). Der Werfelbiograf Peter Stephan Jungk hat im Rahmen seiner Recherchen den deutschen Literaturwissenschaftler Hans Meyer interviewt, der wie Elias Canetti diese Novelle für den besten Text Werfels hält; sie sei so besonders geglückt, weil Werfel in der Novellenform blieb und keinen Roman daraus gemacht habe: „Die kleine Form, die gelang ihm durchaus. Bei Werfel waren die Emotionalität, der romantische Einfall, die lyrische Substanz, die Sprachgewalt das Entscheidende. Er hatte eine eigene Sprache!"[15]

Es gibt ganz wenige Abschnitte – vor allem im Zusammenhang mit dem epileptischen Sohn Franzl – in denen Werfel etwas in einen spätexpressionistischen, ekstatischen Ton verfällt, während ansonsten durchaus die chronikale nüchterne Stimmlage dominiert, die für die Prosa der Neuen Sachlichkeit typisch ist. Lehrreich erscheint mir die Erzählung für die schon erwähnten Pauperisierungsprozesse der abgebauten Armeeangehörigen und Beamten der ersten Republik.

Herr Fiala war bis zum Ende der Monarchie Portier beim k. k. Finanzamt und hatte in dieser Funktion eine beeindruckende Uniform getragen. 1918 wird er – wie viele andere überflüssig geworden – abgebaut, er muss seine alte Vierzimmer-Wohnung, die er mit seiner Frau Marie, seiner Schwägerin Klara und seinem kranken Sohn geteilt hat, aufgeben und gegen ein ärmliches und finsteres Zimmer-Küche-Kabinett mit Toilette auf dem Gang eintauschen. Der Geschlechterkonflikt wird nicht zwischen ihm und seiner Frau, sondern mit der verbitterten Schwägerin Klara ausgetragen. Sie trägt große Schuhe und verschreckt ihre Verwandten mit ihrer schneidenden Diskantstimme; damit wird signalisiert, dass sie die Hosen anhat und den patriarchalischen Herrschaftsanspruch nicht respektiert. Aber Fiala erträgt auch diese Misslichkeiten geduldig. Als ehemaliger habsburgischer Untertan fügt er sich in die neuen unbequemeren

---

14 Ibid., S. 47.

15 Jungk, Peter Stephan: *Franz Werfel. Eine Lebensgeschichte.* S. Fischer: Frankfurt a. M. 2001, S. 172.

Verhältnisse, er hat immerhin noch eine Halbtagsarbeit gefunden, mit der er mehr schlecht als recht seine Frau und seinen arbeitslosen Sohn miternähren kann. Er fürchtet, nach seinem Tod werde seine Frau im übel beleumdeten Versorgungsheim in Lainz ihr Lebensende verbringen und sein Sohn Franz nach Steinhof verbracht. Sein jüdischer Wohnungsnachbar Schlesinger verkauft ihm eine Lebensversicherung, die aber nur dann zur Auszahlung gelange, sollte Fiala das 65. Lebensjahr erreichen. Geboren ist er 1860: Wenn er den 5. Jänner 1925 überlebt, bekommt er, Schlesinger zufolge, eine beträchtliche Summe. Während seine ungeliebte Schwägerin und seine Frau zu Allerseelen sich auf dem Zentralfriedhof aufhalten, geht der an Krebs schwer erkrankte Fiala ins Spital und beginnt seinen heroischen Kampf gegen den Tod, sodass seine physische Ausdauer und Zähigkeit fast als medizinisches Wunder unter den Spitalsärzten gilt. Fiala überlebt das entscheidende Datum, um seinem Sohn und seiner Frau eine Versorgung zu sichern. Soviel zum ökonomischen Aspekt des Textes, in dem aber die damit verknüpften sozialpsychologischen Effekte beredter und wichtiger scheinen.

Der resignierte alte Fiala sehnt sich verständlicherweise immer wieder nach der guten alten Zeit zurück, die er auf einem Foto präsent hält, das auf einer wuchtigen Kredenz, einem Erbstück seiner Frau, steht. Darauf ist er in beeindruckender Montur neben den anderen wichtigen Beamten abgebildet und erinnert „im ganzen" an die Imago des Kaisers:

> Diese Person hat als einzige auf dem ganzen Bilde den Kopf bedeckt, und zwar mit einem großen, silberbetreßten Dreispitz. Die Person trägt ferner einen dicken und verschnürten Pelz am Leib, der ihr Ansehen verdoppelt und verdreifacht. Die Manschetten des Pelzes sind goldgebortet wie bei einem General. Zu alledem halten die dickbeschuhten Hände der Person einen langen schwarzen Stab, der mit einer Silberkugel gekrönt ist. Im ganzen wirkt die Person wie ein stattlicheres Ebenbild einer anderen und allerhöchsten Person, die in jenen streng geregelten Zeiten das Reich regiert hatte.[16]

Herr Fiala saugt, so heißt es weiter, „den Nachhall dieser Majestät ein" und vergisst dabei „den alten abgeschabten Menschen", zu dem er geworden ist.[17] Das Bild sei ein Altar, es ströme Kraft und Freude aus. An dieser Fotografie richtet er sich in seinem alltäglichen Elend auf, das die bösartige und streitsüchtige Klara überdies noch verschärft.

---

16 Werfel, Franz: *Der Tod des Kleinbürgers*. In: id.: *Die tanzenden Derwische. Erzählungen*. S. Fischer: Frankfurt a. M. 1990, S. 103–152, hier S. 106.
17 Ibid.

Im letzten Kapitel verdienen die Fieberträume des todkranken Fiala besondere Beachtung. Habsburgische Vergangenheit und Himmelreich schießen in ein Bild zusammen, er ist zugleich Türhüter und Soldat in einer spektakulären Uniform, die ihm wieder Macht und Respekt verleiht. „Das Tor ist breit und hoch. Er füllt es aus. Gewaltig warm umwuchtet ihn der Pelz. Sein Dreispitz stößt oben an den Bogen. Der Stab in seiner Hand hat große Kraft."[18] In den Fieberträumen bilden verfolgende Gänse, Hexen und Klaras gefürchtete Erscheinung ein Bedrohungsszenario, das von Angst, Paranoia und auch Kastrationsängsten geprägt ist: „Aber Gott sei Dank! Sein Arm ist wieder stark und die Kugel seines Stabes blitzt!"[19] Die phallische Metaphorik, die gegen die gefürchtete Klara unbewusst aufgeboten wird, ist nicht zu übersehen und kommt auch in der Todesstunde nochmals zur Sprache, die als dramatischer Kampf zwischen dem sterbenden Mann und den Frauen inszeniert wird:

> Plötzlich, im Verlauf ihrer Rede, erhebt Klara nach gewohnter Art scharf ihre Stimme. Da ist es, als ob das Wesen, das den Namen Fiala trägt, erwachen würde. Aufgerissene Augen stieren die Weiber an und es sind fremde Augen nicht mehr. Der Körper bäumt sich im Bette, und jäh, mit einem Ruck unmöglicher Kraft, fahren graue behaarte Stöcke unter der Decke hervor und versuchen heldenhaft Boden zu fassen. Und jetzt, einen kehligen Siegeslaut ausstoßend, steht hoch aufgerichtet ein wüster Riese da, der die Spinnenarme hebt wie zum Schlag. Ein stampfender Schritt gelingt noch, dann stürzt die Gestalt in sich zusammen, ein Knochenhaufen.[20]

Dieser Kleinbürger Fiala hat alle möglichen Enttäuschungen der Nachkriegszeit erfahren, er verliert seine Arbeit, die ihm und seiner Familie einen bescheidenen Wohlstand ermöglichte und die ihm das trügerische Gefühl von Bedeutung und Machtfülle vermittelt hatte. Daraus resultierte die emotionale Identifikation mit der Institution des Kaiserstaates. In verständlichen Schüben der Depression und Niedergeschlagenheit wirft er seinen Blick auf die Fotografie auf der Kredenz, auf seine imposante Erscheinung in der Portiersuniform des Finanzministeriums, die ihn seelisch aufrichtet.

Die Isotopie der Psychoanalyse, die die Bläschenhaut als Reizschutz imaginiert, benützen sowohl Polgar als auch Werfel gleichsam als Metapher für die pointierte und satirisch überzeichnete Beziehung zwischen Uniform und ihrem zum Objekt degradierten Träger, der mit ihr seinen Status und sein männliches Selbstbewusstsein einbüßt und sich damit „einem ausgiebigen Durchbruch des

---

18 Ibid., S. 146.
19 Ibid., S. 151.
20 Ibid., S. 152.

Reizschutzes", so Freud im vierten Abschnitt von *Jenseits des Lustprinzips*, und damit der traumatischen Neurose ausgesetzt sieht.[21] Diese verletzende Durchlässigkeit kann aber auch in der massiven Verhärtung gegen jeglichen Reiz radikalisiert werden, wie es Joseph Roth in *Flucht ohne Ende* an seiner Hauptfigur Franz Tunda exemplifiziert: Tunda ist ein österreichischer Offizier, der bei Kriegsbeginn rasch noch seine Verlobte Fräulein Hartmann geheiratet hatte, 1916 in russische Kriegsgefangenschaft gerät und durch diese Erfahrung von allen falschen Illusionen befreit wird: „Jetzt aber war Franz Tunda ein junger Mann ohne Namen, ohne Bedeutung, ohne Rang, ohne Titel, ohne Geld und ohne Beruf, heimatlos und rechtlos."[22] Diese Sätze am Anfang des Romans präludieren schon das Ende, denn was dazwischen liegt, ist wieder eine misslungene Rückkehr in die Heimat, die es nicht mehr gibt. Er hat gehört, dass sich seine Frau in Paris aufhalte. Er trifft sie tatsächlich, aber sie erkennen einander nicht. Der Roman schließt folgendermaßen:

> [...] da stand mein Freund Tunda, 32 Jahre alt, gesund und frisch, ein junger, starker Mann von allerhand Talenten, auf dem Platz vor der Madeleine, inmitten der Hauptstadt der Welt und wußte nicht, was er machen sollte. Er hatte keinen Beruf, keine Liebe, keine Lust, keine Hoffnung, keinen Ehrgeiz und nicht einmal Egoismus. So überflüssig wie er war niemand in der Welt.[23]

Dieses unüberbietbar trostlose Ende des Romans erinnert an die letzten Zeilen aus Georg Büchners Erzählung *Lenz*: „Er tat alles, wie es die andern taten; es war aber eine entsetzliche Leere in ihm, er fühlte keine Angst mehr, kein Verlangen, sein Dasein war ihm eine notwendige Last. – So lebte er hin ..."[24]

Die Figur des Tunda ist repräsentativ für die Schicksale der Kriegsverlierer und -heimkehrer, die sich im neuen zivilen Leben der 1920er Jahre nicht mehr zurechtfanden, die weder mit der Amerikanisierung und Bolschewisierung Europas noch mit der Veränderung der Geschlechterverhältnisse zurechtkamen. Sie scheitern gleichsam in allen Belangen und haben im jungen Alter schon alles eingebüßt und verloren, was das Leben im emphatischen Sinne ausmachen könnte. Selbst die Fähigkeit zur Tragik spricht Roth dieser Figur Tunda in einem Brief vom *24. Januar 1928* an Stefan Zweig ab:

---

21 Freud, Sigmund: *Jenseits des Lustprinzips* (1920). In: id.: *Psychologie des Unbewußten* (= *Studienausgabe* III). S. Fischer: Frankfurt a. M. 2000, S. 213–272, hier S. 241.

22 Roth, Joseph: *Die Flucht ohne Ende. Ein Bericht* (1927). In: id.: *Werke 4: Romane und Erzählungen 1916–1929*. Kiepenheuer & Witsch: Köln 1989, S. 389–496, hier S. 396.

23 Ibid., S. 496.

24 Büchner, Georg: *Lenz*. In: id.: *Werke und Briefe*. C. Hanser: München, Wien 1984, S. 69–89, hier S. 86.

Allein, ich hatte, ich habe immer noch Bedenken gegen dieses traditionelle „Tragische", es scheint mir, daß dieser Nachkriegsmensch auch nicht mehr die „klassische" Fähigkeit zur Tragik hat und daß diese aus dem „Charakter" auswandert und nur noch in die „historische Betrachtung" übersiedelt.[25]

Die Flucht des Franz Tunda endet deshalb nicht, weil er zumindest in Europa keine Heimat mehr finden wird und sich in den „Wartesaal der Geschichte"[26] katapultiert sieht.

25 Roth, Joseph: *Briefe 1911–1939*. Hrsg. v. Hermann Kesten. Kiepenheuer & Witsch: Köln 1970, S. 121.

26 Georg, Manfred: „Der Romanschriftsteller Joseph Roth". In: *Preußische Jahrbücher* 217 (1929), S. 320–324, hier S. 321 f.

Marion Brandt

Transgression zwischen Leben und Tod. Alfred Döblins literarisches Erinnern an die Toten des Ersten Weltkrieges

Die Erinnerung an die Toten des Ersten Weltkrieges zieht sich wie ein dunkler Faden durch das literarische Schaffen Alfred Döblins. Sie ist Teil der literarischen „Trauerarbeit", deren psychologische und religiöse Bedeutungsdimensionen in Döblins Exil- und Spätwerk Helmuth Kiesel eingehend analysiert hat.[1] Hier soll das Erinnern an die Kriegstoten in Texten der 1920er und 1930er Jahre am Beispiel einer von Döblin mehrmals gestalteten Situation, und zwar der Transgression zwischen Leben und Tod, untersucht werden. Damit können Thesen über bisher noch nicht betrachtete literarische Inspirationen Döblins aufgestellt und die Interpretation des Romans *November 1918. Eine deutsche Revolution* um neue Aspekte bereichert werden.

Die Überschreitung der Grenze zwischen der Welt der Lebenden und dem Reich des Todes wird im 1927 veröffentlichten Epos *Manas* erstmals zu einem Motor der Texthandlung. Manas, der Hauptprotagonist, ein indischer Fürst und Kriegsherr, der Sohn des Königs von Udaipur, ist aus einem siegreich beendeten Krieg in die Hauptstadt seines Reiches zurückgekehrt. Während der Sieg, ein Fest der Freude, gefeiert wird, leidet Manas unter der Erinnerung an die im Krieg Gefallenen, dabei umfasst sein Mitgefühl alle Toten, auch die Kriegsgegner. Um das Leid der Kriegstoten auf sich zu nehmen, begibt er sich auf das „Totenfeld" (dies ist auch der Titel des ersten Buches). Den Seelen, die ihn dort als Schatten umschweben, ruft er zu: „Es soll nichts an mir sein, was nicht euer ist / Und was ihr nicht haben könnt. / Ich will euch mich geben, ich will euch halten."[2] Manas nimmt nacheinander mehrere Seelen in sich auf und durchlebt unter furchtbaren Schmerzen deren Lebensgeschichten und Todesarten, ehe die Seelen bzw. Schatten sich wieder aus seiner Brust lösen. Diese Vereinigung mit den Toten ist eine Art des Erinnerns an sie: „Ich will euch halten [...]. Ich will euch nicht

---

1 Kiesel, Helmuth: *Literarische Trauerarbeit. Das Exil- und Spätwerk Alfred Döblins.* Niemeyer: Tübingen 1986.

2 Döblin, Alfred: *Manas. Epische Dichtung.* Walter: Olten 1961, S. 24.

vergessen."[3] Niedergedrückt durch das Furchtbare, das er auf diese Weise (mit)erlebt, aber auch infolge des Schuldgefühls, das ihn als Überlebenden weiterhin quält, will Manas schließlich sterben: „Ich bin nicht schuld daran, dass ich lebe und ihr tot seid. / Ihr sollt mich nehmen. […] Wegnehmen ganz und gar mich, Manas."[4]

In Döblins Epos äußert sich, laut Kiesel, „die durch den Weltkrieg hervorgerufene Trauer"[5]; der Gang des Fürstensohns zu den Toten, sein Schmerz, die Depression und die Schuldgefühle, auch sein direkter Todeswunsch können als Symptome einer Kriegstraumatisierung gelesen werden,[6] die sich ähnlich in den Lebenswegen anderer Döblinscher Figuren finden, etwa Franz Biberkopfs in *Berlin Alexanderplatz*, Friedrich Beckers in *November 1918* und Edward Allisons in *Hamlet oder Die lange Nacht nimmt ein Ende*. In *Manas* erfahren die psychischen Zustände, die als Elemente einer Kriegspsychose verstanden werden können, durch die ‚Einkleidung' in Elemente der indischen Mythologie eine ungewöhnliche und anschauliche Darstellung. Allerdings findet sich gerade die zentrale Idee des Totenfeldes nicht im indischen Mythos.[7] Inspirationen dafür und auch für das Motiv der Transgression zwischen Leben und Tod kann Döblin hingegen von seiner Polenreise im Herbst 1924 mitgebracht haben, denn sein Polenbuch enthält bereits das Bild eines – wenn auch nicht horizontal, sondern vertikal ausgebreiteten – Totenfeldes. Auf dem Markt in Krakau, in der Nähe der Marienkirche, deren Friedhof um 1800 eingeebnet wurde, sieht Döblins Ich-Figur vor ihrem inneren Auge die Toten fast aller großen europäischen Kriege, die seit Alexander von Mazedonien geführt wurden, unter dem Pflaster des Marktes ruhen:

> Da sticht mir ins Hirn ein Gedanke, der mich vor Jahren in Wiesbaden heimsuchte, als ich die Menschen, die kranken und gesunden, vor der Kurkapelle sitzen sah. Sie liegen in Massen unter der Erde, die Menschen, Tote, waagerecht, zwei Meter, fünf Meter, zehn Meter tief, in Riesenscharen, ganze Heere. Die liegen ausgestreckt unten, die die Kriege

---

3   Ibid., S. 36.

4   Ibid., S. 44.

5   Kiesel, Helmuth: *Literarische Trauerarbeit* (wie Anm. 1), S. 19.

6   Ibid., S. 19 f.

7   Cf. Graber, Heinz: *Alfred Döblins Epos „Manas"*. Francke: Bern 1967, S. 115; Maillard, Christine: „„Da stieg Manas, ein leiblicher Mensch, über Klippen auf das Totenfeld'. Alfred Döblins Indienrezeption – Mythopoiese und Subjekttheorie im Epos *Manas* (1927)". In: Koopmann, Helmut (Hrsg.): *Grenzgänge. Studien zur Literatur der Moderne*. Festschrift für Hans-Jörg Knob. Mentis: Paderborn 2002, S. 151–177, hier S. 162.

geführt haben zu Napoleons Zeiten und früher, die mit Alexander nach Indien marschierten, alle. Römer, Cäsar, Tiberius und die Germanen. Für sie ist jetzt nicht Rom und Germanien. Was ist für sie. Wie für uns Rom und Germanien, Krakau und Berlin nichts sein wird. [...] Was ist den Millionen Toten die Kathedrale hier. Sie ist nicht. Sie ist – ausgeatmet von ihnen. Der Markt, die Pflasterung – ausgeatmet. Welche sind gestern gestorben, die hier täglich vorübergegangen sind; von ihrem Blick ist noch etwas in den Fensterscheiben. Und was ist jetzt der Ring, die große Kirche für sie. Verraucht. Mir – ist der Platz, die Straße noch etwas. Aber als wenn ich mich schon von ihnen zurückziehe. Als wenn ich Distanz gewinne. Als wenn sie abweichen. Sie werden farblos; sie stehen weit; gerinnen. Als wenn ich versterbe. In dieser Sekunde versterbe.[8]

Die Vision weckt in ihrer semantischen Dichte mehrere Assoziationen und Überlegungen, von denen hier nur zwei angeführt werden. Zum einen fällt die Parallele zu *Manas* auf, die durch den Bezug zum Krieg entsteht – auch wenn hier an mehrere große europäische Kriege bis zum Ersten Weltkrieg erinnert wird und Manas die Erinnerung an die Toten lediglich eines Krieges auf das Totenfeld führt. Zum anderen zieht so wie im Epos auch hier die Totenwelt den Lebenden an, denn dem Erzähler ist es, als würde er selbst „versterben".

Diese Vision eines unterirdischen Friedhofes notierte Döblin sich noch nicht während seines Besuches in Krakau im November 1924, sondern erst dann, als er an der *Reise in Polen* schrieb. Die erste aufgefundene Aufzeichnung dazu befindet sich auf der Rückseite eines Blattes mit einem „Vertrauensärztlichen Bericht" vom 13. Juni 1925 und wird demnach um diese Zeit entstanden sein. Die etwas andere Fassung des Bildes, das für das Buch noch detaillierter ‚ausgemalt' wurde, zeigt, dass diese Vision etwas für Döblin nur schwer Erträgliches hatte und keineswegs singulär war:

Furchtbar werde ich in manche[m] Augenblick v d Gedanke[n] heimgesucht / So liegen – Menschen in Wellen [?] / Welten [?] Wellen unter der Erde, ausgestr[eckt,] die die Kriege gemacht haben, die Weltgeschichte, alle diese sind da, ihr Blick liegt noch x auf d. Häusern, jetzt ist das alles nichts. Mir ist es noch etwas. Jetzt noch, in dieser Sekunde. In der nächsten nicht / Ich muß mich in xxx Zimmer einschließen. / Es ist schrecklich, schrecklich[.][9]

Dass er dieses Bild mit Krakau und der Marienkirche verbindet, hängt sicher mit der Bedeutung zusammen, die Döblin der dort gesehenen Christusfigur als einem Bild des menschlichen „Leid[s] [...] in der Welt"[10] verleiht. Dieses Leid

---

8   Döblin, Alfred: *Reise in Polen*. Walter: Olten 1968, S. 263.
9   Deutsches Literaturarchiv Marbach am Neckar, Nachlass Alfred Döblin, Reise in Polen, Sign. 97.7.403.
10   Döblin, Alfred: *Reise in Polen* (wie Anm. 8), S. 239.

beschränkt sich nicht nur auf die Erfahrung des Krieges, dennoch kommt ihr darin ein zentraler Platz zu, zumal Döblin während des Ersten Weltkrieges als Arzt im Lazarett „viele [...] Dutzende [...]" Soldaten bei einer „schrecklichen Grippe-Epidemie"[11] sterben sah, Künstlerfreunde – wie Franz Marc – im Krieg fielen und seine einzige Schwester Meta im März 1919 bei Straßenkämpfen in Berlin, die man als Kriegsfolge im weiteren Sinne ansehen kann, getötet wurde. Die Erlebnisse der Polenreise konnten auch deshalb das literarische Erinnern an dieses Leid beeinflussen, weil Döblin in Warschau Zeuge einer ungewöhnlichen, ihn zunächst sogar verstörenden Nähe der Lebenden zu den Toten geworden war. Am Vortag von Jom Kippur, dem jüdischen Versöhnungsfest, hatte er auf dem jüdischen Friedhof in Warschau gesehen, wie Frauen mit ihren verstorbenen Verwandten sprachen, wie sie diese anriefen und Klagen an sie richteten, als würden sie die Toten vor sich sehen und direkten Kontakt zu ihnen haben.[12] Dieses Erlebnis hallt in Döblin nach; so versucht er noch in Polen bei einem seiner jüdischen Gesprächspartner, dem Zionisten Ozjasz Thon, Aufklärung darüber zu erhalten, und erfährt laut den Notizen, dass es sich hier um „eine unklare Vorstellung des Vorhandenseins d. Seele [handelt], die gerade dann hier ist in irgendeiner Form"[13]. Nach seiner Rückkehr in Berlin suchte er im von Pierre D. Chantepie de la Saussaye begründeten *Lehrbuch der Religionsgeschichte*[14] weiter nach Erklärungen und kam u. a. aufgrund dieser Lektüre zu der Einschätzung, dass das Gesehene „Überbleibsel der Angst vor den Toten, der Angst vor den Seelen" sei, die „herumschweifen", der „Rest einer anderen Religion: Animismus, Totenkult", in der er nicht nur etwas „Grauenhaftes", sondern auch „etwas Urnatürliches" sah.[15]

Nicht nur in der direkten Begegnung mit Polen und den polnischen Juden wird Döblin eine Inspiration für das Motiv der Grenzüberschreitung zwischen

---

11 Döblin, Alfred: „Tod und Selbstmord" (20. 09. 1919), in: id.: *Kleine Schriften I*, Walter: Olten 1985, S. 242–246, hier S. 244.

12 Döblin, Alfred: *Reise in Polen* (wie Anm. 8), S. 89–91.

13 Deutsches Literaturarchiv Marbach am Neckar, Nachlass Alfred Döblin, Reise in Polen, Sign. 97.7.403. In der Druckfassung sagt es ähnlich ein „jüdischer Gebildeter, ein Aufklärer", allerdings in einem wertenden Ton, der in den Notizen nicht herauszulesen ist: „Er mißbilligt, was ich ihm von der Warschauer Totenfeier sage; die Leute haben nur unklare Vorstellungen vom Vorhandensein der Seele; er mag überhaupt von diesen Dingen nichts hören." Döblin, Alfred: *Reise in Polen* (wie Anm. 8), S. 259.

14 *Lehrbuch der Religionsgeschichte*. Begr. v. Pierre D. Chantepie de la Saussaye. Hrsg. v. Alfred Bertholet u. Eduard Lehmann. 2 Bde. Mohr: Tübingen 1924.

15 Döblin, Alfred: *Reise in Polen* (wie Anm. 8), S. 92 f.

Leben und Tod gefunden haben. Bilder für den Kontakt, ja sogar für die Vereinigung zwischen Lebenden und Toten konnte er ebenfalls in der jiddischen Literatur finden, für die er sich zweifellos interessierte[16] und deren Resonanz in seinem literarischen Schaffen bislang noch nicht nachgegangen wurde.

Ein klassischer Text der jiddischen Literatur, in dessen Zentrum eine Transgression zwischen Leben und Tod steht, ist die unter chassidischen Juden verbreitete Legende vom Dibbuk. Zu einem Dibbuk wird ein Verstorbener, der wegen schwerer Verfehlungen zu Lebzeiten nach dem Tod keine Ruhe findet und daher als böser Geist in den Körper eines Lebenden hineinfährt, diesen quält und mit dessen Stimme spricht, sodass dieser Mensch als ‚besessen‘ angesehen und Exorzismen unterworfen wird. Berücksichtigt man Döblins Faszination für das magische Denken das Chassidismus und den besonderen Eindruck, den die Erlebnisse auf dem Jüdischen Friedhof in Warschau bei ihm hinterließen, liegt die Vermutung nahe, dass er sich für die Legende vom Dibbuk interessiert haben kann. Sicher ist, dass er sie kannte, und zwar aus der Inszenierung von Salomon An-Skis dramatischer Legende *Dibbuk* während des Gastspiels der Wilnaer Truppe 1921 in Berlin, über das er in zwei Theaterkritiken schrieb.[17] Auch das Habima-Theater hatte den *Dibbuk* in hebräischer Übersetzung von Chajim Nachman Bialik bei seinen beiden Berliner Gastspielen 1926 und 1927 im Repertoire; außerdem inszenierte Berthold Viertel das Drama in der deutschen Erstaufführung 1926 am Deutschen Theater. Diese Inszenierung wird sich Döblin mit großer Wahrscheinlichkeit angesehen haben, denn in einem Brief, den er Viertel zu dessen 60. Geburtstag im April 1945 schrieb, erinnert er sich daran,

---

16 Ein Beleg dafür sind die Rezension *Ostjüdische Erzähler. Bergelson und Mendale* (Döblin, Alfred: *Kleine Schriften II*, Walter: Olten 1990, S. 421–424) und eine Äußerung über Mendele Mojcher Sforim in der Handschrift und im Vorabdruck zur *Reise in Polen* (Döblin, Alfred: *Reise in Polen. Wilno und seine Juden*. In: *Die neue Rundschau*, Jg. 36, Berlin 1925, H. 3, S. 311). Auch in der polnischen Literatur hätte Döblin hierfür Inspiration finden können, aber es deutet nichts darauf hin, dass er Adam Mickiewicz's Gedichte oder das Drama *Dziady* (*Die Totenfeier*) kannte; er nennt ihn in Buch und Handschrift den „Mann des *Pan Tadeusz*" und schreibt in Letzterer: „Ich kenne wenig von ihm." Cf. Deutsches Literaturarchiv Marbach, Nachlass Alfred Döblin, Reise in Polen, Sign. 97.7.401.

17 In der Kritik *Deutsches und Jüdisches Theater* vom 28. 12. 1921 erwähnt er diese Inszenierung (wie Anm. 11, S. 366), in *Palästinensisches Theater in Berlin* vom 20. 06. 1924 erinnert er noch einmal an das Gastspiel: „Wir sahen vor zwei Jahren das Wilnaer Jiddische Theater. Echt, meine Herren. Goldecht, hundertprozentig" (wie Anm. 16, S. 408).

dass er in Berlin in dessen „schöne moderne Aufführungen [...] gerne ging"[18]; zudem spielte im *Dibbuk* sein Bruder Hugo Döblin mit.[19]

An-Ski fügte der chassidischen Legende vom Dibbuk einen neuen und wesentlichen Aspekt hinzu: In seinem Stück tritt der Tote nicht gegen den Willen eines Menschen in dessen Körper ein und quält diesen auch nicht, vielmehr verbindet ihn mit der Frau, in deren Körper er einzieht, eine tiefe Liebe, ja, diese Frau ruft ihn sogar selber zu sich. Die Handlung sei kurz zusammengefasst: Chanan, ein junger Mann, stirbt aus Verzweiflung darüber, dass Lea, die Frau, die er liebt und die seine Liebe erwidert, die ihm noch dazu durch ein bindendes Gelübde bestimmt ist, zur Heirat mit einem anderen Mann gezwungen wird. Lea geht vor der Hochzeit auf den Friedhof, um ihre Mutter und Chanan zum Fest einzuladen, wohl wissend, welche Folge die Einladung des toten Bräutigams zur Hochzeitsfeier für sie haben kann. Als sie sich dann dem Ehezeremoniell verweigert, spricht bereits der Dibbuk aus ihr, d. h. Chanan ist ihrer Einladung tatsächlich gefolgt und in ihren Körper gefahren, den er nun in allen Bewegungen und Äußerungen regiert. Nach verschiedenen Bemühungen gelingt es dem Rabbi zwar am Ende, den Dibbuk mit Gewalt aus Leas Körper auszutreiben, doch vereint sich Lea erneut mit Chanan – es ist nun aber nicht mehr ihr Körper, der die Seele des Toten aufnimmt, sondern die Seelen der Liebenden vereinen sich, indem Lea stirbt.

Dieses Stück, das 1922 unter dem Titel *Zwischen zwei Welten (Der Dybuk)* im Benjamin Harz Verlag in Berlin auch in deutscher Übersetzung erschien,[20] wird Döblin beeindruckt und möglicherweise auch inspiriert haben. Parallelen zum Plot des *Dibbuk* lassen sich in zwei Situationen des *Manas* finden. Einmal, als Manas bewusst die Schatten (bzw. Seelen) der Toten in sich aufnimmt, um ihren Schmerz zu teilen und vielleicht auch, um sie von ihrem Schmerz zu erlösen. Diese Vereinigungen werden als schmerzvoll beschrieben; sie schwächen Manas immer mehr, sodass er schließlich nicht mehr imstande ist, sich gegen die Dämonen, die ihn auf dem Totenfeld verfolgen, zur Wehr zu setzen. Ein weiteres Mal und wesentlich deutlicher lassen sich Parallelen zur Lea des *Dibbuk* in

---

18 Döblin, Alfred: *Briefe*. Walter: Olten 1970, S. 314.

19 Cf. An-Ski, Salomon: *Der Dibbuk. Dramatische Legende in vier Bildern*. Neue deutsche Übersetzung von Salcia Landmann und Horst Bienek. Mit Materialien zur Aufführungsgeschichte und zum Exorzismus-Thema. Hrsg. v. Horst Bienek. Insel: Frankfurt a. M. 1989, S. 145 und 166.

20 An-Ski, Salomon: *Zwischen zwei Welten (Der Dybuk). Dramatische Legende in vier Akten*. In der Übersetzung v. Rosa Nossig, mit einer Einleitung v. Jacob Heinsdorf. Benjamin Harz: Berlin, Wien 1922.

Sawitri, der Lieblingsfrau von Manas erkennen, die in das Totenreich aufbricht, um den von Dämonen getöteten Manas zu suchen und ihn ins Leben zurückzurufen. Sie nimmt Manas' Schatten in sich auf, erweckt den geliebten Mann dadurch zu neuem Leben, stirbt aber selber und steigt zugleich ins Reich der Götter auf.

So wie Döblins männliche Protagonisten bestimmte Handlungssituationen (wie die der Heimkehr aus dem Krieg bzw. der versuchten Rückkehr ins Leben) immer wieder aufs Neue variieren (vgl. Manas – Franz Biberkopf – Friedrich Becker – Edward Allison), existieren auch Parallelen zwischen den von Döblin kreierten weiblichen Figuren. So findet Sawitri eine Weiterführung in der Figur der Rosa Luxemburg in *November 1918*.[21] Im Zentrum dieses Romans steht das Gedenken an die Toten des Ersten Weltkrieges; dieses initiiert die Handlung um die zwei zentralen Protagonisten, um die historische Gestalt der Rosa Luxemburg und um Friedrich Becker, eine fiktive Figur. Beide werden durch die Trauer um die Kriegstoten und das Schuldgefühl gegenüber den Toten in einen inneren Konflikt geführt, in dem wie in der christlichen Psychomachie Gut und Böse in der Gestalt eines Cherubs und Satans um ihre Seele ringen.[22] Den „mythische[n] Rahmen" dieses Kampfes schafft spätestens ab dem Erscheinen Satans das Epos *Paradise Lost* von John Milton,[23] darüber hinaus lassen sich Referenzen auf Texte finden, in deren Zentrum die Beziehung zwischen einem Lebenden und einem Toten steht und deren Handlung jeweils zum Tod des Hauptprotagonisten führt. Dies sind Sophokles' *Antigone* und Richard Wagners Oper *Tristan und Isolde*, deren Bedeutung für die Entwicklung Friedrich Beckers bereits untersucht wurde.[24] Auch darüber, dass Rosa Luxemburg, die

---

21 Graber (*Alfred Döblins Epos*, wie Anm. 7, S. 52–60) charakterisiert ebenfalls Vaneska (*Berge Meere und Giganten*) und Aetheria aus der gleichnamigen Erzählung als Parallelfiguren zu Sawitri.

22 Cf. Kiesel, Helmuth: *Literarische Trauerarbeit* (wie Anm. 1), S. 412.

23 Cf. Frühwald, Wolfgang: „Rosa und Satan. Thesen zum Verhältnis von Christentum und Sozialismus im Schlussband von Alfred Döblins Erzählwerk *November 1918*". In: *Internationale Alfred Döblin Kolloquien Basel 1980, New York 1981, Freiburg 1983.* Peter Lang: Frankfurt a. M. 1986, S. 239–256, hier, S. 249.

24 Cf. Riley, Anthony W.: „Christentum und Revolution. Zu Alfred Döblins Romanzyklus *November 1918*". In: Frühwald, Wolfgang/Schieder, Wolfgang (Hrsg.): *Leben im Exil. Probleme der Integration deutscher Flüchtlinge im Ausland 1933–1945.* Hoffmann und Campe: Hamburg 1981, S. 93; Kiesel, Helmuth: *Literarische Trauerarbeit* (wie Anm. 1), S. 427–486; Keller, Otto: „Tristan und Antigone. Gestus, Verfremdung und Montage als Medium der Figurengestaltung in Döblins *November 1918*". In: *Internationale Alfred Döblin Kolloquien Basel 1980, New York 1981, Freiburg 1983.* Peter Lang: Frankfurt

um ihren im Krieg gefallenen Geliebten trauert, dem Antigone-Muster folgt, besteht in der Forschung kein Zweifel;[25] darüber hinaus wurde diese Figur mit Wagners Isolde verglichen.[26] Während die Wahnvorstellungen Beckers, in denen sich der Kampf zwischen guten und bösen Geistern auf der Wirklichkeitsebene des Romans äußert, angesichts der Fiktionalität dieser Figur keine Verständnisprobleme bereiten, wird die entsprechende Bewusstseinserweiterung der historischen Gestalt Rosa Luxemburg überwiegend als „pathologisch" und als eine Reduktion ihrer Persönlichkeit aufgefasst.[27] Die Wahnvorstellungen Rosas wurden außerhalb eines psychologischen Deutungsrahmens noch kaum analysiert. Anders als bei Friedrich Becker[28] wurden (mit den genannten Ausnahmen der *Antigone* und des Liebestodes in Wagners Oper) auch die literarischen Texte, die in Rosas Halluzinationen eingehen und durch die ihre ‚Pathologie' in einem bestimmten literarischen und kulturellen Kontext verortet werden kann, kaum

---

a. M. 1986, S. 10–19; Osterle, Heinz D.: „Auf den Spuren der Antigone. Sophokles, Döblin, Brecht", in: ibid., S. 86–100; Frühwald, Wolfgang: „Rosa und Satan" (wie Anm. 23), S. 242–248; Wambsganz, Friedrich: „Sophokles' *Antigone* als Verdichtung des Widerstandsproblems der Individualität gegen die Staatsraison in Alfred Döblins *November 1918*". In: *Internationales Alfred Döblin Kolloquium Mainz 2005*. Peter Lang: Bern 2007, S. 283–296.

25 Cf. Riley, Anthony: „Christentum und Revolution" (wie Anm. 24), S. 93; Kiesel, Helmuth: *Literarische Trauerarbeit* (wie Anm. 1), S. 398–426; Althen, Christina: *Machtkonstellationen einer deutschen Revolution. Alfred Döblins Geschichtsroman „November 1918"*. Peter Lang: Frankfurt a. M. 1993, S. 179.

26 So bei Keller, Otto (wie Anm. 24) S. 13–15.

27 So nennt Kiesel Rosa eine „pathologisch Trauernde" und schreibt, Döblin habe „sozusagen eine Pathographie einer pathologisch Trauernden erfunden" (wie Anm. 1, S. 402 f.). Heidi Thomann Tewarson („Alfred Döblins Geschichtskonzeption in *November 1918. Eine deutsche Revolution*. Dargestellt an der Figur Rosa Luxemburgs in *Karl und Rosa*". In: *Internationale Alfred Döblin Kolloquien Basel 1980, New York 1981, Freiburg 1983*. Peter Lang: Frankfurt a. M. 1986, S. 68) vertritt die Meinung, dass Rosa Luxemburgs Persönlichkeit durch diese Fiktionalisierung „recht kläglich reduziert" werde. Osterle („Auf den Spuren", wie Anm. 24, S. 100) schreibt, die Figur der Rosa Luxemburg werde „religiös und psychologisch stigmatisiert" und in ein „vieldeutiges Zwielicht gerückt"; offenbar habe sich Döblin durch „die Erschütterung des Zweiten Weltkrieges, den Eifer des Konvertiten und leider auch seine psychiatrischen Interessen dazu verleiten lassen, die himmlisch-höllischen Assoziationen weiter zu spinnen als nötig".

28 Cf. vor allem Blume, Jürgen: *Die Lektüren des Alfred Döblin. Zur Funktion des Zitats im Novemberroman*. Peter Lang: Frankfurt a. M. et al. 1991, sowie die unter Anm. 24 genannten Publikationen.

berücksichtigt. Dabei scheint ihr Weg aber ähnlich wie der von Friedrich Becker mit intertextuellen Bezügen geradezu ‚ausgeschildert' zu sein, nur dass dies, anders als bei Becker, nicht explizit durch Zitate, Gespräche und Interpretationen, sondern implizit durch die Paraphrase geschieht.

Die These, die ich hier belegen möchte, lautet, dass zu den für die Luxemburg-Handlung bedeutsamen Texten zwei Werke der jiddischen und deutschen Literatur gehören: der bereits erwähnte *Dibbuk* von An-Ski und Gottfried August Bürgers *Lenore*. Ebenso wie der *Dibbuk* erzählt Bürgers Ballade, vermittelt über das Motiv des Liebestodes, von einer Transgression zwischen Leben und Tod, von destruktiven Auswirkungen eines Krieges und von einer Hybris, dem Aufbegehren gegen Gott.[29] Zweifellos kannte Döblin diese berühmte, zum Kanon deutscher Dichtung gehörende Ballade. Im Folgenden möchte ich die Parallelen zwischen beiden Texten und der Handlung um Rosa Luxemburg zeigen. Dabei beziehe ich mich im Wesentlichen auf das erste Buch des dritten Romanteils, an dessen Ende Rosa Luxemburg das Frauengefängnis in Breslau verlässt und nach Berlin fährt. Im Voraus sei auch darauf hingewiesen, dass die hier analysierten Geisterbegegnungen immer wieder von – durchaus auch (selbst)ironischen und distanzierten – Reflexionen Rosas durchbrochen werden,[30] auch die Handlung selbst weist zuweilen komisch-groteske Züge auf.

Im ersten Kapitel des Buches „Im Gefängnis" erfährt Rosa Luxemburg im November 1917, dass ihr Geliebter Hannes Düsterberg im Krieg gefallen ist. Sie wird von Trauer überwältigt, fühlt sich für seinen Tod verantwortlich, ja sogar schuldig an ihm, und hat das Gefühl, „von morgens bis abends und die langen Nächte hindurch mit [dem Geliebten zu] sterben"[31]. Sie vergleicht ihre Situation mit der von Antigone. So wie jene in die Grabkammer gesperrt wurde, so fühlt sie sich in der Gefängniszelle „in die Brautkammer gesperrt und lebend eingemauert." Der Frage „Wer rettet mich?" schließt sie ihren Hilferuf an Hannes an:

Hannesle, komm, hilf mir! Komm, Lieber, Geliebter, sei bei mir. Dich hält jetzt kein Körper mehr auf […]. Mach ihnen einen Strich durch die Rechnung. Du kannst nicht verschwunden sein, dein Körper liegt irgendwo im Boden, dann muß auch deine Seele

---

29 Cf. Grimm, Gunter E.: „Bestrafte Hybris? Zum Normenkonflikt in Gottfried August Bürgers *Lenore*". In: Grimm, Gunter E. (Hrsg.): *Deutsche Balladen. Gedichte und Interpretationen*. Reclam: Stuttgart 1994, S. 77–91.

30 Und das sogar potenziert, wenn sie Hannes sagt, er möge sich in politischen Fragen bitte zurückhalten, denn er sei nur eine Wahnidee von ihr. Döblin, Alfred: *November 1918. Eine deutsche Revolution. Erzählwerk in drei Teilen. Dritter Teil: Karl und Rosa. Mit einem Nachwort von Helmuth Kiesel.* S. Fischer: Frankfurt a.M. 2013, S. 44.

31 Ibid., S. 17

da sein. Es gibt ein Gesetz von der Erhaltung der Kraft und des Stoffes. Dann kannst du doch nicht verschwunden sein. [...] Komm, Hannes, den sie tot nennen, weil du kein Zeichen gibst [...]. Nun sei also da. Versteck dich nicht vor mir. [...] So komm.[32]

Sie verspricht Hannes, ihn bei sich zu behalten. Die gemeinsame Reise, die sie vorhatten, werden sie tatsächlich unternehmen. Es beginnt nun das geistige bzw. geisterhafte Zusammenleben von Rosa und Hannes in der Gefängniszelle. Nach einem eingeschobenen Kapitel über die Machtergreifung der Bolschewiki in Russland ruft Rosa am Vorabend ihres Geburtstages am 5. März 1918 Hannes mittels magischer Praktiken zu sich herbei. Mit dem Bereitlegen eines Tuches, das er ihr geschenkt hat, gibt sie „das Signal für die Geisterstunde"[33]. Am nächsten Tag, ihrem Geburtstag, will sie sich mit Hannes vermählen. Sie lädt ihn zu sich, d.h. in ihren Körper, ein und nimmt schließlich den Geist des Toten in sich auf. Wenn sich bereits zuvor Ähnlichkeiten zwischen der Lea des *Dibbuk* und Rosa dadurch andeuteten, dass Rosa den Toten zu sich ruft und sich wie Lea vergegenwärtigt, was der gestorbene Geliebte noch hätte tun können, so wird hier die Parallele mit der ‚Einladung' zur Hochzeit und dem Eindringen des Totengeistes in den Körper der liebenden Frau unübersehbar.

Hannes beginnt schnell das Hausrecht Rosas in ihrem eigenen Körper zu untergraben, er „mißbraucht das Gastrecht", wie Rosa selbst es sagt,[34] und kann sich nicht ihrem Gefangenendasein fügen. Als er aus dem Gefängnis fliehen will, agiert er ähnlich einem Dibbuk: Er bemächtigt sich des Körpers von Rosa und dirigiert ihn wie eine Marionette, während sie bewusstlos ist: Rosa erwacht eines Morgens „mit schweren Gliedern, mit dumpfen ungewöhnlichen Schmerzen im Kreuz" und einem verbundenen Arm und erfährt, dass sie in der Nacht zuvor aus dem Gefängnis habe ausbrechen wollen. Sie habe versucht Türen einzustoßen und den Posten angegriffen. Daraufhin erzählt Rosa ihrer polnischen Gefängnisnachbarin Tanja[35], in welcher Situation sie sich befindet. Tanja sagt entsetzt voraus, dass der Tote Rosa umbringen wird. Ihre Frage, ob es Rosa und Hannes nicht möglich gewesen sei zu heiraten, spielt möglicherweise auf eine Gestalt in der slawischen Mythologie an, auf die Wasserfrau Rusalka, in die sich eine Frau

---

32 Ibid., S. 17. Dieses aktive, sehnsüchtige Herbeirufen des Toten wird in der Forschungsliteratur zuweilen übersehen, so wenn Keller schreibt, dass sich „das Bild des verstümmelten und geschändeten Hannes an Rosa heran[drängt]". Keller, Otto: „Tristan und Antigone" (wie Anm. 24), S. 13.

33 Döblin, Alfred: *November 1918* (wie Anm. 30), S. 37.

34 Ibid., S. 49.

35 Wie so oft in der deutschsprachigen Literatur hat Döblin der polnischen Figur einen russischen Namen gegeben.

verwandelt, die unverheiratet oder schwanger gestorben ist. Eine Rusalka verführt und tötet Männer; in einigen Literarisierungen (z.B. in dem gleichnamigen Drama Alexander Puschkins) versucht sie gerade den geliebten Mann, der sie verlassen hat, in den Tod zu ziehen.

Als Rosa an einem anderen Morgen ihre Sachen durchwühlt vorfindet, glaubt sie, Hannes würde nach Männerkleidung suchen, um aus dem Gefängnis fliehen zu können. Sie versucht ihn erneut zu sich zu rufen, indem sie Tanja bittet, Kleidungsstücke aus Flicksachen zu nähen, und dann mit diesen auf den Geliebten wartet. Hannes lässt sich jedoch nicht blicken, er kommt erst dann wieder, als Rosa eingeschlafen ist, und versucht tatsächlich, in den Männersachen aus dem Gefängnis auszubrechen. Er wird als ein „schauerlich" monströses „Geschöpf" von ungeheurer Kraft beschrieben, das „mit einer gräßlich rauhen Stimme, die wie das Heulen eines Orang-Utans klang"[36], gurgelt, lallt, bleckt, brummt und heult. Schließlich wird er von mehreren Soldaten überwältigt und auf die Krankenstation gebracht, wo das „Unwesen" sich nach einer Morphiumspritze langsam beruhigt: „Die wilden glotzenden Augen traten zurück und schlossen sich. [...] Das Gesicht veränderte sich und nahm die Züge einer schlafenden Frau an."[37] Rosa gilt nun als „besessen", der Gefängnisarzt diagnostiziert eine „ganz große Hysterie"[38]; sie selbst ist jetzt ebenfalls von der Gefährlichkeit Hannes', den sie einen „Dämon" nennt, überzeugt.

Nach einem weiteren eingeschobenen Kapitel über die Ereignisse in Russland beginnen die Begegnungen zwischen Rosa und Hannes erneut. Sie werden nun mit der christlichen Auffassung des Jenseits konfrontiert, welche die Katholikin Tanja repräsentiert, wenn sie Hannes als einen „Sünder, eine arme verlorene Seele, die im Fegefeuer brennt"[39], bezeichnet. Rosa hält dies für Unsinn, ist aber von der Vorstellung angetan, dass Hannes „nicht leben und nicht sterben" kann und daher „zum Leben zurück[drängt]"[40]. Sie weist später noch einmal den Gedanken von sich, Hannes könne ein Sünder sein. Als er selber eingesteht, dass er „das Gericht, das sie aufstellen", nicht anerkennt, bestärkt Rosa ihn in seiner Haltung, denn er habe doch „nichts verbrochen"[41]. Damit prägt diesen ganzen Teil, ähnlich Bürgers *Lenore*, die Hybris eines Aufbegehrens gegen Gott.

---

36 Döblin, Alfred: *November 1918* (wie Anm. 30), S. 67.
37 Ibid., S. 68.
38 Ibid., S. 69.
39 Ibid., S. 81.
40 Ibid.
41 Ibid., S. 108. Cf. dazu auch Kiesel, Helmuth: *Literarische Trauerarbeit* (wie Anm. 1), S. 417 f.

Rosa ruft Hannes erneut mit der „alten Prozedur"[42], d. h. dem Ausbreiten ihres Tuches, herbei. Der Geliebte kommt dieses Mal „verschleiert, nebelhaft, aber mit den deutlichen Umrissen eines Menschen"[43] zu ihr. Rosa lädt ihn zu der gemeinsamen Reise ein, was er mit „Holla, holla, vorwärts, Rosa. An mir soll's nicht liegen"[44] quittiert (er verwendet also eine für die *Lenore* charakteristische Lautmalerei). Für Rosa beginnt nun „eine spaßige Phantasiereise"[45] auf dem Atlas, doch sie spürt zunehmend das Gefährliche dieses Ritts durch die Lüfte, den Hannes plötzlich abbricht. Bei seinen folgenden Erscheinungen gewinnt er immer mehr an Körperlichkeit, während Rosa „blasser und blasser"[46] wird. Sie ist sich bewusst, dass sie Hannes von ihrer Lebenskraft abgibt, aber sie will dies auch, will „Leben und Substanz"[47] mit ihm austauschen, um ihn so ins Leben zurückzubringen. Schließlich überredet er sie zu einer Reise nach Russland und zeigt ihr den Ort, wo er im Krieg gefallen ist. Wie in der *Lenore* endet die gemeinsame Reise somit am Grab des Geliebten. Nun liegt nahe, dass die Liebende der Tod erwartet. Tatsächlich kommt Hannes noch ein letztes Mal zu Rosa. Er bittet dreimal um Einlass in ihre Zelle, da er nicht mehr imstande ist, materielle Widerstände zu überwinden: Er besitzt nun einen Körper. Zur gänzlichen Rückkehr ins Leben fehlt ihm nur noch das Blut von Rosa, um dessen willen er gekommen ist: „Er stand am Bett mit hängendem Kopf, zerschossener Stirn, mit klaffenden Kiefern, mit gebrochenen Augen. […] Die Leiche griff nach ihr."[48] Auf Rosas Schreien hin eilt Tanja herbei und reibt ihr die eiskalten und bläulichweißen Hände; sie sieht auch, dass Rosas Bettzeug voller Blutflecken ist. Dies ist Rosas letzte Begegnung mit Hannes. Kurze Zeit später – es ist der Oktober 1918 – wird sie aus dem Gefängnis entlassen und „stand im Augenblick mitten im Kampfgewühl"[49] der Revolution. Die weiteren Fantasien Rosas kreisen bereits um Satan, der sich als „Patron" der Revolution, die Revolutionäre als seine „Freunde und Gehilfen" bezeichnet und Rosa zu gewinnen versucht, indem er in Hannes' Gestalt bei ihr erscheint. Dieser Kampf der bösen und guten Geister um Rosas Seele wurde bereits an anderer Stelle analysiert;[50] hier sollte

---

42 Döblin, Alfred: *November 1918* (wie Anm. 30), S. 81.
43 Ibid., S. 84.
44 Ibid., S. 90.
45 Ibid., S. 92.
46 Ibid., S. 107.
47 Ibid., S. 96.
48 Ibid., S. 113.
49 Ibid., S. 118.
50 Cf. Kiesel, Helmuth: *Literarische Trauerarbeit* (wie Anm. 1), S. 420–426, sowie Frühwald, Wolfgang: „Rosa und Satan" (wie Anm. 23).

vor allem darauf aufmerksam gemacht werden, dass Döblin von der Trauer Rosa Luxemburgs um den toten Geliebten mithilfe zweier Texte erzählt, die ihm Bilder für die literarische Gestaltung der „hingebungsvolle[n] Radikalität"[51] dieser Trauer bereitstellten.

Über den Vergleich mit Antigone wird Rosa Luxemburgs Trauer um den toten Geliebten darüber hinaus als eine zur Geschichte um Friedrich Becker komplementäre Handlung aufgebaut. Die Parallelität der Figuren Rosa Luxemburg und Friedrich Becker, die beide das Erinnern an die Kriegstoten und die Suche nach einem Ausweg aus der durch den Krieg geschaffen Destruktion verbinden, wird zusätzlich durch eine semantische Gelenkstelle im Roman angezeigt. Wenn Becker von Antigone sagt, dass deren toter, nicht beerdigter Bruder sich „in die Sphäre der Lebenden" hineindrängt, dass dieser in Antigone „agiert" und „sich ihres Körpers und ihrer Seele"[52] bedient, ist die Parallele zu Rosa (und zum *Dibbuk*) wesentlich deutlicher als die zu Antigone, durch die ja nicht der Tote selbst, sondern die Tradition bzw. das Gesetz spricht, das eine Bestattung des Toten fordert. Rosa wiederum weiß keine Tradition und kein göttliches Gesetz hinter sich, sondern lässt sich allein von ihrem Gefühl leiten, dass sich dagegen wehrt, den Kriegstod zu akzeptieren. Weitere Unterschiede zwischen Antigone und Rosa bestehen darin, dass Rosas Beschwörung des toten Geliebten erst einsetzt, nachdem sie sich mit der von Kreon in die Grabkammer eingesperrten Antigone verglichen hat, so als würde ihr Handeln über das der Antigone mögliche Agieren hinausreichen. Anders als Antigone will sie den Toten schließlich gar nicht begraben, sondern im Gegenteil ihn ins Leben zurückholen. Das rückt sie in eine größere Nähe zu An-Skis Lea und Bürgers Lenore als zu Antigone.[53] Wie diese beiden ruft Rosa in ihrem Gefühl der Trauer, der Verzweiflung und der Empörung magische Kräfte an, die ihr den toten Geliebten zurückbringen sollen und dies schließlich auch tun. Antigone vertraut dagegen in ihrem Kampf für die Bestattung des Toten auf die Überzeugungskraft der Rede, des Arguments, der Vernunft. In dieser Hinsicht ist Friedrich Becker, der sein Kriegstrauma in Gesprächen zu durchdringen versucht, der sich der Hilfe der ‚Geister'

---

51 Ibid., S. 412.

52 Döblin: *November 1918* (wie Anm. 30), S. 257.

53 Aus diesem Grund würde ich hier anders als Keller (cf. Keller, Otto: „Tristan und Antigone", wie Anm. 24, S. 13) keine Parallele zur Situation von Isolde in Wagners Oper und keinen Liebes- und Todesrausch sehen. Rosa kämpft gegen den Tod, so ist sie überzeugt davon, mit ihrer Liebe die Kraft zu haben, Hannes zu sich „herzuziehen": „Er will leben, wir wollen leben, beide, wir können uns von diesem Leben nicht losreißen." Döblin, Alfred: *November 1918* (wie Anm. 30), S. 52.

des klassischen Humanismus – Goethe, Kant, Sophokles, Kleist u. a. – bedient,[54] der Antigone-Figur näher als Rosa. Während er um ein Verständnis des Geschehenen ringt, will Rosa die Wirklichkeit verändern, und während Becker auf der Suche nach einer wirksamen Tat ist, in der er dem „Anspruch der Toten an die Lebenden" gerecht würde, handelt Rosa im unbeirrbaren Vertrauen in die Legitimität des revolutionären Kampfes, der auch im Namen der Kriegstoten geführt wird.

Ausgehend von der Erinnerung an die Toten des Ersten Weltkrieges lässt Döblin somit die beiden Figuren Rosa Luxemburg und Friedrich Becker nicht- oder vorchristliches Denken über den Tod und die Beziehung der Toten zu den Lebenden verkörpern. Er verleiht der Trauer um die Kriegstoten und der ihnen gegenüber empfundenen Schuld somit eine historische Tiefendimension, die bis in frühe Formen religiösen Denkens, bis zu Animismus und Totenkult, zurückreicht. In der Handlung um Rosa Luxemburg wird der Toten auf einer Ebene gedacht, die primär durch Gefühl, Anschauung und magisches Denken charakterisiert ist. Die Becker-Handlung dagegen ist durch Rationalität, Gespräch, Argument, Reflexion und geistige Suche geprägt. Diesem Unterschied ist es wohl auch geschuldet, dass Döblin seine Figur Becker die Intertexte explizit benennen und interpretieren lässt, dagegen in der Handlung um Rosa nur implizit auf sie Bezug nimmt – so als würde die polnische Jüdin Rosa Luxemburg die Legende vom Dibbuk nicht kennen, sondern (zumindest teilweise) in der Welt leben, von der diese erzählt. Es ist sicher nicht übertrieben, in Rosas Anschauungen einen Nachhall von Döblins naturphilosophischem Denken zu sehen, zumal Döblin bereits in seinem Polenbuch am Chassidismus und an der Kabbala die Nähe zur Natur hervorhob. Er sah sie nicht nur im Baalschem, der „die Stimmen der Vögel und Reden der Bäume"[55] lernte, sondern auch in den magischen Praktiken der Kabbala, die helfen sollen, „die Naturkräfte [...] von innen zu dirigieren"[56]. Auf das wiederholte Betonen von Rosas Liebe zu Tieren und Pflanzen[57] fällt – auch wenn es an die Briefe der nichtfiktiven Rosa Luxemburg anknüpft – von hier aus noch einmal ein anderes Licht: Die Naturliebe und die Fähigkeit zur Magie sind miteinander verbunden. Becker wiederum kann als ein Vertreter der westeuropäischen Aufklärung und Moderne angesehen werden. Vormoderne und Moderne werden in *November 1918*, so ließe sich zusammenfassend feststellen, nicht mehr wie im *Amazonas*-Roman miteinander konfrontiert bzw.

---

54 Cf. Blume, Jürgen: *Die Lektüren des Alfred Döblin* (wie Anm. 28), S. 102–104, 119–157.
55 Döblin, Alfred: *Reise in Polen* (wie Anm. 8), S. 134.
56 Ibid., S. 256.
57 Döblin, Alfred: *November 1918* (wie Anm. 30), S. 14 f, 19, 45 f, 83.

gegenübergestellt, sondern parallel geführt. Die in beiden großen Denkweisen existierenden Vorstellungen vom Tod, von der Existenz des Menschen nach dem Tod und vom Anspruch der Toten an die Lebenden lässt Döblin in diesem Roman dann in einem für seine Protagonisten schmerzlichen inneren Ringen hinter das christliche Denken zurücktreten.

Mirjana Stancic

Die Wundmale des Krieges. Drei vergessene Dichter aus dem alten Österreich? Ein Versuch über Friedrich von Gagern, Victor Tausk und Gizella von Tarczay

Nach dem Ersten Weltkrieg und der Auflösung der Habsburgermonarchie verursachten die Pariser Verträge von 1919 mit ihren minderheitsrechtlichen Bestimmungen auch Widersprüche – wie das Versprechen „freiester Gelegenheit zu autonomer Entwicklung" gegen den Autonomieanspruch der Mehrheit – doch de facto fanden sich Deutschstämmige in den neugegründeten Staaten Polen, Tschechoslowakei, im Königreich der Serben, Kroaten und Slowenen oder dem tief gehend transformierten Ungarn und Rumänien weiter von Österreich und Deutschland entfernt als je zuvor. Die ehemals staatstragenden deutschsprachigen Bürger wurden praktisch über Nacht zu nationalen Minderheiten degradiert.

Deutschsprachige Schriftstellerinnen und Schriftsteller reagierten auf diesen gewaltigen Umbruch in vielfältiger Weise. In der Regel fiel es ihnen schwer, sich in den neugegründeten Staatsgebilden zurechtzufinden, zumal sie mit der Sprache und der gesellschaftlichen Stellung auch ihre existentielle Basis verloren hatten. Einige setzten trotz der veränderten politischen und kulturellen Veränderungen ihre gewohnten Tätigkeiten fort, andere verließen ihre alte Heimat, um in Österreich oder in Deutschland durch ihre muttersprachliche Bindung in den entsprechenden Literaturkreisen aufgenommen zu werden. Andere Autoren verzichteten völlig auf den Gebrauch ihrer deutschen Muttersprache zugunsten der Landessprache ihres Asyls und adaptierten diese auch in ihrem neuen literarischen Schaffen.

Die in diesem Beitrag vorgestellten Autoren verbindet kaum etwas außer der Tatsache, dass sie demselben geografischen Raum entstammen und durch den Ersten Weltkrieg aus der Bahn geworfen wurden. Sie sind sich nie begegnet, teilten auch literarische Schwerpunkte nicht. Für die heutigen Leser, sogar für die Germanisten, zählen Friedrich von Gagern (1882–1947), Gizella von Tarczay (1896–1981) und Victor Tausk (1879–1919) zu den vergessenen Dichtern.[1]

---

1   In meiner Studie *Verschüttete Literatur. Die deutschsprachige Dichtung auf dem Boden des ehemaligen Jugoslawien von 1800 bis 1945.* Böhlau: Wien – Köln – Weimar 2013,

Sogar der bekannteste und bedeutendste Schriftsteller unter ihnen, der Epiker **Friedrich von Gagern**, der ein umfangreiches Œuvre hinterlassen hat und
infolgedessen schon zu Lebzeiten sehr gefeiert wurde, wird heute von der Leserschaft kaum noch wahrgenommen. Eventuell erfreuen sich noch einige seiner
Jagderzählungen im Kreise der Jagdanhänger einer gewissen Popularität als Spezialistenlektüre und halten das Andenken an den großen Meister auf diese Weise
wach. Von der Literaturwissenschaft wird dieser Angehörige des deutschen
Hochadels, mütterlicherseits Großneffe des Grafen Auersperg, Anastasius Grün,
in der Regel als *poeta minor* behandelt, nicht zuletzt nachdem er von Claudio
Magris in *Der Habsburgische Mythos in der österreichischen Literatur* mit manch
anderen Autoren (etwa Franz Karl Ginzkey, Alfons von Czibulka, Otto Stoessl
oder Felix Braun) dem Kapitel „Die unbedeutendere Literatur" zugeschlagen
worden war. Im Unterschied zu den Repräsentanten der „Höhenkammliteratur",
so Magris, würde diese Schriftsteller unter anderem charakterisieren, dass sie
„unterschiedslos an das Vorkriegsgenre anschließen."[2] Ein vernichtendes Urteil,
das auf Gagern allerdings nur partiell zutrifft. Zwar blieb Gagern als Schriftsteller und Angehöriger der entmachteten deutschen Herrschaftselite auf die Vorkriegsepoche fixiert, mit einigen seiner Romane nimmt er jedoch dazu Abstand
in der realistischen Schilderung des großen Gesellschaftspanoramas. Um die
Erschließung von Gagerns Werk und seinem Stellenwert in der deutschen Literatur hat sich vor allem Uwe Baur verdient gemacht, der über den Sonderlingstypus bei Gagern 1967 promovierte und eine Reihe von Spezialstudien zu Gagern
veröffentlichte.[3] Das politisch engagierte deutsche Nachkriegstheater bedachte
Gagern mit zwei Inszenierungen.[4]

---

sind die genannten Autoren aufgeführt, dieser Beitrag bringt jedoch eine überarbeitete
und erweiterte Darstellung ihrer literarischen Wirkung.

2   Magris, Claudio: *Der Habsburgische Mythos in der österreichischen Literatur*. Miller: Salzburg 1966, S. 245.

3   Cf. Baur, Uwe: „Der Mythos von deutschen und slawischen Menschen im Werk Friedrichs von Gagern". In: *Österreich in Geschichte und Literatur* 17 (1973), S. 92–199, sowie
     id.: „Friedrich von Gagern und die Südslawen". In: *Zagreber Germanistische Beiträge*
     11 (2002), S. 141–156.

4   Die Berliner Volksbühne am Rosa-Luxemburg-Platz brachte am 05. 02. 2005 die Uraufführung einer eigenen Bühnenfassung der Novelle *Der Marterpfahl* (nach Friedrich
     von Gagern und Heiner Müller) in der Regie Frank Castorfs. Die Entscheidung, die
     Indianergeschichte zu inszenieren, ging auf die Faszination Heiner Müllers von Friedrich von Gagern zurück, so die Auskunft des Regisseurs und Intendanten Castorf. Müller hatte sich wohl wiederholt dazu bekannt, dass von Gagerns Novelle *Der Marterpfahl*
     sein Lieblingsbuch gewesen sei. Castorf feierte am 12. 11. 2009 die Wiedereröffnung

Victor Tausk ist ein bedeutender Protagonist der frühesten Phase der Psychoanalyse, der jedoch in der Geschichte der Tiefenpsychologie nur am Rande erwähnt wird; als Schriftsteller ist er noch viel weniger bekannt.[5] Tausk wurde im slowakischen Žilina geboren, verbrachte aber seine Kindheit und Jugend in Sarajevo, studierte Jura in Wien, arbeitete dann in der ersten Etappe seiner Karriere als Rechtsanwalt einige Jahre in Bosnien und Herzegowina, die er als Heimat verstand. Wichtige Teile seines schriftstellerischen Werks sind thematisch in diesem Annexionsgebiet verankert.

Die Lyrikerin **Gizella von Tarczay** aus Zagreb, die einer ungarischen Familie entstammte, aber in deutscher Sprache dichtete, ist dort längst vergessen. Sie hat seit den Zwanzigerjahren bis zu ihrem Tod in Ungarn gelebt, ihr Nachlass wird allerdings in der Kroatischen Akademie der Wissenschaft und Kunst aufbewahrt.

Weder persönliche noch literarische Berührungspunkte verbinden diese Autoren: Sowohl ihre Lebenswelten als auch literarische Präferenzen liegen weit auseinander. Sie lebten in drei nicht sehr weit voneinander entfernten Gegenden der Monarchie, die allerdings kulturell kaum Berührungspunkte aufwiesen. Von Gagerns Geburtsort Mokrice/Mokritz sind es keine vierzig Kilometer nach Zagreb, wo Gizella von Tarczay zu Hause war. Und Tausk verbrachte seine Jugend weiter östlich in Sarajevo, hielt sich jedoch als Gymnasiast auch in Zagreb und in Varaždin auf. Für die mehrsprachigen Autoren Tausk und Tarczay war Deutsch die Kultursprache, die sie in ihren Werken beibehielten. Als österreichischer Jude ist Tausk mit dem deutschen Idiom aufgewachsen, das überall in der Monarchie, wo er zeitweilig lebte, Geltung hatte.

Was die Ungleichen vereint, sind die Erschütterung und der existentielle Umbruch, den sie durch den Ersten Weltkrieg und den Zusammenbruch der Donaumonarchie erlitten haben. Friedrich von Gagern verlor mit der Gründung des Königreichs der Serben, Kroaten und Slowenen sein Hab und Gut, hielt sich nach 1919 an verschiedenen Orten in Deutschland auf, ließ sich dann 1927 in St. Leonhard am Forst (Niederösterreich) nieder, wo er 1947 völlig verarmt starb. Victor Tausk suchte, stark traumatisiert durch die Kriegserlebnisse, nach 1918 verzweifelt nach Orientierung, konnte jedoch weder als Schriftsteller noch als

---

seines Hauses nach umfangreicher Renovierung mit einer viel beachteten Uraufführung – mit Gagerns Drama *Ozean*, neunzig Jahre nach der Entstehung des Werks.

5   Dank der Initiative von Hans-Joachim Metzger, der Tausks Werk als geschlossene Ausgabe herausgegeben hat, sind alle seine publizierten, zum Teil auch unpublizierten Texte zugänglich. Cf. Tausk, Victor: *Gesammelte psychoanalytische und literarische Schriften*. Hrsg. von Hans-Joachim Metzger. Medusa: Wien 1983.

Psychoanalytiker Fuß fassen und verübte 1919 in Wien Selbstmord. Eine Zeugin der Umbruchzeit war auch Gizella von Tarczay, die Deutsch, Ungarisch und Kroatisch beherrschte, ihre besten Gedichte jedoch auf Deutsch schrieb. Anfang der 1920er Jahre verließ sie mit ihrer Familie Zagreb, somit auch ihr deutschsprachiges Milieu. Nach der Übersiedlung nach Budapest fing sie an, ausschließlich in ungarischer Sprache zu schreiben und trat zunehmend als Übersetzerin aus dem Deutschen und Kroatischen hervor. Meines Wissens hat sie nach ihrem Weggang von Zagreb nicht mehr in deutscher Sprache publiziert.[6]

Friedrich von Gagern

Auf die traumatische Tatsache, dass ihm durch die Abtrennung Krains 1919 der Boden buchstäblich unter den Füßen gezogen worden war, reagierte Gagern nicht mit einem abgeschlossenen Erzähltext, genauso wenig auf den Großen Krieg selbst und seine unmittelbaren Folgen.[7] In den Kriegsjahren von 1914 bis 1918 und in der Zeit danach wählt er keinesfalls literarische Stoffe, die sich vordergründig, direkt oder indirekt, auf den Untergang der alten Weltordnung und den Machtverlust seiner Klasse beziehen. Auf die Katastrophe antwortet Gagern zunächst mit einer umfassenden Thematisierung des Katholizismus.

Vom Spätsommer 1913 bis (in seiner Diktion) „um Sonnwend 1917"[8] arbeitete Friedrich von Gagern am zweibändigen Roman *Die Wundmale* (erschienen 1919), einer in vielen Punkten kritischen Darstellung des katholischen Klerus.[9] Gagern schneidet in vielen Mäandern dieses umfangreichen Romans Fragen an, die bis heute aktuell sind, die Priesterehe zum Beispiel, insbesondere die Unsinnigkeit der Einhaltung einer strengen Hierarchie und den Umgang mit der

---

6 Die ungarische Datenbank *Arcanum Adatbázis Kft.* verzeichnet noch die Sammlung *Fern von Gott. Gedichte 1917–1923.* www.arcanum.hu/oszk/lpext.dll/kezirattar/1950u/ 63f5/6473?fn=document-frame.htm&f=templates&2.0. Zugriff vom 10. 11. 2014.

7 Seine Reaktion war eher symbolisch kaschiert. Dazu Baur in der Zusammenfassung zu seiner Studie: „Der Beitrag versucht, anhand der Entwicklung seines Slawenbildes ein Reaktionsmuster der adeligen deutschen Machtelite aus den 1919 abgetrennten Gebieten der österreichisch-ungarischen Monarchie auf das Trauma des Zusammenbruchs zu skizzieren." Baur, Uwe: „Der Mythos von deutschen und slawischen Menschen" (wie Anm. 3), S. 141.

8 Gagern, Friedrich von: *Die Wundmale.* Bd. 1. Staackmann: Leipzig 1919, o. S.

9 Cf. dazu die sehr lesenswerte Studie des kroatischen Germanisten Ivan Pederin: „Djelo Friedricha von Gagerna kao ideološki predložak nacizma" (Das Werk von Friedrich von Gagern als ideologische Vorlage des Nazismus). In: *Slavistična revija*, 35 (1987) H. 4, S. 381–401.

bäuerlichen Bevölkerung. Seine Haltung ist in einigen Punkten kritisch, allerdings, wenn man sich den Roman als Ganzes anschaut, eher als ambivalent zu bezeichnen. Die katholische Kirche hat das Buch sogar auf den Index verbotener Bücher gesetzt. Warum sich Gagern so intensiv mit dem Katholizismus auseinandersetzt, und ob dies als Flucht aus der großen sozialen, politischen und kulturellen Katastrophe zu deuten ist, die seine Gesellschaftsschicht heimgesucht hat, entzieht sich meiner Kenntnis.

Die Handlung dieses zweibändigen Werks von über 800 Seiten ist schnell umrissen. Der Protagonist des Romans, der junge Kaplan Dr. Benedikt Siebenschein kommt in den kleinen Ort Untzing und wird mit den Schwierigkeiten eines Lebens als Pfarrer in der Provinz konfrontiert. Auf einem Kirchweihfest präsentiert ein Bauernmädchen fünf Wundmale, doch später erweist es sich, dass es sich nicht um die Stigmatisierung in der Nachfolge Christi, sondern um einen Betrug handelt. Das Blut sprießt aus offenen Wunden, weil sie von ihrer Familie misshandelt worden war. Der aufopferungsbereite Arzt, Dr. Wendt, der sich im Ort als Aufklärer betätigt, wird von den Bauern und von den Klerikern verfolgt. Siebenschein, der einen verzweifelten Kampf gegen die Heuchelei führt, kommt in Konflikt mit seinen Vorgesetzten und wird schließlich nach Rom geschickt. Die Bürde des Provinzlebens lässt er für immer hinter sich und erlebt in Rom die Offenbarung des wahren, unverfälschten Katholizismus. Ivan Pederin konstatiert, dass die für Gagern atypische Kargheit der Handlung durch die inneren Monologe des Protagonisten ausgeglichen und dem Leser dadurch ein unverfälschter Einblick in seine Gedankenwelt gewährt wird. Diese Übermacht der Sprache, die in früheren Werken Gagerns durch realistische Detailfülle zugedeckt war, bringt Pederin in kausalen Zusammenhang mit der damals aktuellen Sprachtheorie Fritz Mauthners.[10] Das Werk *Die Wundmale* bildet gewiss eine wichtige Etappe in Gagerns Entwicklung als Romanschriftsteller, tangiert jedoch nicht die große Katastrophe der Epoche.

In seinem Roman *Das nackte Leben* (1923), „entworfen 1917, ausgeführt 1923"[11], schildert Gagern in extensiven Dialogen das Leben des österreichischen Diplomaten René, der nach dem Tod seiner Mutter Wien und Europa verlässt und in Marokko, im Atlas-Gebirge, einen Neuanfang wagt. Ähnlich wie in *Die Wundmale* minimalisiert der Autor auch hier die Handlung, allerdings nicht, um die subjektiven, vornehmlich emotionalen Befindlichkeiten des Protagonisten auszuloten, sondern um seine ideologischen Horizonte so umfassend wie

---

10   Ibid., S. 396.
11   Gagern, Friedrich von: *Das nackte Leben*. Paul Parey: Berlin 1925 (25. Auflage), o. S.

möglich darzustellen. Denn René befindet sich auf der Flucht vor der europäischen Zivilisation, die er für dekadent hält und der er einen baldigen totalen Zusammenbruch prophezeit. Dieser bahnt sich unmittelbar nach seinem letzten Besuch in Wien tatsächlich an durch den Ausbruch des Ersten Weltkriegs. Seine Ablehnung der Stadtkultur und des Europäertums belegt René in endlosen Gesprächen, die er mit dem jüdischen Kaufmann Efraim Efrus und einem Repräsentanten des ‚blauäugigen‘ Volkes der Ruafen, eines Volksstammes in den marokkanischen Riffen, führt. Diese lebensreformerisch basierte Debatte zeitigt zum Schluss eine Bestätigung seiner Absage an die Zivilisation. Die Juden werden als Kosmopoliten geschildert, die die wirtschaftlichen Geschicke der Welt bestimmen, die Ruafen hingegen als unbeflecktes, kindlich-naives Naturvolk, Garanten eines originären, noch natürlichen Lebens.[12] Auf sein eigenes Selbst zurückgeworfen, fühlt sich der Österreicher stark und sicher. Das ‚nackte Leben‘ als Sinnbild seines existentiellen Entwurfs kann er jedoch nur in der Gemeinschaft der Ruafen verwirklichen, die völlig frei vom Kulturballast leben: „Sein nacktes Leben war ein Lernen und Wachsen aus reinigender Verjüngung heraus.“[13] Dieser Roman war von Anfang an ein großer Erfolg und erzielte 25 Auflagen. Die suggestive Geschichte vom verwöhnten Wiener der Oberschicht, der in Nordafrika dem Komfort des Cafés Imperial und den Indianerkrapfen melancholisch nachtrauert und dennoch Österreich, „den einzigen Kulturstaat des Abendlandes“,[14] vehement ablehnt, wurde unterschiedlichen Erwartungshorizonten gerecht. Man konnte sie als Abenteuerroman lesen, gleichzeitig aber auch als antimodernistische Apotheose des naturphilosophischen Lebensmodells, nicht zuletzt als zivilisationskritischen, existentialistischen Roman. Thematische Nähe zu Gagern weist der Roman von Ernst Wiechert *Das einfache Leben* (1939) auf. Wiecherts Protagonist, ein Korvettenkapitän, verlässt in den Zwanzigerjahren seine Familie im wilhelminischen Berlin und flüchtet auf eine masurische Insel. Auch dieser Ausreißer distanziert sich bewusst von der modernen Zivilisation, um in einem neuen Lebensentwurf in den Fußspuren der Lebensreformer, in der Stadtflucht, sein wahres Ich zu suchen.

Auf *Das nackte Leben* folgte Gagerns Indianertrilogie (*Der Marterpfahl*, 1925; *Der tote Mann*, 1927; *Das Grenzerbuch*, 1927), wobei *Der Marterpfahl* beim Lesepublikum besonders erfolgreich war.

---

12 Cf. Pederin, Ivan: „Djelo Friedricha von Gagerna“ (wie Anm. 9), S. 390 ff.
13 Gagern, Friedrich von: *Das nackte Leben* (wie Anm. 11), S. 478.
14 Ibid., S. 93.

Die Romane *Die Straße* (1925) und *Ein Volk* (1929), die als Höhepunkte von Gagerns Schaffen angesehen werden, thematisieren das multiethnische Leben an der Militärgrenze gegen Ende des 19. Jahrhunderts. Und mit dem Werk *Schwerter und Spindeln. Ahnen des Abendlandes* (1939) verfasst Gagern eine umfangreiche Chronik des eigenen Adelsgeschlechts im alten Österreich.

Auf die Frage, ob Gagern heute noch aktuell sei, antwortet Ingo Mazurek, sein jagdbegeisterter Verehrer und Autor einer ihm gewidmeten Monografie,

> [...] mit einem überzeugten Ja, begrenzt auf die Grüne Trilogie und wohl wissend, daß der dritte Teil von *Birschen und Böcke* (*Die Birsch auf den Bock*) einige kritische Striche und *Der Jäger und sein Schatten* eine Wortreinigungskur sicher gut vertrügen. Auch die *Grüne Chronik* wäre davon nicht auszunehmen.[15]

Victor Tausk

Dieser Idealist, der sich als Rechtsanwalt in der bosnischen Provinz stets für die Unterprivilegierten einsetzte, die er für die Opfer der österreichischen Kolonialpolitik hielt, verließ Bosnien 1906 und ging nach Berlin, wo er als Literatur- und Theaterkritiker arbeitete. Er publizierte regelmäßig Gedichte, vornehmlich in der *Schaubühne*. Dabei scheute er nicht vor polemisch-satirischem Ton zurück, wie dies aus dem undatierten Gedicht *An Karl Kr...* deutlich wird.[16]

Nach einem Briefkontakt mit Sigmund Freud übersiedelte er auf dessen Einladung nach Wien, schrieb sich dort an der Medizinischen Fakultät ein, beendete dieses Studium im Januar 1914 und ließ sich als Nervenarzt in der Alserstraße 32 nieder. In den inneren Kreis um Freud aufgenommen, nahm Tausk mit Beiträgen über Schizophrenie an der sogenannten Mittwochs-Gesellschaft teil. Er galt als eine herausragende Begabung und ein aufgehender Star der Psychoanalyse, dem allerdings eine große Karriere als Psychoanalytiker versagt geblieben ist. Freud baute Tausk weder zu seinem engsten Mitarbeiter, noch zu seinem

---

15 Mazurek, Ingo: *Friedrich von Gagern – heute noch aktuell? Über die Bedeutung des brillanten Dichters und Weidmanns.* Frieling: Berlin 1995, S. 221.

16 „An Karl Kr... // Willst Du Dich finden, Karl Kraus, / so lösch die Lichter Deines Geistes aus ... / Dann siehst Du tief im dicksten Menschendunkel / Der Zornesfunken flunkerndes Gefunkel / Und Du erschrickst und schreist nach Licht: ‚Das bin ich nicht! Das ist nicht mein Gesicht!' / Du hast ein tiefes Herz und treue Hände. / Sei still und gut. Der Zorn, der kennt kein Ende / Und endet doch und stirbt so krank und schwer; / Er sieht und will und greift und – kann nicht mehr. / Die lahmen Finger krümmen sich zu sich / Und fassen nicht und schluchzen fürchterlich. / Das ist der Tod des Zornes, Karl Kraus ... / Willst Du Dich sehn, so lösch die Lichter aus." In: Tausk, Victor: *Gesammelte psychoanalytische und literarische Schriften* (wie Anm. 5), S. 452.

Nachfolger auf. Private Konflikte und professionelle Missverständnisse standen dem im Wege.[17] Es lag jedoch nicht allein an Freud, auch die Zeichen der Zeit waren ungünstig: Vom August 1915 bis November 1918 diente Tausk als Militärarzt im galizischen Rzeszów, in Kowel, Lublin, zuletzt in Belgrad. Der tägliche Umgang mit nervlich und psychisch geschädigten Frontsoldaten hat ihn zutiefst traumatisiert. Nach seiner Rückkehr nach Wien wandte er sich an Freud mit der Bitte, ihn zu psychoanalysieren. Freud lehnte Tausk als Patienten ab, eine junge, noch unerfahrene Schülerin Freuds, Helene Deutsch, sollte die Psychoanalyse übernehmen. Tausk war durch diese Ablehnung tief gekränkt, zumal auch seine eigene Praxis als Nervenarzt kaum ein sicheres Einkommen garantierte. Trotz existentieller Not schmiedete er Pläne für einen eigenen Neuanfang. Schließlich erlag dieser ambivalente Charakter aber seiner inneren Sinnkrise und setzte am 3. Juli 1919 seinem Leben ein Ende. Der amerikanische Historiker und Psychoanalytiker Paul Roazen, der über das schwierige Verhältnis zwischen Freud und Tausk umfassend recherchiert hat, schreibt: „Tausk's unhappiness was not simply a reaction to the stress of external conditions. His problem was more his inner despair.“[18]

Der Großteil von Tausks Schriften ist aufgrund seines testamentarischen Wunsches verbrannt worden. Zu seinen Lebzeiten erschien ein autobiografisches Drama, *Halbdunkel* (Wien 1905), Nachdichtungen von südslawischen Balladen (1907 in Berliner Literaturzeitschriften) sowie einige Erzählungen, von denen die bekannteste, *Husein Brko. Bosnische Zigeunergroteske* 1912 in der deutschsprachigen Kulturzeitschrift *Südslawische Revue* seines Vaters, Hermann Tausk, in Sarajevo gedruckt worden war. Der Vernichtung entgingen einige Gedichte, zu denen auch das bereits erwähnte *An Karl Kr...* zählt. Zu dieser schmalen lyrischen Sammlung äußert sich der stark desillusionierte Tausk im Januar 1915, sieben Monate bevor er als Landsturmarzt einberufen wurde:

Die hier gesammelten Gedichte sind in entscheidenden Zeiten meines Lebens entstanden und verraten meinen wirklichen Gemütszustand. Diese Zusammenstellung stellt den Abschluss einer mir früher sehr lieben und wertvollen geistigen Betätigung dar. Ich

---

17 Cf. Roazen, Paul: *Brother Animal. The Story of Freud and Tausk*. Alfred A. Knopf: New York 1969, sowie die biografische Skizze von Tausks Sohn: Tausk, Marius: „Wer war Viktor Tausk? Ein biografischer Versuch von seinem Sohn“. In: Tausk, Victor: *Gesammelte psychoanalytische und literarische Schriften* (wie Anm. 5), S. 498–563.

18 Roazen, Paul: *Brother Animal* (wie Anm. 17), S. 154.

kann schon seit langer Zeit nicht mehr in gebundener Sprache schreiben. Nun habe ich auch kein Bedürfnis mehr danach.[19]

Als Epiker weiß Tausk die Praktiken der österreichischen Kolonialherren und die Biografien ihrer Untertanen herauszustreichen, ohne der Folklore oder dem sentimentalen Pathos anheimzufallen. Indem er die Lebensgeschichte des Zigeuners Husein Brko erzählt, verzichtet er nicht auf metapsychologische und juristische Einschübe. Den Untergang eines Ausgegrenzten leuchtet er vor dem bunten Panorama der multikulturellen Vielfalt in Bosnien-Herzegowina analytisch aus. In Tausks psychologischen Schriften tritt dem Fachpublikum ein Fabulierer entgegen, der auf dem Gebiet der Hypnose und der Schizophrenie recherchierte und in seine Analysen den juristischen und philosophischen Diskurs einbindet. Als Militärarzt hielt er am 2. ‚Feldärztlichen Abend‘ in Lublin am 19. Januar 1916 den Vortrag *Diagnostische Erörterungen auf Grund der Zustandsbilder der sogenannten Kriegspsychosen*.[20] Einen weiteren Aspekt der kriegsbedingten neurotischen Krisenzustände behandelt er in zwei Vorträgen, die unter dem Titel *Zur Psychologie des Deserteurs* im selben Jahr publiziert worden sind.[21] In diesen Berichten tritt ein Erzähler auf den Plan, der kasuistisch, psychologisch und juristisch die Verzweiflungstat analysiert, mit der er in seiner Praxis oft konfrontiert war. Durch die sublime Annäherung an neurotische Persönlichkeiten konstruiert er subjektive Menschenbilder auf dem Höhepunkt ihrer Identitätskrisen. Mit wenigen Ausnahmen fielen sie alle den Militärgesetzen zum Opfer.

Tausks Studie *Über die Entstehung des ‚Beeinflussungsapparates‘ in der Schizophrenie*, 1919 erstveröffentlicht,[22] wird von der Fachwelt nach wie vor beachtet, appelliert aber ebenso an das nichtfachliche Lesepublikum. Im Umschlagtext des Berliner Semele-Verlags, der die Studie 2008 nachgedruckt hat, wird Tausk als „Kafka der Psychoanalyse" bezeichnet.[23] Der Vergleich mit Kafka drängt sich

---

19 Tausk, Victor: *Gesammelte psychoanalytische und literarische Schriften* (wie Anm. 5), S. 432.

20 Erstveröffentlicht in: *Wiener medizinische Wochenschrift*. Bd. 38, 1916, Sp. 1456–1463. Nachdruck in: Tausk, Victor: *Gesammelte psychoanalytische und literarische Schriften* (wie Anm. 5), S. 219–244.

21 Erstveröffentlicht in: *Internationale Zeitschrift für ärztliche Psychoanalyse*. Bd. 4, 1916, S. 193–204 u. 229–240. Nachdruck in: *Gesammelte psychoanalytische und literarische Schriften* (wie Anm. 5), S. 169–198.

22 In: *Internationale Zeitschrift für ärztliche Psychoanalyse*. Bd. 5, 1919, S. 1–33. Nachdruck in: *Gesammelte psychoanalytische und literarische Schriften* (wie Anm. 5), S. 245–286.

23 Tausk, Victor: *Beeinflussungsapparate. Zur Psychoanalyse der Medien*. Berlin 2008.

auf, wenn man die verheerende Auswirkung der Beeinflussungsapparate auf die
kranke Psyche von Tausks Patienten mit Kafkas erzählerischen Darstellungen
von Bestrafungsmechanismen und Strafapparaten vergleicht. Nicht zuletzt verbinden die zwei Autoren auch Misserfolge bei den Versuchen in ihren Privat-
leben, sich in der Gesellschaft zu integrieren, auf die Tausk, im Unterschied zu
Kafka, mit selbstzerstörerischer Radikalität reagiert hat.[24] Der Verlag bringt auf
dem Einband eine Interpretation, die weit über die Grenzen der Psychothera-
pie hinausweist und Tausk zum genialen Vorgänger der modernen Medienwelt
hochstilisiert:

> Zu einer Zeit geschrieben, als die elektronischen Massenmedien weder technisch
> noch gesellschaftlich eine Rolle spielten, bietet Victor Tausks Studie zu den Beeinflus-
> sungsapparaten in der Schizophrenie die wohl ungewöhnlichste Deutung der herauf-
> dämmernden Medienwelt. Man könnte sagen: Bevor Fernsehen und Radio erfunden
> wurden, existierten sie schon in der Köpfen der schizophrenen Patienten, und zwar als
> Beeinflussungsapparaturen. Diese Beeinflussungsapparaturen spiegeln Trugbilder vor,
> sie rufen Stimmhalluzinationen hervor, suggerieren Empfindungen oder entziehen sie,
> Vampiren gleich, dem Betreffenden. Hat ihr Innenleben die Form eines Menschen, nur
> ohne Geschlecht, setzen sie sich in den Kopf des Patienten und beginnen für ihn zu den-
> ken und zu empfinden. Mochten all diese Beschreibungen einem Leser zu Beginn des
> 20. Jahrhunderts wie Nachrichten aus einer fernen Welt erscheinen, so ist der Witz, dass
> sich all diese Apparaturen auf wundersame Weise eingelöst haben, ja, dass das, was den
> Patienten fremdartig und bedrohlich erscheint, längst zu unserer alltäglichen Medien-
> umwelt gehört. Wenn aber, wie Tausk sagt, der *Verlust der Ichgrenzen* ein Charakteristi-
> kum der Schizophrenie sein sollte, so wäre die Schizophrenie in der Mediengesellschaft
> zum Normalzustand geworden.[25]

Der 1903 in Wien geborene und 1938–39 in Dachau und Buchenwald inhaftierte
Psychologe Bruno Bettelheim wurde nicht zuletzt durch seinen eigenen existentiellen Überlebenskampf auf Tausks Analysen über psychische Krisen aufmerksam. Er griff dessen Beeinflussungslehre auf und führte sie diskursiv weiter.[26]

---

24 Cf. Roazen, Paul: *Brother Animal…* (wie Anm. 17), S. 194.: „Curiously enough, Kafka,
    who shared so many other similarities with Tausk, also wrote about the machine as a
    projection of the human body. His *In the Penal Colony* describes the same mechanism
    that Tausk had come across in his psychiatric work. In Kafka's tale, a machine controls
    thoughts and feelings as it drives punishment into the victim's body; finally, body and
    machine become stuck together."

25 Tausk, Victor: Beeinflussungsapparat (wie Anm. 23), Umschlag.

26 Bettelheim, Bruno: *The Empty Fortress. Infantile Autism and the Birth of the Self.* The
    Free Press: New York 1972. Deutsche Ausgabe: *Die Geburt des Selbst. The Empty Fort-
    ress. Erfolgreiche Therapie autistischer Kinder.* Aus dem Amerikanischen von Erwin

Das Forschungsprojekt des Fraunhofer Instituts für Medienkommunikation unter dem Titel *Influencing Machine* (2000–2002), gleichzeitig auch ein „EU project in the Information Society Technological Program", gründet ebenfalls auf Tausks Pionierforschung, wie dies aus der Beschreibung des Projektgegenstands als „a paranoid delusion first described by Victor Tausk and extensively described by Bruno Bettelheim in his case study of Joey, a boy who believed he was mechanical" hervorgeht.[27]

Die Nachwirkung Tausks beschränkt sich nicht ausschließlich auf das Feld der Tiefenpsychologie. Die kroatische Schriftstellerin Sibila Petlevski nahm Tausks Biografie und seine Epoche als Vorlage für ihre Romantrilogie *Tabu*. Einzelne Romane: *Vrijeme laži* (Die Lügenzeit, 2009), *Bilo nam je tako lijepo* (Wir haben eine so schöne Zeit gehabt!, 2011) und *Stanje sumraka* (Dämmerungszustand, 2013) sind im Verlag Fraktura in Zaprešić erschienen. Indem sie Tausks Lebensraum fiktional erweitert, vertieft die Autorin die Erlebniswelten und die intellektuellen Präokkupationen des Protagonisten und konstruiert dadurch ein paradigmatisches Weltbild der Moderne. In dieser Epoche zwischen der verspäteten industriellen Revolution auf dem österreichischen Okkupationsgebiet und dem Ersten Weltkrieg bewegt sich Tausk geistig souverän, trotz aller privaten und beruflichen Rückschläge. Der Tiefenpsychologe und Philosoph, der die Schwelle der Moderne allerdings nicht überschritten hat, wirkt in Petlevskis ästhetischer Fortschreibung bis in die heutige Zeit hinein.

Gizella von Tarczay

Über die Lyrikerin ist nicht viel bekannt. In Cernik in Kroatien geboren, publizierte sie zwei Gedichtsammlungen, eine deutsche, *Im Gewitter* (1921) und eine kroatische, *U gorskoj tišini* (In der Gebirgsstille, 1926), bevor sie Kroatien für immer verließ. Sie war sehr naturverbunden und eine aktive Bergsteigerin. Bis heute prägt der allsonntägliche Aufstieg auf den Sljeme, den höchsten Punkt der Medvednica, an deren Fuße Zagreb liegt, den bürgerlichen Lebensstil der kroatischen Hauptstadt. Tarczay zog jedoch als Mitglied des Bergsteigervereins höhere Gebirge vor, insbesondere das im Süden des Landes liegende Massiv Velebit, dem sie auch einige Gedichte gewidmet hat. Ihre deutsche Lyrik steht in

---

Ortmann. Kindler: München 1977. Cf. auch Bettelheim, Bruno: *Erziehung zum Überleben. Zur Psychologie der Extremsituation*. Dtv: München 1982.

27	Cf. Sengers, Phoebe/Kulessa, Thomas/Geng, Weidong: *The Influencing Machine – Emotions in Interaction*. http://netzspannung.org/about/mars/projects/pdf/influencing-machine-2002-2-en.pdf. Zugriff vom 07. 10. 2014.

der Tradition der deutschen Romantik. Die Gedichte sind kurz und bestehen in
der Regel aus drei bis vier zwei- bzw. vierzeiligen Strophen. Diese einfühlsame
Naturbeobachterin verinnerlicht das Landschaftserlebnis und verdichtet es zu
intensiven poetischen Bildern. Einige dieser Gedichte haben in Chroniken und
Sammelbände Eingang gefunden.[28]

Sie reflektiert darüber hinaus über Gefühle, Gemütszustände, evoziert auch historische Ereignisse, die der neuen politischen Wirklichkeit vorausgegangen sind.
Gedichte wie *Verhängnis, Am 28. Feber 1919, Nach dem Weltbrand, Sylvesternacht
1920–1921* tragen der traumatischen Erschütterung Rechnung, die sie und ihre
Familie zum Verlassen Kroatiens veranlasst hat.[29] Ihr prägender lyrischer Gestus ist
die starke Verunsicherung und die Verlorenheit der Menschen, die wie ihre eigene
Familie durch den Krieg heimatlos geworden sind. Tarczay akzentuiert die „tiefe,
tiefe Kluft", zwischen den im Streit liegenden Völkern. Sie fühlt sich gehasst, und
doch will sie der Heimat stille Treue bewahren.[30] In ihrem Gedicht *Verhängnis* wählt
sie die konventionelle Metapher der „weißen Stadt" für Zagreb, die die Zuneigung
und Verehrung der Bewohner der kroatischen Metropole zum Ausdruck bringt:

> Verhängnis
>
> Und wieder weiter reißt der Wirbelwind
> Das welke Blatt …
> Weshalb verstößt du doch dein eigen Kind,
> Du weiße Stadt?
> Verträumen wollt' ich hier des Lebens Traum
> In deinem Schooß;
> Nun muß ich gehen … Wohin? Ich weiß es kaum;
> Das ist mein Los.
> Das war auch meines Vaters Los; er fand
> Im Grab erst Ruh;
> Und fremde Hand drückt' ihm im fremden Land
> Die Augen zu …[31]

---

28 Cf. *Hrvatski planinar* (Der kroatische Bergsteiger), 3–4 (1977), S. 136; Feleter, Dra-
    gutin (Hrsg.): *Samobor u povodu 762. obljetnice grada Samobora* (Zur Feier des 762.
    Gründungsjubiläums der Stadt Samobor). Samobor 2004.
29 Für die Sammlung wurde im kroatischen Buchhandel mit einer zweisprachigen Emp-
    fehlung geworben, die den politischen Kontext hervorhebt: „*Im Gewitter*. Stihovi iz
    prevrata" (*Im Gewitter*. Verse aus der Wendezeit). Cf. den Umschlag von Tarczays
    kroatischer Gedichtsammlung, *U gorskoj tišini*, Zagreb 1926.
30 Cf. Tarczay, Gizella von [Gedicht Nr. 6]. In: Tarczay, Gizella von: *Im Gewitter*. Zagreb
    1921, S. 17.
31 Ibid., S. 33.

Schluss

Gagern, Tarczay und Tausk haben den Kriegsausbruch 1914 bereits als selbstbewusste junge Autoren erlebt, Gagern und Tausk haben sogar zuvor ihre ersten literarischen Erfolge gefeiert. Der Erste Weltkrieg bedeutete für sie die Erschütterung der Existenz, einen unwiederbringlichen existentiellen Bruch. Die habituellen Wandlungen in ihren Lebenswegen vor dem Hintergrund der historischen Zäsuren 1914 und 1918 finden ihren Niederschlag in entsprechenden literarischen Neupositionierungen. Während der Erste Weltkrieg und die Zeit unmittelbar danach in Gagerns Œuvre durch eine Leerstelle markiert sind, spielen sie eine wichtige Rolle in Tarczays Lyrik und in Tausks diskursiven Schriften. Vor allem Tausk, der ‚im Felde‘ stand, verkörpert jene ‚verblutete Generation‘, die durch die Kriegserfahrung von 1914 geprägt ist. Deren Zäsurcharakter als lebens- und werkgeschichtlicher Grundimpuls für die ästhetische und psychoanalytische Produktivität tritt bei diesem Autor besonders deutlich hervor. Gleichwohl haben alle drei Autoren die Lebenswelt und Kultur ‚Alt-Europas‘ noch ganz als intellektuelle Erfahrung erlebt und zugleich ihre Zerstörung oder Aufhebung als Erschütterung oder wenigstens als permanente Infragestellung ihrer eigenen Existenz bis an ihr Lebensende mit sich getragen.

Vergleicht man Gagern und Tarczay (Tausk fällt aus dieser aristokratischen Reihe zunächst heraus), so kann man ein ähnliches Milieu beobachten, die räumliche Nähe und das Verlassen der Heimat nach dem Krieg. Nicht zuletzt auch im Horizont der landsmannschaftlichen Natur- und Mensch-Problematik sieht man diese Aristokraten auf einer metapsychologischen Ebene verbunden. Wie Uwe Baur feststellt, ist Gagerns „führende Lebensbeziehung“ die Jagd als vergeistigter Restbestand seines adligen Status. Er findet seine Identität in den Wäldern und in der Beziehung zum Tier. Das Bekenntnis zur Jagd des Wiener Diplomaten René, der zentralen literarischen Figur des Romans *Das nackte Leben*, gilt erst recht für Gagern selbst: „In der Jagd offenbarte sich die einfache Wirklichkeit wie die höhere Wahrheit aller Beziehungen des Lebens; die Jagd, Schwester des Krieges, war die Mutter aller Dinge.“[32] Bei Tarczay ist es eine ähnliche Liebe zu den Wäldern und Bergen ihrer Heimat, in denen sie ihre Identität als lyrische Dichterin festmacht. Auch sie lebt als Dichterin der Gebirge in einer kleinen Liebhabergemeinschaft weiter, genauso wie Gagern bei literarisch interessierten Jägern. Beide halten an der Natursymbolik fest, an Rückwärtsgewandtheit, ästhetische Reize suchen und finden sie vornehmlich in der Natur. Diese Texte sind bis heute nicht ganz vergessen. Die von Kulturpessimismus

---

32 Gagern, Friedrich von.: *Das nackte Leben* (wie Anm. 11), S. 21.

durchdrungene Abkehr von der gesellschaftlichen Aktualität, die nur Unheil und nichts Gutes verheißt, führt zum Eskapismus, der im Wald, im Gebirge und beim Tier Trost findet. Während beim Epiker Gagern der Erste Weltkrieg vordergründig kaum eine Rolle spielt, setzt sich Tarczay in ihren Versen couragiert mit dieser Katastrophe auseinander und scheut nicht davor zurück, den plötzlichen Verlust der Heimat deutlich zu beklagen. In den Zwanzigerjahren schlagen dann beide unterschiedliche Wege ein. Tarczay verzichtet weitgehend auf das Schreiben in deutscher Sprache und passt sich in Ungarn der neuen Realität an, Gagern verweigert sich hingegen den Herausforderungen der neuen Ordnung, entwickelt sich zunehmend zu einem Einzelgänger/Sonderling und lebt die letzten zwanzig Jahre seines Lebens zurückgezogen in Niederösterreich, nur noch an den Untergang des Abendlandes glaubend.

Victor Tausk ist als einziger am inneren Zusammenbruch, der durch die Erschütterung traditioneller Werte eingeleitet worden war, zugrunde gegangen. Der Konflikt mit Freud, die berufliche Aussichtslosigkeit und die materielle Verarmung trieben ihn in Isolation. Freud schreibt in seinem Nachruf, dass dieser begabte Mensch an den Folgen einer kriegsbedingten Depression gelitten hätte.

Sibila Petlevski schildert im dritten Teil ihrer Romantrilogie Tausks Freitod als einen vernunftkontrollierten Bilanzakt des sensiblen Intellektuellen, jenseits von jeder metaphysischen Spekulation.[33] Wie man es auch interpretiert, Victor Tausk ist ein Opfer des Ersten Weltkriegs, gleichzeitig wird aber dieser zum Verzicht Verurteilte auch zum Proteus der Moderne. Seine wissenschaftlichen Arbeiten über die Psychopathologie des Alltagslebens, über die Kriegsneurose, über die schöpferische Kraft der Kunst, insbesondere aber seine bahnbrechenden Studien über die Schizophrenie, fanden interessierte Nachfolger und inspirieren sogar die digitalen Medien des 21. Jahrhunderts. So gesehen erfreut sich der tragische Modernist Tausk einer nachhaltigen Wirkung, die dem Antimodernisten Gagern und der Naturmystikerin Tarczay versagt geblieben ist.

---

33 Petlevski, Sibila: *Stanje sumraka* (Dämmerungszustand), III. Teil der Trilogie *Tabu* (Tabu), Fraktura: Zaprešić, 2013, insbes. S. 179 ff u. 333 ff.

Tadeusz Skwara

Lion Feuchtwangers ‚dramatischer Roman' *Thomas Wendt* – eine Antwort auf den Ersten Weltkrieg?

Die Nachricht vom Ausbruch des Ersten Weltkrieges gelangte zu Lion Feuchtwanger in Tunesien, mitten in seinen Flitterwochen. Er wurde als Deutscher von den Franzosen verhaftet; die Flucht aus Tunis gelang ihm dank seiner Frau Marta.[1] Versteckt auf der „Cittá di Messina" erreichte er Italien,[2] wo er sich sofort beim deutschen Konsul meldete. Nach der Rückkehr nach München (wo er zeitweise als Held gefeiert wurde),[3] begann für ihn die leidvolle Zeit als Rekrut, bis er nach einigen Monaten von Ärzten für ‚kriegsuntauglich' erklärt wurde.[4] Feuchtwangers Einstellung zum Krieg (er fühlte sich nie von der Kriegspropaganda

---

1   Marta kaufte zwei Schiffskarten und sprach beim französischen General für die Befreiung ihres Mannes vor. Als dieser auf Ehrenwort aus dem Gefängnis entlassen wurde, fuhren sie sofort zum Hafen und erreichten (nicht ohne Probleme) das italienische Schiff „Cittá di Messina". Cf. Flügge, Manfred: *Die vier Leben der Marta Feuchtwanger*. Aufbau: Berlin 2008, S. 74–76.

2   „Mich hatten, sowie die Franzosen aufs Schiff kamen, zwei italienische Matrosen unter Seilen und Tauen in einer unbenützten Kajüte versteckt [....]. Ich selbst lag unterdessen versteckt in der dunklen Kajüte, in die mich die Italiener eingeschlossen hatten, und zählte die Minuten bis zum Abgang des Dampfers, die angstvollsten meines Lebens." Feuchtwanger, Lion: *Flucht aus Tunis*. In: id.: *Centum Opuscula. Eine Auswahl*. Greifenverlag: Rudolstadt 1956, S. 358–362, zit. S. 361.

3   „In Deutschland sah man mein Entkommen zu Unrecht als ein kleines Heldenstück an, die Zeitungen schrieben viel darüber, und man gönnte mir ein paar Wochen Urlaub, ehe ich einrücken musste." Feuchtwanger, Lion: *Aus meinem Leben (1954)*. In: Goldammer, Peter (Hrsg.), *Lebensdaten. Autobiographisches von Gerhart Hauptmann bis Arnold Zweig*. Hinstorff: Rostock 1979, S. 350–358, zit. S. 356.

4   Feuchtwangers persönliche Kriegserfahrung als Rekrut fasst Wilhelm von Sternburg folgendermaßen zusammen: „Für einige Monate wird er Soldat. Der kleingewachsene, unsportliche Rekrut absolviert die stumpfsinnige Erziehung zum Krieg mit stoischem Gleichmut. Das Grauen der Front aber bleibt ihm erspart, die kurze Zeit als Soldat endet mit einem gesundheitlichen Zusammenbruch. Er wird ‚kriegsuntauglich' geschrieben." Sternburg, Wilhelm von: „Der Weg zum Weltruhm". In: id. (Hrsg.): *Lion Feuchtwanger. Materialien zu Leben und Werk*. Fischer Taschenbuch Verlag: Frankfurt a. M. 1989, S. 13–36, zit. S. 22.

angezogen)[5] zeigt am besten sein 1914 publiziertes, dann in *Thomas Wendt* aufgenommenes Gedicht *Wir warten*, in dem er das grauenvolle Dasein der Frontsoldaten thematisiert.[6] In dieser Zeit beginnt auch seine ‚richtige‘ Karriere als Schriftsteller,[7] wobei sich Marta um den gemeinsamen Haushalt und die Gesundheit ihres ewig kranken Gatten kümmern musste.[8] Während des Krieges schrieb er neun Dramen (es handelt sich teils um originelle Arbeiten, teils um Bearbeitungen indischer und antiker Stoffe), von denen einige recht erfolgreich wurden. Auch in diesen Werken brachte er seine politischen Überzeugungen zum Ausdruck, indem er sich für das Verständnis für die Besiegten aussprach (*Die Perser von Aischylos*[9]) und für deutsch-französische Aussöhnung warb (*Die Kriegsgefangenen*[10]).

5   „Ich hatte durchaus nicht an den Krieg glauben wollen, und daß der Krieg kommen konnte, stürzte mein ganzes Weltbild um. Es wühlte mich auf, daß in dem allgemeinen Irrsinn ringsum so wenige vernünftig blieben." Feuchtwanger, Lion: *Aus meinem Leben* (wie Anm. 3), S. 356–357.

6   „Das Gedicht *Wir warten* in der 3. Szene des zweiten Buches ist schon im Jahre 1914 in der Zeitschrift *Die Schaubühne* veröffentlicht worden. Es ging, damals mißverstanden, durch die ganze deutsche Presse, wurde oft komponiert und findet sich in vielen Anthologien deutscher Kriegslyrik […]. Las man es damals, so war sein Sinn offenbar nur denjenigen klar, die eines Herzens mit dem Autor waren." Feuchtwanger, Lion: *Vorwort zu den ‚Drei Stücken'*. In: id.: *Centum Opuscula* (wie Anm. 3), S. 400–402, zit. S. 401.

7   „Das Jahr 1916 bildet eine Zäsur im Schaffen Feuchtwangers. Er verabschiedet sich von der Profession des Kritikers und Rezensenten als Hauptbroterwerb. Lion gibt die wirtschaftliche Sicherheit des Zeilenhonorars der *Schaubühne* und der Feuilletons großer deutscher Tageszeitungen auf und entscheidet sich für ein Leben als Schriftsteller. Das in Aussicht stehende väterliche Erbe [im gleichen Jahr starb Feuchtwangers Vater – TS] erleichtert die Lebensentscheidung." Heusler, Andreas: *Lion Feuchtwanger. Münchner – Emigrant – Weltbürger*. Residenz: St. Pölten/Salzburg/Wien 2014, S. 128–129.

8   „Gegen Ende des Krieges wurde die Versorgungslage immer schwieriger. Marta strengte sich bei ihren Einkaufstouren so sehr an, dass sie blass und abgemagert war, sogar eine Tuberkulose-Erkrankung befürchten musste […]. [Sie] stand nachts auf und backte ein spezielles Brot, denn Lion vertrug das frei verkäufliche Brot nicht." Flügge, Manfred: *Die vier Leben* (wie Anm. 1), S. 91.

9   „Ich konnte vor allem den Haß gegen die Feinde nicht begreifen und versuchte, den Feinden gerecht zu werden. Ich benutzte die Wochen, die mir bis zu meiner Militärzeit blieben, um die *Perser* des Aischylos zu übersetzen, jenes Werk, das dem Feinde so großartig gerecht wird und welches auf der andern Seite den Übermut des Machtgierigen und die Strafe dieses Übermuts in so mächtigen Versen darstellt. [Dies] wurde von den wenigen verstanden, von den vielen nicht verstanden". Feuchtwanger, Lion: *Aus meinem Leben* (wie Anm. 2), S. 357.

10   Dieses Drama, „mein erstes realistisches Stück", wurde schnell verboten. Ibid., S. 358.

Während des Krieges vertiefte sich auch seine Beziehung zu Schriftstellerfreunden Heinrich Mann und Frank Wedekind.[11] Im *Versuch einer Selbstbiographie* von 1927 betont Lion Feuchtwanger die eminent wichtige Rolle, die der Erste Weltkrieg für seine „Schriftstellerei" gespielt hat:

> starke dynamische Veränderungen hat der Krieg in meiner Schriftstellerei hervorgebracht, er hat mir das geschmäcklerische weggeschliffen, mich von der Überschätzung des Ästhetisch-Formalen, der Nuance, zum Wesenhaften geführt.[12]

In der Forschung ist man sich jedoch keineswegs einig, ob der Krieg tatsächlich eine so starke Wende im Verhältnis des Schriftstellers zur Kunst bedeutet. Hamid Ongha hebt zwar hervor, dass in Feuchtwangers Nachkriegsschaffen nicht nur eine endgültige Absage an den Ästhetizismus, sondern darüber hinaus eine „Öffnung zur gesellschaftlichen Wirklichkeit im Spiegel des jeweiligen Kunstwerkes"[13] stattfindet. Aber nach Doris Rothmund sind die ersten Spuren seiner Ablehnung von *l'art pour l'art* schon 1908 zu finden.[14] Ähnlich urteilt Wolfgang Müller-Funk.[15] Für Karl Kröhnke dagegen blieb Feuchtwanger bis zum Ende seines Lebens ein „Ästhet".[16]

---

11 „In diesen Kriegsjahren war ich sehr viel mit Wedekind und Heinrich Mann zusammen […]. Erst in diesen Jahren und durch die Gespräche mit diesen Männern klärte sich mir das Bild der Zeit, und von da an konnte ich auch allmählich Ordnung bringen in die vielen historischen Fakten, die ich gelernt hatte." Ibid., S. 357.

12 Feuchtwanger, Lion: *Versuch einer Selbstbiographie* (1927). In: id.: *Centum Opuscula* (wie Anm. 2), S. 363–364, zit. S. 363. Im gleichen Text heißt es aber auch: „Selbstverständlich spüre ich, mein Vorkriegswerk und mein Werk nach dem Kriege vergleichend, Unterschiede. Aber der Krieg hat mir, glaube ich, neue Inhalte nicht gegeben […]. Auch eine tiefe Skepsis den Kompromissen gegenüber, die das Drama fordert, hat mich der Krieg gelehrt." Ibid.

13 Ongha, Hamid: *Geschichtsphilosophie und Theorie des historischen Romans bei Lion Feuchtwanger: die Entwicklung Feuchtwangers von seinen literarischen Anfängen bis zum Exil*. Europäische Hochschulschriften 1/595. Peter Lang: Frankfurt a. M. et al. 1982, S. 202.

14 Cf. Rothmund, Doris: *Lion Feuchtwanger und Frankreich. Exilerfahrung und deutsch-jüdisches Selbstverständnis*. Europäische Hochschulschriften 1/1212. Peter Lang: Frankfurt a. M. 1990, S. 84.

15 Cf. Müller-Funk, Wolfgang: „Von der aktuellen Schriftstellerei zum modernen Roman. Die Konstituierung einer literarischen Karriere". In: Sternburg, Wilhelm von (Hrsg.): *Lion Feuchtwanger* (wie Anm. 4), S. 292–311, hier S. 301.

16 Cf. Kröhnke, Karl: „Der Ästhet in der Sowjetunion: Lion Feuchtwanger. Zu seinem Buch *Moskau 1937*". In: Sternburg, Wilhelm von (Hrsg.): *Lion Feuchtwanger* (wie Anm. 4), S. 174–198, hier S. 191: „Und da er (wie wir am Text seines Moskau-Buchs beobachteten) selbst Literat und ‚Ästhet' geblieben ist (und bleiben muß), solange er eben schriftstellert […]".

Nimmt man mit Ongha und Feuchtwanger selbst an, dass er als Autor doch eine tiefgreifende „literarische und weltanschauliche Veränderung"[17] durch den Krieg erfahren hat, so scheint sie sich – ich zitiere das Urteil des iranisch-deutschen Forschers – „in dem ‚dramatischen Roman' *Thomas Wendt* [...] am deutlichsten" zu zeigen:

> Mit diesem Stück setzt er den endgültigen Schlußpunkt unter die ästhetische Konzeption, „Kunst habe nur schön zu sein". Gleichzeitig werden daran aber auch die Grenzen seines ‚realistischen' Auffassungsvermögens sichtbar. Persönlich-Politisches und literarische Verarbeitung der reflektierenden Zusammenhänge in der Gesellschaft fließen in diesem Werk zusammen.[18]

Bevor wir uns dem Stück selbst zuwenden, ist die ihm vom Autor zugeschriebene Gattungsbezeichnung ‚dramatischer Roman' zu kommentieren. Wie Feuchtwanger zu diesem paradoxen Begriff kam, erklärt vielleicht am schlüssigsten Alfred Kantorowicz:

> Der Extrakt seiner [i. e. Feuchtwangers] theoretischen Bemühungen ist zu deuten als der Versuch der Überwindung des naturalistischen Dramas, das nur Ausschnitte, Oberflächenausschnitte zeigt. Feuchtwanger will [aber] die Breite wie die Tiefe der gesellschaftlichen Bewegung erfassen.[19]

Das Endergebnis dieser Überwindung der naturalistischen Dramatik sei Feuchtwangers Übergang vom Drama zum Roman gewesen.[20] Feuchtwanger selbst erläutert, was er unter einem ‚dramatischen Roman' versteht, im Vorwort zur ersten Fassung von *Thomas Wendt* (1920). Nur die Bezeichnung sei neu, nicht die Sache; es lassen sich zum Beispiel auch die Dramen Shakespeares als ‚dramatische Romane' interpretieren. Er bestimmt dieses Genre zunächst in Opposition zur dramatisierten Anekdote:

> Dramatischer Roman ist der Gegenpol des Anekdotenromans, des Bühnenwerks, das sich darauf beschränkt, eine Anekdote zu dramatisieren und von der Anekdote aus ein Perspektivchen in eine Zeit, in eine Idee, ins allgemein Seelische, ins Leben, in die Welt aufzutun.[21]

---

17 Ongha, Hamid: *Geschichtsphilosophie und Theorie des historischen Romans* (wie Anm. 13), S. 205.
18 Ibid.
19 Kantorowicz, Alfred: „Lion Feuchtwangers dramatischer Roman *Thomas Wendt*". In: Wolff, Richard (Hrsg.), *Lion Feuchtwanger. Werk und Wirkung*. Bouvier: Bonn 1984, S. 56–68, zit. S. 67. Feuchtwangers Begriff des ‚dramatischen Romans' erinnert, wohl nicht ohne Grund, an Brechts ‚episches Drama'; cf. Anm. 35.
20 Cf. ibid., S. 68.
21 Cf. Feuchtwanger, Lion: *Vorwort*. In: id.: *Thomas Wendt. Ein dramatischer Roman*. Georg Müller Verlag: München 1920, S. 5–9, zit. S. 5.

Es folgt eine Gegenüberstellung von Roman und Drama: Während der Roman nicht nur ein Einzelschicksal, sondern eine ganze Welt „gibt", sei das Drama nur die Krone eines Baumes, nur die Spitze einer Pyramide (der Roman dagegen ist der ganze Baum, die ganze Pyramide). Diesen Teil des Vorworts beschließt Feuchtwangers Absichtserklärung mit einer weiteren Annäherung an die Definition des dramatischen Romans:

> ich will nur die Spitze der Pyramide geben, aber Sie sollen (ihr sollt) spüren, immer wieder sollen Sie (sollt ihr) gemahnt werden, wie darunter die Basis wuchtet, wie ringsum die Wüste wächst, wie in dem Blau die Geier schweben [...]. *Dramatischer* Roman: ich halte mich nicht auf, und ich halte Sie (euch) nicht auf, nicht mit der Wüste und nicht mit den Geiern und nicht mit den Königen und nur ganz wenig mit den neugierigen Bürgern. Aber verzichten will ich nicht auf dies alles. Da soll es sein. Seinen Dunst sollen Sie (sollt ihr) spüren.[22]

Weitere Ausführungen veranschaulichen, dass es keinen rein dramatischen oder rein epischen Stoff als solchen gibt: Jeder Stoff könne sowohl im Drama als auch im Roman dargestellt werden. Nach einigem Schwanken zwischen beiden Gattungen bekräftigt Feuchtwanger seine Entscheidung für den dramatischen Roman:

> Nein, es bleibt nichts anderes. Drama ist zu eng, Roman zu lahm. Nur so, im dramatischen Roman, nicht anders, will heute dieser Stoff gepackt sein[23].

Allerdings ist er sich dessen bewusst, dass auch im dramatischen Roman sich der „flächige Hintergrund" nicht rund machen lässt – und er nimmt diese Einschränkung in Kauf. Seine Technik vergleicht er mit derjenigen von Heinrich Mann. In dessen Roman *Die kleine Stadt* werden

> vor einen flächigen Hintergrund plastische Menschen gesetzt. Ein Gewimmel von Personen, nur als Farbflecke gesetzt, ein Gewimmel von Personen, nur als Kulisse gesetzt, und vor den aus Personen gewirkten Kulissen wirkliche Menschen.[24]

Von seinen Lesern und Hörern erwartet Feuchtwanger Verständnis und „Glauben an die Notwendigkeit, die [ihn] zu dieser, gerade dieser Form zwang"[25]. Sie sollen

---

22　Ibid., S. 6.

23　Ibid., S. 7.

24　Ibid.

25　Ibid., S. 9. Laut Kantorowicz ist *Thomas Wendt* „als Bühnendichtung nur in einigen ausgewählten Szenen einem literarisch interessierten Publikum durch eine experimentelle Matinee im Stadttheater zu Bielefeld im Jahre 1925 bekannt geworden". Kantorowicz, Alfred: „Lion Feuchtwangers dramatischer Roman *Thomas Wendt*" (wie Anm.

das Fehlende ergänzen – denn „was ist am letzten Ende Dichtung anders als eine Möglichkeit für den dichterisch Gestimmten, Fäden weiterzuweben"[26]:

> der richtige Leser, der Hörer, von dem ich träume, [wird] sich aus dieser Dynamis selber seine Entelechie machen.[27]

Wie interessant und wichtig für Feuchtwangers Selbstverständnis als Autor seine Reflexionen über den „dramatischen Roman" auch sein mögen, die literarische Verwirklichung dieser Konzeption bleibt zweifellos kein Roman, sondern ein langes Drama mit zahlreichen Figuren, das sich ohne Kürzungen kaum inszenieren lässt. Wolfgang Müller-Funk meint dazu:

> In Wirklichkeit ist *Thomas Wendt* kein Roman, sondern ein stark ausgeweitetes, episch angelegtes Drama mit vielen Seitenhandlungen. Aufgrund seiner Länge, der Figurenvielfalt und der zahllosen Schauplätze eignet es sich freilich nicht für eine Aufführung, sondern ist ein Lesedrama.[28]

Das 1918–1919 entstandene (im September 1919 fertiggestellte) und in den Dreißigerjahren überarbeitete Stück[29] erzählt die Geschichte eines jungen Literaten, der nach seiner Teilnahme am Ersten Weltkrieg zum Führer der Revolution wird und dann, unfähig, den Gegner grausam zu verfolgen, auf diesen Posten verzichten

---

19), S. 57. Kantorowicz meint, er selbst sei als Kulturredakteur der *Westfälischen Neuesten Nachrichten* in Bielefeld an diesem Experiment nicht unbeteiligt gewesen (ibid.). Interessanterweise kam es zum „Wiederaufgreifen" des Stücks nach der Wende. Cf. Vietor-Engländer, Deborah: „Lion Feuchtwangers Stück *Thomas Wendt / 1918*, seine Entstehung, seine Uraufführung und sein Wiederaufgreifen dreißig Jahre nach Feuchtwangers Tod: 1989–90 durch Einar Schleef als Wende-Stück und 1998 in Augsburg". In: Azuélos, Daniel (Hrsg.), *Lion Feuchtwanger und die deutschsprachigen Emigranten in Frankreich von 1933 bis 1941* (Jahrbuch für Internationale Germanistik, Reihe A, Band 76). Peter Lang: Bern 2006, S. 141–154, zit. S. 151–154.

26 Feuchtwanger, Lion: *Vorwort* (wie Anm. 21), S. 9.

27 Ibid.

28 Müller-Funk, Wolfgang: *Literatur als geschichtliches Argument: zur ästhetischen Konzeption und Geschichtsverarbeitung in Lion Feuchtwangers Romantrilogie „Der Wartesaal".* Europäische Hochschulschriften 1/415. Peter Lang: Frankfurt a. M. 1981, S. 119.

29 Cf. Kröhnke, Karl: *Lion Feuchtwanger. Der Ästhet in der Sowjetunion. Ein Buch nicht nur für seine Freunde.* Metzler: Stuttgart 1991, S. 52, Anm. 220. Cf. auch Dahlke, Hans: „Anhang (Nachbemerkung zu *Neunzehnhundertachtzehn*)". In: Feuchtwanger, Lion: *Dramen I.* Hrsg. und mit einem Nachwort von Hans Dahlke. Aufbau: Berlin und Weimar 1984, S. 656–674, zit. S. 656.

muss.[30] Die Handlung ist nicht in Akte, sondern – um das Romanhafte hervorzuheben – in drei „Bücher“ eingeteilt. Im ersten wird Wendts Leben vor dem Krieg,
als Dichter und Chefredakteur einer Zeitung dargestellt, im zweiten – seine Erlebnisse in den Kasernen und an der Front als Teil eines breiteren Gesellschaftspanoramas, im dritten – seine politische Karriere als Führer der Revolution.[31]

In seiner *Selbstdarstellung* von 1933 betont Feuchtwanger, dass den weltanschaulichen Hintergrund für sein Schaffen während des Ersten Weltkriegs „die
Problemstellung: Tun und Nichttun“ abgab, und nennt *Thomas Wendt* „ein
Glaubensbekenntnis des nicht aktivistischen Schriftstellers“[32]. In diesem Werk
sei er davon ausgegangen, „daß der Handelnde niemals Gewissen hat, sondern
nur der Betrachtende“[33]. Nach Kröhnke war das Interesse an der asiatischen
Weltanschauung und insbesondere an der taoistischen „Lehre vom Nichttun“
ein ausgeprägter Trend unter den damaligen Intellektuellen. Diese Einstellung
wurde bei Feuchtwanger durch die Erfahrungen des Weltkriegs noch vertieft.[34]
Möglicherweise hat sie mit dazu beigetragen, dass er seinen *Thomas Wendt* nicht

---

30 Meine Interpretation basiert auf der ersten Fassung des Dramas. Cf.: Feuchtwanger,
     Lion: *Thomas Wendt. Ein dramatischer Roman.* Georg Müller: München 1920. Die
     zweite Fassung von 1934 erschien zwei Jahre später unter dem Titel *Neunzehnhundert-
     achtzehn.* Cf. id.: *Stücke in Prosa.* Querido Verlag N. V., Amsterdam 1936, S. 159–286.
     Die Unterschiede zwischen beiden Versionen wurden bereits von Bożena Chołuj
     und Karl Kröhnke besprochen; cf. Chołuj, Bożena: *Deutsche Schriftsteller im Banne
     der Novemberrevolution 1918. Bernhard Kellermann, Lion Feuchtwanger, Ernst Toller,
     Erich Mühsam, Franz Jung.* Deutscher Universitäts-Verlag: Wiesbaden 1991, S. 52–55,
     sowie: Kröhnke, Karl: *Lion Feuchtwanger* (wie Anm. 29), S. 115–116). Für die hier
     analysierten Szenen sind sie nicht relevant.
31 Über seine eigene Revolutionserfahrung, die dem dritten Buch von *Thomas Wendt*
     zugrunde liegt, berichtet Feuchtwanger Folgendes: „Ich war, als die Revolution aus-
     brach, in München, ich habe viele von den Führern der Revolution in Bayern, die
     Eisner, Toller, Gustav Landauer, auch einige Führer der Reaktion, sehr in der Nähe
     gesehen“. Feuchtwanger, Lion: *Selbstdarstellung* (1933). In: id.: *Centum Opuscula* (wie
     Anm. 2), S. 365–370, zit. S. 369. In seinem 1937 erschienen Hymnus auf Stalin *Moskau
     1937* schreibt er diesen Intellektuellen die ganze Schuld an der Niederlage der Revo-
     lution zu. Cf. id.: *Moskau 1937: ein Reisebericht nur für meine Freunde.* Aufbau: Berlin
     1993, S. 77–78.
32 Feuchtwanger, Lion: *Selbstdarstellung* (1933). In: id.: *Centum Opuscula* (wie Anm. 2),
     S. 365–370, zit. S. 369.
33 Ibid.
34 Kröhnke, Karl: *Lion Feuchtwanger* (wie Anm. 29), S. 109–110. Kröhnke unterstreicht,
     dass Feuchtwanger dazu neigte, „die Antithesen und kulturhistorischen Diagnosen zu
     überspitzen“. Ibid., S. 110.

in der üblicherweise mit Handlung und Handeln assoziierten Form des Dramas, sondern in der eines – ex definitione weniger ‚aktivistischen', für Betrachtungen mehr offenen – ‚dramatischen Romans' konzipierte.

Im ersten Buch – also noch in der Vorkriegszeit – dominiert in den Monologen des Hauptprotagonisten ein aggressiver, kämpferischer Ton. Wendt will nicht, dass sein Drama über Spartakus[35] nur schön sei. Es soll die Menschen aus ihrem Schlaf wecken, sie zum Kampf rüsten („Gewehre her! Granaten her!"[36]). „[S]chneidendes Schwert" und „ätzender Brand"[37] soll seine Kunst sein – oder verschwinden. Diese Deklarationen des naiv-idealistischen Dichter-Protagonisten sind typisch für die Zeit des Expressionismus;[38] es versteht sich quasi von selbst, dass der darin beschworene Kampf eine Revolution sein soll, im Interesse

---

35 Der Titel von Wendts Drama kann als Anspielung auf den ursprünglichen Titel des Dramas *Trommeln in der Nacht* von Bertolt Brecht gelesen werden, der im März 1919 bei Feuchtwanger (damals einem einflussreichen Mann in der Münchner Theaterwelt) mit seinem *Spartakus* aufgetaucht ist. Cf. Kröhnke, Karl: *Lion Feuchtwanger* (wie Anm. 29), S. 154. Kröhnke schenkt den Vorwürfen Brechts, Feuchtwanger habe *Thomas Wendt* teilweise von ihm abgeschrieben, keinen Glauben (ibid., S. 154–155). Die komplizierte Problematik der gegenseitigen Abhängigkeit zwischen Brechts Theorie des epischen Theaters und Feuchtwangers Überlegungen zum dramatischen Roman fasst am besten Ulrich Weisstein zusammen: „Um die Gewichte richtig zu verteilen, gilt es aufzuzeigen, daß Brecht und Feuchtwanger als Schriftsteller wechselweise voneinander profitierten und daß ihre Beziehung alles andere als einseitig war. [...] [Man kann behaupten], daß ohne Feuchtwangers kritischen Scharfsinn und literarisches Gespür Brechts Theorie (und vielleicht sogar Praxis) des epischen Theaters nie Form gewonnen hätte, zumindest nicht in der uns geläufigen Art". Weisstein, Ulrich: „Vom dramatischen Roman zum epischen Theater. Eine Untersuchung der zeitgenössischen Voraussetzungen für Brechts Theorie und Praxis". In: Grimm, Reinhold (Hrsg.): *Episches Theater*, Kiepenheuer & Witsch: Köln Berlin 1966, S. 36–49, zit. S. 40.

36 Feuchtwanger, Lion: *Thomas Wendt* (wie Anm. 30), S. 13–14.

37 Ibid., S. 14.

38 Alfred Kantorowicz stellt dazu fest: „In dieser am Ende des Ersten Weltkrieges entstandenen Arbeit sind Einflüsse des Expressionismus spürbar. (Sie gingen bei Feuchtwanger nicht tief und bedeuten in seinem Gesamtwerk wenig)". Kantorowicz, Alfred: „Lion Feuchtwangers dramatischer Roman *Thomas Wendt*" (wie Anm. 19), S. 60. Kantorowicz betont die Abhängigkeit des ersten Buches von *Thomas Wendt* (das Motiv des Ringens des jungen Dichters) von Ernst Tollers Stationsdrama *Die Wandlung* (ibid.). Durch die Monologe Wendts wird der Leser in den Konflikt zwischen Kunst und Politik, Moral und Macht eingeführt. Cf. Müller-Funk, Wolfgang: *Literatur als geschichtliches Argument* (wie Anm. 28), S. 120. Bożena Chołuj beschreibt seine Position als die – ebenfalls epochentypische – Absage an die impressionistische Kunstauffassung. Diese Absage gehe mit dem Erwachen des Interesses für politisch-soziale

der kleinen Leute und gegen die „Sattheit" der „Reichen"[39]. Aber möglicherweise geht es Wendt trotz der militanten Metaphorik gar nicht so sehr um den realen, sondern vielmehr um geistigen, mit Mitteln der Kunst geführten Kampf. Ongha verweist in diesem Kontext auf die Bemerkung Erich Mühsams, dass das Wort „Kampf" in der Vorkriegszeit nur in Debatten um „rein kulturelle und künstlerische Geschmackwerte volle Geltung hatte"[40].

Der im zweiten Buch thematisierte Krieg hat viele Gesichter: Der Wechsel der Schauplätze und Figuren soll wohl das Stück im Sinne des ‚dramatischen Romans' episch erweitern. Mit der hoffnungslosen Lage der Soldaten an der Front und in den Kasernen kontrastiert das sorglose Leben der in der Heimat gebliebenen Elite; in Momentaufnahmen wird der destruktive Einfluss des Krieges auf die einzelnen Personen, Familien und ganze Gesellschaftsschichten gezeigt. Nach dem Kriegsausbruch ändert sich die anfangs pazifistische Haltung Wendts sehr schnell. Aus Enttäuschung über die Wirkung seiner Kunst und aus persönlichen Schuldgefühlen heraus (er fühlt sich für den Tod eines Mitarbeiters und für die Invalidität Bettinas, der Frau seines besten Freundes, verantwortlich) beschließt er, den Gestellungsbefehl nicht zu reklamieren. Da um ihn Tausende Menschen auf Kampffeldern sinnlos sterben, will auch er von Leid nicht verschont bleiben. Dieser Schritt scheint ihm eine Erleichterung zu bedeuten, den Ausweg aus einer Situation, die für ihn unausstehlich geworden ist. Er fühlt sich missverstanden, mehr denn je zum Außenseiter gestempelt. Bettina gegenüber versucht er, seinen Entschluss folgendermaßen zu erklären:

> Ich will meine Augen füllen mit dem Grauen [...] Dann werde ich es tun können [...].
> Ein Ende machen. Die Menschen enttieren. Das Unrecht wegfegen aus der Welt.[41]

Wirklichkeit und dem Auftreten gegen die herrschende Ungerechtigkeit einher. Cf. Chołuj, Bożena: *Deutsche Schriftsteller* (wie Anm. 30), S. 38.

39 Feuchtwanger, Lion: *Thomas Wendt* (wie Anm. 30), S. 14.

40 Mühsam, Erich: *Unpolitische Erinnerungen* (= *Ausgewählte Werke in Einzelausgaben*). Volk und Welt: Berlin 1961, S. 64. Zit. nach: Ongha, Hamid: *Geschichtsphilosophie und Theorie des historischen Romans* (wie Anm. 13), S. 177.

41 Feuchtwanger, Lion: *Thomas Wendt* (wie Anm. 30), S. 124. Laut Dahlke wurde der ‚Enttierungs'-Gedanke durch die Überlegungen Walther Rathenaus inspiriert. Cf.: Dahlke, Hans: „Anhang (Nachbemerkung zu *Neunzehnhundertachtzehn*)" (wie Anm. 29), S. 661. Chołuj erklärt Wendts Entscheidung für den Krieg aus der Enttäuschung eines politisch Engagierten. Cf. Chołuj, Bożena: *Deutsche Schriftsteller* (wie Anm. 30), S. 41. Nach Kantorowicz ist Feuchtwangers Protagonist „nicht aus Patriotismus" Soldat geworden, „sondern – auch das charakterisiert ihn – um das Entsetzen des Krieges, des Muschkotendaseins am eigenen Leib zu erfahren." Kantorowicz, Alfred: *Lion Feuchtwangers dramatischer Roman* (wie Anm. 19), S. 63.

Doch auch in der Kaserne bleibt Thomas isoliert, obwohl er als bekannter politischer Dichter für seine Leidensgenossen, die auf den Fronteinsatz wartenden Soldaten, eine Art Autorität verkörpert. Sie bewegen ihn dazu, sein Gedicht *Wir warten*, in dem sie die Darstellung (und vielleicht auch Erklärung) ihrer eigenen Lage vermuten, vorzulesen:

> Staub stopft und Erde uns den Mund,
> Doch unsre Frage sprengt den Grund
> Und sprengt die Scholle, die uns deckt,
> Und ruht nicht, bis sie Antwort weckt.
> Wir warten
> Wir warten. Denn wir sind nur Saat.
> Die Antwort kommt, die Antwort naht.
> Weh, wen sie trifft! Heil, wem sie frommt!
> Die Antwort zögert, doch sie kommt.
> Wir warten.[42]

Seine Kameraden, einfache Soldaten, bitten ihn, den bekannten Schriftsteller, um Aufklärung über den Sinn dieses Wartens. Aber sie bekommen keine Antwort. Für Wendt ist es wohl klar, dass bevor es möglich wird, die Menschen zu ‚enttieren‘, erst unzählige Tode und unermessliches Leid gehäuft werden müssen. Das kann er seinen Kameraden nicht sagen – dass sie sterben müssen, um Saat der Revolution zu werden. Stattdessen versucht er, einem vom Vorgesetzten schikanierten Soldaten zu helfen. Auf den Wutausbruch des Feldwebels reagiert er mit der letzten Strophe seines Gedichtes: „Die Antwort zögert, doch sie kommt. Wir warten."[43]

In den Frontszenen wird das Leben der namenlosen Soldaten als eine auf die elementaren Bedürfnisse beschränkte Vegetation gezeigt. Ein ganz junger Soldat stirbt, ohne die Liebe einer Frau zu kennen. Sein verwundeter Kamerad will trinken, aber seine Leiden wecken bei niemandem Mitleid. Alle wollen, dass das unerträgliche Warten endet und der Kampf endlich beginnt. Nur wenige denken über den Sinn ihrer Situation nach, andere betäuben die Angst mit stumpfsinnigen Witzen, etwa über das ‚komische‘ Aussehen eines toten Kameraden. Ihre Qual lässt sie an allem, auch am Wert ihres Lebens verzweifeln. Aber Wendt will nicht sterben. Er versteht sich als Zeugen der Geschichte, dessen Aufgabe es ist, nachher alle das sehen zu machen, was er

---

42 Cf. Feuchtwanger, Lion: *Thomas Wendt* (wie Anm. 30), S. 116. Es handelt sich um Feuchtwangers eigenes, 1914 verfasstes Gedicht (cf. Anm. 6).
43 Ibid., S. 117.

selbst jetzt sieht.[44] Andererseits zeigt Feuchtwanger in grotesken Episoden das ausgelassene Treiben der in der Heimat verbliebenen ‚großen Herren‘, deren Intrigen zum Kriegsausbruch geführt haben, etwa des reichen Bankiers und Lieferanten Herrn Schulz, der mit jeder Macht gut lebt und mit seiner unbegrenzten Anpassungsfähigkeit eine Art Gegenfigur zu Thomas darstellt.[45] Von diesen nur an Geschäften und dem eigenen Vergnügen interessierten Zynikern werden die Frontsoldaten verspottet, und wenn ihre Feier von einem Kriegsinvaliden gestört wird, der sich in ‚ihr‘ Lokal verirrt hat, sind sie über seine Taktlosigkeit empört.

Die letzten Szenen des zweiten Buches spielen in der italienischen Gefangenschaft. Wendt klagt Gott (den „Zwingenden"[46]) an, dass er ihn, den Dichter, der um jeden Preis aktiv sein wollte, mit gebundenen Händen ließ.[47] Seine aktive Einstellung wird mit der eines seltsamen Archäologen kontrastiert, der um die Nichtigkeit jeden Tuns wohl weiß. Als Regierungsmitglied einer Kolonie hatte er einst befohlen, Tausende Menschen zu töten. Man hätte die Strafexpedition

---

44 Doris Rothmund meint, dass es in Feuchtwangers Schilderung der Fronterlebnisse „weder Heldenverklärung noch Inferno-Szenarien" gibt. Diese Meinung gilt zwar seinem Drama *Die Kriegsgefangenen*, man könne aber (laut Rothmund) dasselbe über die Frontdarstellung in *Thomas Wendt* sagen. Cf. Rothmund, Doris: *Feuchtwanger und Frankreich* (wie Anm. 14), S. 141. Nach Rothmund bleibt das „Kriegs- und Gefangenschaftserlebnis [...] letztlich ohne Einwirkung auf die Psyche [...] Thomas Wendt[s]" (ibid., S. 142). Dem widersprechen jedoch die Worte, die Wendt während einer revolutionären Versammlung sagt: „Der Grund, auf dem wir stehen, sind Leichen". Feuchtwanger, Lion: *Thomas Wendt* (wie Anm. 30), S. 177.

45 Dahlke beschreibt diese abscheuliche Figur folgendermaßen: „Er wird als absoluter Zweck- und Erfolgsmensch geschildert. Er gehört zu den Kriegsschuldigen, Kriegsgewinnlern und Großschiebern und versteht es, sich mit seiner wirtschaftlichen Macht auch die politische zu sichern. Eine philosophische Theorie oder moralische Rechtfertigung braucht er dazu nicht. Sein Denken und Handeln erfaßt und repräsentiert gleichsam die Wirklichkeit, die Thomas Wendt fortwährend verkennt und verfehlt." Dahlke, Hans: „Anhang (Nachbemerkung zu *Neunzehnhundertachtzehn*)" (wie Anm. 29), S. 671.

46 Feuchtwanger, Lion: *Thomas Wendt* (wie Anm. 30), S. 148.

47 Zu Wendts Gleichsetzung von dichterischer Aktivität und politischer Tat cf. Klaus Modick: „Das Selbstverständnis des Schriftstellers, daß seine Tätigkeit konkreter gesellschaftlicher Aktion gleichwertig, ja identisch ist, erhält seine zentrale Bedeutung jedoch erst im Kontext der Vorstellung einer Literatur, der ein direkter Gebrauchswert in der gesellschaftlichen Wirklichkeit zukommt [dh. in Feuchtwangers Roman *Erfolg* (1930)]." Modick, Klaus: *Lion Feuchtwanger im Kontext der zwanziger Jahre: Autonomie und Sachlichkeit*. Scriptor: Königstein/Ts. 1981, S. 57–58.

stoppen können, aber ein Zufall hat es verhindert. Der Archäologe beklagt nicht sein Verbrechen, kritisiert nicht die Willkür der Weißen gegenüber den Kolonialvölkern, zürnt nicht einmal der Macht des Zufalls – sondern verkündet, dass jede Tat moralisch verdächtig sei. Dieser Mann, „der die Welt verändert hat [...] [i]nfolge eines Zufalls"[48], ist ein Prophet, der Wendts späteres Schicksal voraussieht: Im dritten Buch, nach seinem Engagement als Führer der Revolution, wird Feuchtwangers Protagonist auf jegliche Aktivität verzichten.[49] Gleichzeitig spüren wir, dass die Worte des Archäologen, der hier wohl als eine Art Sprachrohr des Autors fungiert,[50] keine Antwort auf Thomas' Fragen, keinen Trost für seine Seelenqual bedeuten.

Feuchtwanger selbst wurde vom weiteren Lauf der Geschichte dazu gebracht, seine hohe Meinung vom Wert des Nichtaktivität zu revidieren: Mit Kontemplation und Nichttun war der Nationalsozialismus nicht erfolgreich zu bekämpfen. Diese veränderte Einstellung gegenüber der Problematik von ‚Tun' und ‚Nichttun' findet man in vielen seiner Exilwerke.[51] Aber hatte nicht Wendts Dichterfreund Holthaus doch recht, wenn er im desillusionierten ‚Nichttun' des Schreibenden auch eine Art Kampf erkannte: „Wenn ich von der Hoffnungslosigkeit des Kämpfens schreibe, ist dies nicht schon wieder Kampf?"[52]

---

48 Feuchtwanger, Lion: *Thomas Wendt* (wie Anm. 30), S. 153.

49 Nach Kröhnke bedeutet Wendts Verzicht auf jegliche Aktivität eigentlich die Rückkehr in seinen Elfenbeinturm. Cf. Kröhnke, Karl: *Lion Feuchtwanger* (wie Anm. 29), S. 116. Man kann in diesem Rückzug ein Scheitern sehen oder ihn – wie Roland Weinert – als einen Weg der Selbstfindung deuten: „Thomas Wendt geht den Weg des Zen-Buddhisten: von der Kontemplation zur Aktion und wieder zur Kontemplation. Hiermit zeigt Feuchtwanger dem Intellektuellen und Schriftsteller *einen* möglichen Weg". Weinert, Roland: *Lion Feuchtwangers „Wartesaal-Trilogie"*. Pahl-Rugenstein Hochschulschriften: Gesellschafts- und Naturwissenschaften 247, Pahl-Rugenstein Verlag: Köln 1988, S. 4.

50 Feuchtwangers Befürwortung der Kontemplation kann man einerseits als logische Folge des politischen Scheiterns der Münchner Räterepublik bewerten (an der viele seiner Freunde beteiligt waren), andererseits als Reflex einer weltanschaulichen Einstellung, die für viele Intellektuellen jener Zeit typisch war. Cf. Ongha, Hamid: *Geschichtsphilosophie und Theorie des historischen Romans* (wie Anm. 13), S. 211–212.

51 Holger Zerrahn hat es am Beispiel des Romans *Exil* gezeigt. Cf. Zerrahn, Holger: *Exilerfahrung und Faschismusbild in Lion Feuchtwangers Romanwerk zwischen 1933 und 1945*. Europäische Hochschulschriften 1/630. Peter Lang: Bern 1984, S. 83.

52 Feuchtwanger, Lion: *Thomas Wendt* (wie Anm. 30), S. 249.

IV Krieg in den ‚leichteren' Genres

Marie Luise Wandruszka

Krieg und Konversation.
Der Schwierige von Hugo von Hofmannsthal

I

Hofmannsthal fand nie Gefallen an militärischen Aktionen. Als Jüngling, in den 1890er Jahren, reagiert er auf den verordneten Militärdienst mit Depressionen, und ein eloquentes Dokument dieser konstitutionellen Abneigung sind seine in dieser Zeit entstandenen Erzählungen *Soldatengeschichte* und *Reitergeschichte*, in denen die soldatische Männerwelt in ihrer ganzen brutalen Trostlosigkeit beschrieben wird. Bei Kriegsausbruch, im August 1914, versucht er sofort und energisch von der allgemeinen Wehrpflicht freigestellt zu werden und schafft das auch, dank der Unterstützung seines Vaters und einflussreicher Freunde. Er wechselt in das Kriegsfürsorgeamt und widmet sich der Propaganda.[1]

Mit seiner deutschen Freundin Ottonie Gräfin Degenfeld kommt es da zu einem ungewollt fast komischen Dialog. Sie – trotz „Not und Tränen" begeistert – schreibt ihm am 30. August 1914 aus dem bayrischen Hinterhör:

Was für eine fabelhafte Zeit! Sieg auf Sieg eilt zu uns in die friedliche Stille. Und doch kann man nur schwer diesen Frieden ertragen, man möchte wohin wo ein Centrum ist […].
[…] schrecklich wieviel Not und Tränen dieser Krieg für alle bringt. Gottlob ist die Begeisterung bei jedem der hinauszieht groß und jeder der hier zurückbleiben muß, ist tief traurig und kann die Zeit kaum abwarten bis er auch daran kommt.[2]

Die Freundin möchte „dabei sein" bei diesem Krieg, dem Hofmannsthal sich entzogen hat, und er antwortet gequält:

---

1 Eine sehr gute Zusammenstellung der wichtigsten Dokumente dazu findet sich im Beiheft zur Ausstellung *Österreichs Antwort. Hugo von Hofmannsthal im ersten Weltkrieg. Exponate und Transkriptionen (9. April bis 3. Juni 2014)*. Freies Deutsches Hochstift / Frankfurter Goethe-Museum: Frankfurt a. M. 2014. Download: http://www.goethe-haus-frankfurt.de. de/ausstellungen_veranstaltungen/ausstellungen/wechselausstellung/oesterreichs-antwort-hugo-von-hofmannsthal-im-ersten-weltkrieg.
2 Hofmannsthal, Hugo von: *Briefwechsel mit Ottonie Gräfin Degenfeld und Julie Freifrau von Wendelstadt*, Hrsg. von Marie Therese Miller-Degenfeld et al., eingeleitet v. Theodora von der Mühll. S. Fischer: Frankfurt a. M. 1986, S. 313.

> Liebe, ich kann Ihnen keinen wirklichen Brief schreiben. Die Beklommenheit seit 3 Wochen unsere Armee im Kampf mit einem um 600.000 Mann überlegenen Gegner zu wissen ist zu ungeheuer. Die braven braven Menschen! Das gräßliche marternde Gefühl, jetzt, erst jetzt so recht, nicht mit dabei zu sein. Man ist, wo man hinbefohlen wurde, ganz gut – aber vielleicht könnte man doch erreichen – dann wieder – vielleicht würde es zu nichts führen – körperliche Minderwertigkeit – alles das bei Tag und Nacht. [...] Dazu das gräßliche Mitleid mit dem Einzelnen![3]

Er fühlt sich schuldig, nicht kämpfen zu *wollen*, und bestraft sich, indem er sich gegenüber einer Freundin, die für ihn eingestandenermaßen sehr anziehend ist, der „körperlichen Minderwertigkeit" bezichtigt. Deutlicher könnte die Verbindung Krieg und Männlichkeit, Krieg und Sexualität, die auch im *Schwierigen* eine wichtige Rolle spielen wird, nicht ausgesprochen werden.

Gegenüber den kämpfenden Männern sieht Hofmannsthal nun seine Pflicht darin, ihren Heldenmut zu verherrlichen. Schon deshalb muss dem Krieg selbst ein erhebender Sinn verliehen werden. Besonders deutlich wird diese Mischung aus Schuldgefühl und Idealisierung in Hofmannsthals Kriegspamphleten, wie z.B. in dem 1915 verfassten *Geist der Karpathen*. Die monatelang dauernde, verlustreiche ‚Karpathenschlacht', in der die verbündeten habsburgischen und reichsdeutschen Truppen versuchten, die russische Armee zurückzudrängen, wird darin schonungslos in all ihrer Grausamkeit beschrieben. Zugleich will Hofmannsthal aber diesen Erfahrungen der „Männer" einen bleibenden, „erhöhenden" Sinn zuweisen:

> welche nie auszusagende Vermischung von Angst und Mut, von Lust und Qual in der Brust von so vielen Tausenden von Männern; welche übermenschlichen Gefühle; welche Schule für einmal und für immer; welche dämonische Erhöhung des Daseins, welche nie auszusagenden Ahnungen; welches beständige „Näher, mein Gott, zu dir!"; welche ungewußte Heiligung und Wiedergeburt, welche Darbringung ihrer selbst und welche ungewußte Erhöhung ihres Werts für einmal und für immer![4]

Das Gemetzel der ‚Karpathenschlacht' soll für die Männer eine Heiligung und Erhöhung ihres Werts bedeuten, was sie selber nicht wissen können, was Hofmannsthal aber ihren Vorgesetzten ans Herz bindet. In dieser etwas verkrampften Zuversicht endet das Pamphlet:

3　Ibid., S. 314.

4　Hofmannsthal, Hugo von: *Geist der Karpathen*. In: idem: *Sämtliche Werke. Kritische Ausgabe*, hrsg. v. Rudolf Hirsch et al., Band XXXIV (*Reden und Aufsätze 3*), Hrsg. v. Klaus E. Bohnekamp et al., S. Fischer: Frankfurt a. M. 2011, S. 162–166, hier S. 165. Diese Ausgabe wird im Folgenden mit „SW" zitiert.

> Wer dem Äußersten ins Auge gesehen hat, wird mäßig und stark sein, gut und segnender Weisheit voll; in Tausenden der Tausende ist uns eine ungeheure Kraft gegeben: sie ruht auf ihnen, sie wohnt bei ihnen; sie ist heilig; Lehrer, Priester, Volksvertreter, Obrigkeit, diese vor allem sind gerufen, ihrer zu wahren: wehe, wer sie vergeudet.[5]

Die Empathie mit den einfachen Soldaten ehrt sicherlich den Autor, auch wenn die Frauen dieser traumatisierten Heimkehrer (und auch ihre Ärzte) wohl nichts von dieser „ungeheuren Kraft" und „Weisheit" merken werden. Hofmannsthals insistente Bewunderung für das Verhalten der Soldaten an der Front korrespondiert mit einer (wie sich herausstellen wird) der Realität radikal widersprechenden Erhöhung des Kriegsgeschehens zu einer religiös-pädagogischen Mission.

In der Folge ändern sich die Töne, Hofmannsthal wird zunehmend klar, dass dieser Krieg keine Erneuerung, sondern geradezu das Ende seiner Welt, des ‚heiligen römischen Reiches deutscher Nation' bedeutet, dessen letzte Konfiguration ihm die Donaumonarchie ist. Am 10. Juli 1917 schreibt er an seinen deutschen Freund und Krupp-Direktor Eberhard von Bodenhausen von der österreichischen „Agonie", dem „Kataklysma", aus dem die ihn erschreckende Vision eines „glatten, platten Nationalstaats" entsteht, dem es nur um „Macht u. Bestand und Selbstbehauptung" zu tun ist. Ein Staat, wie es das Deutsche Reich schon ist, vermehrt dann „um die paar Millionen Deutsch-Österreicher".[6] Seine Reise nach Prag, vom 18.–25. Juli, die er als Privatmann unternimmt, um die von den Tschechen anvisierten politischen Perspektiven zu sondieren, bestätigt ihm die Befürchtung, dass der habsburgische Vielvölkerstaat zum Untergang bestimmt ist.

Kurz danach, am 31. Juli 1917, vergleicht Hofmannsthal diese Reise in einem Brief an Rudolf Pannwitz mit seiner Arbeit am *Schwierigen*:

> Sie sagten in Ihrem Brief, dass ich an vielem teilnehmend sei, doch ist für mich ein einheitlicher Sinn in allem diesem; ob ich eine Comödie schreibe, deren Substrat eine in der Realität gar nicht mehr vorhandene Aristokratie ist, oder ob ich nach Prag fahre und auf meine Art eine völlig ausserhalb des Moments liegende Politik (oder Nicht-politik) mache, – es ist alles nur der Versuch, eins zu werden mit mir selber.[7]

Nach der Desillusion in Prag, nach der unvermeidlichen Erkenntnis, dass dieser Krieg zum Untergang der österreichischen Alternative zum „platten

---

5   Ibid., S. 166.

6   *Österreichs Antwort. Hugo von Hofmannsthal im ersten Weltkrieg* (wie Anm. 1), Exponat 57.

7   Hofmannsthal, Hugo von: *Der Schwierige*, SW (wie Anm. 4), Bd. XII (*Dramen* 10). Hrsg. v. Martin Stern et al., 1993, S. 476.

Nationalstaat" führen wird, beginnt die wichtigste Arbeitsphase an dem Lustspiel *Der Schwierige*, vom August bis zum November 1917, in der der erste und der zweite Akt „bis zur Niederschrift" gedeihen (unter „großen Mühen" wird dann zwischen September 1919 und August 1920 der dritte Akt vollendet werden).[8]

Hofmannsthal sieht also in seiner verzweifelten „Politik (oder Nicht-politik)" etwas Paralleles zu den Versuchen, seine persönlichste Problemkonstante zu bearbeiten: die eines auf die ‚Präexistenz' fixierten Abenteurers,[9] der mittels der ‚Ehe' einen Weg ins ‚Soziale' anstrebt, und dazu, wie wir sehen werden, Umgangsformen sucht, die einer irgendwie ‚aristokratischen', nicht der nationalen, ‚platt' bürgerlichen Gesellschaft entsprechen.

II

Im Unterschied zu seinem Autor war der ‚schwierige' Graf Bühl ‚draußen', im Krieg. Er hat sich dort als Offizier bewährt, auch in der militärischen ‚Führung' seiner Soldaten, wie der im Spital sterbende „brave Zugführer, der Hütter Franz" zeigt, der voller Bewunderung von seinem Hauptmann spricht (I, 12, 44). Graf Bühl ist aber dabei „nicht weniger empfindlich, sondern mehr" (I, 3, 13) geworden, und damit – zumindest in seinen eigenen Augen – nicht zu einem richtigen „Mann": „ein Mann: das ist alles, was ich nicht bin" (II, 14, 100). Zurückgekehrt in sein Wiener adeliges Ambiente, sehen wir ihn im ersten Akt im Arbeitszimmer seines Wiener Stadtpalais. Er möchte ungestört sein, doch unentwegt wird er mit Menschen konfrontiert, die etwas von ihm wollen: sein vertrauter Diener Lukas und der neue, indiskrete, mit Namen Vinzenz; seine kupplerische Schwester Crescence, sein entschiedener Neffe Stani, dessen Vorbild er merkwürdigerweise ist, der moralisierende und dabei natürlich opportunistische Sekretär Neugebauer, der norddeutsche Baron Neuhoff, der eine gewaltsam-verblasene Sprache spricht, die bezaubernde Zofe der Gräfin Antoinette Hechingen, die aus Anhänglichkeit zu ihrer Herrin wie diese in den ‚Schwierigen' verliebt ist. So

---

8   Ibid., S. 147 (im Folgendem wird *Der Schwierige* aus dieser Ausgabe mit Angabe von Akt, Szene und Seite zitiert).

9   Dem „Abenteurer" und Hofmannsthals anderen männlichen und weiblichen typologischen Figuren hatte ich eine Studie gewidmet, die zuerst auf Italienisch (Pratiche: Parma 1988) und dann auf Deutsch (*Der Abenteurer und die Sängerin. Über Hugo von Hofmannsthal.* Passagen: Wien 2005) erschien. Ich danke Grażyna Kwiecińska, Krzysztof Tkaczyk und besonders Anna Wołkowicz für die Anregung, Hofmannsthals Lustspiel mit Bezug auf den Ersten Weltkrieg wieder zu lesen.

erfahren wir, dass Hans Karl, genannt Kari, der Schwarm aller Damen ist, dass er während eines Heimaturlaubs eine Liaison mit Antoinette angefangen hatte, an die Front zurückgekehrt sich aber mit deren Mann angefreundet hat, und ihr daraufhin einen Abschiedsbrief geschrieben hat, den sie nicht akzeptieren kann. Dass sie in der Zwischenzeit einen Flirt mit seinem Neffen Stani begonnen hat, den dieser jedoch sofort zu unterbrechen bereit ist, wenn die Komtess Helene Altenwyl, von deren Verlobung mit dem ‚fremden‘, weil norddeutschen Baron Neuhoff schon Gerüchte im Umlauf sind, ihn als Ehemann akzeptiert. Hans Karl schwankt während all dieser Gespräche hin und her, ob er eine für denselben Abend im Palais Altenwyl angesagte Soiree besuchen soll. Dem Willen seiner Besucher folgend, sollte er dort einiges zustande bringen: Crescence wünscht sich gleich zweierlei, dass er mit dem Grafen Altenwyl spricht, um ihn für eine Heirat seiner Tochter Helen mit Stani zu stimmen und dass er Antoinette ins Gewissen redet. Graf Hechingen, mit dem Kari ein umwerfend komisches Telefongespräch führt, möchte, dass dieser ihm hilft, die Ehe mit seiner geliebten Antoinette zu flicken, deren Zofe Agathe erhofft sich dagegen von ihm, den sie „unseren Grafen" nennt, dass er endlich mit Antoinette unter vier Augen spricht und dass sich dadurch die Wiederaufnahme ihrer Beziehung ergibt.

Um sich auf sein „Programm" vorzubereiten, geht der schwierige Graf, dessen Charme doch gerade umgekehrt in seiner Absichtslosigkeit und „Ungeschicklichkeit", „Höflichkeit" und „Nonchalance" besteht, in den Zirkus, zu seinem Alter-Ego, dem Clown Furlani, dessen Komik sich denselben Eigenschaften verdankt, weil er mit seiner „Elegance" und „Diskretion" immer „auf die Absicht der andern" eingeht, „allen helfen möchte und dabei alles in die größte Konfusion bringt" (II, I, 67 f.).[10]

Der zweite Akt spielt auf der Soiree und die zwei wichtigsten, auf Karis ganz eigene Art abgewickelten Programmpunkte sind: das Gespräch mit seiner Ex-Geliebten Antoinette und das mit Helen, von der Crescence zu Kari am Nachmittag gesagt hatte, dass sie

> von ihrem fünfzehnten Lebensjahr an bis vor kurzem, na, sagen wir, bis ins zweite Kriegsjahr, in dich verliebt war bis über die Ohren, dafür hab' ich meine Indizien, erstens, zweitens und drittens. (I, 3, 14)

---

10 Zu diesem Clown, der „die Tugend der Höflichkeit" pflegt, und genereller zur spezifischen Komik in Hofmannsthals Komödien siehe den wegweisenden Artikel von Juliane Vogel: „Commedia con sordino. Das Verschwinden des Lachens aus den Lustspielen Hugo von Hofmannsthals". In: *Komik in der österreichischen Literatur*. Hrsg. v. Wendelin Schmidt-Dengler et al. Erich Schmidt Verlag: Berlin 1996, S. 166–178, bes. S. 172–174.

Im ersten Gespräch, dem mit Antoinette, lässt sich der sonst so diskrete, elegante Kari zu einer sehr merkwürdigen, fast gewaltsamen Rede über die Ehe verleiten, indem er über den Krieg, über sein Leben „draußen" an der Front spricht:

> Das ist eine heilige Wahrheit, die weiß ich – ich muß sie immer schon gewußt haben, aber draußen ist sie erst ganz deutlich für mich geworden: es gibt einen Zufall, der macht scheinbar alles mit uns, wie er will – aber mitten in dem Hierhin- und Dorthingeworfenwerden und der Stumpfheit und Todesangst, da spüren wir und wissen es auch, es gibt halt auch eine Notwendigkeit, die wählt uns von Augenblick zu Augenblick, die geht ganz leise, ganz dicht am Herzen vorbei und doch so schneidend scharf wie ein Schwert. Ohne die wäre da draußen kein Leben mehr gewesen, sondern nur ein tierisches Dahintaumeln. Und die gleiche Notwendigkeit gibt's halt auch zwischen Männern und Frauen – wo die ist, da ist ein Zueinandermüssen und Verzeihen und Versöhnung und Beieinanderbleiben. Und da dürfen Kinder sein, und da ist eine Ehe und ein Heiligtum, trotz allem und allem – (II, 10, 87)

Ähnlich wie in dem Karpathenaufsatz von 1915 wird hier der Krieg geheiligt; neu ist die Parallele zu den sexuellen Beziehungen: Beide bedürfen einer Erhöhung, einer Heiligkeit. Dem tierischen Dahintaumeln im Schützengraben wird eine Notwendigkeit zugesprochen, „die geht ganz leise, ganz dicht am Herzen vorbei und doch so schneidend scharf wie ein Schwert"; der Krieg gewinnt damit eine erhabene, sakramentale Bedeutung. Parallel dazu wird der als „zufällig" interpretierten Beziehung zwischen den Geschlechtern mit der „heiligen Wahrheit" der Ehe ein Ende gemacht.

Um Antoinette von dieser Notwendigkeit zu überzeugen, kann Hans Karl nicht auf seine Gesten der Nonchalance und Liebenswürdigkeit zurückgreifen. Er *muss* – wie um *sich selbst*, als ständig verführbaren Abenteurer, von der absoluten Gültigkeit seiner Worte zu überzeugen – in einem Atemzug reden, *muss* Antoinette unterbrechen, „ohne ihren Widerstand zu respektieren" (II, 10, 86). Antoinette, „grande dame des XVIII. Jahrhunderts" (III, 5, 111) und daher der Sinnenwelt eines Casanova noch nicht entfremdet, findet diese Geschichte „zynisch", die über alle Beziehungen zwischen Männern und Frauen den Zufall walten lässt und nicht die Affinität, die Neigung. Und sie findet es auch unerträglich, alle mit den Sinnen erfassbaren Unterschiede mit ihren Bedeutungen einfach auszulöschen: „Ich lass' mir von dir den Ado nicht einreden. Ich mag seine Händ' nicht. Sein Gesicht nicht. Seine Ohren nicht. (*Sehr leise*) Deine Hände hab' ich lieb…" (II, 10, 88 f.). Ihren Sinnen vertraut Antoinette absolut, wir werden darauf zurückkommen, und so passt eigentlich die von Kari Helen gegenüber gemachte Bemerkung über Antoinettes Gesicht – „es steht immer ein und derselbe stumme Vorwurf in ihm eingegraben: Warum habt's ihr mich alle dem fürchterlichen Zufall überlassen?" (II, 14, 100) – weniger auf sie und mehr auf ihn selbst, woraus sich für ihn die Notwendigkeit eines moralischen *salto mortale* in die Ehe mit Helene ergeben wird.

Auch im zweiten Gespräch, dem zentralen mit Helen, verschränken sich ‚Ehe‘ und ‚Krieg‘. Kari erzählt Helen, wie er sie im Schützengraben bei seiner Verschüttung als seine Frau erlebt hat:

> Nicht meine zukünftige Frau. Das ist das Sonderbare. Meine Frau ganz einfach. Als ein fait accompli. Das Ganze hat eher etwas Vergangenes gehabt als etwas Zukünftiges. (II, 14, 102)

Während der Genesungszeit hat er sich dann ihre Ehe vorgestellt:

> [...] es war nicht meine Ehe, die ganz ungerufen die Mitte von diesem Denken war [...] sondern es war Ihre Ehe. [...] und sogar das Ja-Wort hab' ich gehört, ganz klar und rein, von Ihrer klaren, reinen Stimme – ganz von weitem, denn ich war natürlich nicht dabei, ich war doch nicht dabei! – Wie käm' ich als ein Außenstehender zu der Zeremonie. – Aber es hat mich gefreut, Ihnen einmal zu sagen, wie ich's mit Ihnen mein. – Und das kann man natürlich nur in einem besonderen Moment; wie der jetzige, sozusagen in einem definitiven Moment – [...]
>
> (*Tränen in den Augen*) Mein Gott, jetzt hab' ich Sie ganz bouleversiert, das liegt an meiner unmöglichen Art, ich attendrier mich sofort, wenn ich von was sprech' oder hör', was nicht aufs Allerbanalste hinausgeht – es sind die Nerven seit der Geschichte, aber das steckt sensible Menschen wie Sie natürlich an [...] Adieu, Helen, Adieu. (II, 14, 103–104)

Wie im Dialog mit Antoinette bringt Hans Karl auch hier die Kriegserfahrung, seine Verschüttung im Schützengraben – „seit der Geschichte" – ins Spiel, doch auf eine ganz andere Weise. Während im Dialog mit Antoinette der Krieg zu einem apodiktisch gewaltsamen Sprechen führte, so hier dagegen zu einem von Tränen unterbrochenen. Sehr zu Recht haben viele Interpreten Hans Karls Sprechen zu Helen mit Freudschen Fehlleistungen in Zusammenhang gebracht. Bernhard Greiner kommt zur dieser überzeugenden Folgerung aus seiner Textanalyse: „Hans Karl läßt sich die Instanz Bewußtsein, die Instanz der Absichten und Berechnungen der anderen, stören durch die Forderungen des Unbewußten"[11], d. h. sein Begehren in Bezug auf Helen. Inka Mülder-Bach radikalisiert dies, indem sie das durch die Fehlleistung sichtbar gewordene Begehren quasi als Versicherung nimmt und die Verlobung, Helens und Karis Einverständnis im III. Akt, als ein Sich-Versprechen liest, das dadurch verbindlich wird, weil es an eine Fehlleistung gebunden ist: „Nur wer sich verspricht, indem er sich

---

11 Greiner, Bernhard: „Die Rede des Unbewußten als Komödie: Hofmannsthals Lustspiel *Der Schwierige*", in: id.: *Die Komödie*. Francke: Tübingen 1992, S. 351–366, S. 356.

verspricht, darf sich wahrhaft versprechen".[12] Als eine „schöne Utopie" mit ihren Schwächen erweise sich die „geschlechtliche Versöhnung" am Ende des Stücks trotzdem, doch nur aus dem Grund, weil sie „die Gewalt der Erfahrungen unterschätzt, aus denen sie einen zivilen Ausweg sucht"[13]. Vielleicht endet aber das Stück gar nicht so eindeutig utopisch, dass man dann dem dabei entstehenden Unbehagen einen dem Stück doch etwas äußerlichen Grund in der Traumaforschung finden muss? Es ist ja nicht das Trauma seiner Verschüttung, die die Verlobung dieses so unentschiedenen, schwierigen und verführbaren Grafen unglaubwürdig macht, im Gegenteil, die traumatische Erfahrung macht ihm ja die Ehe schmackhaft.

Karis Reden zu Antoinette von Ehe und Krieg, mit ihrem Zeitlos-Gültigen, Notwendigen, hält Inka Mülder-Bach für die „weniger geglückten Passagen" von Hofmannsthals Komödie.[14] Auch Ursula Renner distanziert sich: „Hier zeigt sich die Ideologie des Textes und seine Ehemetaphysik"[15]. In der Tat sind sie heutzutage schwer ertragbar. Doch ich möchte versuchen, die Freudschen Kategorien auch auf diese Passagen anzuwenden, sie als ein Zeichen der Widersprüchlichkeit der Figur des Protagonisten zu lesen. Denn wenn man die sympathischen Fehlleistungen Karis (Stottern, Weinen, verbale Zusammenhangslosigkeit usw.) zu Recht als Ausdrücke des Begehrens liest, kann da nicht das so unelegante Perorieren, Unterbrechen des Anderen, die Verwendung so hehrer und eindeutiger Worte in der Szene mit Antoinette als Ausdruck eines zwanghaften Über-Ich gelesen werden? Und könnte diese Zwanghaftigkeit nicht auch Indiz dafür sein, dass der Autor gar nicht so ungebrochen hinter der Rede von der „heiligen Notwendigkeit" im Krieg und *auch* in der Ehe steht, also gar nicht so ungebrochen ein „konservativ-sakrales Ehe- und Ordnungsmodell" (Ursula Renner)[16] vertritt? Das würde aber auch heißen, dass man das Happy-End und vielleicht auch die von der Kritik so oft idealisierte Figur der Helen[17] relativieren müsste. Genau das möchte ich nun versuchen am Text nachzuzeichnen.

---

12 Mülder-Bach, Inka: „Herrenlose Häuser. Das Trauma der Verschüttung und die Passage der Sprache in Hofmannsthals Komödie *Der Schwierige*". In: *Hofmannsthal-Jahrbuch* 9/2001, S. 137–161, S. 151.

13 Ibid., S. 160.

14 Ibid., S. 149.

15 Renner, Ursula: „‚Sprechen ist ein ungeheurer Kompromiß'. Hugo von Hofmannsthals Lustspiel *Der Schwierige*". Nachwort zu: Hofmannsthal, Hugo von: *Der Schwierige*. Reclam: Stuttgart 2000, S. 197.

16 Ibid.

17 Für Inka Mülder-Bach sind Kari und Helen „die einzigen Figuren des Wiener Adels, die dem Spuk dieses schattenhaften Daseins nicht unterliegen", und sie fragt sich: „Worin

III

Während der Schwierige nur punktuell so ideologisch argumentiert – und dabei von der für ihn so charakteristischen ,Bonhomie' verlassen wird – sind Helenes Reden durchwegs eindeutig und apodiktisch und absolut ohne ,Bonhomie'. Das zeigt sich auch in der Verachtung, die sich in ihrem wiederholten Verurteilen der anderen Frauen zeigt.

So sagt sie zu Kari: „Ich hätt' nicht den kleinen Finger gerührt, um eine solche Frau von dir wegzubringen. Es wär' mir nicht dafür gestanden" (III, 8, 133), oder, allgemeiner: „Sie verbrauchen auf Ihre Art die armen Frauen, aber Sie haben sie gar nicht lieb. Es gehört viel Contenance dazu oder ein bißl Gewöhnlichkeit, um Ihre Freundin zu bleiben" (II, 14, 98).

Zuerst einmal scheint es merkwürdig, dass Hofmannsthals *realer* Umgang mit aristokratischen Frauen so ganz anders verläuft. Die schon erwähnte Ottonie von Degenfeld freundet sich mit Hofmannsthals Ehefrau Gerty an. Zu dieser Gräfin, die ihn, wie auch Helene von Nostitz, zu seinen Frauenfiguren – Ariadne, die Marschallin, Arabella – inspiriert, verhält sich Gerty ganz anders als Helen Altenwyl zu Antoinette. Auch Gerty ist eine „Freundin", mit der Hofmannsthal gerne plaudert, und sie ist nicht eifersüchtig. Zwei Stellen aus Hofmannsthals Briefen an Ottonie von Degenfeld, vom 13. Jänner 1912 und vom 2. August 1923:

> [...] schwätzte mit Gerty, die ist schon auch eine herzige Freundin, so lieb hab ich wie sie von Ihnen spricht, so unbedingt lieb-habend und verstehend und gegenüber allem ganz ohne Grenzen, ohne Wissen-wollen [...] – kurz wir sind schon komische Leut alle miteinander.
>
> Liebe, Gerty sagt, wenn Ihr drei zusammen seid, sie Christiane [Hofmannsthals Tochter] und Sie, und von mir sprecht, so sprecht ihr genau wie von einem Verrückten und erzählt immer neue Details von Verrücktheit, und kommt aus dem Lachen gar nicht heraus. Sie sagte es mir einmal in ihrer reizenden natürlichen Art, halb komisch und doch halb ernst, und mit einem Schatten von wehmütigem Mitleid. Ist es wirklich so,

---

[...] liegt die Zukunftsfähigkeit dieser Figuren, die als einzige der abendländischen Soirée der Komödie entkommen?" Cf. Mülder-Bach, Inka: „Herrenlose Häuser" (wie Anm. 12), S. 158. Ursula Renner konzentriert ihre Analyse des Stücks auf Helens Fähigkeit, Karis Verhalten zu interpretieren und damit zu handeln und die Verlobung zustande zu bringen. Neben dem „konservativ-sakralen Ehe- und Ordnungsmodell" scheine so ein „bemerkenswertes androgynes Versöhnungsprogramm auf: ,sanfte Männlichkeit' und ,selbständige Weiblichkeit' stellen sich am Ende den (Rollen-) Zwängen der Gesellschaft entgegen". Cf. Renner, Ursula: „,Sprechen ist ein ungeheurer Kompromiß'" (wie Anm. 15), S. 197.

Ottonie? und muß ich da nicht sehr achtgeben, daß ich Ihnen nicht zu einer Carricatur werde, und Sie darüber verliere?[18]

„Komische Leut" sind eben freier als die anderen, die seriösen vom Schlag der Helen. Freier sind die Frauen, aber auch der ‚schwierige' Schriftsteller, der sich von ihnen verstanden weiß.

Helene dagegen ist die einzige Figur in diesem Lustspiel, die *nie* komisch ist, im Unterschied etwa zu Lessings Minna. Das ‚thüringische Fräulein' spielt eine wichtige Rolle im Briefwechsel mit Ottonie von Degenfeld, und *Minna von Barnhelm* für die ganze Lustspieltheorie und -praxis Hofmannsthals.[19] Umso signifikanter erscheinen die Unterschiede in der weiblichen Protagonistin. Während Minna sich bei der Ausführung ihrer komödiantischen und erfolgreichen Versuche, Tellheim zur Kapitulation zu zwingen, auch amüsiert, entwirft Helen

---

18 Hofmannsthal, Hugo von: *Briefwechsel mit Ottonie Gräfin Degenfeld und Julie Freifrau von Wendelstadt* (wie Anm. 2), S. 194 und S. 475.

19 Schon auf Lessings Komödientheorie könnte Leo Spitzers Begriff der „klassischen Dämpfung" angewendet werden, den Juliane Vogel so produktiv zur Bestimmung von Hofmannsthals faszinierender ‚Unzeitgemäßheit' einsetzt: „Wenn die Avantgarde in einem romantischen Gestus seine [des lachenden Leibs des Volkstheaters, M. L. W.] Wiederkunft erwartet, so wußte Hofmannsthal, daß nur noch seine Spiegelungen auf die Bühne zu bringen waren." Cf. Vogel, Juliane: „Commedia con sordino. Das Verschwinden des Lachens aus den Lustspielen Hugo von Hofmannsthals" (wie Anm. 10), S. 178. Dazu meint Marie Wokalek: „Gegenüber Vogel möchte ich noch stärker betonen, daß gerade in dem Wissen um diese Spiegelungen und in der Affirmation der Simulakren Hofmannsthals Vision einer schöpferischen Lebenskunst gründet". Und sie sieht Hans Karl als einen Spieler, dem „mit Hilfe dieser spielerischen Lebenskunst die Realisierung seiner Heiratsvision und seines sozialen Ichs" gelingt, „ohne sein Abenteurer-Sein aufgeben zu müssen", dessen „Mimicry-Kunst", „all die Strategien der Anpassung, der bemühten Hilfsbereitschaft, der timiden Hilflosigkeit und Rücksichtnahme ‚ein beständiges Impromptu' seines tatsächlichen Egoismus sind. Hans Karl gehört nur sich selbst und kann möglicherweise nie jemanden liebhaben, wie Helene erkennt" (Hervorhebung von mir, M.L.W.). Was vielleicht an dieser so interessanten Interpretation nicht ganz überzeugt, ist der strategisch-bewusste Charakter dieses Spiels, das dem Protagonisten und der ganzen Komödie viel von ihrer Spannung nehmen würde. Kari erscheint, wenn er in Erregung kommt und die Heiligkeit von Krieg und Ehe postuliert, absolut nicht als „schöpferischer Lebenskünstler". Cf. Wokalek, Marie: „Die ‚Cur' des Abenteurers im Medium des komischen Spiels. Zu Hugo von Hofmannsthals Lustspielen *Der Schwierige* und *Der Unbestechliche*". In: *Hofmannsthal. Jahrbuch zur europäischen Moderne*, 19/2011, S. 291–319. Das erste Zitat befindet sich in der Anmerkung auf S. 319, die beiden anderen auf S. 318 und S. 312.

für sich und Kari ein ziemlich naives und (besonders für sie!) furchtbar anstrengendes, endloses Erziehungsprogramm:

> Begehren ist Ihre Natur. Aber nicht: das – oder das – sondern von einem Wesen: – alles – für immer! Es hätte eine die Kraft haben müssen, Sie zu zwingen, daß Sie von ihr immer mehr und mehr begehrt hätten. Bei der wären Sie dann geblieben. [III, 8, 133]

Hofmannsthal ist davon entzückt, dass seine Freundin Ottonie ohne seine Anregung, ganz von sich aus und „mit viel Vergnügen", die Lebenserinnerungen des Casanova liest: „Casanova, was für ein Geschöpf! Ich freu mich, daß Sie ganz munter mit diesem unmöglichen Herrn Bekanntschaft gemacht haben".[20] Helen dagegen verurteilt alle Freundinnen Karis, und dabei vor allem die in Liebesdingen großzügigere Antoinette, zur „Gewöhnlichkeit". Doch das Stück spricht eine andere Sprache. Im hinreißenden Dialog mit Neuhoff befreit sich Antoinette von seinen insistierenden und gewaltsamen Avancen dank einer Argumentation, die *alle* Frauen, „auch die Gewöhnlichste", mit einbezieht.

ANTOINETTE: …Geben Sie sich keine Müh' mit mir. Ich mag nicht!
NEUHOFF (*beugt sich zu ihr*): Du sollst wollen!
ANTOINETTE (*steht auf*): Oho! Ich mag nicht! Ich mag nicht! Denn das, was da aus Ihren Augen hervorwill und mich in seine Gewalt kriegen will, aber nur will! – kann sein, daß das sehr männlich ist – aber ich mag's nicht. Und wenn das Euer Bestes ist, so hat jede einzelne von uns, und wäre sie die Gewöhnlichste, etwas in sich, das besser ist als Euer Bestes, und das gefeit ist gegen Euer Bestes durch ein bisserl eine Angst. Aber keine solche Angst, die einen schwindlig macht, sondern eine ganz nüchterne, ganz prosaische. (*Sie geht gegen die Treppe, bleibt noch einmal stehen.*) Verstehen Sie mich? Bin ich ganz deutlich? Ich fürcht' mich vor Ihnen, aber nicht genug, das ist Ihr Pech. Adieu, Baron Neuhoff. (III, 4, 117)

Gegen die dröhnende Männlichkeit des deutschen Barons, die mit weiblicher Schwäche rechnet, führt sie das gesamte weibliche Geschlecht ins Feld. In keiner Weise romantisch oder masochistisch, ohne dabei die Gefahren von Romantik und Masochismus zu verkennen, absolut nicht dem ‚Zufall' ausgeliefert, wie Kari möchte, versteht sie Neuhoffs Avancen wie Helene als etwas Gewalttätiges. Doch im Unterschied zu dieser, die darauf mit einem nüchternen, nur auf sich selbst bezogenen „Ich mag nicht diese mystischen Redensarten" (II, 13,

---

20 Hofmannsthal, Hugo von: *Briefwechsel mit Ottonie Gräfin Degenfeld und Julie Freifrau von Wendelstadt* (wie Anm. 2), Ende November 1913, S. 289.

94) reagiert, antwortet Antoinette mit einer Analyse weiblicher Angst.[21] Sie gibt die ihre zu, aber es sei eben in diesem Fall keine „Angst, die einen schwindlig macht", sondern, ganz im Gegenteil, eine ernüchternde, „prosaische". Der letzte Satz in diesem Duell – das Antoinette haushoch gewinnt, man beachte nur die Regieanweisungen, die Antoinettes Rede skandieren! – bringt ihre psychologische Weisheit auf den Punkt: „Ich fürcht' mich vor Ihnen, aber nicht genug, das ist Ihr Pech."

Zurück zu Helene. Im Vergleich zu den in Hofmannsthals Familie und Freundeskreis herrschenden Umgangsformen erscheint ihr Verhalten – konträr zum Bild, das Kari und auch die meisten InterpretInnen sich von ihr machen – merkwürdigerweise sehr normal bürgerlich. Auch dass und wie sie gegen die „Konversation" zu Felde zieht passt dazu. In der ersten Szene des zweiten Aktes stellt sich die österreichische Aristokratie während der Soiree bei Altenwyls dar. Der Hausherr, Helens Vater, entschuldigt sich quasi bei Kari, dass dieser „mit den bescheidenen Fragmenten von Unterhaltung, [...] die einem heutzutage in einem Salon noch geboten werden" vorlieb nehmen muss und keine „Künstler und sonstige Zelebritäten" anwesend sind. Doch Karis Schwester Crescence wendet ein, dass sie schon ein ganz neues Gesicht entdeckt hat, – „und wie die Mariette Stradonitz mir zugewispelt hat, ist es ein weltberühmter Gelehrter, von dem wir noch nie was gehört haben, weil wir halt alle Analphabeten sind" (II, 1, 63). Crescence fragt, ob dieser Professor verheiratet sei, denn:

CRESCENCE: Ich find' die berühmten Männer odios, aber ihre Frau'n noch ärger. Darin bin ich mit Kari einer Meinung. Wir schwärmen für triviale Menschen und triviale Unterhaltungen, nicht Kari?
ALTENWYL: Ich hab' darüber meine altmodische Auffassung, die Helen kennt sie.
CRESCENCE: Der Kari soll sagen, daß er mir recht gibt. Ich find', neun Zehntel von dem, was unter der Marke von Geist geht, ist nichts als Geschwätz.
NEUHOFF (*zu Helene*): Sind sie auch so streng, Gräfin Helene?
HELENE: Wir haben alle Ursache, wir jüngeren Menschen, wenn uns vor etwas auf der Welt grausen muß, so davor: daß es etwas gibt wie Konversation; Worte, die alles Wirkliche verflachen und im Geschwätz beruhigen. (II, 1, 64)

---

21 Dieser wichtige Unterschied zwischen den beiden Frauen ist, soviel ich weiß, nur von Lubich bemerkt worden. Cf. Lubich, Frederick Alfred: „Hugo von Hofmannsthals *Der Schwierige*: Hans Karl Bühl und Antoinette Hechingen unterm Aspekt der Sprache und Moral." In: *Monatshefte für deutschen Unterricht, deutsche Sprache und Literatur* 77, 1985, S. 47–59, hier S. 53.

Diese letzten Sätze sind Helens erste direkte Äußerung und sie sind für ihre Sprache sehr charakteristisch. Crescences Invektive gegen den Professor Brücke, der sich im Folgenden als ein eitler Opportunist erweist, ist ganz im Stil eines ‚trivialen‘ Gesprächs. Sie sagt, temperamentvoll wie sie ist, energisch ihre Meinung und möchte sich diese von ihrem Bruder absegnen lassen. Ihr Reden impliziert nicht nur die Beziehung zu ihm, sondern auch zu den anderen Anwesenden. Helen dagegen gibt ein abstraktes, apodiktisches Statement ab, in einem Ton, der Crescences persönliches Urteil – „Ich find', neun Zehntel von dem, was unter der Marke von Geist geht, ist nichts als Geschwätz" – zu etwas allgemein Gültigem machen will, wie etwa Kari mit seiner „heiligen Wahrheit" in der Ehe/Krieg-Rede. „Worte, die alles Wirkliche verflachen und im Geschwätz beruhigen" – mit dieser Verurteilung will sie die „Konversation" an sich treffen, von der ihr Vater dagegen die ihr inhärente Kraft, Menschen miteinander in Beziehung zu setzen, retten will:

> In meinen Augen ist Konversation das, was jetzt kein Mensch mehr kennt: nicht selbst perorieren, wie ein Wasserfall, sondern dem andern das Stichwort bringen. Zu meiner Zeit hat man gesagt: wer zu mir kommt, mit dem muß ich die Konversation so führen, daß er, wenn er die Türschnallen in der Hand hat, sich gescheit vorkommt, dann wird er auf der Stiegen mich gescheit finden. – Heutzutag hat aber keiner, pardon für die Grobheit, den Verstand zum Konversationmachen und keiner den Verstand, seinen Mund zu halten – ah, erlaub', daß ich dich mit Baron Neuhoff bekannt mache, mein Vetter Bühl. (II, 1, 64–65)

Das höfliche Verhalten zueinander, das der idealen Konversation, wie sie Poldy Altenwyl versteht, entspricht, bringt ihn dazu, seine Rede abzubrechen, um zwei Besucher seiner Soiree miteinander bekannt zu machen. Auch Helene kümmert sich um ihre Gäste, doch dabei geht es ihr nicht darum, Geselligkeit möglich zu machen, sondern die Distanz zwischen sich und den Anderen zu vergrößern. Sie wehrt sich dagegen, von Kari „artig" genannt zu werden:

> Ich bin nicht artig: ich spür' nur, was in den Leuten vorgeht, und das belästigt mich – und da reagier' ich dagegen mit égards, die ich für die Leut' hab'. Meine Manieren sind nur eine Art von Nervosität, mir die Leut' vom Hals zu halten. (II, 1, 70)

Wie reagiert Kari auf dieses Geständnis? Die folgende Regieanweisung lautet: *„Sie geht. Hans Karl geht langsam ihr nach"*. Er scheint, wie auch später, im ‚Verlobungsgespräch‘ im dritten Akt, immer bezaubert von den Überlegenheitsgesten, mit denen Helen den Abstand zwischen sich und den Anderen, vor allem den anderen Frauen, zu vergrößern weiß, so als ob er diese von ihr postulierte Überlegenheit bräuchte, um „ruhig" (III, 8, 133) zu werden, das heißt sich selbst von seiner Brautwahl zu überzeugen. Für Helen sind diese Gesten

charakteristisch und sie unterscheiden die Tochter von ihrem Vater. Über die
ihr so lästigen Anwesenden – z. B. über die bezaubernde, komische Edine, die
meint, dass die Frauen sich bilden müssen, denn: „Die Männer sind natürlich
sehr terre à terre, aber deswegen muß eben von unserer Seiten etwas Höheres
hineingebracht werden" (II, 6, 81–82) – spricht Helen in einem ganz anderen
Ton als Altenwyl:

> ALTENWYL: Die Edine ist eine sehr gescheite Frau, aber sie will immer zwei Fliegen auf einen
> Schlag erwischen: ihre Bildung vermehren und etwas für ihre Wohltätigkeitsgeschichten
> herausschlagen.
> HELENE: Pardon, Papa, sie ist keine gescheite Frau, sie ist eine dumme Frau, die sich fürs
> Leben gern mit gescheiten Leuten umgeben möchte, aber dabei immer die falschen
> erwischt. (II, 1, 65)

Altenwyls Urteil über Edine will ausgewogen sein, Helens Urteil ist vernich-
tend. Dabei hat sie natürlich recht, was die Ergebnisse von Edines Verhalten
betrifft: Edine wird sich auch in dem anwesenden Professor irren. Doch *wie* sie
sich aus der schwierigen Situation herauswurstelt, ist genial. Und ebenso genial
und großzügig ist ihr Erscheinen gleich nach diesen Angriffen auf sie: „EDINE
(*tritt dazu durch die Mitteltür*): Ich seh' ihr sprechts von mir, sprechts nur weiter,
geniert's euch nicht" (II, 1, 65). In ihrem radikalen, nuancenlosen Angriff auf die
„Konversation" erweist Helen sich als die entschiedenste Feindin dessen, was die
Substanz dieses ‚Konversationsstückes' ausmacht.

IV

Selbst der so kritische Theodor W. Adorno gesteht Hofmannsthal zu, dass *Der
Schwierige*, eine „kunstreiche Kreation" ist, weil Hofmannsthal darin, „auf subs-
tantielle Momente der österreichischen Tradition" setzt.[22] Und der ebenso kritische Peter Szondi, der das europäische Konversationsstück als eine Art der
Rettungsversuche versteht, „die der Krise des Dramas nicht ins Aug zu schauen
wagen", rettet seinerseits das „wohl vollendetste Schauspiel neuerer deutscher
Literatur: Hofmannsthals *Der Schwierige*". Und das

> nicht nur, weil die adelige Gesellschaft Wiens, die es schildert, wesentlich in der
> Konversation lebt. Sondern die Konversation erfährt eine Vertiefung und Verwand-
> lung durch die Titelgestalt Graf Bühl, den einzigen Modernen in der Charaktergale-
> rie großer Lustspieldichtung. Ihm wird die Konversation thematisch und aus deren

---

22　Cf. Adorno, Theodor W.: *George und Hofmannsthal. Zum Briefwechsel.* In: id.: *Prismen.
Kulturkritik und Gesellschaft.* Dtv: München 1963, S. 190–231, S. 199.

Problematik tritt die Fragwürdigkeit des Miteinandersprechens, ja der Sprache selbst hervor.[23]

Es braucht also in einem Lustspiel eine Gesellschaft, die in der Konversation lebt, damit diese thematisch und fragwürdig werden kann. Und da sie nicht nur dem schwierigen Grafen, sondern natürlich auch seinem Autor auf eine andere Weise fragwürdig wird als der modern-moralistischen Helene, schreibt Hofmannsthal, wie er Ottonie Degenfeld am 13. November 1919 erzählt, zuletzt noch die Schlussszene um: „viel leichter, lustspielhafter und am eigentlichen Schluss mehr in der Schwebe und im Zweifel.“[24] Zweifel an Karis Ehe mit einer Frau, der alle Menschen (mit Ausnahme des zukünftigen Gatten und des Vaters) „lästig“ sind, in deren Haus auch sicherlich *keine* Soireen und Konversationen mehr stattfinden werden? Zweifel, die ja auch in Karis gewaltsamem Bestehen auf der „Notwendigkeit“ und „heiligen Wahrheit“, sowohl der „Ehe“ als auch des „Krieges“ zum Ausdruck kommen? Was Letzteren betrifft, so schreibt Hofmannsthal, der im Jahr 1914 wie Eberhard von Bodenhausen[25] den Krieg als unvermeidbar begrüßt hatte, diesem 1917 nichts mehr von „heiliger Notwendigkeit“, sondern von „Agonie“ und „Kataklysma“, und seiner Freundin Ottonie vier Jahre nach Kriegsende von „Grausen“:

Mit Grausen sehe ich aus den Memoiren von Paléologue, zusammengehalten mit denen von Tirpitz, jetzt mit denen von Conrad, daß die ganze Schuld am eigentlichen Ausbruch *bei uns* liegt, Berlin u. Wien – und alles grausige Zerfahrenheit, Dummheit, Nicht-durchdenken – ein Handeln wie nur mit halbem Bewußtsein […].[26]

Sicherlich, die in der Komödie nach Hofmannsthals eigenen Worten „mit so viel Liebe in ihrem charme und ihrer Qualität“[27] dargestellte österreichische Aristokratie hat der Krieg hinweggefegt, und er kann dies sogar begrüßen: „Eine Klasse die im Staat geherrscht hat muss entweder vernichtet und zum blossen

---

23 Szondi, Peter: *Theorie des modernen Dramas.* Suhrkamp: Frankfurt a. M. 1968, S. 89.

24 Hofmannsthal, Hugo von: *Briefwechsel mit Ottonie Gräfin Degenfeld und Julie Freifrau von Wendelstadt* (wie Anm. 2), S. 414.

25 Cf. Rudolf Alexander Schröder und Eberhard von Bodenhausen: *Briefwechsel 1909–1918. Mit unveröffentlichter Prosa und einem Testament Schröders von 1914.* Hrsg. u. kommentiert v. Till Matthias Zimmermann. In: *Hofmannsthal-Jahrbuch zur europäischen Moderne* 21/2013, S. 7–175. Brief vom 29. 10. 1914, S. 109.

26 Hofmannsthal, Hugo von: *Briefwechsel mit Ottonie Gräfin Degenfeld und Julie Freifrau von Wendelstadt* (wie Anm. 2). Brief vom 08. 12. 1923, S. 481.

27 *Hugo von Hofmannsthal – Arthur Schnitzler. Briefwechsel.* Hrsg. v. Therese Nickl und Heinrich Schnitzler. Fischer Taschenbuch Verlag: Frankfurt a. M. 1983. Brief vom 02. 11. 1919, S. 287.

Schatten ihrer selbst gemacht werden oder sie wird schaden.“[28] Doch eben diese „Schatten“, die so ‚charmanten‘ kommunikativen Verhaltensweisen dieser Aristokratie, bleiben für den Autor des *Schwierigen*[29], und nicht nur für ihn, eine sehr lebendige Herausforderung.[30]

---

28 Hofmannsthal, Hugo von: *Aufzeichnungen*, SW (wie Anm. 4) Bd. XXXVIII, S. 786 (März 1919).

29 Die von den Herausgebern der *Kritischen Ausgabe* als „merkwürdig“ bezeichnete Tatsache, dass Hofmannsthal die schon zitierte Stelle in seinem Brief an Rudolf Pannwitz vom 31. Juli 1917 – es handele sich um eine Komödie, „deren Substrat eine in der Realität gar nicht mehr vorhandene Aristokratie ist“ – seinem norddeutschen Baron ziemlich ähnlich in den Mund legen kann, erklärt sich daraus, dass der ‚Preuße‘ Neuhoff Kraftlosigkeit und Degeneration in der Sprache und Umgangsform dieser Menschen zu entdecken meint. Während Hofmannsthal gerade in der realpolitischen Auflösung der Macht der Aristokratie die Möglichkeit sieht, ihre Umgangsformen irgendwie zu retten. Cf. SW (wie Anm. 4), Bd. XII: *Dramen 10*, S. 158, Anm.

30 Sich dieser Herausforderung zu stellen, ist das Charakteristikum mancher Glanzpunkte der folgenden österreichischen Literatur, man denke nur an Ingeborg Bachmanns späte Prosa, wo die wienerische Abenteurerin Baby von Kottwitz einer von Hofmannsthals Lustspiel inspirierten Nonchalance und Konversation fähig ist, oder an Thomas Bernhards plebejische „Billigesser“ mit ihren gastlichen und diskreten Umgangsformen, bzw. an seine ‚aristokratischen‘ Protagonisten, die „Karl Liebknecht, Rosa Luxemburg und Clara Zetkin“ lesen. Cf. Höller, Hans: *Der unbekannte Bernhard*. Korrektur Verlag: Mattighofen 2014, S. 110 und S. 154, sowie: Wandruszka, Marie Luise: *Ingeborg Bachmanns ‚ganze Gerechtigkeit‘*. Passagen Verlag: Wien 2011, S. 95.

Sigurd Paul Scheichl

„Ein paar Jahrhunderte später ging es wesentlich anders zu im Ardennenwald." Reflexe des Ersten Weltkriegs in Theaterkritiken Alfred Polgars aus den Zwanzigerjahren

„[…] die hochgradige Verflossenheit unserer Geschichte rührt daher, daß sie vor einer gewissen, Leben und Bewußtsein tief zerklüftenden Wende und Grenze spielt … Sie spielt […] vormals, ehedem, in den alten Tagen, der Welt vor dem großen Kriege, mit dessen Beginn so vieles begann, was zu beginnen wohl kaum schon aufgehört hat."[1] So Thomas Mann 1924 im „Vorsatz" zum *Zauberberg*; diese Einsicht in die „Wende und Grenze", die die Jahre 1914 bis 1918 bedeuten, teilten viele mit Thomas Mann. Unter ihnen Alfred Polgar. Hier geht es um Spuren dieser Einsicht in dessen Theaterkritiken – was er in anderer Kurzprosa über Krieg und Vorkriegszeit schreibt, blenden wir aus.[2]

Polgar, zwar während des Kriegs im Kriegsarchiv tätig, war gleichwohl ein Gegner des Kriegs,[3] der diese Gegnerschaft auch, geschickt verborgen, öffentlich zu artikulieren wusste, etwa in dem subversiven Bericht *Theaterabend 1915*[4].

---

1 Mann, Thomas: *Der Zauberberg. Roman.* S. Fischer Verlag: Frankfurt a. M. 1974, S. 1.
2 Anregungen zu diesem Beitrag danke ich den Teilnehmerinnen und Teilnehmern an meinem Seminar an der Universität Innsbruck „Literatur im ersten Jahrzehnt der Ersten Republik Österreich" (Wintersemester 2013/2014), insbesondere Heidemarie Messner und Sophia Mitteregger, die für dieses Seminar einen kleinen Reader mit einschlägigen Texten Polgars zusammengestellt haben.
3 Zusammenfassend zu Polgars Haltung im Ersten Weltkrieg cf. Dorowin, Hermann: „„Zwischen Irrsinn und Verzweiflung'. Alfred Polgar und der Erste Weltkrieg". In: Polt-Heinzl, Evelyne/Scheichl, Sigurd Paul (Hrsg.): *Der Untertreiber schlechthin. Studien zu Alfred Polgar.* Löcker: Wien 2007, S. 153–174. Zum Biografischen: Weinzierl, Ulrich: *Alfred Polgar. Eine Biographie.* Löcker: Wien 2005, S. 79–94; ferner Nentwich, Andreas: *Alfred Polgar.* Deutscher Kunstverlag: Berlin 2012.
4 Polgar, Alfred: *Theaterabend 1915.* In: id.: *Musterung.* Hrsg. von Marcel Reich-Ranicki und Ulrich Weinzierl. Rowohlt: Reinbek 1982 (= Polgar, Alfred: *Kleine Schriften* 1), S. 31–33. Zitiert wird durchwegs nach dieser sechsbändigen Ausgabe, jeweils mit Bandzahl und Seite. Die meisten Angaben beziehen sich auf Bd. 5: *Theater* I, 1985. Zu

Ein anderes Beispiel für subversives Schreiben in den Kriegsjahren bietet die Besprechung von Georg Terramares offenbar ziemlich misslungenem Prinz-Eugen-Stück *Die stille Stunde* (1916; am Burgtheater gespielt im April 1918).[5] In ihr, einem Verriss,[6] sind die Andeutungen auf die Enttäuschungen durch den Kriegsverlauf mehr als deutlich.[7] Gleich am Anfang wird die Hauptfigur mit den Worten eingeführt:

> Prinz Eugen – eben jener, welcher seine Brücken schlagen ließ, welche Tat im bekannten Volksliede verherrlicht ist, welches Lied in Wien vom 27. Juli 1914 bis zum Tag der allgemeinen Mobilisierung sehr, sehr oft gesungen wurde, dann nicht mehr so oft – Prinz Eugen also, der edle Ritter [...].

Die Kriegsbegeisterung des Sommers 1914 wird hier also mit einem typisch Polgar'schen understatement infrage gestellt; auf die Häufung der Relativsätze mit „welcher" und insbesondere die wiederholte, als stilistisch plump geltende Verbindung von „welch" und Nomen am Beginn eines Relativsatzes als Ironiesignale sei ausdrücklich aufmerksam gemacht.

Im Weiteren charakterisiert der Rezensent die mangelnden Qualitäten von Terramares Stück durch ziemlich ausführliche und unmissverständliche Vergleiche mit den Versorgungsschwierigkeiten in Wien:

> Die Konditoreien in Wien sind größtenteils gesperrt, aber da das Burgtheater offen hält, scheint der nach Süßem hungrigen Bevölkerung Ersatz geboten. Eine Wolke von Staubzucker hüllt diese ganze Staats- und Liebesg'schicht ein, die mit Rührung, Poesie und Lebensweisheit gefüllt ist wie die seligen Schaumrollen mit weiland Schlagsahne.

Steht hier der Kontrast zwischen früher Kriegsbegeisterung und ernüchternder Kriegswirklichkeit im Vordergrund, so wird Polgars Urteil in der Republik, in der er keine Rücksicht auf die Zensur mehr zu nehmen brauchte, viel allgemeiner und viel deutlicher. In den Zwanzigerjahren ließ er in seiner Kurzprosa und in seinen Theaterkritiken immer wieder die Erschütterung durch die Katastrophe

---

Theaterabend 1915 cf. die überzeugende Analyse von Dorowin: „‚Zwischen Irrsinn und Verzweiflung'. Alfred Polgar und der Erste Weltkrieg" (wie Anm. 3), S. 159–161.

5 Dazu kurz auch Weinzierl, Ulrich: *Alfred Polgar* (wie Anm. 3), S. 91.

6 Polgar, Alfred: *Kleine Schriften* 5 (wie Anm. 4), S. 143 ff.

7 Diese Besprechung zitiere ich nach der Erstfassung *Ein Stück ums Prinz Eugen-Lied*, in: *Prager Tagblatt*, 01. 05. 1918, S. 4 (deren Titel nicht zum Inhalt der Rezension passt, in welcher obendrein der Titel des besprochenen Stücks falsch angegeben ist). Die Stelle über die Nahrungsmittelsorgen ist in der *Kleine Schriften* 5 zugrunde liegenden Fassung wesentlich verkürzt.

anklingen.[8] „Seit dem Ausbruch der ‚Mordorgie' des Krieges ist für Polgar nichts mehr so wie vorher."[9]

Ganz kurz muss ich zu Beginn ein textkritisches Problem erwähnen, das alles Arbeiten über Polgar erschwert, aber speziell die Überlegungen zu meinem Thema betrifft. Die Gesamtausgabe seiner *Kleinen Schriften*[10], auf die ich mich der Einfachheit halber stütze, enthält die vom Autor überarbeiteten, oft sogar mehrfach überarbeiteten Fassungen seiner zunächst für Tageszeitungen geschriebenen Besprechungen, eben die Fassungen in Polgars Büchern und nicht die Erstdrucke in den Zeitungen[11] und Zeitschriften (die man übrigens nicht als „Vorfassungen"[12] bezeichnen sollte). Den ästhetisch so ertragreichen Überarbeitungs-, Kondensations- und Reduktionsprozessen für die späteren Buchausgaben könnten aktuelle Anspielungen besonders oft zum Opfer gefallen sein;[13] es könnten also in den ‚aktuellen' Rezensionen noch mehr Passagen als die von mir gefundenen auf die Katastrophe von 1914 Bezug genommen haben. Polgars Bücher und erst recht die Gesamtausgabe lassen überdies den Kontext der ursprünglichen Besprechung im jeweiligen Medium verschwinden, der den Ausschlag für die eine oder andere politische Anspielung gegeben haben mag. Insofern sind die folgenden Überlegungen recht vorläufig; aus den Erstdrucken ließen sich wahrscheinlich noch mehr Beispiele beibringen.

---

8 Ausgewählte Feuilletons, die Polgar als Kriegskritiker zeigen, analysiert Tomczuk, Dorota: *Das Paradigma des Lebens im feuilletonistischen Werk Victor Auburtins und Alfred Polgars*. Wydawnictwo KUL: Lublin 2008, besonders S. 150–165. Auf die Theaterkritiken geht sie nicht ein, obwohl man auch diese dem Genre ‚Feuilleton' zuordnen könnte.

9 Dorowin, Hermann: „‚Zwischen Irrsinn und Verzweiflung'. Alfred Polgar und der Erste Weltkrieg" (wie Anm. 3), S. 159.

10 Cf. Anm. 4.

11 Leider ist der Wiener *Tag*, in dem in den 1920er Jahren regelmäßig Polgars Premierenberichte erschienen, noch nicht digitalisiert und daher nur schwer zugänglich; von den unmittelbar nach der Aufführung geschriebenen Referaten weicht selbstverständlich auch die oft Wochen später veröffentlichte Fassung in der Berliner *Weltbühne* ab. Cf. zu diesem textkritischen Problem das ausführliche Kapitel „Textstufen" bei Attlmayr, Elisabeth: *Alfred Polgars Theaterkritiken. Auffassung vom Theater – Stil – Überarbeitungstechniken*. Diss. (unveröff.) Innsbruck 2012, S. 222–260. Attlmayrs Arbeit (die demnächst im Druck erscheinen soll) bietet unter anderem ein sehr vollständiges Inventar von Polgars stilistischen Verfahrensweisen.

12 Durchgehend im Apparat zu den Bänden, e. g. Polgar, Alfred: *Kleine Schriften* 5 (wie Anm. 4), S. 574.

13 Cf. Anm. 7.

Selbstverständlich kann man Polgars Werk nicht auf die Theaterkritiken reduzieren. Zahlreiche Texte von ihm – die meisten davon satirischen Charakters – beziehen sich ausdrücklich auf Ereignisse oder Gestalten der Kriegsjahre,[14] so auf den Feldmarschall Teisinger.[15] Im Folgenden werde ich mich aber auf die Kritiken beschränken; denn abgesehen von der Wichtigkeit dieser Textsorte für den Autor, der bis 1938 hauptsächlich von seiner Rezensententätigkeit lebte, und von ihrer Breitenwirkung sind Anspielungen auf das Entsetzen des Kriegs in den Berichten über Wiener und (gelegentlich) Berliner Premieren deshalb besonders aufschlussreich für die Wirkung des schrecklichen Ereignisses auf den Kritiker, weil das Vorkommen solcher politischer Bemerkungen in Theaterkritiken gerade nicht selbstverständlich ist. Noch aussagekräftiger als die Besprechung von Stücken, in deren Mittelpunkt der Krieg steht,[16] sind dabei Stellen, oft – scheinbare – Nebenbemerkungen, in Kritiken über Stücke, zu deren Themen Krieg oder Soldatentum nicht gehören. Gerade sie zeigen die fortdauernde Präsenz des Einschnitts von 1914 in Polgars Denken, auch wenn sie nach etwa 1925 seltener werden und schließlich fast ganz aufhören.

Polgars grundsätzliche Einstellung zum Militarismus sei durch ein Zitat aus einer Besprechung von 1928 markiert; sie gilt der in Berlin gespielten ‚Militärgroteske' *Des Kaisers Soldaten* von Hermann Essig (1912): „Hier ist zu sehen, daß ‚Soldat', auch schon im Frieden, ein rechtes Stichwort ist für Bestialität, sich herrlich zu offenbaren."[17] Auf dem Hintergrund dieser Erkenntnis sind alle sarkastischen Bemerkungen Polgars in seinen Schriften nach 1918 zu verstehen.

Die Erfahrung des Kriegs und dessen Ablehnung trübt aber nicht Polgars Blick für die politische Realität. Daher zuerst einige Bemerkungen über eine Besprechung, die sich von einem allzu blauäugigen und plakativen Pazifismus distanziert. Das heute vergessene, aktuelle Konflikte zwischen Deutschen und Franzosen im besetzten Rheinland behandelnde Stück *Heinrich aus Andernach*[18]

---

14 Einige Beispiele sind knapp analysiert bei Scheichl, Sigurd Paul: „Bilder des Ersten Weltkriegs in der Literatur Österreichs 1914 bis 1934". In: *Alfred Klahr-Gesellschaft. Mitteilungen* (Wien) 21. 214. Nr. 2 (Juni 2014), S. 12–16; hier S. 14.

15 Polgars *Der Teisinger* dürfte übrigens einen der frühesten Belege für das Wort „Kriegsverbrecher" enthalten. Polgar Alfred: *Kleine Schriften* 1 (wie Anm. 4), S. 101–103.

16 Etwa 1923 über eine Aufführung von Karl Kraus' *Die letzte Nacht*, cf. *Kleine Schriften* 5 (wie Anm. 4), S. 262 ff., oder 1926 über Marcel Achards *Marlborough zieht in den Krieg*, ibid., S. 437 f.

17 Ibid., S. 486.

18 Unruh, Fritz von: *Heinrich aus Andernach. Ein Festspiel.* Frankfurt: Societäts-Druckerei 1925. Ich kenne den Text nicht, habe nur eine weitere zeitgenössische Besprechung der Wiener Inszenierung eingesehen: *Feuilleton. Burgtheater.* In: *Neue Freie Presse,*

von dem ebenfalls weitgehend vergessenen Fritz von Unruh, 1925 am Burgtheater aufgeführt, gibt Anlass zu solchen Reflexionen.[19] Polgars Besprechung
des wohl etwas sentimentalen Dramas beginnt ironisch: „Ein Spiel, das Liebe,
Frieden, Eintracht und Verzeihung den Feinden admoniert" – wobei das exqui-
site und überdies ziemlich abschwächende Verb, ein Archaismus, das wichtigste
Ironiesignal ist, dem andere folgen, etwa das Küchenlatein im nächsten Zitat. Im
Weiteren heißt es dann, an der politischen Wirklichkeit orientiert:

> Pazifismus des Schwächern ist gewiß auch was Schönes, aber er wird's nicht machen.
> Die Bereitwilligkeit des Lammes, dem Löwen, grast er neben ihm, nichts zu tun, scheint
> in allen Belangen, auch in den deutschen, ohne Belang. Unruh ist ein eifervoller advo-
> catus agni.[20]

Signalisiert der Kritiker schon durch die sehr ironische Wiedergabe der Handlung – Polgars hier besonders ausgeprägte „subjektive Erzählweise" ist stets ein
ganz wesentliches Element der Rezension[21] – dass er die versöhnlichen Töne
Unruhs für pure Sentimentalität hält, so machen die zitierten Sätze vollends
klar, dass er von bloßem Friedensgerede wenig hält und an dessen Pathos nicht
glaubt. Diese realistische Sicht der Dinge muss man sich vor Augen halten, wenn
man Polgars Bemerkungen über den verlorenen Krieg analysiert: Die Erschütterung durch den millionenfachen Tod inspiriert ihn nicht zu Rezepten für die
Besserung der Menschen.

Ein schönes Beispiel dafür, wie die stets präsente Erfahrung des Weltkriegs
in einen scheinbar ganz apolitischen Text einfließen kann, bietet 1923 Polgars
Besprechung einer Premiere von Shakespeares *Wie es euch gefällt*, einem Lustspiel, das in einem sehr poetischen Ardennenwald spielt. Mitten in den Preis der
Shakespeare'schen Idylle fügt Polgar in Klammern ein: „(Ein paar Jahrhunderte
später ging es wesentlich anders zu im Ardennenwald)"[22] – dass die deutsche
Offensive gegen Belgien und Frankreich durch die Ardennen geführt wurde,
war damals noch in allgemeiner Erinnerung. Mit diesem Einschub stellt Polgar nicht Shakespeare oder Shakespeare-Aufführungen infrage, aber er rückt
nachdrücklich ins Bewusstsein, in welcher Zeit Shakespeare gespielt wird: dass

---

12. 11. 1925, S. 1–3. (Die Chiffre des Verfassers – vielleicht „P. G.", das wäre Paul Gold-
mann – ist schlecht zu lesen.)

19 Polgar, Alfred: *Kleine Schriften* 5 (wie Anm. 4), S. 396 ff.

20 Ibid., S. 397.

21 Dazu Rössler, Peter: „Alfred Polgar – Schreiben über Theater". In: Polt-Heinzl, Evely-
ne/Scheichl, Sigurd Paul (Hrsg.): *Der Untertreiber schlechthin* (wie Anm. 3), S. 105–130,
hier S. 109.

22 Polgar, Alfred: *Kleine Schriften* 5 (wie Anm. 4), S. 306 f.

Shakespeares ‚zauberische‘ Komödie in radikalem Gegensatz zu dem steht, was Polgars Generation gerade erfahren hat. Der eine eingeschobene Satz, kaum mehr als eine Andeutung, genügt, um der Besprechung eine neue Dimension zu geben, sie fast zu einem politischen Text zu machen.

Das Jahr 1914 als Bruch mit dem bisherigen Leben wird in einer Besprechung von Hofmannsthals *Unbestechlichem* (1923), einem Lustspiel, das auf dem Landsitz einer aristokratischen Familie in einem geschlossenen aristokratischen Milieu spielt, zum wiederum nur angedeuteten Thema. Polgar greift den Bruch zweimal auf: Einerseits nennt er den Diener Theodor, der die Moral seiner adeligen Dienstgeber verachtet, einen „Vorläufer der Revolution", nicht ohne in den gleichen Satz einzufügen: „ – wir schreiben 1913 – "[23]; andererseits imaginiert er einen anderen Schluss des Lustspiels. Die scheinbare Versöhnung des Barons Jaromir mit seiner Frau sei keine Lösung.

> Eine Lösung wäre, wenn, gesetzt, wir schrieben nicht 1913, sondern schon 1914, auf dem Höhepunkt der Konflikte die Einberufung für die Männer käme und alle Beteiligten, solcher Tatsache gegenüber, sprächen: Himmel, mit welchen Betisen haben wir uns da vier Akte lang das Herz und den Kopf zerbrochen![24]

Angesichts der Kriegsjahre erscheint Polgar vieles an der zeitgenössischen und erst recht an der vor 1914 geschriebenen Bühnenliteratur oberflächlich wo nicht verlogen. Dieser Gedanke taucht nicht zuletzt in Besprechungen von Stücken auf, die schon vor 1914 gespielt worden sind – allerdings gar nicht in den Rezensionen von Klassiker-Aufführungen, sieht man von der einen Shakespeare-Kritik ab. Selbst Romain Rollands „Kriegsstück", eigentlich Antikriegsstück, *Die Zeit wird kommen* (*Le temps viendra*) von 1909[25] wirkt, 1921 wieder inszeniert, durch die Ereignisse überholt. Vom Prestige, das der entschiedene Kriegsgegner Rolland nach 1918 genoss, ist in dieser Besprechung[26] kaum etwas zu spüren. Nicht von der Aktualität des eigentlich gar nicht so alten Stücks (dessen Hintergrund der Burenkrieg ist) redet Polgar, sondern davon, dass es im Grunde 1921 seine Gültigkeit verloren hat; das Prophetische des Dramas scheint er nicht

---

23 Ibid., S. 281. Diesen Zeitpunkt der Handlung gibt Hofmannsthal selbst an.

24 Ibid., S. 282.

25 Das von Polgar angegebene Datum stimmt nicht; *Le temps viendra* ist 1903 entstanden. Es ist nicht uninteressant, dass der Name des Übersetzers von 1919, Stefan Zweig, in der Besprechung nicht genannt wird. Ob vor 1914 eine andere Übersetzung gespielt worden ist, hat sich nicht ermitteln lassen.

26 Cf. Polgar, Alfred: *Kleine Schriften* 5 (wie Anm. 4), S. 207 ff.

besonders zu schätzen,[27] zumal der französische Autor weit hinter dem zurück-
bleibt, was in den Jahren 1914 bis 1918 tatsächlich geschehen ist:

> So unbedingte prinzipielle Stellungnahme gegen Krieg und Kriegslogik, lange bevor
> ein furchtbarer Anschauungsunterricht der Menschheit gleiche Lehre eingedrillt, ein-
> geschossen und eingestochen hat, adelt den Dichter und das Werk (das heute freilich
> schon durchbrochene Türen durchbricht). Auch wirken eine so reinliche Generalsseele,
> ein so herziges Krieglein, eine so saubere Führung von Freund und Feind, wie sie hier
> gezeigt werden, gleich Dingen aus einer guten, alten Zeit, denen wehmütig nachzutrau-
> ern die Welt allen Grund hat.[28]

Allein das Diminutiv „Krieglein" macht klar, was Polgar von dieser Kriegsdar-
stellung hält; dass er im Weiteren von „rührenden Geschehnissen" und „warm-
herzigen Sprüchen, die sie begleiten"[29] schreibt, zeigt noch deutlicher seine
Skepsis gegenüber diesem vom „Anschauungsunterricht" der Geschichte, von
der Kriegsrealität überholten Drama.

Gewichtig und von tiefem Pessimismus auch der den Titel und den Schluss
von Rollands Stück aufgreifende Satz über die Versöhnung von Engländern und
Buren in dem Drama: „Und in der Tat ist die Zeit gekommen, da Engländer und
Buren, das Verbrecherische des gegenseitigen Abschlachtens einsehend, sich
verbrüderten, um gemeinsam einen Dritten abzuschlachten"[30] (südafrikanische
Truppen kämpften im Ersten Weltkrieg gegen Deutschland). Dass im Kontext
von Polgars leisem Schreiben „Abschlachten" ein sehr explizites Wort ist, sei
ausdrücklich hervorgehoben. Um Missverständnisse zu vermeiden: Selbstverständlich impliziert diese Stelle eine grundsätzliche Kriegsgegnerschaft, nicht
aber eine Parteinahme für die besiegten Länder.

Gleich pessimistisch der das in diesen Rezensionen mehrfach vorkommende
biblische Bild von Lamm und Löwe (Jesaja 65, 25) ein weiteres Mal variierende
Schluss der Besprechung: „Es ist uns nicht zu helfen. Die Zeit wird kommen, da
das Lamm neben dem Löwen weidet? Möglich. Aber da werden dem Löwen die
Krallen ausgefallen oder dem Lamm welche gewachsen sein."[31] Unmerklich ist
hier aus der Besprechung eines freilich sehr politischen Stücks ein politischer
und auch fast ein satirischer Text geworden. Aus der Erschütterung durch den
Krieg weicht Polgar aber nicht in utopische Hoffnungen aus; er legt auch hier den
Realismus an den Tag, der in der Unruh-Besprechung zu erkennen ist (wobei

---

27 Ibid., S. 208.
28 Ibid., S. 207.
29 Ibid., S. 208.
30 Ibid.
31 Ibid., S. 208 f.

dort, anders als in der Rolland-Kritik, auch der Gedanke mitschwingt, dass es für Unterlegene in einem Krieg leicht ist, sich zum Pazifismus zu bekennen). Die Stelle mit den ausgefallenen und den gewachsenen Krallen ist ein schönes Beispiel für Polgars Kunst der Pointierung – hier in wirksamer Verbindung mit Intertextualität.[32]

Beer-Hofmanns *Graf von Charolais* aus dem Jahr 1904 wurde 1923 am Burgtheater neu inszeniert. Die Reaktion Polgars ist recht typisch und vergleichbar mit den schon zitierten Bemerkungen über den *Unbestechlichen* aus dem gleichen Jahr: „An viele Dinge wird gerührt, die gestern noch ewig waren, heute das nicht mehr sind."[33] Und ganz ähnlich: „Vor achtzehn Jahren schien der *Graf von Charolais* ein Menschheitsdrama, heute scheint er ein Gesellschaftsstück [...]."[34] Das Bewusstsein vielleicht nicht der Menschen, aber doch Polgars hat sich geändert: Was einmal grundsätzliche Fragen schienen, sind nach diesem Krieg nur noch „Betisen"[35]. Eben das meint Thomas Manns (freilich ironische) Formel von der „hochgradigen Verflossenheit" seiner *Zauberberg*-Fabel.

Ein letztes Beispiel für den Gedanken von der Überholtheit älterer Texte steht in der Besprechung von Hermann Bahrs *Josefine* von 1897 anlässlich einer Neuinszenierung von 1924 oder 1925.[36] „Die Zäsur, mit der der Weltkrieg die Zeit entzweischnitt, hat nebst einigem andern auch diese Komödie getötet: Sie wurde geköpft wie die arme Wachtel von der mähenden Sense. Und mutet also, wenn sie noch tut, als lebe sie, sehr gespenstisch an."[37] Freilich handelt es sich bei Bahrs Stück um eine Napoleon-Komödie, in der entsprechend leichtfertig mit dem Motiv Krieg umgegangen wird. Polgars Nacherzählung der „munteren Komödie" wirkt wie eine Parodie, wobei freilich mit einer grundsätzlichen Abneigung des Kritikers gegen Bahr zu rechnen ist. Doch der Grundgedanke, die „Leben und Bewußtsein tief zerklüftende Wende und Grenze" (Thomas Mann) von 1914 habe manche literarische Produkte ihres (vermeintlichen) Werts endgültig beraubt, sie getötet, geköpft, gilt unabhängig von der Aversion des Rezensenten gegen einen Dramatiker. Der Vergleich mit dem Köpfen einer Wachtel und die Erwähnung der Sense, des Attributs des Todes, unterstreichen das Thema stilistisch.

---

32 Über Intertextualität bei Polgar siehe Attlmayr, Elisabeth: *Alfred Polgars Theaterkritiken* (wie Anm. 11), S. 155–190.

33 Polgar, Alfred: *Kleine Schriften* 5 (wie Anm. 4), S. 295.

34 Ibid., S. 296.

35 Ibid., S. 282.

36 Ibid., S. 593; das Datum der Erstfassung der Besprechung wird nicht angegeben.

37 Ibid., S 401.

Ein anderer Gedanke in diesen Einschüben in Besprechungen zu Aufführungen der Zwanzigerjahre ist der von der durch die Kriegserfahrung, durch das „Gefühl des üblen Heute"[38] bedingten Wirkungslosigkeit seinerzeit starker Effekte oder auch vom Wandel solcher Effekte, beispielsweise in Hauptmanns *Webern* (1919).[39] Etwa: „Bei der Salve im fünften Akt erblaßte das Parkett. Und die rechts saßen, auf der Seite des alten Hilse, der durchs Fenster erschossen wird, hätten, immerhin, lieber links gesessen." Aber auch die gegenteilige Wirkung, die Abschwächung des Effekts ist zu konstatieren: „Das Elendsgemälde? Auf dem Fond der Zeitgesichte [sic] verschwimmt seine einst grelle Farbe matt und blaß. Was kann bei Menschenfressern das ‚nett betulich Hundle' noch für rührende Figur machen? Und die ‚Hunger' wimmernden Kindla in Tagen, da alle Götter infolge Unterernährung s'en vont?"[40]

Eine letzte Überlegung in diesen Einschüben gilt der von der aktuellen Situation bestimmten Perspektive von Passagen in den besprochenen Dramen. In der bereits vorgestellten Analyse von Unruhs *Heinrich aus Andernach* schreibt Polgar in Zusammenhang mit dem ‚Pazifismus des Schwächern': „Andre Spiele hätten sie am Rhein gespielt, wären die Zeiten anders gelaufen, als sie gelaufen sind. Kein Mann aus Andernach hätte durch der Güte Kraft Peitschen in Rebstöcke verwandelt […]."[41]

Nach der potentiellen Perspektive des Siegers wird auch in der Kritik über Hugo von Hofmannsthals *Salzburger Großes Welttheater* gefragt (1922).[42] Es heißt da: „Der König, als erster, spricht seinen allzu sündhaft-herrischen Text. (Wer weiß, ob er auch ganz so gesprochen hätte, wären wir, Alt-Österreich, in der großen Kampagne Sieger geblieben!)"[43]. Selbstverständlich wussten Polgars LeserInnen Bescheid über die patriotischen Aktivitäten des Dichters Hofmannsthal im Weltkrieg, ebenso selbstverständlich wussten sie, dass der Rezensent kein Freund dieser Aktivitäten gewesen war. Ob diese Kritik am Autor das Gedankenexperiment über die Redeweise der Figur nach einem allfälligen Sieg rechtfertigt, muss offen bleiben; keinesfalls ist das so evident wie im Fall von Unruhs Stück, das ja direkt auf eine aktuelle politische Situation Bezug nimmt. Andererseits kann man dieses Spekulieren auch als satirische Verfahrensweise verstehen.

---

38 Ibid., S. 178.
39 Ibid., S. 177 f.
40 Ibid., S. 178. „Les dieux s'en vont" ist ein Zitat aus Heines *Romantischer Schule*.
41 Ibid., S. 397.
42 Ibid., S. 246–253.
43 Ibid., S. 249 f.

Ähnlich wie gegen Hofmannsthal argumentiert Polgar, fast gleichzeitig, als er über Anton Wildgans' *Kain* schreibt (1922).[44] Eine Parallele ist auch darin zu sehen, dass der Autor dieses Dramas wie Hofmannsthal während des Kriegs sehr patriotisch dachte und daher, anders als jener, peinliche Kriegsgedichte verfasste. Das Gedankenexperiment, das sich in der (wenig später geschriebenen) Hofmannsthal-Besprechung findet, ist hier ausgeweitet – ganz offensichtlich hat der Rezensent vor Wildgans viel weniger Respekt als vor Hofmannsthal (sosehr er dessen geistlichem Spiel mit Skepsis, wo nicht mit Widerwillen begegnet). Zur Beweisführung ist hier ein längeres Zitat erforderlich:

> Den gefällten Abel im Schoß wird Eva zur Kassandra. Sie sieht, von Kain bitter sekundiert, das Elend der Welt, die Schreckensherrschaft des Goldes, und Krieg wirft seinen blutigen Schatten voraus über ihr Herz. Geboren ward dieses Drama nämlich, 1919, von der Verzweiflung über den Weltkrieg und seine betrüblichen Konsequenzen.
>
> Wie aber wären Wildgansens mythische Gedichte ausgeklungen, hätte das Schicksal seinem Vaterland glorreichen Sieg beschieden? Dann würde Eva vielleicht Erlösung der Welt durch das Haus Habsburg vorausgesehen und dieses ermuntert haben, die Feinde zu zertreten „wie lästiges Insekt", vor dem wiedergewonnenen Paradies wären Cherubim in österreichischer Infanterie-Uniform auf Wache gestanden, und im Rhythmus des Gedichts hätte es gerauscht wie von Schwingen des Doppeladlers.
>
> Dichter sind schwankende Gestalten. Treibt der Geist sie? Treiben sie den Geist? Wer kann es wissen![45]

Allein der Genitiv „Wildgansens" reicht, um den satirischen Charakter der Passage eindeutig zu markieren. Dazu kommt die Häufung von Wörtern und Floskeln aus dem Inventar des k.u.k.-Selbstlobs; „wie lästiges Insekt" ist dagegen ein, wohl unabsichtlich, verballhorntes Zitat aus Wildgansens Kriegsgedicht *Vae victis*.[46] Offenbar greift Polgar mit diesen Spekulationen über ein anderes Ende von *Kain* den ehemaligen Kriegsdichter Wildgans[47] an; darüber hinaus rechnet er mit dem patriotischen Pathos der eben vergangenen Jahre ab; vor allem aber gilt die Satire, in die sich die Besprechung verwandelt hat, dem Opportunismus des Wiener Autors, den der – in diesem Fall – Schein-Rezensent verdächtigt, in *Kain* allgemein gegen den Krieg zu sein, weil der konkrete Krieg verloren gegangen ist.

---

44 Ibid., S. 241–246.

45 Ibid., S. 245 f.

46 „Und über schmählich hingekrümmte Rücken / Hinstampfen wie auf häßliches Insekt."

47 Über Polgars Einstellung zu den Kriegslyrikern cf. Dorowin, Hermann: „‚Zwischen Irrsinn und Verzweiflung'. Alfred Polgar und der Erste Weltkrieg" (wie Anm. 3), 167 ff.

Dass eine Polgarsche Premierenbesprechung so stark in eine andere Textsorte kippt, ist allerdings selten; diese Wildgans- und die schon behandelte Rolland-Besprechung sind Ausnahmen von der Regel. Typischer ist der Einschub über die Ardennen des Jahres 1914 in den Premierenbericht über die Shakespeare-Inszenierung: Polgar neigt mehr dazu, seinen Abscheu gegen den Krieg im understatement des eingeschobenen Satzes in Klammern auszudrücken als in einem satirischen Text. Die Pointierung ist bei ihm, wie die Beispiele gezeigt haben sollten, fast immer leise, unaufdringlich und knapp – deshalb aber nicht weniger ätzend.

Über die Figur Maske in Sternheims *Hose* heißt es 1924: „Ein Kerl, stark, gesund und ekelhaft-bewußt seiner Stärke und Gesundheit, [...] nur durch ein Erdbeben vom Fleck zu rühren. (Nun, das Erdbeben kam)."[48] Der Gedanke an dieses Erdbeben kommt bei weitem nicht in allen Rezensionen Polgars aus den ersten Nachkriegsjahren vor, aber er kehrt doch immer wieder und bestimmt gerade einige sehr gewichtige Kritiken. Zumindest dieser Autor hat die Schrecken des Kriegs nicht vergessen; vielmehr schreibt er „unermüdlich gegen das Vergessen" an[49] – auch in scheinbar apolitischen Theaterkritiken.

---

48 Polgar, Alfred: *Kleine Schriften* 5 (wie Anm. 4), S. 320.
49 Dorowin, Hermann: „‚Zwischen Irrsinn und Verzweiflung'. Alfred Polgar und der Erste Weltkrieg" (wie Anm. 3), S. 170.

Aneta Jachimowicz

Unterhaltungsromane über den Ersten Weltkrieg?
Leo Perutz' *Wohin rollst du, Äpfelchen …* und Alexander Lernet-Holenias *Die Standarte*

Von Leo Perutz als von einem Unterhaltungsschriftsteller zu sprechen käme angesichts der avancierten Bestandsaufnahmen der neuesten Perutz-Forschung einem wissenschaftlichen Selbstmord gleich. Perutz' Romane sind alles andere als bloß unterhaltende oder kolportagehafte Bücher, und Perutz ist keinesfalls ein Unterhaltungsliterat, für den ihn seinerzeit Kurt Tucholsky aufgrund seines Romanerstlings *Die dritte Kugel* (1919) gehalten hat:

> Das ist ein hübsches Buch. So eins, das man, wenns draußen furchtbar regnet, mit einem Teller Knackmandeln neben sich, tot für die Umwelt, verschlingt, mit der einen Hand blättert man um, mit der zweiten stopft man sich langsam eine Knackmandel nach der anderen in den Mund…[1]

Das literarische Schaffen Perutz' wurde von seinen Zeitgenossen meistens der Unterhaltungsliteratur zugeordnet,[2] was die Germanisten zunächst veranlasste, sein Werk als Trivialliteratur abzutun.[3] In den letzten dreißig Jahren hebt man aber seinen besonderen Stellenwert hervor und weist auf die von Perutz erfassten thematischen Problemfelder hin, die das Denksystem sowie die (geschichts-)

---

1 Tucholsky, Kurt: *Die dritte Kugel.* In: *Die Weltbühne. Berlin* 15, 1919, S. 662, zit. nach: Müller, Hans-Harald: *Leo Perutz 1882–1957. Eine Ausstellung der deutschen Bibliothek Frankfurt a. M.* Zsolnay Verlag: Wien et al. 1989, S. 63.

2 Sogar im Handbuch der deutschen Literaturgeschichte von 2002 erscheint Perutz im Kapitel über die unterhaltende Prosa der Weimarer Republik, wobei betont werden muss, dass die Autoren ihre Schwierigkeiten mit der Einordnung von Perutz' Romanen hervorheben und deren Einstufung als Unterhaltungsliteratur für nicht unbedingt adäquat halten. Cf. Leiß, Ingo/Stadler, Hermann: *Deutsche Literaturgeschichte. Weimarer Republik 1918–1933.* Bd. 9. Dtv: München 2003, S. 269.

3 Cf. Mandelartz, Michael: *Poetik und Historik. Christliche und jüdische Geschichtstheologie in den historischen Romanen von Leo Perutz.* Niemeyer: Tübingen 1992, S. 2.

philosophischen Reflexionen der ambitiösen Autoren dieser Zeit bestimmten
und zum Gegenstand der großen Literatur des 20. Jahrhunderts wurden.

Der mit vielen Preisen gekrönte Alexander Lernet-Holenia, PEN-Präsident
und Mitherausgeber des FORVM, ist gravierend anders positioniert. Obwohl
er mehrmals mit Perutz verglichen wurde,[4] stand seiner Kanonisierung in der
österreichischen Literatur des 20. Jahrhunderts vielfach die Stigmatisierung seiner Werke als Unterhaltungsliteratur im Wege.[5] Schon Stefan Zweig sagte von
Lernet-Holenias Romanen, sie seien „mit der linken Hand oder aus Geldver-
dienerei" geschrieben und hätten keine Tiefe, aber immerhin Grazie.[6] Und Otto
Basil drückte sich ähnlich aus:

> Lernets Romane tragen vielfach die Spuren des Beiläufigen, Peripherischen, ja Kolpor-
> tagehaften. Zumeist in einem leichten Plauderton geschrieben, liegen sie im Niveau
> kaum über dem, was man gewöhnlich ‚Unterhaltungsliteratur' nennt, wenngleich sie zu
> den kultiviertesten Produkten dieser Gattung gehören.[7]

Trotz der Bemühungen der Forscher, Lernet-Holenia einen Platz unter den großen Prosaautoren des 20. Jahrhunderts einzuräumen,[8] wird er weiterhin durch

---

4   Cf. Lütz, Reinhard: *Drommetenrot und Azurblau. Studien zur Affinität von Erzähltech-
    nik und Phantastik in Romanen von Leo Perutz und Alexander Lernet-Holenia.* Corian-
    Verlag: Meitingen 1988; Kaiser, Birgit: *Der Tod in der Literatur der Jahrhundertwende
    als sozialgeschichtliche Reflexion. Dargestellt an den Werken Heimito von Doderers,
    Alexander Lernet-Holenias und Leo Perutz'.* Univ.-Dipl.-Arb.: Graz 1992; Staudinger,
    Martin: *Götter, Teufel und Dämonen. Zur Mythologie der österreichischen phantasti-
    schen Literatur in der ersten Hälfte des 20. Jahrhunderts. Untersuchungen anhand aus-
    gewählter Werke von Alfred Kubin, Gustav Meyrink, Franz Spunda, Karl Hans Strobl,
    Paul Busson, Leo Perutz und Alexander Lernet-Holenia.* Univ.-Dipl.-Arb.: Wien 1993;
    Rauchenbacher, Marina: *Wege der Narration. Subjekt und Welt in Texten von Leo Perutz
    und Alexander Lernet-Holenia.* Praesens-Verlag: Wien 2006.
5   Ruthner, Clemens: „Erzählte Zwischen-Reiche. Die Stellung Lernet-Holenias in der
    (phantastischen) Literatur des 20. Jahrhunderts". In: Eicher, Thomas/Gruber, Bettina
    (Hrsg.): *Alexander Lernet-Holenia. Poesie auf dem Boulevard.* Böhlau: Köln et. al. 1999,
    S. 177–207, hier S. 183.
6   Stefan Zweig an Richard Strauss. In: Schuh, Willi (Hrsg.): *Richard Strauss - Stefan
    Zweig. Briefwechsel.* S. Fischer: Frankfurt a. M. 1957, S. 116.
7   Basil, Otto: „Alexander Lernet-Holenia. Zum 50. Geburtstag des Dichters". *Neues
    Österreich* 26. 10. 1947, S. 3.
8   Günter Berger sieht in Holenia einen der wichtigsten österreichischen Autoren neben
    Schnitzler. Cf. Berger, Günter: „Eine recht unbequeme Individualität. Zum 100.
    Geburtstag Alexander Lernet-Holenias". *Wiener Zeitung* 17. 10. 1997, S. 10. In den
    neuesten Publikationen wird der Versuch unternommen, Lernet-Holenias literari-
    sche Relevanz zu rehabilitieren. Cf. Roček, Roman: *Die neun Leben des Alexander*

den Vorwurf von Kolportage und Trivialität in eine Randstellung gedrängt. „[D]er Salonlöwe ist literarhistorisch noch nicht salonfähig. […]. Wem [aber] ein Simmel recht ist, dem muss ein Lernet billig sein", konstatierte die Kritikerin Daniela Strigl angesichts der „hektische[n] Betriebsamkeit" und des „schlechte[n] Gewissen[s]" mancher Teilnehmer an Symposien zum 100. Geburtstag dieses Autors.[9] Bestimmt wäre es nicht richtig, Lernet-Holenias Erzählwerk als zweitrangig abzutun. So wird es mit Recht der Literatur der ‚Inneren Emigration' zugeordnet. Vor allem die drei späteren Romane: *Der Mann im Hut* (1937), *Ein Traum in Rot* (1939) und *Mars im Widder* (1940, publiziert 1946) verdienen eine besondere Beachtung wegen ihres verdeckten Widerstands gegen das nationalsozialistische System.[10]

Ohne die beiden Autoren als Unterhaltungsschriftsteller etikettieren zu wollen, setzt sich mein Beitrag zum Ziel, am Beispiel des Romans *Wohin rollst du, Äpfelchen…* (1928) von Leo Perutz und *Die Standarte* (1934) von Alexander Lernet-Holenia ein Paradigma der Unterhaltungsliteratur nach dem Ersten Weltkrieg, die Verfahrensweisen der Autoren sowie die Ästhetik dieses Genres aufzuzeigen. Die beiden Heimkehrerromane verbindet – trotz ihres unangefochtenen Kunstanspruchs – ein gemeinsamer Nenner: Beide sind ein Produkt der Modeerscheinungen in der Unterhaltungsliteratur der Zwischenkriegszeit;

Lernet-Holenia. Eine Biographie. Böhlau: Wien et al. 1997; Eicher, Thomas/Gruber, Bettina (Hrsg.): *Alexander Lernet-Holenia. Poesie auf dem Boulevard* (wie Anm. 5); Mayer, Franziska: *Wunscherfüllungen. Erzählstrategien im Prosawerk Alexander Lernet-Holenias.* Böhlau: Köln et al. 2005; Hübel, Thomas/Müller, Manfred/Sommer, Gerald (Hrsg.): *Alexander Lernet-Holenia: Resignation und Rebellion. Beiträge des Wiener Symposions zum 100. Geburtstag des Dichters.* Ariadne Press: Riverside CA 2005. Es folgte auch die Herausgabe des Briefwechsels: Nickel, Gunther (Hrsg.): *Carl Zuckmayer – Alexander Lernet-Holenia: Briefwechsel und andere Beiträge zur Zuckmayer-Forschung.* Wallenstein-Verlag: Göttingen 2006, sowie Dietz, Christopher: *Alexander Lernet-Holenia und Maria Charlotte Sweceny. Briefe 1938–1945.* Böhlau: Wien 2013.

9   Strigl, Daniela: „Krebsgänge und Rösselsprünge. Am 21. Oktober wäre Alexander Lernet Holenia hundert geworden". *Wiener Journal* 10, 1997, S. 35. Cf. auch Menasse, Robert: *Überbau und Underground. Die sozialpartnerschaftliche Ästhetik. Essays zum österreichischen Geist.* Suhrkamp: Frankfurt a. M. 1997, S. 31, 67.

10 Cf. Roček, Roman: „Zwischen Subversion und Innerer Emigration. Alexander Lernet-Holenia und der Nationalsozialismus. In: Müller, Karl/Holzner, Johann (Hrsg.): *Literatur der „Inneren Emigration" aus Österreich.* Döcker Verlag: Wien 1998, S. 181–211. Cf. auch Gottwald, Herwig: „Der Beitrag österreichischer Autoren zur Literatur der ‚Inneren Emigration". In: Kroll, Frank-Lothar/Voss, Rüdiger von (Hrsg.): *Schriftsteller und Widerstand. Facetten und Probleme der Inneren Emigration.* Wallstein-Verlag: Göttingen 2012, S. 297–318, hier. S. 310–315.

beide präsentieren das breite und existenziell angelegte Themenfeld des aus dem Krieg Heimkehrenden auf eine Art, die nach dem Zweiten Weltkrieg in der Trümmerliteratur, die denselben Themenkomplex behandelte, nicht denkbar wäre. Obwohl beide Romane in die ernste, für die Zeit charakteristische Problematik eingebettet sind, sind sie durch ihre flotten und unterhaltsamen Handlungen im Vergleich zu anderen die Krise des modernen Bewusstseins behandelnden Kriegs- bzw. Heimkehrer-Romanen dieser Zeit ein besonderes literarisches Phänomen. Auf diese Thesen näher einzugehen und sie im Kontext sowohl der privaten Motivationen der Schriftsteller als auch der Diskurse der Zeit zu beleuchten, ist das zentrale Anliegen dieser Ausführungen.

Zunächst das Theoretische: Der Begriff Unterhaltungsliteratur ist in der literaturwissenschaftlichen Diskussion genauso problematisch wie undefinierbar, denn er hängt immer mit der qualitativen und nicht mit der dichotomen Einschätzung literarischer Texte zusammen.[11] Die Versuche, sie in dem sogenannten Dreischichtenmodell der Literatur auf der mittleren Ebene zwischen Hoch- und Trivialliteratur zu situieren,[12] schlagen fehl, denn es wird – insofern dadurch das klare Bewertungsmuster in ‚gut' und ‚schlecht' aufgehoben wird – damit suggeriert, dass es definierte Abgrenzungskriterien zwischen diesen drei literarischen Formen gibt. Trotz dieser und weiterer Kontroversen herrscht im Allgemeinen eine Übereinstimmung darüber, dass Unterhaltungsliteratur im Vergleich zur Trivialliteratur durch das handwerkliche Können der Autoren und den höheren Differenzierungsgrad der jeweiligen Texte im Hinblick auf die Verwendung von Formeln gekennzeichnet ist.[13] Im Unterschied zur Hochliteratur kann sie sich schematischer Muster und einer klischeehaften Darstellung der Wirklichkeit bedienen, ohne aber davon dominiert zu werden. Narrative Texte zeichnen sich durch Handlungsorientierung, szenisches Erzählen, Identifikationsangebote und ein relativ geringes Maß an Komplexität aus. Das Ziel der Unterhaltungsliteratur ist es, durch die Einsetzung dieser Techniken eine emotionale Erregung aufzubauen, um an ein möglichst breites Lesepublikum heranzukommen. Umso erstaunlicher ist es, dass man in den Lexika unter dem Begriff

---

11 Cf. Nusser, Peter: „Unterhaltungsliteratur". In: Ricklefs, Ulfert (Hrsg.): *Fischer Lexikon Literatur*. Bd. 3. Frankfurt a. M. 2002, S. 1906–1930, hier S. 1906.

12 Das Dreischichtenmodell stammt von Foltin. Cf. Foltin, Hans-Friedrich: „Die minderwertige Prosaliteratur". *Deutsche Vierteljahrsschrift für Literaturwissenschaft und Geistesgeschichte* 39, 1965, S. 288–323.

13 Zur Differenzierung von Unterhaltungs- und Trivialliteratur cf. Zimmermann, Hans Dieter: *Schema-Literatur: ästhetische Norm und literarisches System*. Kohlhammer: Stuttgart et al. 1979.

der Unterhaltungsliteratur solche Namen wie Felix Dahn, Gustav Freytag, Franz Werfel, Hans Fallada, Erich Kästner findet und dass als Vertreter dieser Literatur in der Gegenwart Robert Schneider oder Ulla Hahn genannt werden.[14]

Diese Abgrenzungskriterien findet man zum Teil in beiden hier analysierten Romanen. Leo Perutz machte keinen Hehl daraus, dass er Bücher schrieb, um sich finanziell über Wasser zu halten. Ein äußerer Druck in Form von finanziellen Schwierigkeiten war für ihn oft eine Motivation zum Schreiben. Das geht aus seinen Tagebucheinträgen hervor, die beinahe wie das Notizbuch eines Buchhalters konzipiert sind. Auch seinem Biografen Hans Harald Müller[15] fiel es schwer, aus diesen mathematischen, oftmals einsilbigen Vermerken ein Buch über Perutz zu verfassen, ohne dass es zumindest momentan wie ein Finanzbericht wirkt. „Die Kriegsgefangenen-Novelle. Einfall für ein Ullstein-Buch"[16], heißt es im Tagebuch über *Wohin rollst du, Äpfelchen…* Perutz bekam für das Buch 20 000 Goldmark (heute etwa 30 000 Euro), was ihn vorübergehend vor Geldsorgen rettete. Der Roman wurde in Fortsetzungen in der *Berliner Illustrirten Zeitung* gedruckt und vom Verlag mit einer dermaßen effektiven Werbung versehen, dass er zum Bestseller und wochenlang zum Stadtgesprächsthema wurde. Die Titelworte dienten Ende der 1920er Jahre als Parole; sogar Ian Fleming, der spätere Autor der Bond-Reihe, drückte seine enorme Bewunderung für das „geniale" Buch aus.[17]

Dass Perutz seinen Roman in der *Berliner Illustrirten Zeitung* vorabdrucken ließ, wirkte gewissermaßen gattungsbestimmend, denn der Verlag Ullstein, der die Zeitschrift herausgab, stand generell für Unterhaltungsprodukte. Die von 1892 bis zum 29. April 1945 verlegte *Berliner Illustrirte* war eine Pionierwochenzeitschrift und ein Modell für alle späteren Illustrierten, wie Bedürfnisse des breiten Großstadtpublikums nach Gemütlichkeit, Biederkeit und handfester Unterhaltung mithilfe von neuen technischen Errungenschaften (u. a. Fotos) zu stillen seien. Der Verlag setzte im Zuge der Bücherkrise, die ab Mitte der 1920er Jahre im Buchhandel-Milieu kursierte und eine Reihe von öffentlichen Wortmeldungen provozierte,[18] auf innovatives Marketing mit dem Ziel, möglichst viele

---

14　Cf. Leubner, Martin: „Unterhaltungsliteratur". In: *Metzler Literatur Lexikon*. Hrsg. von Burdorf, Dieter. Metzler: Weimar 2007, S. 794.

15　Müller, Hans-Harald: *Leo Perutz. Biographie*. Zsolnay: Wien 2007.

16　Id.: „Nachwort". In: Perutz, Leo: *Wohin rollst du, Äpfelchen* … dtv: München 2009, S. 257.

17　Ibid.

18　U.a. Samuel Fischer äußerte sich negativ zu dieser Entwicklung im Verlagswesen und auf dem Buchmarkt, für die seiner Meinung nach die Mentalität der bildungsbürgerlichen Elite der Weimarer Republik verantwortlich war. Cf. Fischer, Samuel: „Bemerkungen zur Bücherkrise". *Die literarische Welt* 2(43), 1926. Zit. nach: Kaes, Anton

Bestseller zu schaffen. Der Kern der Zeitschrift, die von Ullstein selbst die „opti-
sche Zeitchronik" genannt wurde, war nicht die Fotografie, sondern „der auf-
regende, der herzbewegende, der mitten aus dem geträumten wirklichen Leben
gegriffene Roman – Portion für Portion, und der Leser lauerte, um zu wissen,
wie es denn weitergeht."[19] Fortsetzungsromane galten damals als eines der wichtigsten Bindemittel zwischen den Lesern und der Zeitung. Die *Berliner Illustrirte*
hat sie zur Blüte und in ihre beste Form gebracht. 1916 erschien in Fortsetzungen *Der Fall Deruga* von Ricarda Huch – einer der besten deutschen Kriminalro-
mane. 1926 überantwortete Arthur Schnitzler der *Berliner Illustrirten* sein *Spiel
im Morgengrauen*, 1933 ließ Carl Zuckmayer seine *Preußische Liebesgeschichte*
in Serie vorabdrucken. Zweimal erschienen Texte von Wilhelm Speyer, dreimal
von Alexander Lernet-Holenia – und weckten das Interesse von Filmprodu-
zenten. Mit den Romanen der in diesem Genre unübertroffenen Vicki Baum,
die dem Ullstein-Verlag als unanfechtbare Meisterin des Unterhaltungsromans
galt,[20] stieg die Auflage jedes Mal sprunghaft an. Einen ähnlichen Erfolg sollte
der Zeitschrift *Wohin rollst du, Äpfelchen…* gewährleisten, was auch tatsächlich
gelang. Im Erscheinungszeitraum des Romans stieg die Auflage um dreißigtau-
send Exemplare, wobei die geschätzte Leserzahl in dieser Zeit bei annähernd fünf
Millionen Lesern lag, was die *Berliner Illustrirte Zeitung* zur größten Illustrierten
des Kontinents machte.[21] Der Verlag bot darüber hinaus Unterhaltungsbücher
zu günstigen Preisen an, die in einzelnen, preisgünstigen Serien veröffentlicht
wurden. Dies alles ermöglichte der gewaltsame Technologieschub, der die billige
serielle Herstellung von Büchern gestattete. Wie der konstatierten Bücherkrise
zum Trotz gelang es dem Verlag, durch die Anwendung der neuesten Methoden der Marktforschung, die Einschätzung der Publikumsbedürfnisse und das
Kreieren massenwirksamer Autorennamen die Bücher als Ware und Massen-
produkt als Konkurrenz zu anderen Medien zu etablieren.[22] Ein Dauervertrag
mit dem Ullstein-Verlag garantierte den freischaffenden Autoren eine wahre

(Hrsg.): *Weimarer Republik. Manifeste und Dokumente zur deutschen Literatur 1918–
1933*. Metzler: Stuttgart 1983, S. 276–278, hier S. 277.

19 Ferber, Christian: *Berliner Illustrierte Zeitung, Zeitbild, Chronik, Moritat für Jedermann
1982–1945*. Ullstein: Berlin 1982, S. 7.

20 Luft, Friedrich (Hrsg.): *Facsimile-Querschnitt durch die Berliner Illustrierte*. München
et al. 1965, S. 5–12, hier S. 7.

21 Müller, Hans-Harald: *Leo Perutz. Biographie* (wie Anm. 15), S. 221. Cf. auch id.: *Leo
Perutz 1882–1957* (wie Anm. 1), S. 186.

22 Cf. Nottelmann, Nicole: *Strategien des Erfolgs. Narratorische Analysen exemplarischer
Romane Vicki Baums*. Königshausen & Neumann: Würzburg 2002, S. 15–22.

Massenleserschaft, eine nahezu amerikanische Reklame und für die damalige Zeit exorbitante Honorare.

Wohin rollst du, Äpfelchen ... sollte zwar der Konzeption nach ein Unterhaltungsroman sein, aber seinen Erfolg verdankte das Buch nicht allein der spannenden und unterhaltsamen Handlung, sondern vielmehr der Aktualität seiner Thematik – der des heimatlosen Helden, die Ende der 1920er Jahre in der Nachfolge von Joseph Roths berühmtem Roman *Flucht ohne Ende* (1927) in die Literatur Einzug hielt. Perutz' Roman erscheint so als eine Hybride aus Unterhaltungsliteratur und einem Sujet, das zum Symbol der ‚verlorenen Generation‘ dieser Zeit wurde. Der Hauptfigur Georg Vittorin, wie auch Franz Tunda in Roths Roman, wird nach der Rückkehr aus der russischen Kriegsgefangenschaft die Integration in die Gesellschaft versagt. Vittorin zieht es zurück nach Russland, denn er will seinem Eid, sich an Seljukow, dem verhassten Kommandanten des Gefangenenlagers, zu rächen, Folge leisten. Von dem Vorhaben halten ihn weder seine Geliebte, noch die Bequemlichkeiten des neuen Lebens, noch Familienverpflichtungen ab. Um sein Wort zu halten, verfolgt er Seljukow durch ganz Russland und halb Europa, kommt aber immer wieder zu spät. Sein Weg führt ihn durch Batumi, Konstantinopel und Paris wieder zurück nach Wien, wo er endlich den verarmten und alternden Seljukow als Holzspielzeugmacher findet. Anstatt sich aber an ihm zu rächen, kauft er ihm gutmütig einige Spielsachen ab.

Lassen wir die tiefere Bedeutung und den umfangreichen Themenkomplex beiseite, die den Roman zeitaktuell machten und die von der Forschung bereits ausführlich behandelt worden sind,[23] und wenden wir uns der Unterhaltungsstruktur des Buches zu. Die Grundlage der Handlung ist ein überraschender Einfall, der den Leser nahezu magisch in die Atmosphäre der Zeit und des Ortes versetzt. Perutz baut eine unglaubliche Spannung auf, die sich mit beinahe mathematischer Konsequenz und Stringenz vom ersten bis zum letzten Satz steigert, sich aber am Ende des Romans gegen die Lesererwartung auflöst. Kein Wort ist beiläufig und keines der Ereignisse überflüssig. Mit Vittorins Schicksal werden Ereignisse von welthistorischer Bedeutung aufgezeigt: Krieg,

---

23 Cf. Müller, Hans-Harald: „Krieg im Frieden. Zur metafiktionalen Genremischung in Leo Perutz' Roman *Wohin rollst du Äpfelchen...*“. In: Koch, Lars/Vogel, Marianne (Hrsg.): *Imaginäre Welten im Widerstreit. Krieg und Geschichte in der deutschsprachigen Literatur seit 1900*. Königshausen & Neumann: Würzburg 2007, S. 46–57. Cf. auch Scheffel, Michael: „Leo Perutz: *Wohin rollst du, Äpfelchen...*“. In: Kindt, Tom/-Meister, Jan Christoph (Hrsg.): *Leo Perutz' Romane. Von der Struktur zur Bedeutung. Mit einem Erstabdruck der Novelle „Von den traurigen Abenteuern des Herrn Guidotto“*. Niemeyer: Tübingen 2007, S. 35–48.

Oktoberrevolution, soziale und geopolitische Erschütterungen.[24] Da gibt es alles, was nach Siegfried Kracauer ein Erfolgsbuch haben sollte: einen „kräftigen Individualismus", eine „Tragik", für die „kultivierteren Zirkel" den „Idealismus", eine starke Dosis von „Gefühl" für den Mittelstand und die „verarmten Massen", die „Flucht in irgendeine Fremde", „geografische Abenteuer" und „Natur" als „ein sanftes Ruhekissen für alle, die nicht geweckt werden wollen".[25] Diese in Kracauers Essay *Über Erfolgsbücher und ihr Publikum* zusammengestellten Elemente spiegeln gleichzeitig die Topografie des veränderten bürgerlichen Bewusstseins in den Krisenjahren der Weimarer Republik wider. In seinen soziologischen Betrachtungen zur Pop-Kultur untersuchte Kracauer die Gründe ihrer Popularität bei den bürgerlichen Mittelschichten und deckte die Bewusstseinsstruktur dieser Schichten nach den ökonomischen und politischen Strukturwandlungen auf. Dass die Unterhaltungsromane die fundamentalen Sehnsüchte und Träume der bürgerlichen Mittelschicht befriedigten, ging mit der veränderten Welt- und Selbst-Wahrnehmung des Lesepublikums nach dem Untergang der alten Ordnung einher – so die Schlussthese Kracauers.[26]

Leo Perutz hat also mit seinem *Äpfelchen*-Roman nicht nur (geschichts-) philosophisch, sondern auch im Sinne von Kracauers Kriterien für erfolgreiche Unterhaltungsliteratur den Nerv der Zeit getroffen. Mit seinem Werk besetzte er eine Nische zwischen Massenliteratur und dem aktuellen Zeitroman. Die sozial-ökonomischen Veränderungen, die Kracauer in seinem Essayband *Das Ornament der Masse* (1927) in kritischer Weiser analysierte, war für Perutz Realität, der er, wie die gesamte mittelständische Intellektuellenschicht, deklassiert und auf schlecht bezahlte Auftragsarbeiten angewiesen, die Stirn bieten musste. Der bürgerliche Mittelstand konnte seine traditionelle Funktion als Kulturträger nicht mehr erfüllen, was schon frühzeitig Alfred Weber in *Die Not der geistigen Arbeiter* (1923) konstatierte.[27] Man würde wahrscheinlich mit der These nicht

---

24 Scheffel, Michael: „Leo Perutz…" (wie Anm. 23), S. 87.

25 Kracauer, Siegfried: *Über Erfolgsbücher und ihr Publikum*. In: id.: *Das Ornament der Masse. Essays. Mit einem Nachwort von Karsten Witte*. Suhrkamp: Frankfurt a. M. 1963, S. 64–74, hier S. 71–74. Mehr über Kracauers Einstellung zu Unterhaltungsliteratur bei Band, Henri: *Mittelschichten und Massenkultur. Siegfried Kracauers publizistische Auseinandersetzung mit der populären Kultur und der Kultur der Mittelschichten in der Weimarer Republik*. Lukas Verlag: Berlin 1993, S. 78–93.

26 Zum veränderten Bewusstsein des Bürgertums in der Weimarer Republik cf. auch Kracauer, Siegfried: *Die Biographie als neubürgerliche Kunstform*. In: id.: *Das Ornament der Masse* (wie Anm. 25), S. 75–80.

27 Cf. Weber, Alfred: *Die Not der geistigen Arbeiter* (Schriften des Vereins für Sozialpolitik, vol. 136). Duncker & Humblot: München et al. 1923. Die ‚geistige Situation' war

fehlgehen, dass der Unterhaltungsroman der Zwischenkriegszeit ein Notprodukt dieser vom kultur- und sozial-ökonomischen Wandel gebrandmarkten „geistigen Situation"[28] war. Die Attraktivität der Unterhaltungsliteratur stieg in der Zwischenkriegszeit gerade mit der Entwicklung der Massenkultur, die mit dem Ausbau des Angestelltensektors in der Verwaltung, der industriellen Massenproduktion und dem Massenkonsum verbunden war. „Berlin ist heute die Stadt der ausgesprochenen Angestelltenkultur; das heißt einer Kultur, die von Angestellten für Angestellte gemacht und von den meisten Angestellten für eine Kultur gehalten wird"[29], so Kracauer in seiner viel beachteten Studie von 1929 über den Kulturanspruch dieser Gesellschaftsgruppe. In der Stabilisierungsphase der Weimarer Republik und der Ersten Österreichischen Republik lechzte das moderne Massenpublikum nicht nach Bildung, sondern nach Information und Unterhaltung, und die kulturellen Erzeugnisse wurden mental zu einem dem Amüsement dienenden Konsumartikel herabgesetzt.[30] Nicht ohne Bedeutung war dabei die so genannte ‚Verweiblichung der Kultur', die in der Zwischenkriegszeit mit dem Konsum und der mittleren deutschen Kultursphäre assoziiert wurde.[31] Die Kunstschaffenden mussten sich, um in die Öffentlichkeit zu gelangen, in diesem neuen Umfeld zurechtfinden und an die Bedürfnisse des breiten modernen Publikums anpassen. Gleichzeitig aber versuchten sie die relevanten Problemfelder

---

in der Weimarer Republik ein lebhaft diskutiertes Thema, wobei suggeriert wurde, dass die deutsche Wissenschaft und das gesamte Kulturleben nach dem Zusammenbruch der Monarchien eine tiefe Krise erlebten. Zu der Krise der Wissenschaften in der Weimarer Republik cf. John, Jürgen: „‚Not deutscher Wissenschaft'? Hochschulwandel, Universitätsidee und akademischer Krisendiskurs in der Weimarer Republik". In: Grüttner, Michael/Hachtmann, Rüdiger/Jarausch, Konrad H./John, Jürgen/Middell, Matthias (Hrsg.): *Gebrochene Wissenschaftskulturen. Universität und Politik im 20 Jahrhundert.* Vandenhoeck & Ruprecht: Göttingen 2010, S. 107–142. Zu dem Krisengefühl der Intelligenz cf. Trommler, Frank: „Verfall Weimars oder Verfall der Kultur? Zum Krisengefühl der Intelligenz um 1930". In: Koebner, Thomas (Hrsg.): *Weimars Ende. Prognosen und Diagnosen in der deutschen Literatur und politischen Publizistik 1930–1933.* Suhrkamp: Frankfurt a. M. 1982, S. 34–53.

28 Cf. Jaspers, Karl: *Die geistige Situation der Zeit.* De Gruyter: Berlin 1931. Jaspers setzt sich dort mit solchen Themen, wie Massengesellschaft, Entfremdung und Technisierung auseinander.

29 Kracauer, Siegfried: *Die Angestellten.* Suhrkamp: Frankfurt a. M. 1971, S. 15.

30 Cf. Streim, Gregor: *Einführung in die Literatur der Weimarer Republik.* Wissenschaftliche Buchgesellschaft: Darmstadt 2009, S. 22–34.

31 Cf. Barndt, Kerstin: *Sentiment und Sachlichkeit. Der Roman der Neuen Frau in der Weimarer Republik.* Böhlau: Köln et al. 2003, S. 37–38. Diesem Themenbereich ist das Kapitel *Literatur für Leserinnen. Bücherkrise und Markgesetze* dieses Buches gewidmet.

ihrer Zeit literarisch zu berühren, was weiterhin dazu führte, dass ihre Texte einen verdeckten Boden gewannen.[32] Dabei sticht der Kontrast zwischen der Positivsicht auf die Kulturprodukte der ‚Goldenen Zwanzigerjahre' mit ihren unterhaltenden Fortsetzungsromanen, leichten Operetten, zahllosen Bühnen, Varietés und Sportarenen, die in der Wirtschaftskrise ein sicheres Repertoire anzubieten vermochten,[33] und der Negativsicht der „Krisenzeit der klassischen Moderne"[34] ins Auge.

Ähnlichen Problemen wie Leo Perutz war in der Zwischenkriegszeit auch Alexander Lernet-Holenia ausgesetzt. Den Anforderungen des Marktes entsprechend wandelte er in *Die Standarte* den zentralen Stoff – das Heimkehrer-Motiv und die Figur des heimatlosen Soldaten – in eine spannende Kriegsgeschichte um, um den Erwartungen des Verlegers entgegenzutreten.

> Ich bin im Begriff, einen Roman zu schreiben, aber es geht nicht recht weiter. Er handelt von einem Mann, der von einer Idee, von einem Feldzeichen, gefesselt ist, sodass er schließlich an gar nichts anderes mehr denken kann. Jetzt will aber der Verleger, dass auch eine Liebesg'schicht' darin vorkommt, mit einer Frau, und ich weiß nicht recht, wie…[35]

Der Riss, der in *Die Standarte* dadurch entstanden ist, dass zwei verschiedene Leserbedürfnisse – die Unterhaltungslust und das Interesse an der Lebens- und Heimatproblematik – befriedigt werden sollten, ist im Roman zu spüren. Eine holzschnittartig und vielerorts banal dargestellte Liebesgeschichte, die den ersten Teil des Romans dominiert, ist mit dem Existenzkonflikt des Heimkehrenden

---

32 Dies betrifft auch die fantastische und die Science Fiction-Literatur sowie die Kriminalliteratur dieser Zeit, die im Allgemeinen als Unterhaltungsliteraturen gelten. Cf. Petzold, Dieter/Späth, Eberhard (Hrsg.): *Unterhaltungsliteratur. Ziele und Methoden ihrer Erforschung.* Univ.-Bibliothek: Erlangen 1990. Die fantastische Literatur setzte sich, wie es Marianne Wünsch gezeigt hat, mit denselben Themen wie die nicht-fantastische auseinander und versuchte dieselben Probleme zu lösen. Cf. Wünsch, Marianne: „Das Modell der ‚Wiedergeburt' zu ‚neuem Leben' in erzählender Literatur 1890–1930". In: Richter, Karl/Schönert, Jörg (Hrsg.): *Klassik und Moderne: Die Weimarer Klassik als historisches Ereignis und Herausforderung im kulturgeschichtlichen Prozess. Walter Müller-Seidel zum 65. Geburtstag.* Metzler: Stuttgart 1983, S. 379–408.

33 Cf. Boberg, Jochen/Fichter, Tilman/Gillen, Eckhart (Hrsg.): *Die Metropole: Industriekultur in Berlin im 20. Jahrhundert.* Bde. 1–2. Beck: München 1986.

34 Mit dieser einschlägigen und prägnanten Phrase charakterisierte Peukert die kultur- und sozialgeschichtliche Epoche der Weimarer Klassik. Peukert, Detlef: *Die Weimarer Republik. Krisenjahre der Klassischen Moderne.* Suhrkamp: Frankfurt a. M. 1987, S. 11.

35 So Lernet-Holenia in einem Brief an Annie R. Lifczis, zit. nach: Roček, Roman: *Die neun Leben* (wie Anm. 8), S. 172.

im zweiten Teil nicht kohärent. Erzählt wird die Geschichte des Fähnrichs Herbert Menis, der in der Belgrader Oper einen Skandal provoziert, um eine junge Dame – Resa Lang – kennen zu lernen und ihr seine Liebe zu gestehen. Der Großteil des Romans schildert, unter Anwendung wohlerprobter Romanklischees und mit wenig Tiefgang, die Liebesgeschichte des Fähnrichs, seine nächtlichen Abstecher bei Vollmond und das märchenhaft angesetzte Liebeswerben um Resa. Die literarische Gestaltung der Liebe ist in diesem Werk ziemlich banal und der Gefahr ausgesetzt, im sentimentalen Kitsch zu enden. Lernet-Holenia scheut sich nicht, in seinem Heimkehrer-Roman, der in der Nachfolge Roths auf eine tiefreichende Darstellung des Existenzkonflikts intendieren will, folgende Floskeln und Banalitäten zu verbreiten: „Im Dämmer des Raumes schimmerte ihr Gesicht wie Alabaster."[36] / „Resa sah mich mit großen Augen an. Diese Augen waren blau-grau. Resa war schlank, über mittelgroß und bei weitem eines der schönsten Mädchen, das ich je gesehen hatte."[37] / „[S]ie reichte mir langsam, mit einer zugleich zögernden und bezaubernden Bewegung, die Hand."[38] / „Im nächsten Augenblick ergriff mich das Gefühl des Glücks."[39] / „Ich beugte mich zu ihr und küsste sie, und sie küsste mich wieder."[40] / „[I]hre Schultern [bebten] wie die Flügel eines gefangenen Vogels."[41] Die Erhabenheit des Liebesglückes seiner Figur hält den Autor nicht davon ab, dem Helden, dem Resa einen Besuch in seiner Schlafstube verweigert, folgende Worte in den Mund zu legen: „[E]s mag sehr schön sein, mit einem jungen Mädchen zu sprechen, aber ein solches Gespräch ist sinnlos, wenn es dabei bleibt. Es war zwecklos gewesen, dass ich meine Pferde abgaloppiert hatte."[42]

Menis geht unvermittelt von der fast religiösen, selbstlosen Anbetung Resas zur – wie sonst könnte man das deuten? – sexuellen Erpressung über. Der Affekt zu der Frau wird dann durch die Leidenschaft zu der Standarte ersetzt, und Resa erscheint als „kulturell üblicher Ersatz für einen höheren Wert"[43]. Die Standarte als Fetisch eröffnet den zweiten Handlungsstrang. Mit ihrem Erscheinen verblasst die erotische Anziehungskraft der Frau und die Handlung wird auf die Motive Ehre, Soldatentreue und Hoffnung auf das neue ‚Reich' nach

---

36　Lernet-Holenia, Alexander: *Die Standarte*. Zsolnay: Wien et al. 1977, S. 25.
37　Ibid., S. 29.
38　Ibid., S. 35.
39　Ibid., S. 44.
40　Ibid., S. 110.
41　Ibid., S. 127.
42　Ibid., S. 112.
43　Mayer, Franziska: *Wunscherfüllungen* (wie Anm. 8), S. 107.

der Auflösung der Monarchie gelenkt. Aus dem umkämpften Balkan rettet der Fähnrich auf eine ritterlich-heroische Weise die Standarte, die für ihn frauenäquivalente Reize besitzt, und kehrt mit ihr nach Wien zurück, um sie dem Kaiser zu übergeben. Da aber der Kaiser die Soldaten von ihrem Eid entbunden hat, werden die Feldzeichen im Schloss von Schönbrunn verbrannt. Den heimgekehrten Menis überwältigt das Gefühl der Heimatlosigkeit, von dem ihn weder Resa noch die gärende Revolution abzulenken vermögen.

Die Standarte durchlief denselben Weg wie der *Äpfelchen*-Roman von Perutz, bevor eine Buchausgabe in der Deutschen Buchgemeinschaft in Berlin erscheinen konnte. Der Erstdruck erfolgte unter dem Titel *Das Leben für Maria Isabella* in der *Berliner Illustrirten Zeitung*.[44] Die Handlung ist deutlich von Motiven und Elementen der Kolportage beeinflusst. Erkennbar ist der Versuch des Autors, dem Wunsch des Verlegers nachzukommen und die Inszenierung von spannenden Geschehnissen mit der Hauptproblematik des Romans zu verknüpfen. Ästhetische Dissonanzen zwischen den Inhalten sind dermaßen eklatant, dass man den trivialen Stil der Liebesgeschichte in keiner Weise mit den Konklusionen des Romans zusammenführen kann. Lernet-Holenia geht von den Prinzipien der Unterhaltungsliteratur aus, kolportiert und bedient sich des lustvollen Spiels der Phantasie, um gegen Ende des Romans ein zeitexemplarisches Einzelschicksal darzustellen und die Zeitgeschichte transparent zu machen. Diese Art des Reflektierens über die Existenzzweifel unterscheidet sich gravierend von den Darstellungsformen Joseph Roths und anderer Autoren der Heimkehrer-Romane dieser Zeit, wie z. B. von Rudolf Brunngrabers Roman *Karl und das 20. Jahrhundert*, ganz zu schweigen von den Darstellungsformen der Autoren der Trümmerliteratur nach dem Zweiten Weltkrieg. Es drängt sich die Frage auf, wie eine solche in der banal-romantischen Kolportage verankerte Romankonzeption nach dem Ende des Ersten Weltkrieges, der rund 17 Millionen Menschenleben forderte, überhaupt noch möglich war. Die Frage betrifft vor allem Lernet-Holenias Roman, in dem – wie in den völkischen Romanen dieser Zeit – die Neigung zu einer Frau als Schwäche betrachtet und das Entstehen eines großen „heiligen Reiches"[45] sowie das Heroische und Heldenhafte herbeigeschworen werden.[46]

---

44   Ibid., S. 102.

45   Lernet-Holenia, Alexander: *Die Standarte* (wie Anm. 36), S. 241, 246, 251.

46   Cf. Schmidt-Dengler, Wendelin: „Das Bedürfnis nach Geschichte". In: id.: *Ohne Nostalgie. Zur österreichischen Literatur der Zwischenkriegszeit*. Böhlau: Wien et al. 2002, S. 92–110. In diesem Beitrag wird eine starke Neigung zum Heroischen und Heldenhaften als Merkmal der national-völkischen historischen Romane der Zwischenkriegszeit genannt.

Auffällig ist die Sinngebung des Sterbens im Namen der Ideale: In den wenigen lakonischen Bemerkungen über den Tod seiner Kameraden tröstet sich Menis sehr schnell durch den Gedanken an die Feldzeichen und das Reich darüber hinweg.[47] Anders ist es im *Äpfelchen*-Roman, in Roths *Flucht ohne Ende* oder in Brunngrabers *Karl und das 20. Jahrhundert*. Die skeptisch-kritische Einstellung zum Sinn des Sterbens im Namen der von den Mächtigen dieser Welt verkündeten überzeitlichen Ideale zeugt von der Modernität dieser Werke.

Die farb- und zusammenhanglose Sentimentalität der Liebesgeschichte in *Die Standarte* erscheint im Kontext dieser Motive skurril. Es zeigt sich aber, dass die Zusammenstellung von Realitätsanalyse und banalen literarischen Kunstgriffen eine auch für viele ehrgeizige Autoren der Zwischenkriegszeit gültige Grundstruktur war.[48] Nicht zufällig hatte die Kolportage in der krisenhaften Zeit ihre Hochkonjunktur, wie Jakob Wassermann 1926 in seinem Artikel *Kolportage und Entfabelung*[49] konstatierte. Unterhaltungsromane waren ein zeitgemäßes Erzählgenre der 1920er Jahre, begriffen als Antwort auf den gewaltigen Aufschwung der Unterhaltungskultur mit ihrem Tempo und Rhythmus, ihren Realitätsphänomenen und Modeerscheinungen, ihrer Technik- und Sportbegeisterung. Sie trafen den Nerv der Zeit, die von existenzieller Orientierungslosigkeit, Vereinsamung, Entfremdung, Verwissenschaftlichung, Entpersönlichung und zunehmender Versachlichung des Lebens geprägt war. Im Kontext dieser Orientierungslosigkeit der Zwischenkriegszeit lässt sich wohl auch der für die Unterhaltungsliteratur so typische Drang nach Liebe erklären. Trotz der viel verkündeten Romankrise erzählte man immer noch – wie es Lernet-Holenias Roman zeigt – mithilfe künstlerischer Mittel, die ein breites Publikum anzusprechen prätendierten.[50] Dies hat in den 1920er und 1930er Jahren eine rege Diskussion um die Legitimität und Grenzen der Unterhaltungsliteratur ausgelöst. Thomas Mann trat beispielsweise 1927 für die „gut-gemacht-mittlere" Literatur für Lesermassen ein, „denen man mit geistiger Dichtung nicht jeden Wochentag

---

47	Für Claudio Magris ist *Die Standarte* ein literarisches Beispiel für den habsburgischen Mythos *par excellence*. Magris, Claudio: *Der habsburgische Mythos in der modernen österreichischen Literatur*. Zsolnay: Wien 2000, S. 295–297.

48	Vollmer, Hartmut: *Liebes(ver)lust: Existenzsuche und Beziehungen von Männern und Frauen in deutschsprachigen Romanen der zwanziger Jahre: erzählte Krisen, Krisen des Erzählens*. Igel-Verlag: Oldenburg 1998, S. 237.

49	Wassermann, Jakob: *Kolportage und Entfabelung*. In: Lämmert, Eberhard (Hrsg.): *Romantheorie. Dokumentation ihrer Geschichte in Deutschland seit 1880*. Athenäum: Königsstein/Ts. 1984, S. 140–143, hier S. 143.

50	Cf. Vollmer, Hartmut: *Liebes(ver)lust* (wie Anm. 48), S. 95.

kommen darf"[51]. Damit meinte er die Abenteuer- und Unterhaltungsromane, die der demokratischen Staatsform angemessener als der „aristokratische große deutsche Roman" seien.[52] Alfred Döblin verteidigte 1929 in seiner Holz-Gedenkrede in der Berliner Dichter-Akademie ein neues demokratisiertes Literaturverständnis, indem er sagte:

> Es kann als notorisch unterstellt werden, daß die gesamte höhere deutsche Literatur für noch nicht 10–20 Prozent des deutschen Volkes geschrieben wird. Das sind die Deutschen, für die die Literatur von den Klassikern abwärts existiert. […] Aus dem Bildungskäfig, in dem unsere heutige Literatur steckt, in dem sie von breiten Volksmassen nur als Attribut der feinen Leute gesehen wird, muß sie heraus.[53]

Und Franz Blei meinte in seinem Essay *Die kolportage Romantik* von 1927: „Zwischen der Fabel der *Madame Bovary* und jener eines Kolportageromanes ist kein Unterschied."[54] Was beide Erzählgattungen allerdings unterscheide, sei die künstlerische Formung des Gleichen.

Die Gestaltung von Franz Tundas Liebessehnsucht in Roths *Flucht ohne Ende* oder von Georg Vittorins Liebesverweigerung in *Wohin rollst du, Äpfelchen …* von Perutz unterliegt erzählerischen Regeln, die billige Sentimentalität und idealistische Erklärungen verhindern. Lernet-Holenias konservative Poetik ist dagegen der Tradition des Kriegsromans aus dem Ersten Weltkrieg verpflichtet. Das Gerüst der überwiegenden Mehrzahl von Kriegsromanen bestand aus konventionellen Liebesgeschichten, die in das Milieu des Krieges versetzt wurden.[55] Das entsprach dem Geschmack und den Anschauungen des Publikums und befriedigte sein Unterhaltungsbedürfnis. Während aber die Kriegsromane in der romantischen Einkleidung nach dem Kriegsende nicht mehr wirkungsstark waren, fühlte sich Lernet-Holenia in diesem traditionellen Muster weiterhin

---

51 Thomas Mann in einem Brief an Winifried Katzin. Zit. nach Kaes, Anton (Hrsg.): *Weimarer Republik* (wie Anm. 18), S. 291.

52 Mann, Thomas: *Romane der Welt. Geleitwort*. Zit. nach Kaes, Anton (Hrsg.): *Weimarer Republik* (wie Anm. 18), S. 288.

53 Döblin, Alfred: *Vom alten zum neuen Naturalismus*. In: id. *Ausgewählte Werke in Einzelbänden. Schriften zu Ästhetik, Poetik und Literatur*. Hrsg. v. Kleinschmidt, Erich. Walter Verlag: Olten et al. 1989, S. 263–270, hier S. 266, 270.

54 Cf. Blei, Franz: *Die kolportage Romantik. Berliner Tageblatt* 06. 02. 1927; Falkenfeld, Hellmuth: *Die Grenze des Unterhaltungs-Romans. Berliner Tageblatt* 14. 06. 1929.

55 Müller, Hans-Harald: *Der Krieg und die Schriftsteller. Der Kriegsroman der Weimarer Republik*. Metzler: Stuttgart 1986, S. 17. Müller zeigt, dass die trivialen Liebes- und Kriegserzählungen meistens ein ähnliches Schema hatten.

sehr wohl. Dies lässt sich über die Gestaltung der Liebesszenen hinaus auch im Pathos der Passagen, die die Reichsidee zur Sprache bringen, erkennen.[56]

Mag auch Perutz' *Wohin rollst du, Äpfelchen …* als Unterhaltungsroman konzipiert sein, so werden hier die breiten Lesermassen doch mit anderen Mitteln angesprochen. Es ist ein moderner Roman, in dem dieselben Themen behandelt werden wie in der großen essayistischen Prosa des 20. Jahrhunderts. Perutz' Held ist ein Anti-Held, sein Heimkehrer-Roman ein „paradoxer Heimkehrer-Roman"[57]. Hier geht es um die Perzeptions- und Erinnerungsfähigkeit des Individuums, um die Auflösung des Bezugsobjektes, um das zielorientierte Handeln, das in einer Welt ohne Ordnung scheitert, und letztendlich darum, dass das Ich nur ein Konstrukt und somit ‚unrettbar' sei. Und all dies ist in das Kostüm des Unterhaltungsromans mit Tragik, Abenteuer, Individualismus und Natur (Kracauer) gekleidet. Darüber hinaus hatte Perutz die Fähigkeit, die Komplexität eines Problems kommentarlos in einem Bild darzustellen. Ort und Zeit sind bei ihm nur ein Vorwand, die allgemeinen Regeln vorzuführen. Als einprägsames Beispiel ist hier die Darstellung des revolutionären Russlands zu nennen. Anstatt über die historischen Weltmechanismen essayistisch zu reflektieren, trifft Perutz auf satirische Weise den Kern der Sache:

> Da man nicht aller Verschwörer [gegen die Revolution] habhaft werden konnte, richtete sich der revolutionäre Zorn der Massen gegen die steinernen Sinnbilder der alten Zeit. Man riss die Zarendenkmäler von ihren Postamenten. Als man in den Sokolniki-Anlagen das Denkmal Alexanders II. in Stücke schlug, erhoben die Parkwächter und zwei Kleinbürgerfrauen schreiend Protest: Nicht weil es das Bildnis des ‚Zarbefreiers' war, sondern weil sich in seiner metallenen Krone ein Amselpaar sein Nest gebaut hatte.[58]

Mit solch einem Augenzwinkern und so spannend hat meines Wissens niemand außer Leo Perutz in der Zwischenkriegszeit über Geschichtsphilosophie und Massen-Phänomene geschrieben.

---

56 Möglicherweise ist *Die Standarte* auch ein Produkt der ‚Kriegsbuch-Konjunktur', die mit Erich Maria Remarques *Im Westen nichts Neues* ausgelöst wurde. Da der Roman Remarques 1929, also ein Jahr nach der Veröffentlichung *Wohin rollst du, Äpfelchen* erschien, ist der Einfluss auf Perutz auszuschließen.

57 Müller, Hans-Harald: *Leo Perutz* (wie Anm. 15), S. 222.

58 Perutz, Leo: *Wohin rollst du* (wie Anm. 16), S. 156 [Alexander II. wurde als ‚Zar-Befreier' gefeiert, da er 1861 die Abschaffung der Leibeigenschaft dekretierte].

V Geschichtsphilosophische Perspektiven

Wolfgang Müller-Funk

Epochenschwelle als narrative Markierung: 1914. Kraus, Musil, Roth, Andrić, Iwaszkiewicz

Über die Bedeutsamkeit von Ereignissen

Philosophische, kulturwissenschaftliche und historische Perspektiven sind ihrer ganzen Logik nach verschieden, operieren sie doch mit ganz verschiedenen Prämissen, Blickwinkeln und Denkweisen. Aber im Hinblick auf das Phänomen des Narrativen haben sie eine Gemeinsamkeit: Von entscheidender Bedeutung ist nämlich, dass Erzählungen jedweder Art Ereignisse nicht nur wiedergeben (oder auch in einem wörtlichen Sinn erfinden), sondern zugleich deuten, und zwar nicht allein wegen manifesten Aussagen, in Dialogen oder Erzählkommentaren, sondern wegen der Konfiguration, die mit der Fabelkonstruktion einhergeht. Der Begriff der ‚Epochenschwelle‘ beinhaltet ganz bestimmt eine zeitliche wie eine kausale Markierung; er konstruiert zwei Epochen, das Ende der einen, vorangegangenen, und den Anfang einer neuen, von der nicht klar ist, bis wann sie dauert – vermutlich bis 1989. So kommt es zur „Sinngebung des Sinnlosen“ (Theodor Lessing)[1].

Die Epoche ist wiederum die Erfindung eines längeren zeitlichen Kontinuums, das durch ein Bündel von Gemeinsamkeiten charakterisiert ist bzw. sein soll, während die Schwelle, eigentlich ein räumliches Phänomen, als ein Bindeglied zwischen zwei zeitlichen Entitäten zu begreifen ist, auf die sie beidseitig bezogen ist, indem sie diese voneinander trennt. Durch diese Funktion wird sie zu einer bedeutsamen zeitlichen Markierung.

In seinem prominenten Buch *Die Arbeit am Mythos,* das sich heute als ein gewichtiger Beitrag zu einer Theorie des Narrativen lesen lässt, hat Blumenberg der zuerst von Heidegger und Rothacker entfalteten Kategorie der Bedeutsamkeit ein ganzes Kapitel gewidmet[2] und bringt diese in engen Zusammenhang

---

1   Cf. Lessing, Theodor: *Geschichte als Sinngebung des Sinnlosen.* Matthes & Seitz: München 1985, S. 15: „Geschichte ist Geschichtsschreibung, das heißt die Stiftung des Sinnes, die Setzung dieses Kausalzusammenhangs, die Erfindung dieser Entwicklung. Sie vorfindet nicht den Sinn der Geschichte, sie gibt ihn.“

2   Blumenberg, Hans: *Die Arbeit am Mythos.* Suhrkamp: Frankfurt a. M. 1979, S. 69–126.

mit der Wirksamkeit mythischer Elemente oder, wie er später sagen wird, von Mythologemen. Die symbolische Kapazität des Mythos besteht darin, dass er „bei verminderten Ansprüchen an Zuverlässigkeit, Gewißheit, Glauben, Realismus, Intersubjektivität […] intelligente Erwartungen" befriedigt. Er verleiht den Dingen eine Form von Bedeutung, die stets einen heimlichen subjektiven Vektor in sich trägt. Bedeutsamkeit ist die jeweils relative und kontextuelle Bedeutung für jemanden und für eine Gruppe. Die Bedeutsamkeit dessen, was Blumenberg unscharf als Mythos bezeichnet, wird durch eine Reihe von formalen Prozeduren bewerkstelligt: „Gleichzeitigkeit, latente Identität, Kreisschlüssigkeit, Wiederkehr des Gleichen, Reziprozität von Widerstand und Daseinssteigerung, Isolierung des Realitätsgrades bis zur Ausschließlichkeit gegen jede konkurrierende Realität."[3]

Blumenbergs Begriff des Mythos ist, wie all seine Begrifflichkeiten, beinahe programmatisch unscharf. So wird nicht klar, in welcher Weise sich der Mythos als Sonderform des Narrativen von nicht-mythischen Modi des Narrativen unterscheidet und ob es nicht unter ihnen auch solche gibt, die einige der Operationen des Mythos in der Generierung von Bedeutsamkeit und der Vertreibung von Furcht vor dem, was Blumenberg den ‚Absolutismus der Wirklichkeit' nennt, gemeinsam haben, einem Zustand, der ganz offenkundig mit völliger Sinnentblößtheit und einem drastischen Mangel an Distanz einhergeht. Denn die Arbeit allen Erzählens scheint auf die paradoxe Operation hinauszulaufen, durch Distanznahme zugleich eine symbolische Heimat zu schaffen, die vor dem ‚Absolutismus der Wirklichkeit' schützt. Auch wenn es Blumenberg nicht eigens ausspricht, ist der Tod, das reale und symbolische Nichts, jenes vielleicht einzige existenzielle Phänomen, das Zentrum und Grenze *katexochen* darstellt. Vorweg gesprochen, ist ein Attentat wie jenes von 1914 selbstverständlich ein derartiger absoluter Nullpunkt, der wie prädestiniert scheint, zu einem Kristallisationspunkt von Bedeutsamkeit zu werden.

In seinen Überlegungen zur Bedeutsamkeit hat sich bei Blumenberg ein ganz erstaunlicher Widerspruch eingeschlichen. Denn an mehreren Stellen betont Blumenberg ganz zu Recht und ganz ähnlich wie Michail Bachtin die Ort- und vor allem die Zeitlosigkeit mythischen Erzählens,[4] in den Beispielen indes, an denen er die ‚Bedeutsamkeit' erläutert, spielt das Datum als Kristallisationspunkt eine maßgebliche Rolle, etwa wenn Goethe sein Geburtsdatum mit den entsprechenden Sternkonstellationen in einen sanft ironischen Zusammenhang

---

3   Ibid., S. 77–80.
4   Ibid., S. 165–191.

bringt. Blumenberg selbst, ein versierter Erzähler anekdotischer und antiquarischer Geschichten, ein Sammler von scheinbar nebensächlichen Episoden, der wie alle anderen stolz seine Fundstücke vor dem Lesepublikum ausbreitet, operiert fast immer mit jenen heimlichen Korrespondenzen, die ja auch in der mythischen Generierung von Bedeutsamkeit prominent zum Tragen kommen, nämlich in Gestalt von Gleichzeitigkeit oder mittels zeitlich markierter Kreisschlüsse. Kurzum, es kommen nach- und nicht-mythische Erzählformationen, in denen Bedeutsamkeit durch das Spiel mit den Daten erzeugt wird, Formen einer chronologisch operierenden Geschichte in Betracht, die, anders als der klassische Mythos, mit der Magie der Zahl spielt. Die Chronik ist eine Form von Erzählen, die sich auf die Evidenz der Zahlen verlässt: 1789, 1848, 1918 oder eben 1914 und 1989 – die Eckpunkte des sogenannten kurzen zwanzigsten Jahrhunderts.[5] Die Ereignisse von und nach Sarajevo, die narrativ formativ und damit *a posteriori* zu Eckpunkten der erzählten Geschichte avancierten, sind dabei – und das macht ihre Besonderheit aus – im Hinblick auf den Grad ihrer Bedeutsamkeit nicht eindeutig. Welchem Ereignis gebührt in der Reihe von bedeutsamen Ereignissen die eigentliche Priorität? Ist es das Attentat, ist es der Kriegsausbruch, ist es die Oktoberrevolution von 1917 oder sind es das Kriegsende und seine gewaltigen Folgen von 1918? Eine simple kausale Logik, die zeitliche Aufeinanderfolge und das Prinzip der Kausalität nahtlos miteinander verschränkt, könnte suggerieren, dass ein Ereignis zwingend aus dem anderen hervorgegangen sei. Aber spätestens hier beginnt der Streit der Historiker, vor allem zwischen jenen, die, oft unbewusst, die Unheimlichkeiten der Kontingenz zu bannen versuchen, und anderen, die solchen Kausallogiken misstrauen.

Aber nicht jedwedes historische oder gar literarische Erzählen ist auf die Generierung von Bedeutsamkeit durch das narrative Spiel mit dem Datum von dadurch bedeutsam werdenden Ereignissen aufgebaut. In Sozial- und Kulturgeschichten oder genauer in allen Strukturgeschichten, wie sie etwa die *annales*-Schule in Frankreich entwickelt hat, spielen solche nachträglich ‚großen‘ Ereignisse keine Rolle: Die Brüche und Revolutionen in der Struktur von Familie, Gesellschaft, Technik, Kunst und Kultur sind nicht mit einem bestimmten Datum verbunden, und wenn ein solches ins Blickfeld rückt, dann ist es nicht identisch mit jenen auf der Bühne der politischen Ereignisse. Für die Geschichte der europäischen Avantgarde ist der Zeitpunkt der Publikation des ersten

---

5 Cf. Hobsbawm, Eric/Badal, Yvonne: *Das Zeitalter der Extreme. Weltgeschichte des 20. Jahrhunderts.* Dtv: München 1998.

Futuristischen Manifests bedeutsamer als jenes der Ermordung des österreichischen Thronfolgers in Sarajevo.

In jedem Fall befinden wir uns, wenn wir 2014 über das Attentat von Sarajevo und den Ausbruch des *Ersten* Weltkriegs sprechen, im Karussell eines Diskurses, der ohne die Generierung von Bedeutsamkeit durch das Spiel der Zahl nicht auskommt. Das Ereignis ist geadelt durch die konstruierte Rundheit von hundert Jahren und durch die Markierung der kriegerisch-militärischen Geschehnisse als Nr. 1, die ohne die Nachfolge zumindest einer 2 und der Möglichkeit einer 3 absurd wäre. Es ist übrigens schon heute gut denkbar, dass die Ereignisse in der ersten Hälfte des 20. Jahrhunderts einmal im Sinne eines einzigen, dreißigjährigen Krieges ganz analog zu jenem im 17. Jahrhundert gelesen werden können. In jedem Fall ist unser modernes kulturelles Gedächtnis nach der sehr einfach gestrickten Logik der zeitlichen Chronik organisiert. Die blanke Zahl scheint den Befehl zu erteilen: Rührt Euch! Erinnert Euch!

Vor der Epochenschwelle: Karl Kraus und Robert Musil

Am Anfang war, so lässt sich narratologisch behaupten, die Kontingenz. Dem Ereignis ist zunächst nicht anzumerken, dass es eines ist, dass das ‚Er-Äugnis‘ wirklich sehenswert und damit nacherzählbar ist. Die Zeitung, die zum Beispiel mein Großvater am 28. Juni 1914 aufschlug und die natürlich den Wetterbericht enthielt, berichtete unter anderem auch über das Attentat in der bosnisch-herzegowinischen Hauptstadt, aber mindestens so wichtig könnte für die männlichen Leser auch die folgende Meldung gewesen sein:

> Im mit 125 000 Mark dotierten Deutschen Derby auf der Galopprennbahn in Hamburg-Horn siegt Gestüt Oppenheims Ariel mit eineinhalb Längen Vorsprung vor Terminus in der Rekordzeit von 2:33,6 min.[6]

Es ist also überaus wahrscheinlich, dass, wie es Florian Illies’ instruktives Dokument *1913. Der Sommer des Jahrhunderts* nahe legt, die Zeitgenossen anno 1913 von den kommenden Ereignissen so ahnungslos waren wie jene 1988 im Hinblick auf das Jahr 1989.[7]

Auch Karl Kraus’ zwischen 1915 und 1921 verfasste Tragödie *Die letzten Tage der Menschheit*, ein bekanntlich opulentes, zehn Abende füllendes Werk, operiert mit dem Kontingenzgedanken, damit, dass den Menschen an jenem

---

6 www.chronik.net.de/daly_e.0html?year=1914&month=6&day=28.   Zugang am 18. 01. 2014.

7 Cf. Illies, Florian: *1913. Der Sommer des Jahrhunderts.* S. Fischer: Frankfurt a. M. 2013.

28. Juni 1914 die erst durch die nachfolgenden Ereignisse, vor allem aber durch das Werk nachträglicher Narration geschaffene Bedeutsamkeit, die ‚Tragweite' des Attentats von Sarajevo überhaupt nicht bewusst war, wie die erste Szene des Vorspiels sinnfällig macht:

> *Wien Ringstraße. Sirk-Ecke. Ein Sommerfeiertagsabend. Leben und Treiben. Es bilden sich Gruppen.*
> Ein Zeitungsausrufer: Extraausgabee –! Ermordung des Thronfolgers! Da Täta verhaftet!
> Ein Korsobesucher *(zu seiner Frau):* Gottlob kein Jud. Seine Frau: Komm nach Haus. *(Sie zieht ihn weg.)* Zweiter Zeitungsausrufer: Extraausgabee – Neue Freie Presse! Die Bluttat von Sarajevo! Der Täta ein Serbe!
> Ein Offizier: Grüß dich Powolny! Also, was sagst? Gehst in die Gartenbau? Zweiter Offizier *(mit Spazierstock).* Woher denn? G'schlossen! Ein Dritter: Ausg'schlossen Der Zweite: Wenn ich dir sag! Der Erste: Also was sagst? Der Zweite: Na gehen mr halt zum Hopfner![8]

Kraus führt seiner Leserschaft *post festum* die Kontingenz und die Kongruenz des Heterogenen vor Augen. Das Ereignis wird von den Menschen zu Eingang des Geschehens überhaupt nicht als solches wahrgenommen, verschwindet sogleich im Alltagstrott. Ob jetzt Gartenbau wegen der Ereignisse geschlossen hat, bleibt hier offen, aber die Normalität ist zunächst nur um die Differenz zwischen Gartenbau und Hopfner verschoben, jener Lokalität, auf die die Offiziere ausweichen wollen.

Aber schon der Titel jenes grotesk-tragischen Spektakels, das Kraus zur Aufführung bringt, enthält eine Fabelkonstruktion, die bereits auf den ‚Absolutismus' der Ereignisse reagiert und ihn distanziert. Es gehört zur ‚Arbeit' des Narrativen, dass die Erzählung, die sie hervorbringt, selbst schon eine Interpretation darstellt. *Die letzten Tage der Menschheit* operieren ganz eindeutig mit einer säkularisierten Version eines der ‚erfolgreichsten' und umstrittensten, in seiner Wirksamkeit freilich kaum umstößlichen Narrative unserer Kultur, der Apokalypse. In der religiösen Version des Johannes wird der Schrecken der letzten Tage der Menschheit, die Wiederkehr des Satans, schließlich durch das Heilsgeschehen neutralisiert und aufgehoben.[9] Bei Kraus wird indes am Ende des theatralischen Geschehens von einer an Goethes *Faust* erinnernden Stimme von oben der reifliche Entschluss verkündet, „den Planeten mit sämtlichen Fronten

---

8   Kraus, Karl: *Die letzten Tage der Menschheit.* In: id.: *Schriften.* Bd. 10. Hrsg. v. Christian Wagenknecht. Suhrkamp: Frankfurt a. M. 1986, S. 45.
9   Cf. Müller-Funk, Wolfgang: *Die Kultur und ihre Narrative.* 2., erweiterte Auflage. Springer: Wien – New York 2008.

auszujäten"[10]. Vom Mars aus wird dem Planeten Erde mit einem Meteorregen der Garaus gemacht.[11]

Mit dem Spannungsverhältnis von Kontingenz und Bedeutsamkeit operiert der heute als epochal verstandene Roman von Robert Musil *Der Mann ohne Eigenschaften*, der mit einem ausführlichen meteorologischen und astronomischen Bericht einsetzt:

> Über dem Atlantik befand sich ein barometrisches Minimum, es wanderte ostwärts, einem über Rußland lagernden Maximum zu, und verriet noch nicht die Neigung diesem nördlich auszuweichen. Die Isothermen und Isotheren taten ihre Schuldigkeit. Die Lufttemperatur stand in einem ordnungsgemäßen Verhältnis zur mittleren Jahrestemperatur, zur Temperatur des kältesten wie des wärmsten Monats und zur aperiodischen monatlichen Temperaturschwankung. Der Auf- und Untergang der Sonne, des Mondes, der Lichtwechsel des Mondes, der Venus, des Saturnringes und viele andere bedeutsame Erscheinungen entsprachen ihrer Voraussage in den astronomischen Jahrbüchern. Der Wasserdampf in der Luft hatte seine höchste Spannkraft, und die Feuchtigkeit der Luft war gering. Mit einem Wort, das das Tatsächliche recht gut bezeichnet, wenn es auch etwas altmodisch ist: Es war ein schöner Augusttag des Jahres 1913.[12]

Anfänge sind Wegweiser in die Welt des Romans. Bereits der Titel des Kapitels „Woraus bemerkenswerter Weise nichts hervorgeht" bringt den Gegensatz von Kontingenz und Bedeutung in Anschlag, dementiert er doch die angenommene Erwartung, dass der Roman mit einem bemerkenswerten Ereignis beginnt. Der zitierte Abschnitt ruft nämlich sogar die Kategorie des Bedeutsamen im Hinblick auf die kosmischen Konstellationen auf. Bekanntlich dienen astronomische und meteorologische Angaben, mythisch-esoterische Erbschaften, zur Verdichtung von Bedeutsamkeit. Der schöne Augusttag anno 1913 erweist sich ungeachtet der ins Technisch-Naturwissenschaftliche verschobenen Aufladung freilich als bemerkenswerter Weise völlig normaler und belangloser Sommertag. Ein irreführender Fall von symbolischer Abrüstung. Denn das Lesepublikum

---

10 Kraus, Karl: *Die letzten Tage der Menschheit* (wie Anm. 8), S. 766 und folgende; cf. auch die Parodie der Erlösung ibid., S. 769.

11 Cf. ibid.: „Die Ewigkeit ist bereits angebrochen.
    Lang wartetet ihr und warteten wir,
    wir harrten geduldig, ihr hofftet mit Gier.
    Und damit doch auf eurer noch hoffenden Erde
    nun endlich der endliche Endsieg mal werde
    und damit sich dagegen kein Widerspruch regt
    haben wir sie erfolgreich mit Bomben belegt!"

12 Musil, Robert: *Der Mann ohne Eigenschaften*. Rowohlt: Reinbek 1979, S. 9.

weiß bereits um die sich anbahnende historische Katastrophe, für die es freilich kein Zeichen am Himmel gibt, kein Wetterzeichen und keine Sternkonstellation.

Der Augusttag 1913 wird auch deshalb aufgerufen, weil ein anderes Datum nicht zur Sprache kommt: das des Ausbruchs des Ersten Weltkriegs, eben jenes Datum, auf das Musils gigantischer Roman unumkehrbar zusteuert. Sofern dieser von theoretischen Überlegungen, Maximen und Reflexionen überwucherte Roman überhaupt als ein Stück illusionistischer Literatur gelesen werden kann und nicht als eine Art von Spielmodell verstanden werden muss, liegt ihm eine raffinierte Fokalisierung zugrunde. Während die Figuren, die Aktanten auf der Handlungsebene der Geschichte, noch völlig ahnungslos sind und sich auf ein großes Friedensfest, das im Jahre 1918 stattfinden soll, vorbereiten, weiß der Leser und auch die Erzählinstanz im Roman bereits, dass sich die exemplarischen und typologisch konzipierten Romanfiguren in vergangenen Zukünften befinden, die nie in die Realität einer Gegenwart eintreten werden. In ihrem ideologischen Eifer haben am Ende alle Beteiligten indes, von ihnen gänzlich unbemerkt, zur Katastrophe beigetragen, was ein Notat aus dem Nachlass auch *expressis verbis* ausführt: „Die Mauern der Stadt", heißt es da, „strahlen Ideologien aus". In diese energetische Aufladungen der symbolischen Systeme ist letztendlich auch die private Utopie des Protagonisten, Ulrichs, mit eingeschlossen: „Krieg ist das gleiche wie aZ, aber (lebensfähig) gemischt aus dem Bösen."[13]

Mit diesem Kommentar aus den Arbeitsskizzen wird jenseits der Schuldzuweisungen für die Ursache des Ersten Weltkriegs auf der Ebene der so genannten Realpolitik ein ganz anderer, letztendlich kultureller Befund ausgemacht, der das Attentat von Sarajevo und den sich daran (nicht notwendig) anschließenden Krieg als eine unbewusste Reaktion auf die Krise der Moderne deutet, die strukturell Bedeutsamkeit untergräbt und die Sehnsucht nach verbindlichen gemeinsamen Ideen hervorbringt. Was der Nationalsozialismus zwei Jahrzehnte später als ‚totalen Krieg' feiern sollte, ist dessen symptomatischer Ausdruck. Denn das Totale bezieht sich nicht nur auf die Totalität des Raumes und die Mobilmachung kollektiver Energien, sondern zielt auch auf die Sehnsucht nach der Renaissance einer Ganzheit, in der die Menschen eingebunden sind – diese Sehnsucht reagiert auf eine Welt eines leeren Individualismus, in der sich jeder im Kampf mit dem anderen befindet und das Ganze nur mehr durch die Abneigung aller gegen alle zusammengehalten wird. Der Roman interpretiert Nationalismus und übrigens auch Sozialismus in eben diesem zwiespältigen Sinn, als einen Gruppenegoismus, der zugleich Gemeinschaft verspricht. Da sind die

---

13 Ibid., S. 1932 (mit „aZ" ist Ulrichs Utopie des ‚anderen Zustands' gemeint).

Gesinnungstäter am Werk, die uns im Roman begegnen, sie haben sprechende Namen, Feuermaul, Hans Sepp und Schmeißer – das sind die Namen der jungen, symbolisch bewaffneten Ideologen, deren aggressive und destruktive, zu jedem Anschlag bereite Haltung ganz unverhohlen und unverkennbar ist; ihnen steht der Romanprotagonist höchst ambivalent gegenüber, weil er (ähnlich wie die Schwester, mit der er eine Art von Doppel-Helix bildet) zum einen die Verachtung der alten paternalistischen Ordnung teilt, zum anderen aber nicht an ihre Erlösungsversprechungen zu glauben vermag. Sarkastisch heißt es in einem Fragment aus dem Nachlass: „Die Welt geht vielleicht zugrunde oder in eine lange Hölle.“[14] Auch hier klingt, wie bei Karl Kraus, eine apokalyptische Interpretation jener Ereignisse an, die mit dem Attentat in Sarajevo ihren Anfang nahmen. Was sich also, um auf den Anfang des fragmentarischen Romans zurückzukommen, gleichsam meteorologisch entlädt, sind aufgestaute kollektive Energien. Die Gewalt der Worte geht den Schüssen von Sarajevo und dem Kanonendonner der Schlachtfelder und dem Giftgas voraus.

Die Sitzungen der Parallelaktion versinnbildlichen den repräsentativen und zugleich gleichnishaften Ort der radikalen Kultur- und Sinnkrise. Der Mehrheit der Beteiligten, die auf eine Totallösung drängen, geht jener Möglichkeitssinn ab, den der Romanprotagonist verficht und der, von heute aus gesprochen, doch auch die Möglichkeit in sich einschließt, in der Kontingenz dieser Welt leben zu lernen. Wenn Ulrich in einer entscheidenden Sitzung die Schaffung eines Generalsekretariats der Genauigkeit und der Seele vorschlägt, dann lässt sich das unstrittig als paradoxe, ja unmögliche Intervention verstehen, als eine Zumutung, auf die die Anwesenden auch mehr oder minder verständnislos reagieren, aber zugleich lässt diese Sentenz sich selbstreferentiell als Anspruch, den der Roman geltend machen möchte, lesen. „Weil die Menschheit sich nicht auf Ahnen und Wissen verlegt, sondern die meisten Aufgaben in der Form des Glaubens löst, entstehen Streitigkeiten u[nd] Krieg.“[15]

Die schonungslose Selbstanalyse, die ungeachtet Musils Polemik gegen Freud strukturelle Ähnlichkeiten mit der Psychoanalyse aufweist, wäre vielleicht die einzige Möglichkeit gewesen, die Katastrophe zu vermeiden – ob aber eine solche kollektiv möglich ist, steht freilich auf einem anderen Blatt.

Ulrichs Verhalten ist indes höchst inkonsequent, denn ungeachtet seiner skeptischen Befunde ist sein eigenes Projekt des ‚anderen Zustands‘ einer exemplarischen Menschheit *à deux* selbst total, stellt es doch eine kulturelle Therapie

---

14 Ibid.
15 Ibid., S. 1931.

gegen jenen Zustand dar, den das bereits zitierte Fragment so darstellt: „Außerhalb der Bindungen deformiert jeder Impuls augenblicklich den Menschen."[16] Von daher bedeutet das Ende des Romans endgültig das Scheitern des utopischen Lebensexperiments mit der Schwester, das letztendlich auch zur Gattung all jener Totallösungen gehört, die im Roman dekonstruiert werden. Ulrich zieht – und an diesem Ende wollte der Autor unbedingt festhalten – in den Krieg und seine einstmalige Geliebte Gerda, die Tochter eines jüdischen Bankiers, vertauscht den Salon ihrer Eltern mit einem Kriegslazarett.

Anfang und Ende einer Epoche: Joseph Roth

Kreisförmigkeit, Identität und Ausschließlichkeit sind einige der Zuschreibungen, die Hans Blumenberg jenen Formen des Erzählens attestiert, die Bedeutsamkeit generieren und denen der deutsche Philosoph eine mythische Struktur zuweist. In diesem Sinn ist Roths bis heute prominentester Roman *Radetzkymarsch* – über die landläufige Verwendung des Begriffs ‚Mythos‘, wie sie auch Claudio Magris' berühmtem Buch zugrunde liegt, hinaus – von mythologischen Momenten durchtränkt.

Unübersehbar ist beispielsweise die Kreisform des Romans. Wie am Anfang, so steht auch am Ende der Krieg. Obschon im Roman Zeitangaben vermieden werden, so ist doch klar, dass die Schlacht von Solferino im Jahre 1859 mit dem Ausbruch des Krieges von 1914 verschränkt wird. Mit dem Marsch und ihrem Namensgeber kommt noch ein anderes historisches Datum ins Spiel, das Jahr 1848 und die Tatsache, die der Marsch feiert und die der slowenische Bezirkshauptmann und der tschechische Kapellmeister im Roman jeden Sonntag inszenieren: den Bestand der kaiserlichen Ordnung. Deren Überleben anno 1859 basiert auf einem erfundenen Gründungsakt zu Anfang des Romans, nämlich der Rettung des Lebens von Kaiser Franz Joseph durch den slowenischen Leutnant Trotta. Dass dies eine historische Erfindung ist, die nichtsdestotrotz im Spiel des Romans ihre Wirksamkeit entfaltet, weiß die Leserschaft, sofern sie historisch informiert ist. Zur heimlichen Ironie des Werkes gehört fernerhin, dass dem erfundenen Gründungsakt im *Radetzkymarsch* eine historische Episode zugrunde liegt, das gescheiterte Attentat auf den jungen Kaiser Jahre zuvor, das bekanntlich zum Bau der Wiener Votivkirche geführt hat. Diese historische Episode wird im Roman durch die zeitliche, räumliche und symbolische Verschiebung der lebensrettenden Tat mit Bedeutsamkeit angereichert.

---

16 Ibid.

Wenn wir für einen Moment die Welt des Romans verlassen, aber den Rothschen Gestus der Bedeutsamkeit beibehalten, dann ließe sich sagen, dass die franko-josephinische Epoche mit einem niedergeschlagenen Attentat beginnt und mit einem gelungen Anschlag auf den Thronfolger endet – ein weiterer Höhepunkt wäre, was den Autor übrigens nicht interessiert, die Ermordung von Kaiserin Elisabeth. All diese Ereignisse gehören in die Geschichte des modernen Terrors, mit dem wir heute aufs Neue konfrontiert sind und den man etwas zynisch als einen erfolgreichen Kulturtransfer etwa in die arabische Welt bezeichnen könnte.

Die Grenze des literarischen Erklärungsmodell Roths liegt – und das betrifft den Identitätsaspekt seiner mythisierenden Geschichte – ganz offenkundig in der Linearität seines Niedergangsnarrativs. Identitätsbildung misslingt im Roman nämlich, weil die Enkel und Söhne den Vätern und Großvätern nicht mehr genügen können. So wie der Vater, der Bezirkshauptmann, nicht die soldatische Größe des Großvaters, des ‚Helden von Solferino‘ erreicht, so der Enkel, der unglückselige Leutnant im Stile Saars und Schnitzlers, nicht die Statur des gemächlichen Bürokraten-Vaters. In diesem Sinn ist die Szene von 1914, in der der Enkel des ‚Helden von Solferino‘, gleichsam vom Freudschen Todestrieb erfasst, an der Latrine erschossen wird, das plastische Gegenbild zu jener Geistesgegenwart, mit der der Großvater dem jungen Kaiser das Leben rettet. Von der von Blumenberg ins Feld geführten Daseinssteigerung durch Widerstand kann an dieser Stelle keine Rede mehr sein. Die Wiederkehr des Gleichen entpuppt sich auf Grund des enormen Abstandes zwischen Großvater und Enkel als eine Karikatur. Während der eine das Leben des anderen und darüber hinaus die Monarchie erhält, ist der andere nicht willens oder imstande, sein eigenes Leben zu schützen. Die tödlichen Schüsse auf den jungen Leutnant besiegeln somit das Schicksal der alten Ordnung der Monarchie, der in Roths Werk immer wieder literarische Trauerrituale zuteil werden, etwa in der Erzählung *Die Büste des Kaisers* oder in Roths fingierter Erinnerung über die Beerdigung des Kaisers, in der nicht nur die Menschen, sondern auch der Himmel weint. Der Regen ist es also, der diesem Datum eine ganz spezifische Bedeutsamkeit verleiht.[17]

Zu Roths franko-josephinischem Gründungsmythos gehört auch die durchgehende Wunschvorstellung, dass die Ungarn die Zerstörer des Reichs und die Slawen überwiegend dessen loyale Träger gewesen seien. Wenn sich also im Roman an dem schwülen und gewitterträchtigen Tag, so wenigstens ist das

---

17 Cf. Müller-Funk, Wolfgang: *Joseph Roth, Besichtigungen eines Werkes.* Sonderzahl: Wien 2012.

Wetter am 28. Juni bei Roth,[18] die Nachricht von der Ermordung des Thronfolgers in der Garnison am östlichen Rand der Monarchie wie ein Lauffeuer
verbreitet, so sind es arrogante ungarische Offiziere, die sich in ihrer Sprache
freudig über den Tod Franz Ferdinands verbreiten, um sodann einen von ihnen
auf Deutsch sagen zu lassen: „Wir sind übereingekommen, meine Landsleute
und ich, daß wir froh sein können, wann das Schwein hin ist."[19]

Gegen derlei Schmähungen tritt nun ein Slowene auf, der den beredten
Namen Jelacich[20] trägt. Wie so oft bei Roth wird die unverkennbare sentimentale
Stimmung von komischen Momenten ge- und durchbrochen:

> Jelacich, ein Slowene, geriet in Zorn. Er haßte die Ungarn ebenso, wie er die Serben ver-
> achtete. Er liebte die Monarchie. Er war ein Patriot. Aber er stand da, die Vaterlandsliebe
> in ausgebreiteten, ratlosen Händen, wie eine Fahne, die man irgendwie anbringen muß.
> Und für die man keinen Dachfirst findet. Unmittelbar unter der ungarischen Herrschaft
> lebte ein Teil seiner Stammesgenossen, Slowenen und ihre Vettern, die Kroaten. Ganz
> Ungarn trennte den Rittmeister Jelacich von Österreich und von Wien und vom Kaiser
> Franz Joseph. In Sarajevo, beinahe in seiner Heimat, vielleicht gar von der Hand eines
> Slowenen, wie der Rittmeister Jelacich selbst einer war, war der Thronfolger getötet wor-
> den. Wenn der Rittmeister nun anfing, den Ermordeten gegen die Schmähungen der
> Ungarn zu verteidigen (er allein in dieser Gesellschaft verstand Ungarisch), so konnte
> man ihm erwidern, seine Volksgenossen seien ja die Mörder. Er fühlte sich in der Tat ein
> bißchen schuldig. Er wußte nicht warum. Seit etwa hundertfünfzig Jahren diente seine
> Familie redlich und ergeben der Dynastie der Habsburger. Aber schon seine beiden
> halbwüchsigen Söhne sprachen von der Selbständigkeit aller Südslawen und verbargen
> vor ihm Broschüren, die aus dem feindlichen Belgrad stammen mochten.[21]

Dass im Roman den Ungarn die Hauptschuld für die Implosion des Habsburgischen Imperiums zufällt, hat seinen historischen Kern wohl in dem Umstand,
dass die Privilegierung der Ungarn Hand in Hand mit der Exklusion der west-
und südslawischen Völker von der Beteiligung an der politischen Macht gegangen ist, ein Konstruktionsfehler, den zuweilen auch das Herrscherhaus – man
hat auch dem ansonsten nicht übermäßig beliebten Erzherzog Franz Ferdinand,

---

18　Cf. Roth, Joseph: *Radetzkymarsch*. In: id.: *Romane*. 2 Bde., Kiepenheuer & Witsch: Köln
　　1975/1984. Bd. 1, S. 624: „[…] in diesem Vorraum, den er mit seinen Kerzen nur
　　spärlich beleuchten konnte und der nach jedem der heftigen, bläulichweißen Blitze in
　　eine noch tiefere braune Dunkelheit versank. Schwere Wellen geladener Luft lagen im
　　Raum, das Gewitter zögerte."

19　Ibid., S. 629.

20　Wie der österreichische Feldherr, Ban des Königreichs Kroatien und Slawonien, Joseph
　　Jelačić von Bužim – Anm. d. Redaktion.

21　Roth, Joseph: *Radetzkymarsch* (wie in Anm. 18), S. 628.

der mit einer tschechischen Gräfin verheiratet war, nicht grundlos ‚Slawophilie‘ nachgesagt – zu beseitigen trachtete, womit sie fast zwangsläufig den Widerstand bei den ungarischen Eliten hervorriefen. Roths ‚slawische‘ Version der Habsburger Monarchie, die ja schon mit der Rettung des Kaisers durch einen slowenischen Offizier beginnt, schließt die Serben, wenn auch unausgesprochen, aus seinem positiven Zuschreibungssystem zwangsläufig aus. Dem jugoslawischen Panslawismus stellt der Roman eine Version eines dynastischen Austro-Slawismus entgegen, der freilich im Roman durch den Generationswechsel infrage gestellt wird. Immerhin macht die Ansicht des slowenischen Rittmeisters klar, dass die Monarchie, vom ungarischen Nationalismus abgesehen, von einer nationalen Utopie bedroht ist, die nicht allein serbisch, sondern eben jugoslawisch ist und die bei Slowenen und Kroaten durchaus Anklang findet.

Ich fürchte, mit diesem Zitat befinden wir uns noch immer auf symbolisch vermintem Gebiet, denn die Ereignisse von 1914 lagern, um Karl Marx zu zitieren, wie ein historischer Albtraum auf den Lebenden dieser Region.[22] Die verschiedenen, zum Teil konträren Erzählungen, die bis heute in Geschichte, Literatur und Alltag über die Ereignisse 1914 im post-jugoslawischem Raum im Umlauf sind, haben noch immer im Hinblick auf die Handlungsweisen der politischen Akteure eine legitimatorische Bedeutung. Sie bestimmen noch immer deren politisches Handeln und seine Rechtfertigung.

Die Epochenschwelle als nationale Wende. Wischegrad um den 28. Juni 1914

War das Wetter am 28. Juni 1914, das dem historischen Wetterkalender zufolge unspektakuläre 1,2 Grad unter der üblichen Sommertemperatur lag, bei Joseph Roth schwül und unheilverkündend, so ist das Wetter in dem wohl berühmtesten, auch programmatisch jugoslawischen Roman von Ivo Andrić *Die Brücke über die Drina (Na Drini ćuprija)* von überwältigender Helligkeit:

> Der Sommer 1914 wird in der Erinnerung jener, die ihn hier verlebten, als der strahlendste Sommer seit Menschengedenken bleiben, denn in ihrem Bewusstsein glänzt und leuchtet er auf einem gewaltigen und düsteren Horizont des Todes und Unglücks, der sich bis in das Unabsehbare erstreckt. […] Ein solches Ausnahmejahr mit einem besonders glücklichen und günstigen gegenseitigen Zusammenwirken von Sonnenwärme und Erdfeuchte war angebrochen, da diese breite Wischegrader Niederung vor

---

22　Marx, Karl: *Der achtzehnte Brumaire des Louis Napoleon* (zuerst 1852). In: *Marx-Engels-Studienausgabe.* Hrsg. v. Iring Fetscher. Bd. IV.: *Geschichte und Politik 2*, Fischer: Frankfurt a. M. 1966, S. 34.

Überfluß an Kraft und allgemeinem Bedürfnis, Frucht zu tragen, erbebte. Die Erde schwoll auf, und alles, was in ihr lebte, das keimte, trieb Knospen, setzte Blätter an und trug hundertfach Frucht. Förmlich sah man diesen Atem der Fruchtbarkeit, wie er als warmer, bläulicher Dunst über jeder Furche und jeder Scholle zitterte. Kühe und Ziegen spreizten die Hinterbeine und gingen schwer von strotzend prallen Eutern.[23]

Die sommerliche Heiterkeit (und mit ihr die komisch überbordende Fruchtbarkeit) hat, wenn man die Zwischentöne im Text wahrnimmt, eine doppelte Bedeutung. Denn dieses Datum verweist auch auf jenes der gesamtjugoslawischen Nationsbildung, die Zentrum des dritten Teils des Romans ist. Die Helligkeit hat aber auch eine ganz andere Seite: Der Sommer 1914 erscheint als so strahlend und produktiv, weil er sich in der kollektiven Erinnerung vom Dunkel des Krieges und seiner Gewalt abhebt.

Ivo Andrić, der in seiner Chronik über die bosnische Stadt Wischegrad wie und doch ganz anders als Joseph Roth Bedeutsamkeit ins Spiel bringt, ist ein Romancier, der seit 1992 mehr als je zuvor die politischen Gemüter in seiner Heimat Bosnien-Herzegowina entzweit. Lässt sich Joseph Roth als der Mythologe des habsburgischen Mythos begreifen, so Andrić umgekehrt als der Vertreter eines gesamtjugoslawischen Mythos, in den die kleine religiöse Vielvölkerprovinz Bosnien-Herzegowina mit eingeschlossen ist. Das Kernstück der mythischen Bedeutsamkeit bildet ein technisch-architektonisches Meisterwerk aus osmanischer Zeit, eben jene Brücke, die über die Drina führt, die den Ort in das damalige Verkehrsnetz einbindet und die vor allem die mehrheitlich muslimisch bewohnte Stadt mit dem christlich bewohnten Umland verbindet.

Wischegrad ist synekdochisch konzipiert, die heterogene kleine Stadt an der Drina steht stellvertretend für das ganze Land Bosnien-Herzegowina. Alles, was sich dort ereignet, ist in der einen oder anderen Art und Weise in der gesamten Region geschehen. Oder mit anderen Worten: Wischegrad erweist sich von Anfang an als Ort einer historischen Chronik, die von Mythologien und Mythologemen überwuchert ist, die uns ein chronikalischer Erzähler, der Chronologie und Mythos kräftig mixt, in identitätsstiftender Absicht ‚mit-teilt‘.

Eine Verbreiterung der Brücke, die *kapija*, bildet einen Treff- und Zwischenraum der verschiedenen Teile der Bevölkerung. Die Brücke mitsamt der *kapija* stellt den Dreh- und Angelpunkt der Chronologie dar, einen jener Orte, an denen sich die Geschichte in Variationen wiederholt und schließt. Der Bau der

---

23 Andrić, Ivo: *Die Brücke über die Drina. Eine Wischegrader Chronik.* Deutsch v. Ernst E. Jonas. Suhrkamp: Frankfurt a. M. 2003, S. 343. Original: *Na Drini ćuprija. Višegradska hronica.* Prosbeta: Belgrad 1963 (zuerst 1945), S. 292.

Brücke steht am Anfang und ihre Zerstörung in den ersten Kriegstagen nach dem Attentat von Sarajevo am Ende des Romans.

Man tut dem Autor von *Na Drini ćuprija* kein Unrecht, wenn man den Roman einem spezifisch serbisch geprägten Jugoslawismus zuordnet. Denn die Brücke ist ein Ort, der verbindet, aber auch trennt. Sie ist für das serbische Lesepublikum und die Erzählinstanz auch ein schmerzhafter Erinnerungsort, der die Unterdrückung der christlich-slawischen Bevölkerung durch das Osmanische Reich mnemotechnisch fixiert. Es ist ein ehemaliger, in der Hierarchie der Macht weit nach oben gekommener Christ, Mehmet Pascha, der diese Brücke in seiner Heimat errichten lässt, was zeitweilig auf den heftigen Widerstand der örtlichen christlichen Bevölkerung stößt. So spaltet das historische Projekt über Jahrhunderte Christen und – wie die muslimische Bevölkerung im Roman heißt – ‚Türken'. Denn die sozial benachteiligten orthodoxen Bauern sind es, die in Zwangsarbeit die Brücke bauen müssen und zugleich von der Macht ausgeschlossen bleiben. So wird das herrschaftliche Projekt immer wieder zum Zankapfel und auch zum Objekt subversiver Aktionen.

Die Herrschaft der Osmanen wird über weite Strecken als monströs und gewalttätig geschildert, ihre Opfer sind vornehmlich die christlich-orthodoxe Bevölkerung, während die muslimische Population als Teil der Unterdrückungsmaschinerie erscheint, die an ihr ökonomisch und politisch partizipiert. Kernstück ist, ganz im Sinn der nationalen und nationalistischen Narrative des 19. Jahrhunderts, das Bild vollkommener Enteignung und Machtlosigkeit der christlich-orthodoxen bosnischen Bevölkerung. Die sogenannte Knabenlese, Sinnbild einer gewalttätigen patriarchalen symbolischen Ordnung, bildet die sinnfällige Erzählung hinter dem Brückenbau. Denn ihr Erbauer war eben Opfer dieser ‚Knabenlese', die darin besteht, christliche Knaben aus der Peripherie des Reiches an den Hof nach Istanbul zu bringen und zu beschneiden. Die reale und symbolische Beschneidung wird auf tückische Weise zur Chance auf den sozialen Aufstieg, der freilich mit einem vollständigen Identitätsverlust erkauft ist. Die brutale Einschreibung der fremden Macht in die eigene Bevölkerung ist das effektiv höchst wirksame Grundelement im Roman, das sich hinter dem Wunderwerk der Brücke auftut.

In gewisser Weise endet die soziale Topografie der Ungleichheit mit dem Herrschaftswechsel, der sich 1878 in der zuvor osmanischen Provinz ereignet. Mit der Herrschaft der Habsburger ändern sich im Roman die Konstellationen vollständig. Höchst ironisch verschwindet die Privilegierung innerhalb der unterworfenen Bevölkerung. War bis dato im Roman der Binarismus zwischen ‚Christen' und ‚Türken' maßgeblich, so eröffnet sich nunmehr die Möglichkeit, dass sich alle Volksgruppen unter der Führung der Serben im Kampf gegen den neuen Eindringling, die Österreicher, die ‚Schwaben', vereinigen: Alle zusammen gegen eine neue, nicht minder verhasste imperiale Fremdherrschaft, die freilich, wie an einigen Stellen deutlich wird, auch einen gewissen Fortschritt, Wohlstand und – mittels der Fremden – Urbanität nach Wischegrad bringt. Die binnen-bosnische Solidarität wird im Roman schon sehr schnell deutlich, wenn die Repräsentanten der vier Religionen, Orthodoxe, Muslime, Katholiken und Juden, beim neuen, überaus arroganten österreichischen Statthalter vorstellig werden, um dort ihre gemeinsamen Interessen zu deponieren.

Die Ereignisse vom 28. Juni führen in Wischegrad zur Verfolgung von Serben, aber auch zur Flucht von jungen Männern, die sich jener serbischen Armee anschließen wollen, die die Stadt beschießt. Es ist kein Zufall, dass der Roman mit der Zerstörung der Brücke und dem gewaltsamen Tod eines muslimischen Kaufmanns endet:

> Dort unten singen sie wohl. Dort unten ist auch die zerstörte Brücke, furchtbar und grausam in der Mitte zerschnitten. Er braucht sich nicht umzuwenden – und er hätte sich auch um nichts in der Welt umgedreht – um das ganze Bild zu sehen; der Pfeiler. Wie ein gewaltsamer Baumstumpf und in tausend Trümmern über die Umgebung verstreut, die Bögen links und rechts des Pfeilers jäh unterbrochen. Zwischen ihnen gähnt eine Leere von fünfzehn Metern. Und die abgebrochenen Seiten der getrennten Bögen streben schmerzlich zueinander.[24]

Die Brücke hat schon zuvor ihre Funktion verloren, nachdem sich mit dem neuen Imperium auch das Zentrum und damit die Verkehrsverbindungen verändert hatten. So bleibt die Zerstörung der Brücke symbolisch höchst ambivalent, erfährt das einstige Prachtstück osmanischer Herrschaft eine Umdeutung als ein Verbindungsstück zwischen den Ethnien der Stadt – in einer Epoche, in der die nationalen Träume einer radikalisierten Generation, die in Sarajevo und Belgrad studiert, Wirklichkeit werden. So sagt der Geliebte der Lehrerin Zorka am St.-Veits-Tag, unmittelbar nach den Ereignissen von Sarajevo, die geplante Auswanderung des Paars nach Amerika ab, um in den Reihen der serbischen Armee zu kämpfen: „Der Krieg ist da, und unser Platz ist jetzt in Serbien."[25]

Es ist nicht unwichtig, zu erwähnen, dass der Roman während des Zweiten Weltkrieges geschrieben ist, also nach dem Scheitern des ersten südslawischen Staates und der Okkupation des Balkans durch die Truppen Hitlers und seiner Verbündeten. Wenn die Leserschaft mit dem Erzähler oder auch mit dem muslimischen Händler über die geborstene Brücke trauert, dann auch deshalb,

---

24　Ibid., S. 406 (im Original S. 344).
25　Ibid., S. 364 (im Original S. 309).

weil nun implizit eine erfolgreichere Wiederholung der ersten jugoslawischen Nationsbildung auf die Tagesordnung kommt, die nach der Niederwerfung des Nationalsozialismus geschichtliche Wirklichkeit werden soll.

Aber wie Erinnerungen bleiben auch Erzählungen, die ja immer auch Interpretationen von Geschehnissen sind, nicht stehen. Dass viele Menschen auch innerhalb des heutigen post-jugoslawischen Raumes die Ereignisse vom 28. Juni 1914 anders erzählen als zum Zeitpunkt der Niederschrift und der Publikation des Romans, hat mit den nachfolgenden Ereignissen grundlegend zu tun. Man kann diesen Roman nicht lesen ohne jene Kriege, die vermutlich unwiederbringlich den jugoslawischen Traum zerstört haben. Die Ereignisse des Sommers 1914 können heute nur schwerlich als schmerzhafter und gewaltsamer Beginn einer erfolgreich verlaufenen Nationalgeschichte gelesen werden, und man wird auch schwerlich jene Analogien verschweigen können, die sich zwischen der politischen Gewalt von damals und jener von heute auftun. Im Übrigen ist schon lange vor dem 11. September 2001 – wieder ein bedeutsames Ereignis – Robert Musil und einem zugegebenermaßen problematischen Autor, Ernst Jünger, jenes neue Phänomen des politischen Terrors aufgefallen.[26] Nebenbei bemerkt sind – ich meine jetzt nicht die erfolgreichen Fernseh-Seifenopern – auch Revisionen im Gange, die die osmanische Herrschaft nicht schönreden, aber doch modifizieren und differenzieren. Das Werk von Orhan Pamuk, das sich auf eine bestimmte Tradition postimperialer Melancholie stützt, ist solch ein Beispiel.[27] Im Sinne eines transnationalen Kulturdialogs sind solche Anstrengungen so schmerzlich wie unvermeidlich.

1914 oder 1919? Epochenschwelle, polnisch: Jarosław Iwaszkiewicz' Roman *Sława i chwała*

Mit einem überaus warmen Sommertag Anfang Juli 1914 beginnt Jarosław Iwaszkiewicz' Roman *Sława i chwała* (1954–1956, deutsch: *Ruhm und Ehre*, 1960), ein typisches Werk der unmittelbaren Nachkriegszeit, mit dem unbescheidenen Anspruch eines nationalen Epos geschrieben, dessen Vorbild, unübersehbar, Tolstois *Krieg und Frieden* ist. Das Werk setzt mit den kritischen Tagen nach dem 28. Juni ein und endet mit dem Kriegsausbruch 1939 – eine Figur der Wiederholung. Der Roman ist in die folgende Kreisform gepasst: Er beginnt mit der lakonischen Angabe: „Es war in den ersten Julitagen des Jahres 1914"[28] und schließt

---

26 Cf. Müller-Funk, Wolfgang: *Niemand zu Hause.* Czernin: Wien 2005.

27 Cf. Pamuk, Orhan: *Istanbul. Erinnerungen an eine Stadt.* Hanser: München 2003.

28 Iwaszkiewicz, Jarosław: *Ruhm und Ehre.* Deutsch v. Klaus Staemmler. Langen: München 1960, S. 8. Original: *Sława i chwała.* Państwowy Instytut Wydawniczy: Warszawa 1985.

mit dem ebenso kurzen Satz: „Die ersten Bomben des Tages explodierten dumpf irgendwo in der Ferne.“[29] Dazwischen ist eine pralle Handlung von verschiedenen Familien gestellt, Adligen, Bürgerlichen, Arbeitern und Künstlern. Es sind für die männliche Hauptfigur des Romans, den jungen Adligen Janusz, Lehrjahre des Lebens in Zeiten katastrophal bedeutsamer Ereignisse.

Iwaszkiewicz bedient sich der Technik des Datums, um Bedeutsamkeit zu schaffen. Die einzelnen Daten seiner polnischen Chronik sind im Roman strukturbildend, etwa das Jahr 1914, der Ausbruch der Oktoberrevolution 1917, 1918 – das Jahr der Staatsgründung, 1926 – der Beginn des autoritären Regimes von Piłsudski, 1933 und 1939. Es ist dies die überaus komplexe Geschichte eines kulturell heterogenen Raumes, in der verschiedene Völker und Akteure eine Rolle spielen, Russen, Deutsche, Österreicher, Ukrainer und – eben – Polen. Politisch sind es die Vertreter diverser Nationalismen, die Repräsentanten der untergehenden Imperien sowie – im Roman durchaus prominent – die Bolschewiken.

Mit Roth und Andrić hat der Roman gemein, dass er in einem peripheren Ort einsetzt, im Schwarzmeer-Hafen Odessa, dessen ethnische Zuordnung auf Grund der kulturellen Heterogenität durchaus unsicher ist. Anders als im *Radetzkymarsch* ist zunächst die Distanz zum Krisengebiet, das den Weltbrand auslöst, unverkennbar, so etwa wenn sich der spätere Bolschewik Wolodja und der spätere Anhänger der polnischen Nationalbewegung Janusz Myszyński nach einem Vortrag über die Schlacht bei Tannenberg über die Ereignisse unterhalten:

> Wolodja lächelte ein wenig spöttisch.
> „Also haben Sie nichts gemerkt?“
> „Nichts, gar nichts.“
> „Glauben Sie, daß es Krieg gibt?“
> „Was? Krieg?“ fragte Janusz erstaunt. „Wieso Krieg? Menschen sollen auf Menschen schießen und sich deshalb totschlagen? Das kann doch in Europa nicht mehr vorkommen. Die Menschen haben sich den Krieg abgewöhnt!“
> „Sie glauben also, der Frieden sei ewig?“[30]

Damit wird ein Narrativ in Gang gesetzt, das davon erzählt, wie unerwartet die kriegerische Zuspitzung der Ereignisse für die meisten Menschen kommt. Anders als Wolodja trifft seinen Freund der Kriegsausbruch vollkommen unvorbereitet. Der Krieg ist in dem scheinbar pazifizierten Europa das schier Unvorstellbare schlechthin und stellt sich so schon von Anfang an als ein großes Rätsel dar.

---

29 Ibid., S. 817.
30 Ibid., S. 37.

Die Bedeutsamkeit der Tage vor dem Kriegsausbruch in *Sława i chwała* besteht indes nicht allein in der Plötzlichkeit und dem Schock eines unerwarteten Ereignisses, sondern vor allem auch darin, dass sie ein weiteres markantes Ereignis auf den Plan ruft, die Oktoberrevolution von 1917 und den Separatfrieden von Brest-Litowsk, ein Ereignis, das zwei Fenster öffnet, eines zu einer radikalen sozialen Revolution, und das andere hin – beinahe hundertfünfzig Jahre nach der polnischen Teilung – zur polnischen Nationsbildung. Das Besondere des magischen Jahres 1914 liegt in seiner auslösenden Kraft, die das Geschehen von Sarajevo und selbst die sich daran anschließenden Kriegshandlungen in den Schatten stellt.

Die Bedeutsamkeit historischer Ereignisse mag nicht zuletzt darin gegründet sein, dass diese den einzelnen Menschen übersteigen, jenen Einzelnen, der von ihnen erfasst, gestoßen, niedergedrückt und deplatziert wird. Dies alles widerfährt den scheinbar auf sicherem Boden gegründeten Adels- und Bürgersfamilien in Odessa und in der Ukraine – denn erst zu einem späteren Zeitpunkt wird sich der Raum der Handlung nach Westen, nach Warschau und seiner Umgebung verlagern, dorthin, wo die Protagonisten und Protagonistinnen Fremde im eigenen Land sind. Manche von ihnen verschlägt es weiter nach New York oder Paris.

Janusz, die wichtigste Figur im Werk, ist ein Nachfahre der Helden des Bildungsromans. In romantische Liebe zur Schwester eines Bolschewiken – das mag Joseph-Roth-Leser an *Die Flucht ohne Ende* erinnern – verstrickt, schließt sich dieser späte, polnische Pierre Besuchow zunächst den Kommunisten an, um sich schließlich für die polnische Nationalarmee rekrutieren zu lassen. In einer weiteren Volte wird der soziale und fortschrittliche Gutsherr im Unterschied zu vielen seiner Standesgenossen – und das ist das passende Narrativ für das kommunistische Nachkriegspolen – polnisches Nationalbewusstsein und soziales Engagement miteinander verbinden; diese exemplarische Entwicklung des Protagonisten zielt auf die in den 1950er Jahren aktuelle Ideologie der Versöhnung von nationalem Bewusstsein und sowjetischem Sozialismus. Heute ist sie selbstredend historische Makulatur. Als hochkarätige literarische Quelle historisch gewordener Zeitströmungen liest sich dieser vor allem in seiner Figurenpsychologie überzeugende Roman, der wie aus dem 19. Jahrhundert ins 20. gekommen ist, allemal mit Gewinn – er funktioniert wie eine *mental map*, eine mentale Landkarte jenes Zwischenraumes, der heute symbolisch im wesentlichen von den Nationalstaaten Polen und Ukraine bestimmt ist.

Interessant an Jarosław Iwaszkiewicz' Roman ist indes noch ein ganz anderes Moment, legt er doch nahe, die Jahre zwischen 1914 und 1939 bzw. 1945 als eine einzige Epoche zu begreifen, als eine Abfolge von Kriegen, Bürgerkriegen, ideologischen Kämpfen, Deplacierungen und Emigrationen, von denen diejenigen, die das Attentat von Sarajevo planten, ebenso wenig Ahnung hatten wie die europäische Politik, die die Kettenreaktion auslöste, die zum Krieg führte. Es könnte also sein, dass, wie schon eingangs bemerkt, jener Krieg, der mit dem Attentat von Sarajevo begann, im Sinne einer einzigen Erzählung gefasst wird, die ihn als einen Dreißigjährigen Krieg des 20. Jahrhunderts begreift. In diesem Sinne rückten der Prager Fenstersturz und das dilettantische Attentat vom 28. Juni in ein Verhältnis der Ähnlichkeit ein.

Um aber noch einmal zur Frage der Bedeutsamkeit und des Datums zurückzukommen: Es ist sinnfällig, dass die überwiegende Mehrzahl moderner Romane nicht sonderlich an der Magie der Daten großer Ereignisse interessiert ist. Die hier behandelten Romane kreuzen zwar die zeitlich fixierten ‚historischen‘ Ereignisse, aber ihre Bedeutung erschöpft sich nicht in ihnen. Denn recht eigentlich interessiert die moderne Literatur, die den traditionellen historischen Roman weit hinter sich gelassen hat, nicht die Oberbühne des politischen Geschehens, sondern doch viel eher die Tiefenstruktur, die ganz andere Veränderungen und Wandlungen zutage fördert als den Alltag der Politik, der durch das Spiel von Zahl und Korrespondenzen, durch das Verschleifen von Zeit und Kausalität Bedeutsamkeit erlangt.

Eckdaten wie der 28. Juni können dabei gleichsam als Rahmen für Erzählungen fungieren, die sich mit Notwendigkeit ändern. Flauberts Held etwa verschläft die Revolution in Paris anno 1848 im Bett einer Kokotte. Auch wenn wie im Fall literarischer Texte die narrative Struktur scheinbar ein für allemal fixiert ist, dann ändern sich doch deren Interpretationen, die immer auch Formen verändernden Nacherzählens in sich tragen. Kraus' unmäßiges Theaterstück weiß noch nichts vom Kriegsausbruch anno 1939, Robert Musils Roman ist nicht zuletzt daran gescheitert, dass die Zeitläufte – 1933 und 1939 – erbarmungslos über die narrative Komposition hinweggegangen sind, und der Zeithorizont bei Ivo Andrić und Jarosław Iwaszkiewicz verläuft sich in der absurden Epoche des realen Sozialismus. Aber jedes der späteren europäischen Daten: 1933, 1939, 1945, 1956, 1968 oder 1989 hat den Ereignissen, die mit dem höchst laienhaften Attentat in Sarajevo begannen, neue Bezugsmöglichkeiten erinnernden Erzählens verschafft, die zum Zeitpunkt des *crimen* unabsehbar waren. 1930 gab es noch keinen weiteren Krieg, der retrospektiv den vergangenen als den ‚Ersten‘ erscheinen ließ, und wer unmittelbar nach dem Zweiten Weltkrieg über die epochalen Ereignisse schrieb, der wusste noch nichts von jener Wende von 1989, als deren Vorboten man heute unzweifelhaft 1956 und 1968 betrachten kann.

Nirgendwo wird die zeitliche Dominanz alles Erzählerischen so gut ablesbar wie an dem kulturellen Faktum, dass Erzählungen, die immer auch

Erinnerungskonstruktionen in sich tragen, unabschließbar sind. Sie stellen nichts still, sie schaffen keinen dauerhaften ‚Raum', sondern setzen einen dynamischen Prozess von Revisionen, Wiederholungen und Modifikationen in Gang, so wie heute, zu einem Zeitpunkt, an dem nicht klar ist, ob sich die nationalen Narrative in Europa in Richtung transnationaler Erzählkomplexe verschieben.

Wynfrid Kriegleder

Was wäre gewesen, wenn? Hannes Steins Roman *Der Komet* (2013) – ein Fall alternativer Geschichte: Österreich und die Welt ohne den Ersten Weltkrieg[1]

Romane, die eine alternative Welt im Sinn einer virtuellen Historie entwerfen, sind in den letzten Jahren immer häufiger geworden. Es geht dabei nicht um fantastische Literatur, die einfach eine ANDERE Welt konstruiert, wie dies J. R. R. Tolkien mit *Middle Earth* oder Terry Pratchett in seiner *Discworld*-Serie machen. Vielmehr spielen diese Romane erkennbar in der Erzählgegenwart oder der unmittelbaren Vergangenheit, allerdings in einer Welt, die gegenüber der realen mehr oder weniger stark verschoben ist, weil bestimmte historische Ereignisse nicht eingetreten sind und die Weltgeschichte daher eine andere Entwicklung genommen hat. Die deutsche Wikipedia[2] listet im Artikel *Aternativweltgeschichte* an die 30 belletristische Texte dieses Genres auf, darunter auch den Roman *Morbus Kithahara* des österreichischen Autors Christoph Ransmayr. Der deutsche Bibliothekar Georg Ruppelt lieferte 2007 in seinem wenig analytischen, aber bibliografisch ergiebigen Beitrag *Nachdem Martin Luther Papst geworden war und die Alliierten den Zweiten Weltkrieg verloren hatten. Literarische Alternativen zur besten der Welten*[3] eine Beschreibung entsprechender Bücher und verwies dabei vor allem auf Otto Basils bösen Roman von 1966, *Wenn das der Führer wüßte*, der von einem deutschen Sieg im Zweiten Weltkrieg ausgeht. Der Zweite Weltkrieg und der Nationalsozialismus haben überhaupt eine Fülle von Alternativgeschichten inspiriert. Ein ganz großer internationaler Erfolg war 1992 der Thriller *Fatherland* des britischen Romanciers Robert Harris, der im Jahr 1964 in einem alternativen Berlin spielt, wo die Nazis noch

---

1   Dieser Beitrag wurde im März 2014 abgeschlossen. Etwaige später erschienene Untersuchungen zum behandelten Roman konnten nicht mehr berücksichtigt werden.

2   http://de.wikipedia.org/wiki/Alternativweltgeschichte. Zugriff vom 05. 11. 2015.

3   Der Beitrag erschien in einem gleichnamigen Band: Ruppelt, Georg: *Nachdem Martin Luther Papst geworden war und die Allliierten den Zweiten Weltkrieg verloren hatten. Literarische Alternativen zur besten der Welten*. Wehrhahn: Göttingen 2007, S. 115–162.

immer an der Macht sind. Auch der renommierte amerikanische Autor Philip Roth hat 2004 mit *The Plot Against America* einen Roman verfasst, in dem im Jahr 1940 nicht Franklin Roosevelt, sondern der Nazi-Sympathisant Charles Lindbergh die amerikanische Präsidentenwahl gewinnt und antijüdische Maßnahmen erlässt. In der komischen Literatur finden sich gleichfalls Szenarien virtueller Geschichte. Die *Thursday Next*-Serie des britischen Romanciers Jasper Fforde spielt in einem England der Gegenwart, das seit 150 Jahren gegen Russland den Krimkrieg führt. Der schönste Aspekt von Ffordes paralleler Welt, zumindest für Literaturwissenschaftler, liegt darin, dass in diesem Universum die Literatur nach wie vor das Leitmedium ist, weil es weder Film noch Fernsehen gibt. Die Heldin ist ein ‚literary detective‘, und all die Kriminalfälle der Serie haben mit Literatur zu tun.

Ich möchte mich in der Folge einem relativ neuen Roman dieses Genres widmen. Hannes Steins *Der Komet*, 2013 im Berliner Galiani-Verlag erschienen, spielt im Jahr 2000 in einem Wien, das nach wie vor das Zentrum der Habsburgermonarchie darstellt, weil – wie erst am Ende des Romans tatsächlich klar wird – der Erste Weltkrieg nicht stattgefunden hat. Steins über weite Strecken durchaus komischer Roman wirft etliche sehr ernste Fragen auf. Alternative Szenarien der deutschen und österreichischen Geschichte haben übrigens zuvor schon andere Romanautoren entworfen. Carl Amerys *An den Feuern der Leyermark*, 1979 erschienen, geht davon aus, dass Österreich 1866 den Krieg gegen Preußen gewinnt, worauf es zu einer großdeutschen Lösung und einem völlig anderen Geschichtsverlauf, ohne Weltkriege, kommt. Auch der österreichische Autor Christian Mähr entwarf 1991 in *Fatous Staub* eine parallele Welt, in der Österreich und Deutschland Ende des 20. Jahrhunderts noch Monarchien sind und die beiden Weltkriege nicht stattgefunden haben.[4]

Bevor ich aber Hannes Steins Roman untersuche, möchte ich einige geschichts- und erzähltheoretische Perspektiven auf das Phänomen der virtuellen Geschichte skizzieren.

Der britische Historiker Niall Ferguson hat 1997 den Sammelband *Virtual History*[5] herausgebracht, in dem neun alternative Szenarien der Weltgeschichte durchgespielt werden, von „England Without Cromwell“ über „What if there had been no American Revolution“ und „What if Nazi Germany had defeated

---

4   Cf. zu diesen beiden Romanen Ruppelt, Georg: *Nachdem Martin Luther Papst geworden war* (wie Anm. 3).

5   Ferguson, Niall (Hrsg.): *Virtual History. Alternatives and Counterfactuals*. [Picador 1997]. Penguin Books 2011.

the Soviet Union" bis zu „What if Communism had not collapsed [in 1989]".
In einem 90 Seiten umfassenden Einleitungsessay reflektiert Ferguson unter
dem Titel „Virtual History: Towards a ‚chaotic' theory of the past" über die im
anglo-amerikanischen Raum (anders als in Zentraleuropa) seit Längerem debat-
tierte Sinnhaftigkeit von alternativer Geschichtsschreibung. Man mag Fergusons
politischer Einstellung, die er zuletzt als immer konservativer werdender Zei-
tungskolumnist an den Tag legte, kritisch gegenüberstehen; seine Gedanken zur
Virtual History sind auf jeden Fall überlegenswert. Ferguson wendet sich vehement gegen jegliche Form des teleologischen historischen Determinismus, ob
hegelianisch, marxistisch oder sonst wie, zitiert als Kronzeugen für seine Überzeugung interessanterweise u. a. ein Kapitel aus Musils *Mann ohne Eigenschaften*
und plädiert für eine ‚Chaostory', analog der mathematischen bzw. naturwissen-
schaftlichen Chaostheorie: „To be precise, the theory of chaos is concerned with
stochastic (that is, seemingly random) behaviour occuring in deterministic sys-
tems."[6] Historiker hätten auch die Aufgabe, wahrscheinliche und plausible Alternativen zum tatsächlichen Geschehen zu untersuchen. Als wahrscheinlich und
plausibel gelten Ferguson jene Alternativen, „which we can show on the basis
of contemporary evidence that contemporaries actually considered"[7]. Ferguson
fährt fort – und er ist hier nahe bei Musils ‚Möglichkeitssinn':

As has often been said, what we call the past was once the future; and the people of the
past no more knew what their future would be than we know our own. All they could do
was consider the likely futures, the plausible outcome. [...] Now, if all history is the history of (recorded) thought, surely we must attach equal significance to *all* the outcomes
thought about. [...] To understand how it actually was, we therefore need to understand
how it actually wasn't – but how, to contemporaries, it might have been.[8]

Niall Ferguson hat in dem von ihm herausgegebenen Band selbst ein alternatives Szenario für den Ersten Weltkrieg entworfen.[9] Er kommt zum Schluss,
dass der Kriegseintritt Großbritanniens keineswegs unvermeidlich war, weil es
auch in der britischen Politik starke Argumente für eine Position der Neutralität
gegeben habe. Was wäre vermutlich geschehen, wenn die britische Armee nicht
auf dem Kontinent eingegriffen hätte? Fergusons Antwort: Deutschland hätte
jedenfalls den Krieg gewonnen, was aus britischer Perspektive keine Katastrophe gewesen wäre, und „continental Europe would have been transformed into

---

6   Ibid., S. 77.
7   Ibid., S. 86.
8   Ibid., S. 86 f.
9   Ibid., S. 228–280.

something not unlike the European Union we know today.“[10] Der „complete
collapse of Russia into the horrors of civil war and Bolshevism might have been
averted“, es hätte wohl kein Ende der britischen ökonomischen Weltherrschaft
durch den Eintritt der USA in die Weltgeschichte gegeben, und ein radikaler
nationaler Faschismus hätte sich vermutlich nicht in Deutschland entwickelt.
„Hitler could have lived out his life as a failed artist and a fulfilled soldier in a
German-dominated Central Europe about which he could have found little to
complain.“[11]

Ein ähnliches Szenario, das der Imagination von Hannes Stein ziemlich nahe
kommt, entwirft der britische Historiker Noram Stone in einem kurzen Aufsatz,
Franz Ferdinand Survives Sarajevo, in dem 2004 von Andrew Roberts herausgegebenen Sammelband *What Might Have Been. Leading Historians on Twelfe ‚What Ifs‘
of History*.[12] Der nervöse Attentäter Gavrilo Princip schießt daneben und wird verhaftet; Franz Ferdinand kehrt nach Wien zurück. Er und die österreichische Regierung widersetzen sich dem deutschen Plan, die Krise als Vorwand für einen Krieg
gegen Russland zu nützen. Franz Ferdinand wird 1916 Kaiser, sein Plan einer föde-
rativen Monarchie scheitert allerdings am ungarischen Widerstand, und Kakanien
wurstelt weiter. Allerdings schließt es sich bald einem neuen mitteleuropäischen
gemeinsamen Markt an. Denn 1916 kommt es in Stones Szenario zu einer Krise
im türkischen Reich, aus der Russland und Großbritannien gestärkt hervorgehen;
das ottomanische Imperium wird zwischen ihnen aufgeteilt. Deutschland, in seinen Ambitionen nun auf Mitteleuropa beschränkt, und das geschwächte Frankreich beschließen eine „Europäische Gemeinschaft für Kohle und Stahl“ (was ja
1951 tatsächlich der Fall war).

In den Überlegungen von Historikern, vor allem im anglo-amerikanischen
Raum, werden also virtuelle Szenarien durchaus ernst genommen. Ein Kriterium
für ihre Validität ist ihre Plausibilität – ob sie eine von den Zeitgenossen ins Auge
gefasste Möglichkeit weiterdenken.

Die Notwendigkeit dieser Plausibilität leugnet – aus für mich nicht ganz nach-
vollziehbaren Gründen – einer der wenigen narratologischen Beiträge, die sich
bisher mit dem Phänomen auseinandergesetzt haben. Uwe Durst brachte 2009
in einem Aufsatz das Genre in Bezug zum traditionellen historischen Roman,

---

10 Ibid., S. 278.

11 Ibid., S. 279.

12 Stone, Noram: *Franz Ferdinand Survives Sarajevo*. In: Andrew Roberts (Hrsg.): *What
Might Have Been. Leading Historians on Twelfe ‚What Ifs‘ of History*. Paperback Edi-
tion: London 2005, 105–118.

erstellte eine Systematik der unterschiedlichen Ausprägungen und fragte nach den Gründen für seine Entstehung.[13]

Die mich hier interessierenden Romane nennt Durst „neodirektional". Er geht von Roland Barthes' strukturaler Analyse von Erzähltexten aus und hält fest, dass in historischen Romanen die „historische Sequenz" als unveränderbare „Supersequenz" fungiere, zu der es, anders als in den sonstigen Erzählsequenzen der fiktionalen Literatur, keine Alternativen gebe. Die historische Sequenz ist grundsätzlich „verzweigungsunfähig". Vereinfacht erklärt: Gustav Aschenbach kann in Venedig bleiben – oder er kann abreisen. Der Erzähler hat die Wahl, das Ergebnis ist jeweils eine andere Erzählung. Franz Ferdinand dagegen muss nach Sarajevo fahren und er muss ermordet werden – der Erzähler hat keine Wahl.

Uwe Durst proklamiert nun die Variante des neodirektionalen historischen Romans, in dem „an die Stelle der historischen Sequenz eine verlaufsoffene Handlung" gesetzt wird.[14] Eine weitere Variante wäre die „neokausale", in der die historische Sequenz zwar dem tatsächlichen Verlauf folgt, aber aus völlig anderen Gründen. Soweit ist das nachvollziehbar. Skeptischer bin ich gegenüber Dursts Erklärung für das Phänomen, das er ausschließlich aus der literarischen Evolution ableitet: Das Grundverfahren der „historischen Sequenz" habe sich abgenutzt und sei der Automatisierung unterlegen, daher habe eine Alternative gesucht werden müssen. Skeptisch bin ich deswegen, weil sich das Verfahren ja immerhin von Walter Scott bis in die 1960er Jahre erfolgreich gehalten hat. Literarische Evolution sollte in schnelleren als in 140-Jahres-Schritten erfolgen.[15] Skeptisch bin ich auch, weil mir eine literatursystem-immanente Erklärung nicht ausreichend scheint. Ich stimme aber auch mit Dursts apodiktischer Feststellung nicht überein, wonach die Überlegungen von Historikern über alternative Geschichtsverläufe mit seinem Modell überhaupt nichts zu tun hätten:

> Aufgrund der relativen Eigengesetzlichkeit des literarischen Systems sind die aktivierten Alternativpunkte der historischen Sequenz und die Folgen, die sich daraus für den fiktionalen geschichtlichen Handlungsverlauf ergeben, höchstens zufällig mit Modellen kontrafaktischer Historiographie kompatibel.[16]

---

13 Durst, Uwe: „Drei grundlegende Verfremdungstypen der historischen Sequenz". *DVjS* 83, 2009, S. 335–358.

14 Ibid., S. 346.

15 Ich verweise hier auf die Überlegungen von Franco Moretti, der anhand der Evolution der Detektiverzählung (Sherlock Holmes) dieser Frage nachgeht und die literarische Evolution mit der Abfolge von Generationen korreliert. Cf. Moretti, Franco: *Atlas des europäischen Romans. Wo die Literatur spielte.* Dumont: Köln 1999.

16 Durst, Uwe: „Drei grundlegende Verfremdungstypen" (wie Anm. 13), S. 345 f.

Durst begründet das damit, dass im „künstlerisch-literarischen Raum *jede* Kardinalfunktion ein Risikomoment, eine mögliche Alternative impliziert", während sich die Historiografie an die Wahrscheinlichkeit halten müsse. (Banal formuliert: Wellington hätte am Tag von Waterloo Durchfall haben können, und deshalb habe Napoleon gewonnen – so etwas sei aber nur in der Fiktion möglich.) Nun, was als jeweils wahrscheinlich gilt, ist wohl auch unter Historikern umstritten – ein ‚schlechter‘ Historiker wird ein wenig plausibles Szenario entwerfen. Und ein Romancier, der sich in seinem neodirektionalen Szenario allzu sehr von der historischen Plausibilität entfernt, wird gleichfalls ein Glaubwürdigkeitsproblem bekommen – wie jeder Verfasser mimetischer Texte, der vom Weltwissen seiner Leser allzu stark abweicht.

Ich möchte im Folgenden einige vergleichsweise simple narratologische Fragen an Hannes Steins Roman stellen – Fragen, die allerdings, so meine ich, an alle Romane virtueller Geschichtsschreibung, an alle ‚neodirektionalen‘ Erzähltexte zu stellen sind:

1. Welche Geschichte erzählt der Roman überhaupt? (Das ist die banale narratologische Frage nach der ‚story‘). Und: Was hat diese ‚story‘ mit der alternativen Welt zu tun, in der sie angesiedelt wird? Wäre sie in einer anderen Welt – der ‚wirklichen‘ Welt – überhaupt denkbar?
2. Wie vermittelt der Roman die alternative, stillschweigend vorausgesetzte Geschichte? Welche Erklärung liefert er dafür, dass es zu einem alternativen Universum gekommen ist. Wie vermag er den entscheidenden Wendepunkt zu erwähnen? Denn im alternativen Universum ist der Wendepunkt ja kein Wendepunkt. Wäre Franz Ferdinand nicht in Sarajevo erschossen worden, hätte sich schon zwei Jahre später niemand mehr an diesen offiziellen Besuch erinnert.
3. Damit hängt die Frage zusammen, ob und wie es dem Roman gelingt, den tatsächlichen Geschichtsverlauf, der ja im Universum des Romans lediglich eine wenig plausible Denkmöglichkeit darstellt, in den Text zu integrieren.
4. Und zuletzt wäre zu fragen, ob der Roman eine Meta-Ebene aufbaut und selbstreflexiv das eigene Genre thematisiert.

Nach der Beantwortung dieser Fragen wird es angebracht sein, die Ebene des Textes zu verlassen und den Kontext anzusprechen. Welches kulturwissenschaftlich zu analysierende Narrativ liefert der Roman; was sagt seine Entstehung und seine Publikumsresonanz aus?

Zuerst also zur ‚Geschichte‘ des *Kometen*. Der Roman „spielt in Wien und auf dem Mond", so heißt es im Vorspann, und erzählt vordergründig eine Liebes- und Ehebruchsgeschichte. Sie beginnt im August 2000 – dieses Datum lässt sich zumindest rekonstruieren. Der äußerlich wenig attraktive russische Kunstgeschichte-Student Alexej von Repin verliebt sich in die 36-jährige Barbara Gottlieb, eine stadtbekannte Schönheit, Ehefrau des k. und k. Hofastronomen David Gottlieb, genannt Dudu, eines frommen orthodoxen Juden. Das Liebesverhältnis zwischen Barbara und Alexej wird dadurch befördert, dass Dudu auf eine monatelange Dienstreise auf den Mond geschickt wird. Dort, in einem Observatorium auf der erdabgewandten Seite, das von den Deutschen betrieben wird – diese haben seit den 1940er Jahren den Mond kolonisiert – hat man einen Kometen entdeckt, der auf die Erde zurast. Dudu vergewissert sich, dass der Weltuntergang unvermeidlich ist. Die Regierungen halten diese Information freilich bis zum letzten Moment zurück. Dudu kehrt nach Wien zurück und beschließt, wider jede Vernunft mit seiner Ehefrau trotzdem noch ein Kind zu zeugen. Das Kind kommt verfrüht zur Welt. Der allwissende Erzähler hat uns allerdings informiert, dass bei einem der letzten Treffen zwischen Alexej und Barbara das Kondom gerissen ist. Barbara hatte die Affäre nämlich beendet, als die Rückkehr ihres Ehemanns von seiner Mond-Dienstreise angekündigt wurde. Zum Abschied hat sie mit Alexej die Silvestervorstellung der *Fledermaus* in der Hofoper besucht. Ein Zitat aus der *Fledermaus*, „Glücklich ist, wer vergisst, / Was doch nicht zu ändern ist", fungiert als Motto des gesamten Romans.

Am errechneten Tag des Weltuntergangs versammelt sich ein Großteil der Wiener Bevölkerung auf dem Kahlenberg. Auch die kaiserliche Familie ist anwesend, ebenso Abordnungen aus allen Ländern der Monarchie. Unerwarteter Weise findet der Weltuntergang NICHT statt; der Komet zerplatzt, als er sich der Erde nähert. Eine anwesende Gruppe junger Koranschüler aus Sarajevo, die bekanntlich „zu den treuesten Untertanen seiner Majestät" zählen, ruft aus: „Allahu Akbar!" Wie uns der allwissende Erzähler informiert, findet dieses Geschehen am „23. Dschummada al-Achira des Jahres 1422" nach dem islamischen Kalender statt: „es war ein schöner Tag im blauen Mond September". Ich habe bisher keine Rezension des Romans gefunden, der entweder das Brecht-Zitat oder die Signifikanz des Datums aufgefallen wäre: Es ist der 11. September 2001.

Neben dieser zentralen Geschichte finden sich im Roman viele Episoden, die zwar für den Fortgang der Handlung irrelevant sind, die man aber mit Roland Barthes, um auf ihn zurückzukommen, als ‚Katalysen‘ bezeichnen könnte, als Füllmaterial zwischen den Kardinalfunktionen der Geschichte. Drei solcher Handlungsstränge möchte ich erwähnen, weil sie für die verborgene zweite Geschichte, die Etablierung der alternativen Welt, wichtig sind: Erstens das Geschehen um den eitlen Fernsehphilosophen André Malek. Zweitens die Geschichte des Dipl. Ing. August Biehlolawek, der sich beim berühmtesten Psychiater Wiens, Dr. Anton Wohlleben, einer Behandlung unterzieht. Und drittens die Tarock- und Gesprächsrunden, zu denen sich zweimal monatlich drei Schulfreunde im Café Central treffen, nämlich der schon genannte Psychiater Wohlleben, der Wiener Oberrabbiner Dr. Adolf Brandeis und der Wiener Erzbischof Heinrich Grausenburger – die Kellner des Cafés nennen sie die „drei Hofräte".

Die Frage, wie es zum alternativen Universum gekommen ist, warum Österreich 2001 immer noch eine Monarchie ist, wird in erster Linie in diesen drei Nebenhandlungen beantwortet, auch wenn darüber hinaus im gesamten Roman immer wieder en passant (fiktionale) historische Ereignisse angesprochen werden. Gegen Ende des Romans wird der konkrete Wendepunkt der Geschichte – Sarajevo 1914 – genannt; er ist aber den Personen natürlich nicht als potentieller Wendepunkt bewusst.

Schon vorher wird das Thema alternativer Geschichtsverläufe mehrfach angesprochen. Die ‚drei Hofräte' philosophieren im Kaffeehaus über den Zufall in der Weltgeschichte und stellen sich die Frage, ob die erfreuliche Entwicklung Europas im 20. Jahrhundert irgendwann einmal aus dem Ruder hätte laufen können. Die Diskussion wird ausgelöst durch die Erzählung des Psychiaters Wohlleben über die Albträume seines Patienten Biehlolawek, auf die ich später noch eingehen werde. Die drei Herren können sich jedenfalls beim besten Willen keinen Zeitpunkt vorstellen, zu dem „ein Rückfall in das namenlose Grauen, das Europa von 1618 bis 1648 heimgesucht hatte", auch nur denkmöglich gewesen wäre.

Dem Oberrabbiner fällt an dieser Stelle ein Bestseller ein, den er vor Kurzem gelesen hat, ein Roman mit einer alternativen Geschichtskonstruktion: *Hannibal Barkas – Herrscher über Italien*. In diesem Roman siegen die Karthager im Punischen Krieg, und es gibt kein römisches Weltreich. Eine der Konsequenzen: Palästina wird nicht von den Römern besetzt, der galiläische Wanderprediger Jeschua ben Joseph wird daher nicht ans Kreuz geschlagen, sondern stirbt „alt und lebenssatt im Kreise seiner Kinder und Enkel"[17]. Weder das Christentum noch der Islam entstehen. „[…] was wäre uns Juden in diesem Fall nicht alles erspart geblieben", denkt sich der Rabbi. „Andererseits wiederum: Ohne Christentum, ohne Islam, ohne die Auseinandersetzung zwischen den beiden auch keine Donaumonarchie. Und darum wäre es doch furchtbar schade gewesen. Denn ohne Habsburgerreich würde ich jetzt nicht hier im Café Central sitzen."[18]

Die Diskussion zwischen den ‚drei Hofräten' hakt sich am imaginierten Beispiel eines Blumentopfs fest, den der Wind vom Fensterbrett kippen könnte,

---

17 Stein, Hannes: *Der Komet*. Galiani: Berlin 2013, S. 140.
18 Ibid., S. 141.

worauf ein Fußgänger erschlagen wird, der zufällig gerade vorbeigeht. Hat das so kommen müssen? Könnte der Zufall auch in der Weltgeschichte eine fatale Rolle spielen? Würfelt Gott?

Diese Frage wird gegen Ende des Romans, auf Seite 222, beantwortet. Der Philosoph André Malek, eine der wenigen wirklich unsympathischen Figuren in dem Buch, flaniert durch Wien. Malek, ein nietzscheanischer Marxist, verachtet die Habsburger Monarchie zutiefst, weil sie nicht durch „Blut und Eisen", sondern durch „feigen Schwachsinn" entstanden sei. Ein besonderes Objekt seiner Verachtung ist Kaiser Franz II. Ferdinand, der nach seiner Thronbesteigung im Jahr 1916 den Staat reformiert hatte. Und hier erfahren die Leser des Romans, aus Maleks Perspektive, den Grund für die alternative Geschichte:

> Jedes Schulkind kannte die Tatsachen: Frühsommer 1914, Truppeninspektion in Sarajewo. Die Wagenkolonne fuhr von der Westgrenze der Stadt ins Zentrum. Der Attentäter wartete schon. Eine Bombe kam geflogen. Franz II. hob den Arm, die Bombe prallte ab, rollte über das zurückgelegte Verdeck nach hinten und explodierte auf der Straße. Mehrere Verletzte. Und dann hatte Franz II. (damals noch Erzherzog Franz Ferdinand) die gesamte Wagenkolonne wenden lassen – mit dem längst historisch gewordenen Ausspruch: „I bin doch ned deppat, i fohr wieder z'haus." (Für Reichsdeutsche: Ich bin doch nicht bescheuert, ich fahre wieder heim.) Zwei Jahre später: Thronbesteigung. Wirklich zum Kotzen, dachte André Malek. Keine Spur nobler Todesverachtung.[19]

Einige Sekunden später spaziert Malek in der Johannesgasse unter einer Fensterbank vorbei. Eine plötzlich aufkommende Windbö wirft einen Blumentopf herab und zerschmettert seinen Schädel. Die theoretischen Überlegungen der ‚drei Hofräte' über die Rolle des Zufalls werden Wirklichkeit.

Wie sieht die alternative Welt aus, in der Steins Roman spielt? Aus den vielen Informationen, die im Buch verteilt sind, lässt sich eine alternative europäische Geschichte rekonstruieren. Da es keinen Ersten Weltkrieg gab, gab es natürlich auch keinen Zweiten. Ganz Europa ist monarchisch, von drei kuriosen Republiken abgesehen: Frankreich, der Schweiz und San Marino. Es gab keinen Nationalsozialismus, Russland wird weiterhin vom Zaren regiert, Lenin war ein nur wenigen Insidern (wie Malek) bekannter exilierter Agitator. Die europäischen Mächte halten nach wie vor ihre Kolonien; die USA spielen keine Rolle in der Weltgeschichte. Österreich ist, auch dank der „Rosenhügelstudios und [der] Sascha-Filmindustrie", eine kulturelle Großmacht und hat weltberühmte Schauspieler wie Romy Schneider, Christoph Waltz und Arnold Schwarzenegger sowie Regisseure wie Samuel Wilder und Szczepan Szpilberg hervorgebracht.[20]

19　Ibid., S. 222.
20　Ibid., S. 43.

Der weltweit vertriebene Almdudler hat jene Funktion, die in der wirklichen Welt Coca Cola übernommen hat.

Wien ist multikulturell und das Zentrum der jüdischen Welt; der Wiener Oberrabiner gilt als primus inter pares. Israel existiert nicht. Auch die Entwicklung der Kultur und Literatur ist natürlich anders verlaufen. Wir erfahren von der deutschen Literaturnobelpreisträgerin Anne Frank, einer manchmal etwas nervigen älteren Dame, die „ungefragt ihre Ansicht zu jedem Thema unter der Sonne" kundtut.[21] Der Psychiater Wohlleben findet in einem Antiquariat die spottbillige Erstausgabe eines völlig unbekannten Romans aus dem Jahr 1925, in dem ein Mensch „unschuldig verhaftet" wurde, sich aber hinterher „die ganze Zeit so [benahm], als sei er schuldig". Am „Ende stieß ihm ein Grobian ein Messer ins Herz und drehte es zweimal um." „Mit der Wirklichkeit hatte der Albtraum dieses Autors" jedenfalls „nicht das Mindeste zu tun."[22]

Dass die historische Entwicklung in Europa nicht immer ganz friedfertig war, erfahren wir im 8. Kapitel, in dem der amtierende Kaiser Franz Joseph II. über sein Amt sinniert. 1938 kam es unter Kaiser Maximilian III. zum „Anschluss" – Österreich eroberte den „deutsch besetzten Teil Polens". 1941 erfolgte dann in einem Krieg gegen Russland die „Heimholung" des russisch besetzten Teils von Polen. Seither ist das vereinigte Polen Teil der Habsburgermonarchie, und auch die „Ruthenenfrage" ist geklärt: „Zwei Kronländer für zwei Völker", so doziert Maximilian III. in einem Gespräch mit seinem damals 13-jährigen Erben, an das sich dieser in der Erzählgegenwart erinnert: „Den Ruthenen haben wir huldvoll Ost-Galizien als immerwährende Heimat angewiesen – mit Lemberg als Hauptstadt – und den Polen ebenso huldvoll West-Galizien – mit der Hauptstadt Krakau."[23]

Es existieren also de facto die „Vereinigten Staaten von Groß-Österreich", die aber wohlweislich nicht so genannt werden, denn der „Trick" bei der „Neuordnung des Reiches" war ja gewesen, diese Neuordnung „als nichts Besonderes, eigentlich gar nichts Neues ausschauen zu lassen". Daher gibt es immer noch eine große Menge von Kronländerparlamenten, und alles ist nach wie vor „ein Pallawatsch". Aber, so überlegt der Kaiser, vielleicht war das „in irgendeinem höheren Sinn auch ein Segen."[24] Und dann ergeht er sich in einer privaten Fantasie alternativer Geschichte: Wenn sich sein Urgroßonkel Maximilian von Mexiko 1867 mit dem mexikanischen Präsidenten Benito Juarez hätte einigen

---

21 Ibid., S. 143.

22 Ibid., S. 147.

23 Ibid., S. 161.

24 Ibid., S. 163.

können – immerhin waren sie „mit ihren Vorstellungen gar nicht so weit auseinander gelegen"[25] – wenn Maximilian nicht hingerichtet worden wäre: vielleicht wären Mexiko dann „hundert Jahre der Diktatur" erspart geblieben.

Auf vielerlei Ebenen thematisiert Hannes Steins Roman also sein eigenes Verfahren, einen alternativen – und besseren – Verlauf der Geschichte zu imaginieren. Und auch für das Problem, die tatsächliche ‚historische Sequenz' in den Roman zu integrieren, findet er eine Lösung in dem schon erwähnten Erzählstrang um den Psychiater Wohlleben und seinen Patienten, den Dipl.-Ing. August Biehlolawek.

Biehlolawek hat schreckliche und überaus realistische Albträume, in denen Europa in mehreren Weltkriegen verwüstet wird, in denen ein „Trommler mit einem lustigen Bürstenbart", flankiert von einem „opiumsüchtigen Fettwanst" und einem „keifenden Lügner mit Klumpfuß"[26] ein Terrorregime errichten, in denen nahe dem galizischen Bahnknotenpunkt Auschwitz ein entsetzlicher Massenmord verübt wird. Wohllebens an Sigmund Freud geschulte psychoanalytische Praxis versagt, und er schreibt einen Aufsatz über den Fall, in dem er vorsichtig die Möglichkeit eines Thanatos-Prinzips andeutet. Darauf erhält er eine Antwort aus Tiflis, der Hauptstadt von Grusinien. Sein Fachkollege Gabriel Leviaschwili berichtet von einem vergleichbaren Fall. Zunächst aber erzählt er von dem 1953 verstorbenen, hochverehrten grusinischen Nationaldichter Soselo – bekanntlich das literarische Pseudonym des jungen Josef Stalin. Ein Enkel Soselos hat ähnliche Albträume wie der Wiener Patient Biehlolawek. Er träumt, sein Großvater habe in Russland die Macht übernommen und in einem Terrorregime Millionen Menschen getötet. Vielleicht haben diese Albträume mit der jeweiligen Familiengeschichte der Patienten zu tun, überlegt Dr. Leviaschwili. Aber unter Biehlolaweks Vorfahren findet sich niemand von Interesse. Sein „Großvater mütterlicherseits" war „ein gewisser Hüttler, ein Maler von Ansichtspostkarten", der „seine letzten Jahre im Delirium tremens verbracht" hatte.[27] Der Grund für die Albträume Biehlolaweks bleibt im Roman ungeklärt.

Abschließend sind noch einige Informationen zum Kontext des Romans nötig. Zunächst zum Autor:

Hannes Stein, 1965 in München geboren, aufgewachsen in Salzburg, seit Jahren für deutsche Zeitungen publizistisch tätig, ist 2007 in die USA ausgewandert und hat sich in New York City niedergelassen. Darüber hat er 2010

---

25 Ibid., S. 165.
26 Ibid., S. 81.
27 Ibid., S. 181.

ein autobiographisches Buch geschrieben: *Tschüß Deutschland! Aufzeichnungen eines Ausgewanderten.* Auf der vorletzten Seite dieses Buchs bekennt er:

> Mein amerikanischer Traum ist die Welt von gestern (Enthüllung – in meinem Arbeitszimmer hängt ein Porträt von Kaiser Franz Joseph). Mein reaktionärer Traum: ein Europa, das nicht auf den Schlachtfeldern von Flandern Harakiri begangen und sich hinterher, um ganz sicherzugehen, auch noch aufgehängt hat; in dem das jüdische Leben nicht planmäßig ausgetrampelt wurde; wo weder der Erste noch der Zweite Weltkrieg die Seelen verwüstet hat; in dem Kultur nicht hirntot ist und daher vom Staat künstlich beatmet werden muss; ein Kontinent, der nicht in der Umarmung der totalitären Regime erstickt ist. [28]

Und der letzte Satz des Buchs ist ein Lob des multikulturellen New York: „Für mich aber ist New York vor allem das alte, das untergegangene und gerettete Europa."

Drei Jahre später, in seinem Roman *Der Komet*, hat sich Hannes Stein seinen ‚reaktionären Traum' erfüllt. In einem Interview anlässlich einer Lesung aus dem Roman am 7. Oktober 2013, hat er sich ganz dezidiert geäußert: „Es geht mir nicht darum, dass ich die Vergangenheit wiederbringen will. Aber die Donaumonarchie hat doch besser funktioniert als alles, was danach kam." Warum habe sie besser funktioniert?

> Weil sie diese grundsätzliche schlampige Toleranz hatte gegenüber den über 20 Völkern, die dazu gehörten. […] Es gab nicht diesen mörderischen Nationalismus, der das 20. Jahrhundert vergiftet hat […]. Hier wurde alles nicht so heiß gegessen. Alles war von einem entspannten Umgang geprägt. Denn das hatten sie hier verstanden: Wenn man ein Vielvölkerreich regieren will, macht man das entweder wie Stalin mit Terror gegen das Volk und dieser Straflagerpolitik. Was letztendlich aber auch nicht auf Dauer funktioniert hat. Oder man leistet sich Toleranz und lässt das alles laufen, vermittelt und sorgt für Kompromisse, damit sich nicht alle die Köpfe einschlagen. Es war, wie man in Österreich sagt, schlampert. Aber auf eine sehr humane Art schlampert.

Stein zieht daraus auch eine politische Konsequenz:

> Es wundert mich immer wieder, dass in den Debatten um die innere Verfasstheit der EU das Habsburger Reich eine so kleine Rolle spielt. Hier wird fast immer nur auf Amerika geschaut. Ich bin Amerikaner, ein sehr überzeugter Amerikaner. Aber die USA sind ein sehr spezielles Gebilde. Eine alte und stolze Republik, deren Verfassung sehr der der Schweiz ähnelt. Dort die Kantone, hier die Bundesstaaten, und über allem eine sehr schwache Zentralmacht. Ein Gebilde, für das es in Europa sehr wenige Vorbilder gibt. Das Habsburger Reich dagegen war eine Art Vor-EU, in der das Zusammenleben ganz

---

28 Stein, Hannes: *Tschüß Deutschland! Aufzeichnungen eines Ausgewanderten.* Galiani: Berlin 2010, S. 212.

gut funktioniert hat. Hier konnte man von Sarajevo über Triest bis Lemberg oder Salzburg oder Krakau fahren, ohne dass man seinen Pass hätte vorweisen müssen.[29]

Wie Stein hier die Monarchie beschreibt, ist zweifellos ein Mythos. Es ist der habsburgische Mythos, den Claudio Magris vor mehr als 50 Jahren in einem berühmt gewordenen Buch beschrieben hat. Für Magris bedeutet bekanntlich dieser Mythos, „daß eine historisch-gesellschaftliche Wirklichkeit vollständig durch eine fiktive, illusorische Realität ersetzt wird, daß eine konkrete Gesellschaft zu einer malerischen, sicheren und geordneten Märchenwelt verklärt wird.“[30] Von ihm wurden auch die drei entscheidenden Elemente des Mythos benannt: die Übernationalität, die Bürokratie mit dem Mythos Franz Joseph sowie der „sinnliche und genußfreudige Hedonismus“[31]. Ein Blick auf Steins Roman zeigt: Quod erat demonstrandum. Hannes Stein imaginiert eine rückwärtsgewandte Utopie, die er mit der 1918 – nach Meinung vieler: zu Recht – untergegangenen Habsburger Monarchie gleichsetzt. Ein reaktionärer Traum eben. Case closed.

Und doch. Und trotzdem… Magris sagt, der habsburgische Mythos ersetze „eine historisch-gesellschaftliche Wirklichkeit vollständig durch eine fiktive, illusorische Realität“. Aber was war die ‚historisch-gesellschaftliche Wirklichkeit‘ der Habsburgermonarchie? Könnte nicht der Mythos wirklicher sein als die angebliche Wirklichkeit? Natürlich nicht für die Zeitgenossen der Monarchie: Diese hatten genug Ärger, diese waren, anders als auch Hannes Steins Bild suggeriert, mit Ausbeutung, dem ungelösten sozialen Problem und auch mit dem Nationalismus konfrontiert. Denn einen ‚mörderischen Nationalismus‘ gab es, anders als Hannes Stein in seinem Interview meint, auch in Kakanien, wie jeder Historiker bezeugen kann. Aber trotzdem hat Hannes Stein Recht. Dieser Nationalismus war schlimm genug, und er war die Quelle all dessen, was im 20. Jahrhundert passiert ist. Aber ‚mörderisch‘ im wörtlichen Sinn war er noch nicht. Es gab keine ethnischen Säuberungen. In der Habsburger Monarchie. Und keine Vertreibung der Sudetendeutschen. Und kein Srebrenica. Und auch kein Auschwitz. In der Habsburger Monarchie. Deren Kaiser, unter seinen vielen Titeln – „Kaiser von Österreich und König von Ungarn und Böhmen, von Dalmatien, Kroatien, Slawonien, beiden Galicien, Lodomerien und Illyrien“ und dann geht es noch ca. 12 Zeilen weiter – auch einen Titel trug, den wir heute

---

29　http://www.pnn.de/potsdam-kultur/794087/. Zugriff vom 05. 11. 2015.

30　Magris, Claudio: *Der habsburgische Mythos in der modernen österreichischen Literatur.* Zsolnay: Wien 2000, S. 23.

31　Ibid., S. 30.

nur mehr als einen besonders zynischen Witz des Weltgeistes ansehen können. Denn der Chef des Hauses Habsburg war auch seit 1772 „Herzog von Auschwitz und Zator".

Dass die Realität der kakanischen Monarchie dem Mythos nicht entsprach, das weiß auch Hannes Steins Roman. Im 8. Kapitel meldet sich der Erzähler – aus der Perspektive des Kaisers Franz Joseph II., der sich an ein Festspiel im Hofburgtheater zur Siebenhundertjahrfeier der Monarchie anno 1982 erinnert:

> Vielleicht hätte ein Nörgler [...] einen berühmten Aphorismus zitiert [...]: „Die Völker der Donaumonarchie sind einander in herzlicher Abneigung zugetan." Vielleicht hätte ein kritischer Geist (und Franz Joseph II. war kein dummer Mensch [...]) auf diesen Harmoniekitsch also mit einer gesunden Portion schwarzgalliger Ironie reagiert.
> Alles richtig. Andererseits wiederum: Warum sollte denn jede geschönte Wahrheit gleich mit dem hässlichen Ausruf „Lüge!" bedacht werden?[32]

Vielleicht ist der ‚mito absburgico‘ doch mehr als eine „Flucht vor der Wirklichkeit"[33] – das hat Magris bekanntlich der österreichischen Literatur nach 1918 recht allgemein unterstellt. Vielleicht könnte man diesen Mythos als eine Art EU-Gründungsmythos funktionalisieren. Vielleicht könnte eine imaginierte Vergangenheit als Leitstern für die Zukunft verwendet werden. In der europäischen Kulturgeschichte hat es das ja schon mehrfach gegeben. In der Renaissance, zum Beispiel. Oder um 1800. Da hat man sich einen winckelmannschen griechischen Mythos erträumt. Im Wissen, dass das alte Griechenland natürlich ganz anders war als das Land von Wielands *Agathon* und Goethes *Iphigenie*. Aber trotzdem, als utopische Alternative zur Misere der Gegenwart. Als Möglichkeit, die zu verwirklichen wäre. In Hannes Steins Roman sinniert der amtierende Kaiser über das berühmte und viel gedeutete habsburgische Motto *A. E. I. O. U*: „Jene Deutung, die dem Kaiser am ehesten einleuchtete und zusagte, lautete sehr einfach: *Austria erit in orbe ultima*. Wörtlich übersetzt: Österreich wird bis zuletzt im Erdkreis sein – oder in besserem Deutsch: Österreich wird als Letztes untergehen."[34]

Ein politisches System, das angesichts der herannahenden Kometen am längsten durchhält – ist das so eine schlechte Utopie?

---

32 Stein, Hannes: *Der Komet* (wie Anm. 17), S. 158.
33 Magris, Claudio: *Der habsburgische Mythos* (wie Anm. 30), S. 22.
34 Stein, Hannes: *Der Komet* (wie Anm. 17), S. 166.

Über die Autorinnen und Autoren

MARION BRANDT, Dr. habil., Professorin am Institut für Germanistik der Universität Gdańsk. Forschungsschwerpunkte: literarische Komparatistik, Intertextualität und Imagologie am deutsch-polnischen Beispiel. Publikationen zur Lyrik deutsch-jüdischer Schriftstellerinnen, Literatur der Avantgarde und Gegenwartsliteratur, zu deutsch-polnischen Literaturbeziehungen und zur Literatur in Gdańsk/Danzig. Veröffentlichungen (Auswahl): *Schweigen ist ein Ort der Antwort. Eine Analyse des Gedichtzyklus „Das Wort der Stummen" von Gertrud Kolmar* (1993); *Für Eure und unsere Freiheit? Der Polnische Oktober und die Solidarność-Revolution in der Wahrnehmung von Schriftstellern aus der DDR* (2002); (Hrsg.): *Grenzüberschreitungen. Deutsche, Polen und Juden zwischen den Kulturen 1918–1939* (2006); *Solidarität mit Polen. Zur Geschichte und Gegenwart der deutschen Polenfreundschaft* (2013); (Mithrsg.): *Sand in den Schuhen Kommender. Gertrud Kolmars Werk im Dialog* (2012); (Mithrsg.): *Internationales Alfred-Döblin-Kolloquium Warschau 2013. Interkulturelle Aspekte im Schaffen Alfred Döblins.* Bern 2015; (Hrsg.): Alfred Döblin, *Reise in Polen* (2016).

ANETA JACHIMOWICZ, Dr., Germanistin und Literaturwissenschaftlerin. 2006 Promotion, danach wissenschaftliche Mitarbeiterin an der Universität Olsztyn, lehrt deutsche Literaturgeschichte. Forschungsschwerpunkte: Postmoderne und Posthistorie, historische Romane, österreichische Literatur seit der Jahrhundertwende bis zur Gegenwart. Publikationen: *Das schwierige Ganze. Postmoderne und die „Trilogie der Entgeisterung" von Robert Menasse* (= Doktordissertation, 2007); (Mithrsg.): *Imaginationen des Endes* (2015); (Mithrsg.): *Geisteskultur – zwischen Ästhetik und Poetik* (2016); (Hrsg.): *Gegen den Kanon – Literatur der Zwischenkriegszeit in Österreich* (2017); *Der historische Roman der Ersten Republik Österreich in ideologiekritischer Sicht* (2018).

MAŁGORZATA KLENTAK-ZABŁOCKA, Dr. habil., wissenschaftliche Mitarbeiterin am Lehrstuhl für Germanistik der Nikolaus-Kopernikus-Universität in Toruń, in der Abteilung für Interkulturelle Germanistik, seit 2011 Leiterin des Lehrstuhls. Studierte Germanistik an der Warschauer Universität, promovierte über die deutsche Frührezeption Kierkegaards um die Jahrhundertwende. 2005 Habilitation aufgrund einer Arbeit über Kafkas Schaffen im Lichte der „Unreife"-Konzeption von Witold Gombrowicz. Forschungsinteressen: Literatur und

Kultur des 19. und 20. Jahrhunderts, Komparatistik, Übersetzung; Aufsätze zu: Kafka, Kleist und zu Rezeptionsfragen.

Maria Kłańska, Prof. Dr., arbeitet seit 1973 am Germanistischen Institut der Jagellonen-Universität Krakau, 1978 Promotion, 1985 Habilitation, 1986/87 und 1991 Humboldt-Stipendiatin, 1993–1999 und 2008–2012 Direktorin des Germanistischen Instituts, 2001 Herder-Preis, 2006 Titel „Lehrmeister" und Förderung bis 2009 durch die Stiftung für Polnische Wissenschaft. Forschungsschwerpunkte: Österreichische Literatur des 19. und 20. Jahrhunderts; Galizien und Bukowina in deutschsprachiger Literatur; Ostjudentum; Nachleben der Antike und der Bibel in der modernen Literatur. Wichtigste Publikationen: *Mit Odyseusza w literaturze niemieckojęzycznej XX wieku* (Der Odysseusmythos in deutschsprachiger Literatur des 20. Jahrhunderts, 1982); *Problemfeld Galizien in deutschsprachiger Prosa zwischen 1846 und 1914* (1985, 1991); *Daleko od Wiednia. Galicja w oczach pisarzy niemieckojęzycznych 1772–1918* (Weit von Wien. Galizien in den Augen deutschsprachiger Schriftsteller, 1991); *Aus dem Schtetl in die Welt 1772–1938. Jüdische Autobiographien in deutscher Sprache* (1994); (Hrsg.): *Jüdisches Städtebild Krakau* (1994); (Mithrsg.): *Der Heiligen Schrift auf der Spur. Beiträge zur biblischen Intertextualität in der Literatur* (2009); (Mithrsg.): *„Cóż za księga!" Biblia w literaturze niemieckojęzycznej od Oświecenia po współczesność* („Welch ein Buch!" Die Bibel in deutschsprachiger Literatur von der Aufklärung bis zur Gegenwart, 2010); (Hrsg.): Emilia Leibel, *Wspomnienia Żydówki krakowskiej* (Erinnerungen einer Krakauer Jüdin, 2010); *Między pamięcią a wyobraźnią. Uniwersum poezji Rose Ausländer* (Zwischen Erinnerung und Einbildungskraft. Das dichterische Universum Rose Ausländers, 2015).

Wynfrid Kriegleder, Dr. habil., a. o. Univ.-Prof. am Institut für Germanistik der Universität Wien. Promotion in Wien 1985, Habilitation ebd. 1997. Lehr- und Forschungstätigkeit am Berea College (Kentucky, USA), der Duke University, der Yale University, der University of Kansas. Forschungsschwerpunkte: Deutsche und österreichische Literatur des 18. und 19. Jahrhunderts, literarische Wechselbeziehungen zwischen dem US-amerikanischen und dem deutschsprachigen Raum. Publikationen: *Vorwärts in die Vergangenheit. Das Bild der USA im deutschsprachigen Roman von 1776 bis 1855.* Tübingen 1999 (vorher Habilitationsschrift); *Eine kurze Geschichte der Literatur in Österreich. Menschen – Bücher – Institutionen.* Wien 2011.

Wolfgang Müller-Funk, Prof. Dr., Literaturtheoretiker, Kulturphilosoph und Essayist, war Professor an der University of Birmingham, zahlreiche Professuren und Scholarships im Ausland, seit 2009 Professor für Kulturwissenschaften an der Universität Wien. Zuletzt erschienen: *Theorien des Fremden* (2016), *Kommentar zu Sigmund Freud ‚Das Unbehagen in der Kultur'* (2016); *Jenseits von Resignation und Nostalgie* (2014). Wichtige Werke: *Die Kultur und ihre Narrative. Eine methodologische Einführung* (2002, 2007); *Kulturtheorie. Eine Einführung* (2006, 2010). Ehrenkreuz für Wissenschaft und Kunst der Republik Österreich (2013).

Anna Nasiłowska, Prof. Dr., polnische Schriftstellerin, Kritikerin und Literaturhistorikerin, Professorin im Institut für Literaturforschung der Polnischen Akademie der Wissenschaften. Ab 1990 Redaktionsmitglied der Zeitschrift für Literaturwissenschaft *Teksty Drugie*, seit 2017 Vorsitzende des Polnischen Schriftstellerverbands. Forschungsschwerpunkte: Geschichte der polnischen Literatur und Kultur im 20. Jahrhundert, polnische Gegenwartsliteratur; zahlreiche Publikationen zu diesen Gebieten.

Sigurd Paul Scheichl, Prof. Dr., 1967–1971 Lektor für Deutsch an der Universität Bordeaux; seit 1971 am Institut für Germanistik an der Universität Innsbruck, seit 1992 als ordentlicher Professor für Österreichische Literaturgeschichte und Allgemeine Literaturwissenschaft. Mitbegründer und anfänglich Mithrsg. der Innsbrucker Literaturzeitschrift *INN*, Mithrsg. der Anthologie *Sprachkurs. Beispiele neuerer österreichischer Wortartistik 1978–2000* (2002). Mitglied der Grazer Autorenversammlung. Arbeitsschwerpunkte: Literatur in Österreich im 19. und 20. Jahrhundert (unter Einbeziehung kulturpolitischer Aspekte), bes. Karl Kraus (Mithrsg. der Zeitschrift *Kraus-Hefte*), Canetti, Grillparzer und Nestroy; Gegenwartsliteratur; Zeitschriftenforschung; sprachliche Analyse literarischer Texte; Judentum und Antisemitismus in der Literatur. Hrsg. eines Bands der historisch-kritischen Nestroy-Ausgabe.

Rita Schlusemann, PD Dr., Studium der Niederlandistik, Germanistik und Anglistik an den Universitäten Münster, Sheffield und Nijmegen. Promotion an der Universität Münster 1990 (Arbeit zu spätmittelalterlichen niederländischen und englischen Tierepen), Habilitation in niederländischer Philologie an der Universität Münster 2007 (Arbeit zum mittelalterlichen Minne- und Aventiureroman Margarieta van Limborch). Stationen an den Universitäten Leipzig, Berlin, Oldenburg und Utrecht. Heisenbergstipendiatin an der Universität Oldenburg: Projekt zur Wissenschaftsgeschichte im 19. Jh. (Brüder

Grimm und die Niederlande; Briefwechsel, Buchprojekt in Vorbereitung, etwa 850 Seiten). Weiteres größeres Forschungsgebiet: niederländisch-deutsche Literaturbeziehungen vom Mittelalter bis heute (zahlreiche Artikel zu diesem Themengebiet und eine Bibliographie der niederländischen Literatur bis 1550 in deutschen Übersetzungen mit 920 Einträgen); Interesse für Vermittler (Übersetzer, Verleger).

FRANK M. SCHUSTER, Dr. habil., geb. in Bukarest, Osteuropahistoriker, Literatur- und Kulturwissenschaftler; Professor an Universitäten in Łódź. Bücher: *Zwischen allen Fronten. Lebenswelten osteuropäischer Juden während des Ersten Weltkriegs. 1914 bis 1919* (2004; Dissertation Basel 2003); *Lodz – Geschichte einer multikulturellen Industriestadt* (Habilitation Gießen 2013; Publikation in Vorbereitung). Forschungsschwerpunkte: Erster Weltkrieg, Regional- und Stadtgeschichte, Phänomene der Multikulturalität, Erinnerung bzw. Gedächtnis in Mittel- und Osteuropa. Zahlreiche Artikel zu diesen Themengebieten.

KAROLINA SIDOWSKA, Dr., Studium der Polonistik an der Universität Łódź sowie der Germanistik ebenda und an der Eberhard-Karls-Universität in Tübingen, 2012 Dissertation *Repräsentationen der Emotionen in der polnischen und deutschen expressionistischen Lyrik*. Seitdem Dozentin am Lehrstuhl für Literatur und Kultur Deutschlands, Österreichs und der Schweiz an der Universität Łódź. Forschungsschwerpunkte: Kognitivismus in der Literatur, Theorie der Affekte, literarische Repräsentationen des Körpers, deutsche und polnische Literatur der Jahrhundertwende und der Gegenwart. Mithrsg. von Sammelbänden: *Polnisch-deutsche Duette. Interkulturelle Begegnungen in Literatur, Film, Journalismus 1990–2012* (2013) und *Literatur, Utopie und Lebenskunst* (2014).

TADEUSZ SKWARA, Dr., studierte Germanistik und Kunstgeschichte an der Universität Warschau. 2018 Dissertation *Pisarze i pisarstwo w twórczości Liona Feuchtwangera* (Die Schriftsteller und das Schreiben im Schaffen von Lion Feuchtwanger).

JOHANN SONNLEITNER, Dr. habil., a. o. Prof. am Institut für Germanistik der Universität Wien, Studium der Germanistik und Romanistik an der Universität Wien; ab 1992 Assistent, 2004 Habilitation. 2007–2013 Faculty member des Doktoratskolleg Galizien FWF und Wissenschaftliche Leitung des FWF-Projektes Werkausgabe Anton Kuh; 2015–2018 Wissenschaftliche Leitung des FWF-Projektes Kommentierte Werkausgabe Werner Kofler. Forschungsschwerpunkte: Wiener

Komödie 18. bis 20. Jahrhundert. Hrsg. der Werke Philipp Hafners und Franz von Heufelds, Mithrsg. der hist.-krit. Ferdinand Raimund-Ausgabe. Zahlreiche Publikationen zur österreichischen Literatur.

MIRJANA STANCIC, Prof. Dr., geb. in Zagreb, Studium der Germanistik, Anglistik und der Klassischen Philologie in Zagreb und Münster. Von 1983 bis 1992 Dozentin an der Pädagogischen Fakultät in Osijek. Seit 1993 Lehre und Forschung an den Universitäten in Göttingen, Essen und Bochum, gegenwärtig Professorin für Literaturwissenschaft am Institut für Deutschlandforschung an der Ruhr-Universität Bochum. Forschungsschwerpunkte: Literatur der Moderne, Philosophie und Literatur, Interkulturalität. Buchpublikationen u.a. zu Arthur Schopenhauer, Friedrich Nietzsche, Manès Sperber, Alfred Döblin und deutscher Literatur in Osteuropa.

MARIE LUISE WANDRUSZKA, Prof. Dr., lehrte bis 2012 Germanistik an der Universität Bologna. Forschungsschwerpunkte: Neuere deutsche Literaturwissenschaft, bes. die Wechselbeziehung zwischen Literatur, Geschlechterdifferenz und Politik. Bücher (in Auswahl): *Der Abenteurer und die Sängerin. Über Hugo von Hofmannsthal* (2005); *Marie von Ebner-Eschenbach. Erzählerin aus politischer Leidenschaft* (2008); *Ingeborg Bachmann „ganze Gerechtigkeit"* (2011).

EWA WOJNO-OWCZARSKA, Dr., studierte Germanistik an der Universität Warschau.. 2003 Promotion, danach wissenschaftliche Mitarbeiterin am Institut für Germanistik der Universität Warschau. 2014 Stipendiatin der Alexander von Humboldt-Stiftung an der Humboldt-Universität Berlin. Forschungsschwerpunkte: Literatur des 20. Jahrhunderts, insbesondere das Schaffen von Kathrin Röggla, Frauenbilder in den Werken deutschsprachiger und polnischer Autorinnen und Autoren, deutsche, österreichische und polnische Geschichte und Kulturgeschichte sowie Wechselbeziehungen zwischen Literatur und Musik unter besonderer Berücksichtigung der deutschen Literaturoper.

Register